"十二五"职业教育国家规划教材
经全国职业教育教材审定委员会审定

证券投资实务

ZHENGQUAN TOUZI SHIWU

主　编　王　静

副主编　黄海沧　周邦瑶
　　　　钱向劲

中国金融出版社

责任编辑：王效端　王　君
责任校对：张志文
责任印制：陈晓川

图书在版编目（CIP）数据

证券投资实务（Zhengquan Touzi Shiwu）/王静主编 . —北京：中国金融出版社，
2014. 8
ISBN 978 - 7 - 5049 - 7607 - 9

Ⅰ . ①证…　Ⅱ . ①王…　Ⅲ . ①证券投资—高等职业教育—教材　Ⅳ . ①F830. 91

中国版本图书馆 CIP 数据核字（2014）第 170345 号

出版
发行　中国金融出版社

社址　北京市丰台区益泽路 2 号
市场开发部　（010）63266347，63805472，63439533（传真）
网 上 书 店　http://www. chinafph. com
　　　　　　　（010）63286832，63365686（传真）
读者服务部　（010）66070833，62568380
邮编　100071
经销　新华书店
印刷　北京市松源印刷有限公司
尺寸　185 毫米 ×260 毫米
印张　25
字数　557 千
版次　2014 年 8 月第 1 版
印次　2016 年 8 月第 2 次印刷
定价　45. 00 元
ISBN 978 - 7 - 5049 - 7607 - 9/F. 7167
如出现印装错误本社负责调换　联系电话（010）63263947

编 写 说 明

本书是国家级精品视频课程"证券投资实务"的新编配套教材，是基于原"十一五"国家级规划教材《证券投资概论》的修订更新升级。"证券投资实务"课程以"课赛证融合"为特色。低门槛，强实践，反映证券市场发展态势。课程以证券基础知识、证券交易、证券发行与承销、证券投资分析、证券投资基金、证券投资特色实训等"5＋1"的内容组织，在接轨证券从业资格考试、助推学生把握就业机会中，体现高校专业课程所具有的系统化导学效用。

与课程特色相对应，教材本着"密切联系实际、基础理论够用"的理念，充分利用既有的投资者教育公共平台，形成自身的特点：第一，"5＋1"开放式知识架构。第二，紧密结合中国证券市场"新兴加转轨"的实际。第三，特色实训项目设计与市场零距离互动。

本教材共分六篇十五章。第一篇证券市场基础知识，用证券市场概述、证券投资工具概述、证券市场运行与监管三章内容安排，介绍了证券市场投资的内涵、外延、功能、理论、工具、组织运行等。第二篇证券交易，用证券经纪业务、资产管理与创新业务、证券交易监管与结算体系三章内容安排，梳理出证券二级市场交易活动的基础知识。第三篇证券发行与承销，用股票发行上市与承销、债券发行与承销、公司并购三章内容安排，勾勒出从证券一级市场投资到并购重组的企业全生命过程脉动。第四篇证券投资基金，从基金的类型、基金的发行与营销、基金的分析评价三章内容，介绍了基金投资基础知识。第五篇证券投资分析，用证券投资基本分析、证券投资技术分析两章内容介绍了证券投资基本分析、技术分析、策略与技巧等方面的基础知识。第六篇证券投资特色实训共分六个项目，包括认识证券产品、证券行情软件下载与安装、证券市场信息采集分析、上市公司信息采集与分析、股票行情盘面分析、互联网证券实战。本教材的实训项目设计整合吸收了本课程团队教师编著的《证券投资实训教程》精选内容，并结合证券市场变化实际作出精细化调整。

本教材的编写分工如下：第一、第三、第七、第八、第九章与项目三、项目四由王静执笔；第二章与项目一、项目二、项目五、项目六由周邦瑶执笔；第四、第五、第六章由蔡茂祥执笔；第十、第十一、第十二章由严卫华执笔；第十三、第十四章由黄海沧执笔；钱向劲（中信证券公司）负责对证券交易篇与教材实践内容要素的考量及质量把控。

本教材由王静教授拟定大纲并总纂，周邦瑶副教授协助主编做了大量改稿和技术性工作。

鉴于中国资本市场日新月异的变化与经济社会转型升级带来的诸多新考量，也囿于编者的学识功力，本书不足之处责任自负，敬请广大读者不吝指正！

作　者
2014 年 5 月

目　　录

第一篇
证券市场基础知识

第一章

证券市场概述

ZHENGQUAN SHICHANG GAISHU

教学要求

通过本章学习，能掌握证券投资与证券市场的基本知识，了解证券市场的参与者、基本功能及主要理论，并能从国际证券市场的发展沿革中领悟到中国证券市场改革趋势。

知识目标

1. 熟悉证券投资的概念与特点
2. 熟悉证券市场的特征与结构
3. 熟悉证券市场的参与者
4. 了解证券投资的功能，了解证券投资的主要理论
5. 了解国际证券市场的产生、发展与变化趋势
6. 熟悉中国证券市场历史、现状与改革趋势

能力目标

1. 掌握证券投资、证券市场、证券市场参与者的基本内容
2. 了解证券投资的功能与主要理论
3. 了解国际证券市场的历史沿革
4. 掌握中国证券市场改革与发展趋势

证券（Securities）是各类财产所有权或债券凭证的通称，是用来证明持券人有权按其券面所载内容取得应有权益的书面证明。证券投资是运用资金买卖证券而获取收益的行为，是金融投资的重要形式，是金融交易市场化发展的必然产物。以证券市场为基础的直接金融交易，改善了资金盈余者和资金短缺者的融资和投资条件，为人们实现资产的保值增值提供了便利的空间。证券投资行为促进了金融市场的流动，引导资本流向使用效率更高之处，在实现资本的优化配置中促进了虚拟经济的发展，并带动了实体经济的发展。

第一节　证券投资与证券市场

一、证券投资的概念与特点

（一）有价证券的定义与分类

有价证券是指标有票面金额，用于证明持有人或该证券的特定主体对特定财产拥有所有权或债权的凭证。有价证券是虚拟资本的一种形式，其本身没有价值，但能给持有人带来一定的收益。通常，虚拟资本的价格总额并不等于所代表的真实资本的账面价格，其变化并不完全反映实际资本额的变化。有价证券的种类很多，狭义的有价证券就是指资本证券，广义的有价证券包括商品证券、货币证券和资本证券。从不同的角度，按不同的标准，可以进行如下分类：

（1）按证券发行主体的不同，可以把有价证券划分为政府证券、政府机构证券和公司证券。

（2）按是否在证券交易所挂牌交易，可将有价证券划分为上市证券与非上市证券。

（3）按资金募集方式的不同，可将有价证券划分为公募证券与私募证券。

（4）按证券所反映的经济关系性质，可将有价证券划分为股票、债券和其他证券三大类。

（5）按证券收益是否固定，可将有价证券划分为固定收益证券与变动收益证券。前者如固定利率债券、优先股股票，后者如普通股股票。

（6）按证券表现的内容不同，可分为商品证券（如提货单、运货单、仓库栈单等）、货币证券（如汇票、本票、支票等）与资本证券。

（7）按证券发行的地域和国家，可将有价证券划分为国内证券和国际证券。

有价证券的各种分类标准具有一定的交叉性。例如，浦发银行A（股票代码600000），就是一种变动收益的、公募型的、在国内上市的金融性公司证券。又如，华峰集团（股票代码002064，300180）在浙江股权交易中心挂牌的"瑞安华峰小额贷款股份有限公司2013年小额贷款公司定向债"，就属于一种固定收益（票面利率8.5%）、私募型的公司证券。

（二）有价证券的特征

作为一种金融资产，有价证券不仅是政府、企业广泛运用的一种筹资手段，也是深受社会公众欢迎的一种投资工具。其特征在于：

第一，收益性。指持有有价证券本身可以获得一定数额的收益。对于筹资者与投资者而言，收益的内容并不相同。筹资者方面的收益表现为，通过证券筹集资金，可以改善国家的财政状况，或者扩大企业生产规模，提高获利能力。投资者的收益则是指购买证券所获得的利息、股息、差价收入等。

第二，风险性。指证券投融资双方的预期目标不能实现或发生变化的可能性。在证券市场，风险与收益是如影随形的，较高的收益可以看做是对较大风险的一种补偿。

第三，流动性。也称变现性，是指证券流通转让，资产在不受损失的情况下转变为现金的能力。流动性取决于变现的难易程度、变现的费用、价格的稳定程度等因素。证券市场越发达，证券的信用等级越高，证券的期限越短，则流动性越强。

第四，期限性。指证券一般有明确的还本付息期限。债券通常有明确的还本付息期限，以满足不同投资者和筹资者对融资期限以及与此相关的收益率需求。债券的期限具有法律的约束力，是对双方的投融资权益的保护。股票的存续期不固定，主要和公司的政策及生命周期有关，股权可能会因为公司回收后注销，也可能因为公司倒闭而消亡。

（三）投资的概念与特点

投资（Investment）就是投入某种资源，获得某种资产及收益的过程。在多数情况下，人们往往将能够在未来获得报酬的支出行为称为投资。狭义的投资是指在金融市场中进行各种金融工具交易的活动，即投资是充分考虑了金融工具的风险收益后，运用资金进行的一种以营利或避险为目的的金融活动。在西方国家，投资常常指狭义的金融投资，主要是指证券投资。

广义的投资包括金融投资和经济意义上的投资。后者指生产资本、资产的形成或增加。"投资，即货币转化为生产资本"（马克思《资本论》）。"投资就是为了获得可能的和不确定的未来值而作出的确定的现在值的牺牲"（威廉·夏普《投资学》）。生产资本主要指实物资本，包括固定资本和流动资本。

现代意义上的投资除了金融投资和实物投资外，还包括人力资本等无形资产的投资。知识经济时代的到来，使知识、信息、技术、品牌、商标等无形资产的投资日益重要，知识资源的投入产出正显示出逐步取代物质性生产要素（如资本、劳动、机器等）的投入产出而成为主流的趋势，投资的内涵与外延在不断地丰富发展。

（四）证券投资的要素与特点

一般来说，证券投资由收益、风险、时间三大基本要素组成。投资者要达到预期的投资目的，必须准确掌握证券投资的三大要素。

第一，投资收益。投资收益是证券投资最基本的要素，而获得投资收益是证券投资行为的最重要驱动力。投资收益由两部分组成：一是证券上载明的持有人可获得的收益，如利息、股息、红利等收入。一般将债券视为获取利息收入的投资工具。二是资本利得，即证券在流通转让过程中所产生的差价收益，一般将股票作为获取资本利得收益的投资工具。

第二，投资风险。风险是影响证券投资收益的各种不确定性，它贯穿于证券投资的全过程，与收益呈正相关关系。证券投资的收益大，则风险大；证券投资的收益小，则风险小。一般将风险分为系统性风险和非系统性风险，二者之和称为总风险。

第三，投资时间。证券投资时间有两层含义：其一，投资时点，即何时成为投资者，何时增加或减少投资的数量。其二，证券持有时间，即证券投资的时间，在有效的时间内实现持有证券的最佳组合。证券投资时间的长短直接决定了投资收益和风险的大小。收益一定时，投资时间越长，则收益率越低。

（五）证券投资的特点

证券投资是一个动态的、连续的过程。作为一种金融投资行为，与实物投资相比，证券投资有其自身的特点。

第一，流动性强。证券投资的流动性要比实物投资好，证券资产能够更快更容易地兑换成现金。实物资产证券化使得实物投资的长期风险短期化。

第二，风险性高。证券投资作为一种高风险、高收益的投资方式，证券持有人可能面临预期收益不能完全实现的风险。在信息不完全的条件下作出投资决策，在承担较大的风险时获取更高的收益，这通常被称为投机。投机是冒险的投资，而投资是稳健的投机。投资和投机没有本质的区别，只有程度的不同。

第三，证券投资可分性。有价证券使产权变得容易交割，投资者通过购买普通股可得到股份公司的部分所有权。相对于实物资产的不可分性与实物投资的风险集中性，证券投资使风险分散化，更利于吸引中小资本参与者。

第四，信息可获得性。证券市场上存在大量的信息，通过相关法律法规的实施而强制性披露了相当大一部分信息，投资者可以免费获取。但在实物投资活动中，投资者往往要付出很高的信息搜寻成本。

要进行证券投资必须结合其特点做好相应的准备工作。首先，做好知识积累和资金筹措，这是投资获益的基础。其次，确定投资目标，选择恰当的投资工具，这是规避高风险、获取高收益的重要环节。最后，在实施投资策略时，要进行风险监控，这是实现证券投资目标的基本保障。

二、证券市场的特征与结构

证券市场是股票、债券、投资基金、期货等有价证券发行和交易的场所，是市场经济发展到一定阶段的产物。以证券市场为基础的直接金融交易，改善了资金盈余者和资金短缺者的融资与投资条件，为人们实现资产的保值增值提供了便利的空间。

（一）证券市场的特征

证券市场具有三个显著特征：证券市场是价值直接交换的场所；是财产权利直接交换的场所；是风险直接交换的场所。

（二）证券市场的结构

证券市场的结构是指证券市场的构成及其各部分之间的量比关系。证券市场的结构有多种，较为重要的有层次结构、品种结构和交易场所结构。依据品种结构，形成了股票市场、债券市场、基金市场、金融衍生品市场等。依据交易场所结构，则可分为有形市场（又称场内市场）与无形市场（场外市场、柜台市场、OTC 市场等）。随着现代通信技术的发展和电子计算机网络的广泛应用、交易技术和交易组织形式的演进，越来越多的证券交易是通过经纪人或交易商的电传、电报、电话、网络等洽谈成交，而不在有形的场内市场进行。场内市场与场外市场之间的截然划分已经不复存在。

就层次结构而言，依据证券进入市场的顺序而形成发行市场与交易市场（即一级市场与二级市场）。证券经过发行市场的承销后，即进入流通市场，证券流通市场具有两个方面的职能：其一是为证券持有者提供将证券出卖变现的场所；其二是为新的投资者提供投资机会。证券交易市场又可以分为有形的证券交易所市场和无形的场外交易市场。

延伸阅读：中国资本市场的一二三四板

1. 证券交易所市场的层次结构

主板市场是一个国家或地区证券发行、上市及交易的主要场所，一般而言，各国主要的证券交易所代表着国内主板市场。上海证券交易所和深圳证券交易所主板、中小板是我国证券市场的主板市场。上海证券交易所于 1990 年 12 月 19 日正式营业；深圳证券交易所于 1991 年 7 月 3 日正式营业。2004 年 5 月，经国务院批准，中国证监会批复同意，深圳证券交易所在主板市场内设计中小企业板块市场。设立中小企业板块的宗旨是为主业突出、具有成长性和科技含量的中小企业提供直接融资平台，是我国多层次资本市场体系建设的一项重要内容，也是分步推进创业板市场建设的一个重要步骤。

创业板是我国多层次资本市场体系的重要组成部分，是为具有高成长性的中小企业和高科技企业融资服务的资本市场。我国创业板市场于 2009 年 10 月 23 日在深圳证券交易所正式启动。创业板的开板，标志着我国交易所市场在经过 20 年发展后，已经逐步确立了由主板（含中小板）、创业板构成的多层次交易所市场体系框架。

	沪市	深市	深市（分项目）		
			主板	中小板	创业板
上市公司（家）	954	1539	483	701	355
上市证券（只）	2222	2208			
上市股票（只）	998				
总股本（亿股）	24722.10	7288.38			
总流通股本（亿股）	19759.17	5375.06			
总市值（亿元）	159585.15	76383.86	35612.28	30946.13	9825.45
总流通市值（亿元）	135431.41	51420.67	29196.94	17970.83	4252.90
成交金额（亿元）		607.33	251.09	255.49	100.75
平均市盈率	12.37 倍	23.13	18.69	27.21	35.31

资料来源：摘自沪深证券交易所官网，截至 2013 年 3 月 14 日。

2. 场外市场的层次结构

"三板"是代办股份转让系统。2001 年 7 月 16 日，为了解决主板退市问题（包括水仙、粤金曼和中浩等）以及原 STAQ、NET 系统内存在有法人股历史遗留问题（首批挂牌交易的公司包括大自然、长白、清远建北、海国实、京中兴和华凯），"代办股份转让系统"正式成立，后被称为"老三板"。2006 年 1 月，中关村科技园区非上市股份有限公司股份报价转让系统（即"新三板"）正式推出，是国内证交所主板、中小板及创业板市场的补充。截至 2010 年底，在代办股份转让系统挂牌的公司有 75 家，股票 58 只，投资者开户数 12 万人，市值 83 亿元人民币，其中 A 类股份流通市值为 35 亿元人民币，B 类股份流通市值为 2500 万美元。2011 年"新三板"成交总额为 5.6 亿元。2012 年 6 月底，"新三板"挂牌公司 124 家。目前我国柜台市场主要包括全国性与区域性两个层次，正在试点扩容改革的"新三板"就是全国性 OTC 市场，如北京中关村、武汉东湖、上海张江、天津滨海等 4 家高新技术园区。"全国中小企业股份转让系统"（http://www.neeq.com.cn/）揭牌仪式 2013 年 1 月 16 日在北京金融街举行，"新三板"交易模式正式诞生。

"四板"是区域性股权交易市场。区域性股权交易市场（柜台市场），通常是由地方政府批准设立的地方区域性交易场所。目前全国建成并初具规模的区域股权市场有：天津股权交易所、齐鲁股权托管交易中心、上海股权托管交易中心、武汉股权托管交易中心、重庆股份转让系统、前海股权交易中心、广州股权交易中心、浙江股权交易中心、江苏股权交易中心、大连股权托管交易中心、海峡股权托管交易中心等十几家股权交易市场。对于"四板"市场，中国证监会给予规则上的指导。中国目前拥有 10 多万家股份制企业，发展四板市场是中小企业的利好。四板市场是为特定区域内的企业提供股权、债券的转让和融资服务的私募市场，一般以省级为单位，由省级人民政府监管，是我国多层次资本市场的重要组成部分，也是中国多层次资本市场建设中必不可少的部分。对于促进企业特别是中小微企业股权交易和融资，鼓励科技创新和激活民间资本，加强对实体经济薄弱环节的支持，具有积极作用。

改革开放 30 多年，中国经济正处在大量的财富形成阶段，以建设多层次资本市场为抓手，推动金融和经济的双重转型，是改革中极为重要的一个任务。目前，中国多层次股权资本市场呈倒金字塔形，主板上市公司超过 2500 家，中小企业板与创业板上市公司数有 1100 多家，而地方股权交易中心、新三板挂牌公司数不到 1000 家。然以美国为例，其多层次资本市场的结构是正金字塔形。纽约证券交易所上市公司约 3000 家，纳斯达克股票市场上市公司 5000 多家，电子公告板柜台市场与粉单市场挂牌公司近万家，这是相对比较稳定的结构。中国多层次资本市场改革的趋势应该是走向比较正常的正金字塔形，即高层市场、主板和中小板、创业板、新三板，场外市场区域性股权市场和券商柜台市场，再往下还有成千上万家 VC、PE 或者天使投资等。只有这样，中国总量超过 1400

万家的中小微企业，才有可能获得更有效的融资支持，成为国民经济持续增长的重要动力。

三、证券市场参与者

证券市场的参与者是各类投资主体，即具有独立的经济行为能力、有自主的投资决策权、自负盈亏的各类经济与非经济主体。参与证券市场的各类投资主体，因为其内在动力机制、资金来源、投资目标、市场影响力等诸要素不同，具有不同的行为特征。投资主体是投资活动的发起和持续推动者，应有充足的资金来源，是集投资权利、投资收益、投资责任和风险于一体的内在统一体。

（一）证券发行人

证券发行人是指为筹措资金而发行债券、股票等证券的发行主体。证券发行人是资金的需求者和证券的供给者，包括企业、金融机构、政府和政府机构等。

1. 公司（企业）

公司发行的证券主要包括股票和企业债券，其目的是筹集企业生产经营所需资金。股份有限公司既可发行股票，也可发行公司债券。国有独资公司和有限责任公司只能发行公司债券来筹集资金。

2. 金融机构

发行的证券称为金融证券，包括金融债券和股票。从中国近年来的金融债券统计数据看，政策银行债的发行额占金融债发行额的80%以上，剩余的市场份额被证券公司债、商业银行债、商业银行次级债、保险公司债、其他金融机构（包括财务公司、金融租赁公司、汽车金融公司等）债等共同瓜分。由于多数金融机构的资金实力雄厚，信用等级高，所以金融债券的发行利率一般低于普通企业债券。至于上市的商业性金融机构所发行的股票，在我国将其归属于一般的公司股票。

3. 政府和政府机构

政府和中央政府直属机构是证券发行的重要主体之一，其发行的证券品种仅限于政府债券。政府发行债券的目的包括弥补财政赤字、筹集建设资金、实施宏观调控等。中央政府通过财政部发行的国债以国家信用作担保，具有很高的安全性，有"金边债券"之称。由地方政府发行的债券，一般是以当地政府的税收能力作为还本付息的担保，其信用级别低于中央政府债券。地方政府、地方公共机构发行的债券，一般用于建设地方性的交通、通信、住宅、教育、医疗、污水处理系统等公共设施，在某些特定情况下，地方政府债券又被称为"市政债券"。

央行票据是中央银行为调节商业银行超额准备金而向商业银行发行的短期债务凭证，目的是减少商业银行可贷资金量，是中央银行调节基础货币和短期利率的一项货币政策工具。在公开市场操作中，中央银行引入央行票据替代回购品种，增加了公开市场操作的自由度。

（二）证券投资人

证券投资人是指通过证券而进行投资的各类机构法人和自然人。证券投资人是证券市场的资金供给者，也是证券的需求者和购买者。

1. 机构投资者

政府机构、金融机构、企业和事业法人、各类基金等都是机构型的证券投资主体。其中，证券经营机构是证券市场上最活跃的投资者，以其自有资本、营运资金、受托投资资金进行证券投资。

政府作为公共产品的提供者，其投资行为具有非营利特征，投资收益具有宏观性、全局性。政府的投资规模大，参与证券投资的目的主要是调剂资金余缺和进行宏观调控。政府投资的资金来源主要是财政收入，同时辅之以在资本市场上发行债券所筹集的资金。各类政府机构通过购买政府债券、金融债券投资证券市场，国有资产管理部门投资证券市场，是为了实现国有资产的保值增值。

在证券市场投资的金融机构主要有证券经营机构、银行业金融机构、保险经营机构、合格境外机构投资者（QFII）、合格境内机构投资者（QDII）、主权财富基金、投资基金管理公司、财务公司、信托机构、金融租赁公司等。金融机构投资的基本特点是：第一，投资规模大，能充分吸收社会闲散资金而聚集成庞大的资金力量，其投资活动会对市场产生重大影响。第二，投资的专业化水平较高，十分注重投资资产的安全性，能有效进行投资组合，分散投资风险。第三，投资手段的多样化和灵活性，收集和分析各类投资信息的能力强，具有应付各类市场复杂变化的能力。第四，如果金融投资失误或失控，则可能给整个市场带来灾难性的后果。

企业可以用自己的积累资金或暂时不用的闲置资金进行证券投资，以获取投资收益或者实现对其他企业的参股、控股。我国规定，国有企业、国有资产控股企业、上市公司可以参与股票配售，也可以投资于债券和证券投资基金，但不得投资上市交易的股票。事业法人可以用自有资金、有权自行支配的预算外资金进行证券投资。相对于个人投资者而言，企业的投资资金规模较大，在经济前景不乐观和市场不稳定的情况下，企业的短期投机行为和增大的资金交易量，会对证券投资市场产生较大的影响。

机构投资者还有各类基金，包括证券投资基金、社保基金、企业年金、社会公益基金等。

2. 个人投资者

个人投资者又称大众投资主体，是指从事证券投资的社会自然人，他们是证券市场上最广泛的投资者。个人投资者的投资资金主要来源于本人或家庭收入的积累、合法继承的财富及依据个人信誉筹措的各项资金。其投资活动因资金数额有限、获取和处理信息的能力有限而有一定的盲目性。个人投资者的投资规模小，较为分散，一般不会对金融市场造成重大影响。个人投资者进行证券投资应具备国家有关法律法规所要求的基本条件及一定的经济实力，必须借助于投资中介机构，而不能进行直接交易。

延伸阅读：不希望有大量散户进入新三板市场

"清华五道口全球金融论坛"于 2014 年 5 月 10 日至 12 日在北京举行。中国证监会副主席姚刚在参加论坛时表示，新三板主要为中小微企业提供资本市场服务平台，这类企业成立时间不长、商业模式不固定，处于产业的不同阶段，风险较高，所以证监会不希望有大量的散户投资者进入这个市场，设立了一定投资者门槛。

姚刚表示，在当今电子化交易兴起普及的背景下，过去使用的场内、场外市场的概念已经不甚适合当今电子化交易的市场现状。在定位上，全国股转系统主要是为了给创新、创业、成长型中小微企业提供服务，弥补证券交易所的不足，是全国性的交易场所。服务范围扩大至全国后，该市场经历了快速发展，至今已初具规模，截至8日，全国股转系统挂牌企业共740家，总市值达到1434亿元。他说，仅靠证券交易所市场达到大幅提升直接融资比重并不现实，中国各类企业有1400万家，其中只有2500家可以上市，全球市场情况也是如此。中小微企业在获得间接融资方面具有天生劣势，但其对资金的需求巨大。资本市场恰恰为PE/VC等寻求高回报的股权投资者提供了对接平台。全国股转系统企业纳入非上市公众公司监管范畴，股份可以进行公开转让，从这个意义上说，其与证券交易所市场不存在本质差别。其与沪深证券交易所的差异主要在于服务对象。

证券交易所85%的年交易量由散户投资者贡献，流动性、融资效率也较高，同时上市标准也很高。全国股转系统为达不到上市标准、股权转让需求不那么强烈的企业提供资本市场服务。这类企业经营风险较大，存在大进大出的可能，不适合大量散户投资者投资，因此该市场适用了较高的投资者门槛。正是在此前提下，这个市场的制度才能作出与证券交易所不同的安排。全国股转系统制度安排体现了"简政放权"理念，最大限度地减少行政审批，企业挂牌不设财务门槛，以信息披露为中心，挂牌融资、并购重组等基本豁免行政许可，挂牌公司融资的时间、价格全由公司自主决定。交易方式也作出了多种安排，包括协议转让、做市转让、竞价转让等。

资料来源：凤凰财经，http：//www.cebnet.com.cn，2014－05－10。

（三）证券市场中介机构

这是指为证券的发行、交易提供服务的各类机构，包括证券公司和其他证券服务机构。

1. 证券公司

证券公司又称证券商，是指依据《公司法》规定并经国务院证券监督管理机构批准设立，从事证券经营业务的有限责任公司或股份有限公司。2006年1月1日起施行的《证券法》按照证券经纪、证券投资咨询、财务顾问、证券承销和保荐、证券自营、证券资产管理、其他证券业务等业务类型进行管理，并按照审慎监管的原则，根据各项业务的风险程度，设立分类准入条件。2009年5月中国证监会发布的《证券公司分类监管》以证券公司风险管理能力为基础，结合公司市场竞争力和持续合规状况进行综合评价，并根据评价分值高低将证券公司分为A（AAA、AA、A）、B（BBB、BB、B）、C（CCC、CC、C）、D、E等5类11个级别。截至2012年底，中国境内共有证券公司114家，其中有19家为已上市证券公司（见表1－1）。

表 1 - 1　　　　　　　　　　中国上市证券公司一览表

序号	代码	名称	星级	序号	代码	名称	星级
1	002673	西部证券	***	11	600030	中信证券	***
2	601555	东吴证券	***	12	000563	宏源证券	***
3	000750	国海证券	***	13	600837	海通证券	***
4	601901	方正证券	****	14	000686	东北证券	***
5	002500	山西证券	***	15	000728	国元证券	**
6	601377	兴业证券	***	16	000783	长江证券	****
7	000776	广发证券	***	17	601099	太平洋	**
8	601688	华泰证券	***	18	600109	国金证券	***
9	600999	招商证券	***	19	601788	光大证券	***
10	600369	西南证券	***				

2. 证券服务机构

证券服务机构是指依法设立的从事证券服务业务的法人机构，为证券市场的顺利运转提供各种服务，主要包括证券投资咨询公司、财务顾问机构、会计师事务所、资产评估机构、律师事务所、资信评级机构等。截至 2012 年底，中国境内共有证券投资咨询机构 89 家，证券评级机构 6 家。

（四）自律性组织

自律性组织主要包括证券交易所、证券行业协会和证券登记结算机构。

1. 证券交易所

根据《证券法》的规定，证券交易所是为证券集中交易提供场所设施，组织和监督证券交易，实施自律管理的法人。证券交易所的监管职能包括制定证券交易所的业务规则；接受上市申请，安排证券上市；对证券交易活动进行管理，对会员以及对上市公司进行管理；管理和公布市场信息。我国证券交易所包括上海证券交易所和深圳证券交易所，均归属中国证监会直接管理。2014 年 4 月，沪深 300 股票指数期货上市交易，中国金融期货交易所的活动也与证券市场有了更密切联系。

2. 证券行业协会

中国证券行业类协会包括中国证券业协会、中国证券投资基金业协会和中国上市公司协会。其自律管理体现在保护行业共同利益、促进行业共同发展。

中国证券业协会（http：//www. sac. net. cn）成立于 1991 年 8 月 28 日，是依据《中华人民共和国证券法》和《社会团体登记管理条例》有关规定设立的证券业自律性组织，属于非营利性社会团体法人，接受中国证监会和民政部的业务指导和监督管理。中国证券业协会的最高权力机构是由全体会员组成的会员大会，理事会为其执行机构。中国证券业协会履行"自律、服务、传导"三大职能，发挥行业自律组织的应有作用。截至2012年底，协会共有会员247家，其中，证券公司114家，证券投资咨询公司85家，金融资产管理公司1家，资信评估机构6家，特别会员41家（其中地方证券业协会36家，证券交易所2家，金融期货交易所1家，证券登记结算公司1家，投资者保护基金公司1家）。

中国证券投资基金业协会（http://www.amac.org.cn/）是依据《证券投资基金法》和《社会团体登记管理条例》的有关规定设立的，由证券投资基金行业相关机构自愿结成的全国性、行业性、非营利性社会组织，从事非营利性活动，成立于2012年6月。会员分为三类：普通会员、联席会员、特别会员，范围涵盖基金管理公司、银行、保险、信托、QFII、资产管理类私募公司等类型。截至2012年底，基金业协会共有会员178家。

中国上市公司协会（http://www.capco.org.cn/capco/）成立于2012年2月15日，中国证监会为其业务主管部门。协会以会员为主体，以"服务、自律、规范、提高"为基本职责，致力于促进提高上市公司质量，促进完善上市公司治理，打造上市公司高端服务平台，建设新型社会中间组织，传导自律规范需求，进而促进资本市场体系的成熟和完善。截至2012年底，协会共有上市公司普通会员1667家，特别会员8家，地方上市公司协会团体会员26家。

3. 证券登记结算机构

证券登记结算机构是指为证券的发行和交易提供集中的登记、托管与结算服务，不以营利为目的的法人。证券登记结算机构实行行业自律管理。我国的证券登记结算机构为中国证券登记结算有限责任公司，中国证监会为其主管部门。2001年3月30日，按照《证券法》关于证券登记结算集中统一运营的要求，经国务院同意，中国证监会批准，中国结算（http://www.chinaclear.cn/）组建成立。同年10月1日起，中国结算承接了原来隶属于沪深证券交易所的全部登记结算业务，标志着全国集中统一的证券登记结算体制的组织架构基本形成。

（五）证券监管机构

中国的证券监管机构是中国证券监督管理委员会（http://www.csrc.gov.cn/）及其派出机构，成立于1992年10月，属于国务院直属单位，依照法律、法规和国务院授权，统一监督管理全国证券期货市场，维护证券期货市场秩序，保障其合法运行。其主要职责：第一，建立统一的证券期货监管体系，按规定对证券期货监管机构实行垂直管理。第二，加强对证券期货业的监管，强化对证券期货交易所、上市公司、证券期货经营机构、证券投资基金管理公司、证券期货投资咨询机构和从事证券期货中介业务的其他机构的监管，提高信息披露质量。第三，加强对证券期货市场金融风险的防范和化解工作。第四，负责组织拟订有关证券市场的法律、法规草案，研究制定有关证券市场的方针、政策和规章；制定证券市场发展规划和年度计划；指导、协调、监督和检查各地区、各有关部门与证券市场有关的事项；对期货市场试点工作进行指导、规划和协调。第五，统一监管证券业。

四、证券投资的功能

（一）资金积聚功能

通过将社会储蓄转化为社会投资来实现资金积聚，即筹资—投资功能，是证券投资最基本的功能。资金需求者通过发行证券筹集资金，资金供给者通过投资证券获取收益。证券投资（股票、债券、基金）筹集的巨额资金使高科技、高收益、高风险的产业迅速发展，而无须承受偿还银行贷款的压力。凭借政府信用发行巨额国债，可以调节经济社会的总供给与总需求，弥补财政赤字，是调控宏观经济运行的重要手段。

（二）资产定价功能

证券投资的资产定价功能是通过市场的公开竞价机制形成的。证券市场的直接融资活动在迅速平衡资金供给和需求的同时，能够使风险资产形成统一的市场价格，消除资产定价中的一些非理性因素。合理的风险资产定价有助于分散投融资风险，因为企业（筹资者）通过发行证券将生产经营的风险分散给每个证券持有者，而投资者通过持有多种证券、建立投资组合、及时买卖持有的证券等方式，来转移和分散证券投资风险。

（三）资源配置功能

证券的转让和流通，使社会资源和生产要素通过市场机制合理流动。在证券价格的引导下，资金向效率更高和效益更好的产业及部门集中，即把闲散资源投入到国民经济最需要的部门，资金从利润低的部门转移到利润高的部门，使资源得到更合理的运用。股票市场作为一种企业产权转让和交易市场，按照投资收益最大化或投资风险最小化的原则进行股权交易，促进企业产权重组，为企业在更大范围内重新配置资源提供了渠道。

（四）财富调节功能

证券投资具有正向与反向的财富积累功能。利用证券市场的直接融资机制，筹资者在及时筹集大量资金的同时，通过扩大再生产而积累了财富。投资者既可以持有证券来分享企业的经济效益，也可以利用证券的转让与买卖来赚取证券价差收益。证券市场的繁荣会提升消费者的信心及边际消费倾向，进而形成证券市场财富与消费需求增长、经济增长的良性循环。而证券市场萧条则会使股票价值下降，财富余额减少。

五、证券投资理论简介

证券投资理论源于货币经济理论，其中，有效市场假设理论、资产组合理论、资本市场理论被称为现代金融投资的三大理论。

（一）有效市场假设理论

有效，是指价格对信息的反映具有很高的效率，这一高效率不仅指价格对信息的反映速度，即及时性，而且包括价格对信息反映的充分性和准确性。有效市场假设理论认为：在有效率的市场上，存在着大量理性的、追求利益最大化的投资者，他们积极参与竞争，每一个人都试图预测单个股票未来的市场价格，每一个人都能轻松获得当前的重要信息。众多投资者之间的竞争导致这样一种状况：在任何时候，单只股票的市场价格都反映了已经发生的和尚未发生、但市场预期会发生的事情。根据投资者可获得的信息种类，可把市场分为效率程度不等的三种形式（见图1-1）。关于有效市场假设理论的实证研究，一方面，表明股价是不能预测的；另一方面，也揭示出一些与股价变动有着稳定关系的重要因素，如周日效应、季节效应、市盈率效应、翻转效应等。

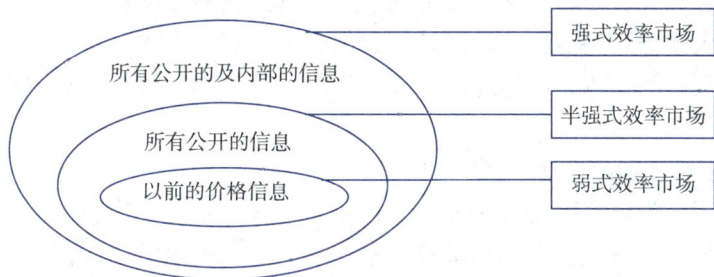

图1-1　三种效率市场的信息反应

（二）资产组合理论

资产组合理论运用数学和统计的方法来分析和计算不同证券之间的风险相关关系，进而得出一个"有效"的证券组合。此处的"有效"是指在一定的收益水平上，该证券组合的风险最小，或在一定的风险水平上，其收益最高。该理论运用一个约束条件下的极值模型求得了最优投资组合的机会集，即有效边界，并证明了以期望收益最大化为决策准则的投资者必然在有效边界上作出投资选择。

美国经济学家哈里·马柯维茨的资产组合理论开创了现代投资学的研究，他本人也因此获得了1990年的诺贝尔经济学奖。资产组合能消除个别风险，却不能消除系统性风险，故而对于中国这一"新兴加转型"证券市场上因政策、消息等引起价格大起大落的系统性风险，资产组合有时无能为力。

（三）资本市场理论

资本市场理论研究的是在完全竞争的资本市场上，理性投资人的行为如何使市场达到均衡，而当资本市场处于均衡状态时，各种风险资产的价格又是如何确定的。夏普等人用资本资产定价模型提供了"从整体上把握市场"的投资思路，认为没有一只股票在市场均衡的时候会比另一只股票更具有吸引力。由此，可以搜寻市场中定价错误的证券。错误的定价会有回归，因此，当证券的实际价格低于（或高于）均衡价格时，说明该证券是廉价的（或昂贵的），就可以购买（或出售）该证券。投资者可以通过计算股票的期望收益，与市场中的实际股票价格相比，从而确定哪些股票具有投资价值。

第二节　证券市场的产生与发展

一、证券市场的产生

当证券的发行与转让公开通过市场的时候，证券市场随之出现。证券市场形成于自由资本主义时期，股份公司的产生和信用制度的深化，是证券市场形成的基础。证券市场的形成必须具备一定的社会条件和经济基础。证券市场从无到有，主要原因有三点：

（一）得益于社会化大生产和商品经济的发展

证券市场是商品经济和社会化大生产发展的必然产物。随着生产力的进一步发展和商品经济的日益社会化，资本主义从自由竞争阶段过渡到垄断阶段原有的银行借贷资本已不能满足巨额资金增长的需要。为满足社会化大生产对资本扩张的需求，客观上需要有一种新的筹集资金的手段，以适应经济进一步发展的需要。证券与证券市场于是就应运而生。

（二）得益于股份制的发展

股份公司的建立为证券市场形成提供了必要的条件。随着生产力的发展，生产规模的日益扩大，传统的独资经营方式和家族企业已不能满足资本扩张的需要。于是产生了合伙经营的组织，随后又从单纯的合伙经营组织演变成股份制企业。股份公司通过发行股票、债券向社会公众募集资金，实现资本的集中，满足扩大再生产对资金急剧增长的需要。股份公司建立和公司股票、债券的发行，为证券市场的产生和发展提供了坚实的基础。

（三）得益于信用制度的发展

信用制度的发展促进了证券市场的形成和发展。近代信用制度的发展，使得信用机构由单一的中介信用发展为直接信用，即直接对企业进行投资。于是，金融资本逐步渗透到证券市场，成为证券市场的重要支柱。信用工具一般都具有流通变现的要求，股票、债券等有价证券具有较强的变现性，证券市场恰好为有价证券的流通和转让创造了条件。可见，信用制度越发展，就越有可能动员更多的社会公众的货币收入转化为货币资本，投入到证券市场中去。证券业的崛起也为近代信用制度的发展开辟了广阔的前景。

二、国际证券市场发展现状与趋势

证券市场的发展过程大致可以分为五个阶段。第一，萌芽阶段。在资本主义发展初期的原始积累阶段，西欧就产生了证券的发行和交易，15世纪的意大利证券交易的主要是商品票据的买卖，16世纪的法国里昂等地就已经有了证券交易所。第二，初步发展阶段。在资本主义从自由竞争向垄断过渡的过程中，证券市场以其独特的形式有效地促进了资本的积累和集中。1602年，在荷兰的阿姆斯特丹成立了世界上第一家股票交易所。1773年，英国的第一家证券交易所在"乔纳森咖啡馆"成立，1802年获得英国政府的正式批准，这即为伦敦证券交易所的前身。1792年经纪人在华尔街商订了一项名为"梧桐树协定"的证券交易协议，1817年，这些经纪人共同组成了"纽约证券交易会"，1863年改名为"纽约证券交易所"。第三，停滞阶段。1929—1933年资本主义国家爆发的经济危机导致证券市场价格的剧烈波动，证券经营机构的数量和业务锐减，投资者损失惨重。经济危机使世界各国政府认识到必须加强对证券市场的管理，于是各国纷纷制定证券市场法律法规和设立管理机构，使证券交易市场趋向法制化。第四，恢复阶段。

二战后至 20 世纪 60 年代，随着欧美和日本经济的恢复和发展，各国经济的增长极大地促进了证券市场的恢复和发展。第五，加速发展阶段。20 世纪 70 年代开始，证券市场出现了高度繁荣的局面，证券交易日趋活跃。

20 世纪 90 年代以来，在高新技术快速发展和经济全球化的背景下，各国的证券市场发生了一系列深刻变化，主要体现在以下几个方面：第一，证券市场一体化；第二，投资者法人化；第三，金融创新深化；第四，金融机构混业化；第五，交易所重组与公司化；第六，证券市场网络化；第七，金融风险复杂化；第八，金融监管合作化。在加大金融业对外开放、有效推进金融自由化、国际竞争加剧、金融风险随之凸显的过程中，各国乃至各地区证券市场之间的联系更加密切，显示出全球化趋势。

三、中国证券市场的发展与改革

中国近代证券市场与旧政权一同兴衰，没有传承给新中国现成可用的载体。中国内地在 19 世纪 70 年代末期恢复设立证券市场，主要是出于拓展直接融资渠道以推进经济建设的目的。在政府供给主导型的发展模式下，中国证券市场对经济增长作出了贡献。

（一）旧中国的证券市场

中国最早的证券可以追溯到春秋战国时期国家向大户的举贷，飞钱、会票、当票等商业票据的出现则使证券品种更加丰富。而明朝后期具有资本主义股份制特征的"集资合股"，是中国最早的股票雏形。现代意义的证券出现在 1840 年鸦片战争后五口商埠的洋行，外资企业带来了西方国家已经普遍采用的股份制公司集股筹资方法。在 1872 年清政府"洋务派"筹建的上海轮船招商局，诞生了中国第一家近代股份制企业和第一张股票。中国证券市场从一开始就存在着华洋两个不同的体系，这是由旧中国的经济社会性质决定的。

中国大陆第一家投资银行是 1869 年在上海开业的英商长利公司，专事外商企业的股票交易。1891 年证券掮客们组织了"上海股份公所"，买卖外商在华所设备公司的股票。而华商的证券交易从起初"以亲带友、以友及友"的偶然性交易，发展到固定的、经常性的证券买卖，离不开早期的证券中介机构，如 1882 年成立的"上海平准股票公司"、光绪末年的"公平易公司"和"信通公司"等。望名生义，早期私有化、本土化的投资银行已经在居间活动中倡行公平、诚信等理念，这些理念恰恰是中介组织赖以存在的基石，当然更是现代资本市场的基础构件。民国初年，由于中国近代工商业与产业证券市场的大发展，证券掮客迅速增加，在上海形成了专营证券买卖的商人，一度股票公司林立。南京政府成立后实行的一系列经济金融改革，曾经推动了证券市场的继续发展。上海华商证券交易所是当时远东地区设备最完备、规模最大的证券交易所。抗日战争时期，虽然证券市场萧条，甚至没有了统一的场内市场，却一直有许多证券行、银行的证券部或信托部进行证券交易。战争引起的通货膨胀使得对证券投资的保值升值需求旺盛，利益驱动下的投资银行（兴盛时上海有 70 多家证券公司，天津有 100 多家证券行）开展了大量的股票柜台交易和黑市交易。南京国民政府后期的股票市场出现过短暂而畸形的"繁荣"，但内战及恶性通货膨胀使得失去公信力和民心的证券市场与政权一起在大陆衰亡。中国近代证券市场与民国时期社会经济如影随形地走完了形成、发展和衰亡的全过程。

（二）跨越历史传承的起步

新中国在发展证券市场上曾有过尝试，那就是存在于1949—1950年的天津证券交易所和北京证券交易所，但社会主义计划经济体制的运行使得通过证券市场疏导游资的意义不复存在。在中断三十多年后，大陆借鉴国际经验培植了证券市场。在1978—1990年的中国证券市场上，最主要的功能是以开拓直接融资渠道来筹集建设资金，推进经济发展。经过13年的积累，大陆达到发行5大类18个品种、总额2861亿元的证券。在起步阶段的"需求尾随型"金融发展中，特有的金融中介服务也在市场诱致下自发地产生了。股票掮客们（上海称"黄牛"，深圳称"强龙"）利用信息、资金和社会关系等资源优势，在证券私下转让中赚取差价和佣金，一度曾出现买卖双方不约而同的固定的私下交易场所。掮客们这种基于当局对证券转让的严格限制及市场人为分割，进而导致的信息不对称、交易成本高、存在证券买卖的意愿差价等市场获利因素的捕捉，是中国资本市场原生的"投资银行式"服务，在客观上推动了证券交易的发展。当然，对于倒买倒卖的投机性行为，当时的社会包容度与市场承受力都很有限。实际上，中国出于后发国家追赶战略的需要而推行的"供给引导型"金融改革发展，以规范化的股票柜台交易在瞬间覆盖了私下交易，并在短时间内催生出一批从事证券业务服务的证券兼营机构，包括信托投资公司、银行的证券部、财政证券事务所、证券交易代办点、保险公司的证券部、城市信用社的证券交易部等。它们都是国有企业，虽然按经济形式可划分为独资企业与股份制企业。业务范围主要包括：代理发行各种有价证券，自营和代理证券买卖，代理支付和代收证券的本息红利，证券的签证、登记过户，证券代保管，证券投资咨询，国库券相关业务等。这些国有证券经营机构的存在，是政府推动型改革的产物与需要，有一种与生俱来的公信身份，是以政府信用的扩展、强化来替代市场的私人信用。

中国第一家证券专营机构——深圳经济特区证券公司1987年9月成立。之后一年，全国20多个区市省成立了多家证券公司（见表1-2）。1988年，各地成立了20多家证券公司，反映了证券市场快速发展对设立专业化投资银行的需要。成立之初，多为中国人民银行地方分行独资（财政证券属于地方财政局，业务上接受当地人民银行管理），主要为完成国库券的发行、本地区股份制试点企业的债券和股票发行、自营和代理证券买卖业务及其他证券服务业务等。从分布区域来看，东部沿海地区占比在46%以上，中部和西部比例均在27%以下，这从一个侧面反映了区域经济增长与资本市场发展的正相关关系。同时，与金融中介机构布局相对应的股票筹资额，也从另一个侧面佐证了经济发达程度与资本市场的发展关系（见表1-3）。1990年之前的三大证券公司（注册资本均为人民币10亿元）都集中在上海，即申银证券公司、万国证券公司、海通证券公司，它们的一些业务创新活动推动了早期中国证券市场的发展。以1990年底上海证券交易所开业运行、1991年深圳证券交易所正式营业、1992年中国证券监督管理委员会创立为标志，中国资本市场的制度正式确立，中国内地的证券市场在几乎没有历史传承中实现了跨越式起步。

表1–2　　　　　　　　　　　　　1988年成立的证券专营机构

公司名称	时间	区域	公司名称	时间	区域
武汉证券公司	3月	中部	浙江证券公司	6月	东部
广州证券公司	3月	东部	福建闽发证券公司	6月	东部
上海财政证券公司	3月	东部	天津证券公司	6月	东部
哈尔滨财政证券公司	4月	中部	青岛证券公司	6月	东部
四川省证券公司	4月	西部	厦门证券公司	7月	东部
重庆证券公司	4月	西部	山西证券公司	7月	中部
辽宁证券公司	5月	东部	陕西证券公司	7月	西部
沈阳证券公司	5月	东部	上海万国证券公司	7月	东部
吉林证券公司	5月	中部	湖南证券公司	7月	中部
内蒙古呼和浩特证券公司	5月	中部	上海海通证券公司	8月	东部
黑龙江证券公司	8月	中部	青海证券公司	8月	西部
贵州证券公司	8月	西部	云南证券公司	9月	西部
甘肃证券公司	8月	西部	深圳特区证券公司	1987/9	东部

资料来源：马庆泉：《中国证券史1978—1988》，中信出版社，2003，76页。

表1–3　　　　　　截至1990年底中国大陆各省、直辖市股票发行统计表　单位：万元人民币

省、直辖市名称	公开发行	非公开发行	小计	排序
上海	86882	27525	114407	1
广东	31731	43848	75579	2
四川	5865	55361	61226	3
山东	3000	23917	26917	4
辽宁	11802	13607	25409	5
浙江	3032	19661	22693	6
湖北	1441	14184	15625	7
江苏	12031	490	12521	8
小计	155784	198593	354377	占比84.35%
其他省、直辖市	18155	47572	65727	占比15.65%
合计	173939	246165	420104	—

资料来源：金建栋：《中国证券市场（1991）》，中国金融出版社，1992。

（三）中国证券市场的现状

新中国的证券市场自1992年后从萌芽进入快速成长历程。中国经济从20世纪80年

代开始，经历了持续30多年的高增长，财富的积累使得居民的新增金融资产结构发生了变化，金融供给制度的变化促成了居民金融资产多元化（见表1-4）。1993—1998年，全国性资本市场的形成和初步发展。1995年之前，资本市场的发展并没有产生明显的直接融资工具替代储蓄存款的效应。之后，股票的比重明显上升，对储蓄存款产生较强的替代。政府债券一直是人们踊跃认购的金融资产，保险的占比稳定上升。1995年之后，与中国金融深化程度一起提升的是证券资产在金融资产构成中所占比重的明显提高，与此同时，上市公司、证券公司的数量也以较快速度增长，达到了一定规模。1999年至今，资本市场进一步规范和发展。《证券法》在1998年12月正式颁布，创业板在2009年9月正式启动，沪深300股指期货和融资融券制度在2009年末启动。截至2014年初，沪深证券交易所上市公司超过2500家，是1993年的13.66倍，沪、深股市总市值达到23.9万亿元，相当于1993年的67倍（见表1-5）。中国资本市场的发展促进了国内经济的增长，主要体现在资金融通、资源配置等方面。中国已经在经济的高速增长中形成了与大国经济相对应的资本市场系统。

表1-4　　　　　　　1981—2000年中国居民新增金融资产结构　　　　　　单位：%

年份	储蓄存款	股票	企业债券	政府债券	保险	现金	总计
1981	58.34	0.00	0.00	22.86	0.00	18.80	100
1982	66.01	0.00	0.00	19.07	0.00	14.92	100
1983	65.55	0.00	0.00	12.55	0.00	21.90	100
1984	56.07	0.00	0.00	7.40	0.00	36.53	100
1985	64.75	0.00	0.00	9.62	0.78	24.85	100
1986	64.62	0.00	8.79	5.86	1.37	19.36	100
1987	72.14	0.86	0.22	8.42	2.19	16.17	100
1988	47.73	1.61	1.85	10.77	3.02	35.02	100
1989	74.81	0.36	1.70	11.46	2.51	9.16	100
1990	80.27	0.18	2.05	2.05	2.44	13.01	100
1991	72.24	0.17	4.62	5.78	2.67	14.52	100
1992	58.34	1.16	11.32	5.16	2.54	21.48	100
1993	65.52	3.73	3.70	4.91	2.99	19.49	100
1994	79.44	0.54	0.57	4.98	0.73	13.74	100
1995	87.81	0.26	0.01	6.86	0.02	5.04	100
1996	77.47	2.78	1.60	9.87	1.16	7.12	100
1997	67.06	7.68	-4.33	16.23	2.43	10.93	100
1998	74.26	6.14	0.27	11.07	1.44	6.82	100
1999	59.61	7.17	0.69	12.54	4.69	15.30	100
2000	60.81	14.05	0.31	7.08	8.60	9.14	100

资料来源：《中国金融年鉴》（1995），《中国证券市场统计年鉴》（1995），《中国统计年鉴》（1996），《中国人民银行年报》等。

表 1-5　　　　　　　　　　2014 年 1—3 月证券市场概况统计表

	2013 年底	2014 年 1 月	比 2013 年底	2014 年 3 月
境内上市公司数（A、B 股）（家）	2489	2532	1.73%	2537
境内上市外资股（B 股）（家）	106	105	-0.94%	105
境外上市公司数（H 股）（家）	185	188	1.62%	190
股票总发行股本（A、B、H 股亿股）	40569.08	40836.99	0.66%	40978.02
其中：流通股本（亿股）	36744.16	36937.54	0.53%	37130.04
股票市价总值（A、B 股亿元）	239077.19	237825.68	-0.52%	236625.06
其中：股票流通市值（亿元）	199579.54	196640.86	-1.47%	196953.36
股票成交金额（亿元）	39672.04	35863.73	—	42351.64
日均股票成交金额（亿元）	1803.27	1707.80	—	2016.74
上证综合指数（收盘）	2115.98	2033.08	-3.92%	2033.31
深证综合指数（收盘）	1057.67	1081.27	2.23%	1039.88
股票有效账户数（万户）	13247.15	13280.68	0.25%	13398.52
平均市盈率（静态）				
上海	10.99	10.57	-3.82%	10.65
深圳	27.76	28.43	2.41%	25.21
证券投资基金只数（只）	1552	1573	1.35%	1622
交易所上市证券投资基金成交金额（亿元）	1024.87	733.45	—	734.15
证券境内外累积筹资（亿元）	7948.72			
股票累积成交金额（亿元）	468728.60			

资料来源：中国证监会网站·统计数据，http://www.csrc.gov.cn/。

2004 年 2 月 1 日国务院发布的《关于推进资本市场改革开放和稳定发展的若干意见》（简称"国九条"），作为中国证券市场发展史上里程碑式的中长期规划，理应成为中国证券投资市场发展的推动力，然而，运行结果是证券市场参与者的生存环境和经营业绩继续下滑。究其原因是中国资本市场的诸多重要基础性制度变革和运行机制仍需进行深入革新。进入"十二五"，中国经济的改革发展步入重要的战略机遇期，资本市场挑战与机遇并存。一方面，作为"新兴加转轨"的市场，中国依然面临很多长期存在的体制机制问题，市场化程度不足，行业竞争力欠缺，市场诚信水平有待提高，价值投资理念仍需推广。在国内市场表现相对低迷、国际国内经济形势日趋复杂的背景下，资本市场的改革和发展任重道远。另一方面，中国宏观经济总体企稳，金融体系发展较为稳健，工业化、城镇化进程和产业的转型升级都为资本市场更好地发挥资源配置功能提供了广阔舞台；居民财富积累和社会保障制度的改善也为资本市场的发展带来了强劲动力。2014 年 5 月 9 日国务院发布了《关于进一步促进资本市场健康发展的若干意见》（简称新"国九条"），时隔十年，中国资本市场再度迎来顶层设计。或许新"国九条"对中国股市的短期利好作用有限，因为各种措施的落地需要较长时间。但是，立足全局、着眼长远的整体部署对资本市场无疑是一个长期利好。

【本章小结】

证券是各类财产所有权或债权凭证的通称，投资是投入某种资源以获得某种资产及收益的过程。证券投资有收益、风险、时间三大基本要素组成，具有投资—融资、资产定价、资源配置、财富调整等功能。证券市场是价值、财产权利和风险直接交换的场所；其重要的结构考量有层次、品种、交易场所等；其参与者包括发起人、投资人、证券市场中介机构、自律性组织、证券监管机构等。证券投资理论源于货币经济理论，而有效市场假设理论、资产组合理论、资本市场理论是现代金融投资的三大理论。证券市场产生得益于社会化大生产和商品经济的发展、得益于股份制和信用制度的发展。证券市场发展大致经历了萌芽、初步发展、停滞、恢复、加速发展五个阶段，在经济全球化与高新技术快速发展的背景下，正发生一系列深刻变化。旧中国的证券市场与旧政权一同兴衰，新中国借鉴国际经验配置了全新的证券市场。作为"新兴加转型"的市场，依然面临很多长期存在的体制机制问题，中国资本市场的改革和发展任重道远。

【课后训练】

一、趣味训练

请同学们更新"延伸阅读：中国资本市场的一二三四板"中关于沪深两市的统计数据表（截至 2013 年 3 月 14 日），将内容更新为最近一个月的月底数据。

路径：上海证券交易所 http://www.sse.com.cn/。

深圳证券交易所 http://www.szse.cn/。

二、证券从业资格考试模拟训练题（1~6 题单选，7~10 题多选）

1. 下列选项中，不属于证券市场基本功能的是（   ）。

A. 筹资—投资   B. 定价   C. 资本配置   D. 规避风险

2. （   ）不属于证券市场的显著特征。

A. 证券市场是价值直接交换的场所   B. 证券市场是财产权利直接交换的场所

C. 证券市场是风险直接交换的场所   D. 证券市场是价值实现增值的场所

3. 证券发行人是指为筹措资金而发行债券和股票的（   ）。

A. 政府、政府机构、公司   B. 中央政府、地方政府、公司

C. 政府、中央银行、公司企业   D. 政府、金融机构、财政部、公司

4. 中国历史上的（   ）是当时远东地区设备最完备、规模最大的证券交易所。

A. 上海华商证券交易所   B. 北平证券交易所

C. 天津市企业交易商   D. 青岛物品证券交易所

5. 中央银行是一国实施金融监管的重要机构，作为证券发行主体，下列说法不正确的是（   ）。

A. 中央银行主要发行两种证券：股票和债券

B. 美国央行通过发行股票来筹集资金，其股东享有决定中央银行政策的权利

C. 中央银行优势出于调控货币供应量而发行特殊债券

D. 中国人民银行从 2003 年起发行央票，主要是为对冲金融体系的流动性过剩

6. 证券自律性组织包括证券业协会和（　　）。

A. 证券公司　　　　　　B. 证券交易所　　　C. 中国证监会　　　D. 投资俱乐部

7. 下列各项属于非上市证券的有（　　）。

A. 公募证券　　　　　　　　　　　B. 私募证券

C. 凭证式国债　　　　　　　　　　D. 普通开放式基金份额

8. 关于国际证券市场发展趋势的表现，下列说法正确的有（　　）。

A. 证券市场一体化　　　　　　　　B. 投资者法人化

C. 金融机构分业化　　　　　　　　D. 金融风险复杂化

9. 我国国有资产管理部门或其授权部门持有国有股，是履行（　　）职责。

A. 投资获利

B. 国有资产的保值增值

C. 调剂资金余缺

D. 通过国有控股、参股支配更多社会资源

10. 证券市场的结构是指证券市场的构成及其各部分之间的量比关系。证券市场的结构可以有许多种，较为重要的结构是（　　）。

A. 层次结构　　　　　　　　　　　B. 多层次资本市场

C. 品种结构　　　　　　　　　　　D. 交易场所结构

第二章
证券投资工具概述

ZHENGQUAN TOUZI GONGJU GAISHU

教学要求

通过本章学习，掌握基本的知识点，完成能力目标，并完成习题。

知识目标

1. 掌握股票定义、分类和特征
2. 掌握债券定义、分类和特征
3. 掌握基金定义、分类和特征
4. 掌握金融衍生工具的主要种类

能力目标

1. 能判断投资工具的属性
2. 能区分股票与债券的差别
3. 能计算基金的净值

第一节　股　　票

　　股票是一种有价证券，它是股份有限公司签发的证明股东所持股份的凭证。股份有限公司的资本划分为股份，每一股金额相等。它是一种所有权凭证。

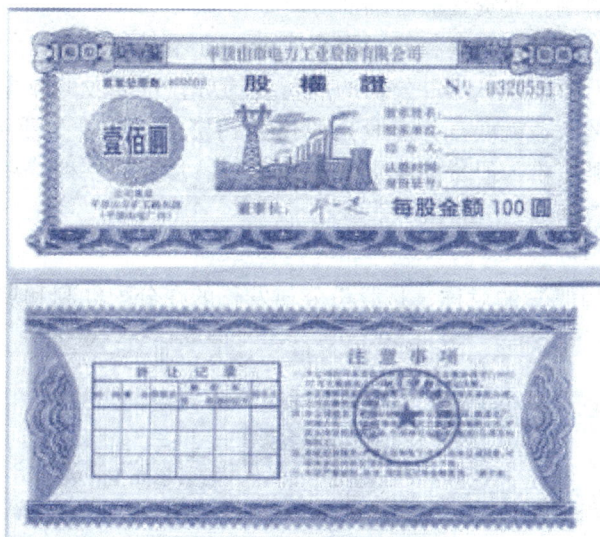

图2-1　平顶山市电力工业股份有限公司

一、股票的特征

　　股票有以下五个方面特征：

（一）收益性

　　这是股票的基本特征，它是指股票可以为持有人带来收益的特性。持有股票的目的在于获取收益。

（二）风险性

　　这是指持有股票可能产生经济利益损失的特性。股票的价格会随着公司的盈利水平、市场利率、宏观经济状况、政治局势等各种因素的影响而变化，如果股价下跌，股票持有人会因股票贬值而蒙受损失。它与收益成正相关关系。

（三）流动性

　　股票可以在证券交易所上市交易或在其他交易场所转让的特性，体现了股票的变现能力。流动性与收益成负相关关系。

（四）永久性

　　这是指股票所载有权利的有效性是始终不变的。

（五）参与性

　　这是指股票持有人有权参与公司重大决策的特性。

二、股票的类型

（一）按照股东权利的不同，可以将股票作以下分类

1. 普通股

普通股是随着企业利润变动而变动的一种股份，是股份公司资本构成中最普通、最基本的股份，是股份制企业资金的基础部分。

普通股的基本特点是其投资收益（股息和分红）不是在购买时约定，而是事后根据股票发行公司的经营业绩来确定。公司的经营业绩好，普通股的收益就高；反之，若经营业绩差，普通股的收益就低。普通股是股份公司资本构成中最重要、最基本的股份，也是风险最大的一种股份，但又是股票中最基本、最常见的一种。在我国上交所与深交所上市的股票都是普通股。

2. 优先股

优先股是"普通股"的对称，是股份公司发行的在分配红利和剩余财产时比普通股具有优先权的股份。

图 2-2 优先股股票样票

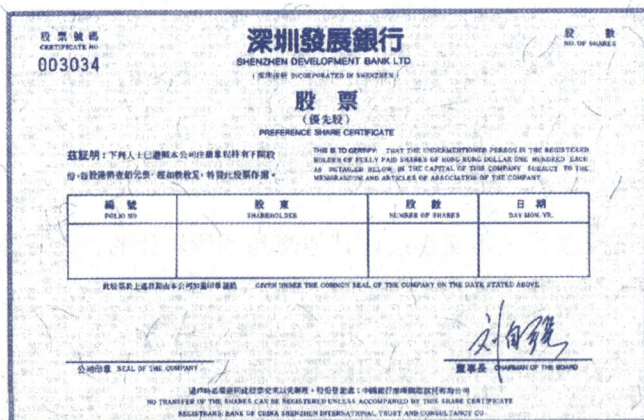

图 2-3 优先股股票样票

延伸阅读：五问优先股

2014年3月21日，证监会发布了《优先股试点管理办法》（以下简称《管理办法》），让以浦发银行涨停为代表的银行板块走强，当日上证指数逆转前一个交易日颓废，大涨2.72%，重新站到了2000点以上。虽然国内的投资者对优先股还比较陌生，但在美国，优先股却已经有一百多年历史，在2008年金融危机时，美国政府为让华尔街各大金融机构避免此劫，用1250亿美元收购花旗银行、摩根大通等9家主要银行的优先股，而被称为股神的巴菲特也曾以50亿美元投资了高盛集团、美国银行的优先股，不仅让市场重拾信心，巴菲特本人也赚得盆满钵满。

那么，谁可以发行优先股，谁可以购买优先股，优先股如何交易、风险如何？

问题一：谁可以发行优先股？

上市公司和非上市公众公司都可以发行优先股。对上市公司来说，可以公开发行，也可以非公开发行优先股，非上市公众公司则只可以非公开发行优先股。

作为上市公司，发行优先股对企业财务、发行数量、筹集资金、优先股股息等方面都有较严格要求，而且必须是以下三种情况之一：一是普通股为上证50指数成分股的公司，即使在证监会核准公开发行优先股后，该公司的普通股被剔除出上证50指数，该公司仍可发行优先股；二是以公开发行优先股作为支付手段收购或吸收合并其他上市公司；三是以减少注册资本为目的回购普通股的，可以公开发行优先股作为支付手段，或者在回购方案实施完毕后，可公开发行不超过回购减资总额的优先股。对非上市公众公司非公开发行优先股，要求相对较低。

问题二：谁可以购买优先股？

人人均可参与优先股投资。

2014年3月21日，证监会新闻发言人张晓军表示，公开发行优先股，任何投资者都可以参与，在市场上公开买卖，没有任何限制；非公开发行优先股规定了合格投资者范围，不符合投资者门槛的投资者，可通过基金、信托、理财产品方式间接投资优先股。

个人门槛500万元可借助其他理财方式间接投资。

优先股合格投资者范围包括经金融监管部门批准设立的金融机构及其发行的理财产品，QFII与RQFII以及企业法人、合伙企业、个人投资者。显然500万元的门槛对绝大多数普通投资者而言有些太高，不过合格范围外的中小投资者可以通过购买基金产品、银行理财产品、信托产品等方式，借助于机构之力，间接投资优先股。

问题三：优先股可以上市交易吗？

按照《管理办法》的规定，上市公司公开发行的优先股可交易，上市公司非公开发行的优先股可以在交易所转让，非上市公众公司非公开发行的优先股可以在全国中小企业股份转让系统转让，转让范围仅限合格投资者。交易的具体方式并没有在《管理办法》中具体标明。

问题四：优先股能转成普通股吗？

优先股能否转成普通股，也是投资者所关心的问题。根据《管理办法》优先股不能转成普通股，这大大降低了优先股的价值。但《管理办法》同时还规定，商业银行可根据商业银行资本监管规定，非公开发行触发事件发生时强制转换为普通股的优先股，并遵守有关规定。至于什么是触发事件，《管理办法》没有具体说明。

优先股如果不能转股，则流动性会大大降低，投资者对股息的要求就相对较高。而能转股的优先股，投资者就可以接受相对低的股息率。优先股股东退出的方式也不仅限于交易或转让，根据《管理办法》的规定，发行人还可以回购优先股。

问题五：优先股的投资风险有哪些？

优先股的低风险特征是投资者购买的主要理由，但这并不意味着优先股无风险。投资者在投资之前需要对可能存在的风险有所了解，做到事先防范。

从优先股的特点来说，优先股在股息和剩余财产的分配顺序上优先于普通股，投资收益较为固定，但无法在公司经营业绩良好时，像普通股一样分享公司资本成长带来的收益；公司经营情况恶化时，优先股同样面临无法获得股息的风险；公司破产清算时，优先股的偿付顺序在债券之后，优先股投资者还面临本金不保的风险。

利率风险也是优先股股东可能需要面对的。优先股股价对利率敏感性较高。如当资金市场利率上升时，优先股入股是固定利率，其吸引力就会下降，股价也可能跟着下跌。另外，优先股还有违约风险。优先股的违约虽然很少发生，在美国市场中，2004年到2006年的3年间，只发生过1次优先股的违约，但是当信用风险增大时，会增加优先股的违约概率。

从国际经验来看，优先股最大的风险是流动性风险，纽约证券交易所挂牌的优先股中，就不乏零交易量的品种。因此，即使在交易所挂牌交易，优先股也不一定就能立即变现，这需要市场机制的进一步完善。

资料来源：《理财周刊》，2014年第12期。

优先股的主要特征有：一是优先股通常预先定明股息收益率。由于优先股股息率事先固定，所以优先股的股息一般不会根据公司经营情况而增减，而且一般也不能参与公司的分红，但优先股可以先于普通股获得股息，对公司来说，由于股息固定，它不影响公司的利润分配。二是优先股的权利范围较小。优先股股东一般没有选举权和被选举权，对股份公司的重大经营无投票权，但在某些情况下可以享有投票权。

如果公司股东大会需要讨论与优先股有关的索偿权，即优先股的索偿权先于普通股，而次于债权人，优先股的优先权主要表现在两个方面：（1）股息领取优先权。股份公司分派股息的顺序是优先股在前，普通股在后。股份公司不论其盈利多少，只要股东大会决定分派股息，优先股就可按照事先确定的股息率领取股息，即使普通股减少或没有股息，优先股也应照常分派股息。（2）剩余资产分配优先权。股份公司在解散、破产清算时，优先股具有公司剩余资产的分配优先权，不过，优先股的优先分配权在债权人之后，而在普通股之前。只有还清公司债权人债务之后，有剩余资产时，优先股才具有剩余资产的分配权。而普通股只有在优先股索偿之后，才参与分配。

【例题2-1 单选题】下列关于优先股的说法中，不正确的是（　　　）。

A. 优先股票兼有债券的若干特点，在发行时事先确定固定的股息率
B. 发行优先股可以筹集长期稳定的公司股本
C. 优先股股东也有表决权
D. 在财产清偿时先于普通股股东，风险较小

答案：C

【答案解析】优先股票股东无表决权，这样可以避免公司经营决策权的改变与分散。

（二）依据股票的上市地点划分

A股的正式名称是人民币普通股票。它是由我国境内的公司发行，供境内机构、组织或个人（不含台、港、澳投资者）以人民币认购和交易的普通股股票。1990年，我国A股股票一共仅有10只。到2013年10月，沪深两市共有境内上市公司数（A、B股）2489家，境内上市外资股（B股）107家。

H股，即注册地在内地、上市地在香港（英文Hong Kong）的外资股，取香港的首字母，叫做H股。依此类推，纽约的第一个英文字母是N，新加坡的第一个英文字母是S，纽约和新加坡上市的股票分别叫做N股和S股。1993年在香港首次发行H股的为青岛啤酒。图2-4、图2-5为青岛啤酒自2011年4月以来A股和H股的表现，可以发现，青岛啤酒A股、H股走势基本一致，但在价格上却存在较大溢价，截至2014年1月7日，该股A股、H股溢价-9.12%，其A股价格为46.19元，H股价格为64.55港元，而从A股、H股溢价图也不难发现，同一股票在A股、H股市场表现差距之大。

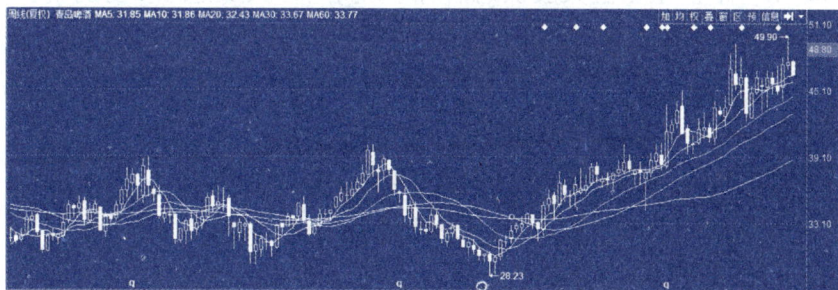

图2-4　青岛啤酒A股走势

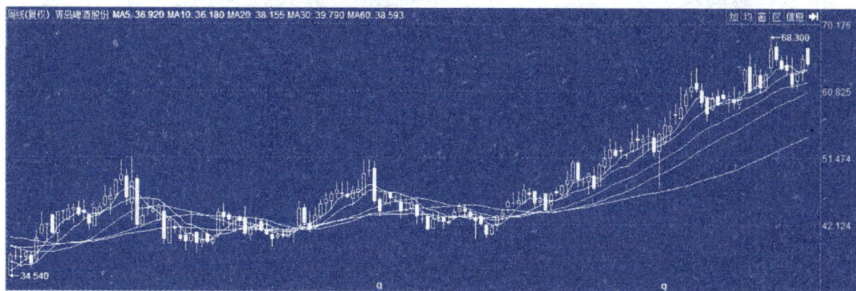

图2-5　青岛啤酒H股走势

名称	A股		H股		AH股溢价▼
	代码	现价	代码	现价	
浙江世宝	002703	19.96	HK1057	3.06	728.39%
山东墨龙	002490	10.30	HK0568	2.78	370.53%
洛阳玻璃	600876	4.61	HK1108	1.32	343.53%
东北电气	000585	2.26	HK0042	0.84	241.68%
北人股份	600860	7.89	HK0187	2.98	236.24%
南京熊猫	600775	8.32	HK0553	3.64	190.28%
新华制药	000756	5.00	HK0719	2.27	179.73%
昆明机床	600806	4.32	HK0300	2.09	162.50%
重庆钢铁	601005	2.37	HK1053	1.19	152.93%
创业环保	600874	7.84	HK1065	4.15	139.92%
洛阳钼业	603993	6.06	HK3993	3.31	132.51%
仪征化纤	600871	2.67	HK1033	1.61	110.61%
一拖股份	601038	8.95	HK0038	5.61	102.61%

图 2-6　部分 A 股、H 股对比走势

（三）按股票的投资主体划分

可以分为国有股、法人股和社会公众股。国有股指有权代表国家投资的部门或机构以国有资产向公司投资形成的股份，包括以公司现有国有资产折算成的股份。由于我国大部分股份制企业都是由原国有大中型企业改制而来的，因此，国有股在公司股权中占有较大的比重。

法人股指企业法人或具有法人资格的事业单位和社会团体以其依法可经营的资产向公司非上市流通股权部分投资所形成的股份。目前，在我国上市公司的股权结构中，法人股平均占 20% 左右。根据法人股认购的对象，可将法人股进一步分为境内发起法人股、外资法人股和募集法人股三个部分。

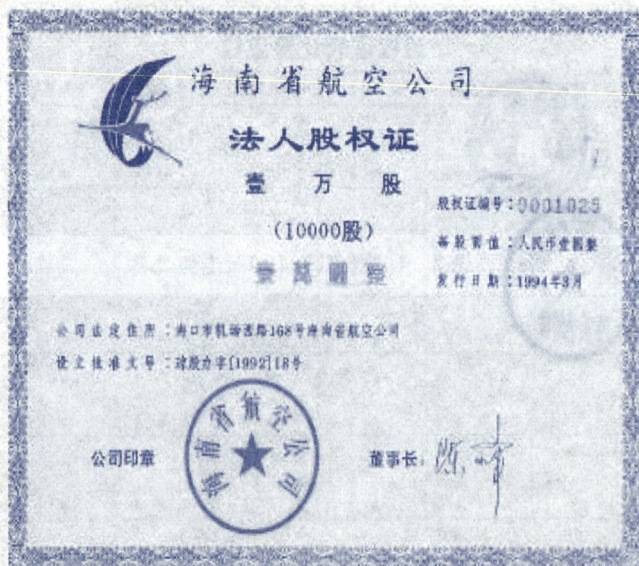

图 2-7　海南省航空公司法人股权证

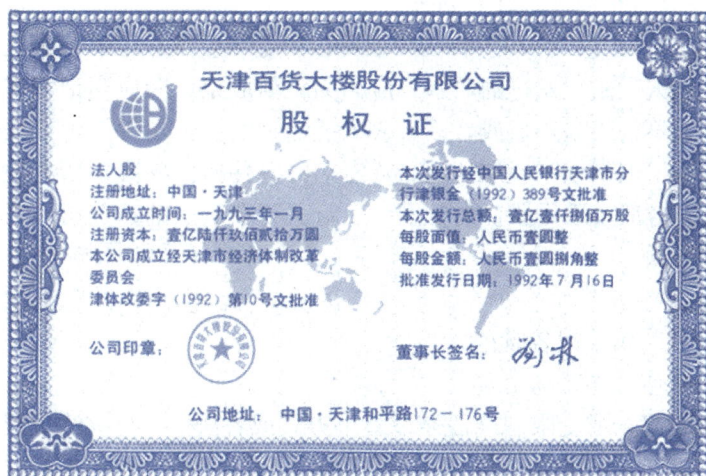

图 2-8 天津百货大楼法人股权证

社会公众股是指我国境内个人和机构，以其合法财产向公司可上市流通股权部分投资所形成的股份。我国国有股和法人股目前还不能上市交易。国家股东和法人股东要转让股权，可以在法律许可的范围内，经证券主管部门批准，与合格机构投资者签订转让协议，一次性完成大宗股权的转移。

图 2-9 为中国建设银行截至 2013 年 9 月 30 日的前十大股东，请分析建设银行股东结构。

机构或基金名称	持有数量(万股)	占流通股比例(%)
中央汇金投资有限责任公司	14316143.66	57.26
香港中央结算(代理人)有限公司	7259417.07	29.04
淡马锡控股私人有限公司	1787867.00	7.15
国家电网公司	285181.77	1.14
宝钢集团有限公司	231886.05	0.93
中国平安人寿保险股份有限公司-传统-普通保险产品	214343.83	0.86
中国长江电力股份有限公司	101561.30	0.41
益嘉投资有限责任公司	85600.00	0.34
中国平安人寿保险股份有限公司-传统-高利率保单产品	59190.68	0.24
中国证券金融股份有限公司	21439.90	0.09

图 2-9 建设银行股东结构

（四）按股票是否记载股东姓名划分

我国《公司法》规定，公司发行的股票可以为记名股票，也可以为无记名股票。股份有限公司向发起人、法人发行的股票，应当为记名股票，并应当记载该发起人、法人的名称或者姓名，不得另立户名或者以代表人姓名记名。公司发行记名股票的，应当置备股东名册，记载下列事项：股东的姓名或者名称及住所、各股东所持股份数、各股东所持股票的编号、各股东取得股份的日期。发行无记名股票的，公司应当记载其股票数量、编号及发行日期。

1. 记名股票的特点

（1）股东权利归属于记名股东。

（2）可以一次或分次缴纳出资。

（3）转让相对复杂或受限制（股东以背书方式或者法律、行政法规规定的其他方式转让）。

（4）便于挂失，相对安全。

2. 无记名股票的特点

（1）股东权利归属股票的持有人。

（2）认购股票时要求一次缴纳出资。

（3）转让相对简便（交付转让）。

（4）安全性较差。

【例题2-2 单选题】《公司法》规定，股份公司向发起人、国家授权投资的机构、法人发行的股票应当是（   ）。

A. 不记名股票　　　　B. 国有股　　　　C. 普通股　　　　D. 记名股票

答案：D

【答案解析】我国《公司法》规定，股份有限公司向发起人、国家授权投资的机构、法人发行的股票，应当为记名股票，并应当记载该发起人、机构或者法人的名称，不得另立户名或者以代表人姓名记名。本题的答案为D选项。

【例题2-3 单选题】在我国将股票分为国家股、法人股、社会公众股和外资股，是按照（   ）分类。

A. 股东的权利和义务　　　　　　　B. 投资主体的不同性质

C. 流通受限与否　　　　　　　　　D. 按剩余资产分配顺序

答案：B

【答案解析】按投资主体的性质不同，我国将股票分为国家股、法人股、社会公众股和外资股。

三、股利政策

股利政策是指公司股东大会或董事会对一切与股利有关的事项，所采取的较具原则性的做法，是关于公司是否发放股利、发放多少股利以及何时发放股利等方面的方针和策略，所涉及的主要是公司对其收益进行分配、还是留存用于再投资的策略问题。

（一）股利的种类

1. 现金股利

现金股利是以现金形式支付的股息和红利，是最普通、最基本的股息形式。通常股民称其为"派现"。

企业向股东支付的现金，一般来自企业的当期盈利或累计利润。所有股息都必须由董事会公布，收取股息者需要缴付税项。

发放现金股利的多少主要取决于公司的股利政策和经营业绩。

对于上市公司而言，现金股利要求上市公司要有足够的未指明用途的留存收益（未分配利润）和足够的现金。

2. 股票股利

股票股利（Stock dividends）是一种股利分配的形式，在会计上属公司收益分配。它是公司以增发股票的方式所支付的股利，通常也将这种方式称为"送股"。以股票形式发放股利，无须准备充足的现金，有以下优势：

- 节约公司现金。
- 降低每股市价，促进股票的交易和流通。
- 日后公司要发行新股票时，则可以降低发行价格，有利于吸引投资者。
- 传递公司未来发展前景的良好信息，增强投资者的信心。
- 在降低每股市价的时候会吸引更多的投资者成为公司的股东，从而使公司股权更为分散，这样就能防止其他公司恶意控制。但是，股票股利会增加流通在外的股票数量，同时降低股票的每股价值。它虽不会改变公司股东权益总额，但会改变股东权益的组成结构。

📖 【案例】

近年 A 股重融资轻回报现象严重，派息率只有国外三分之一，分红派息明显低于回报。例如，股票"金杯汽车"自上市以来，仅有两次股票分红，1995 年至今无任何分红，近二十年来可谓是股市"铁公鸡"。此外，还有 84 家公司自上市以来就没有一分钱现金分红，只是偶尔送转股来应付投资者，另外，还有 4 家连续 20 年不分红。

（二）股利的发放

股份公司的股利分配方案通常由公司董事会决定并宣布，必要时要经股东大会或股东代表大会批准后才能实施（如我国就是这样规定的）。股利发放有几个非常重要的日期：

1. 宣布日（Declaration Date）

股份公司董事会根据定期发放股利的周期举行董事会会议，讨论并提出股利分配方案，由公司股东大会讨论通过后，正式宣布股利发放方案，宣布股利发放方案的那一天即为宣布日，在宣布日，股份公司应登记有关股利负债（应付股利）。

2. 登记日（Holder – of – record Date）

由于工作和实施方面的原因，自公司宣布发放股利至公司实际将股利发出要有一定的时间间隔。由于上市公司的股票在此时间间隔内处在不停的交易之中，公司股东会随股票交易而不断易人，为了明确股利的归属，公司确定有股权登记日，凡在股权登记日之前（含登记日当天）列于公司股东名单上的股东，都将获得此次发放的股利，而在这一天之后才列于公司股东名单上的股东，将得不到此次发放的股利，股利仍归原股东所有。

3. 除息日（Ex – Dividend Date）

由于股票产易与过户之间需要一定的时间，因此，只有在登记日之前一段时间前购买股票的投资者，才可能在登记日之前列于公司股东名单之上，并享有当期股利的分配权。一般规定登记日之前的第四个工作日为除息日（逢节假日顺延），在除息日之前（含除息日）购买的股票可以得到将要发放的股利，在除息日之后购买的股票则无权得到股利，又称为除息股。除息日对股票的价格有明显的影响。在除息日之前进行的股票交易，股票价格中含有将要发放的股利的价值，在除息日之后进行的股票交易，股票价格中不再包含股利收入，因此其价格应低于除息日之前的交易价格。

4. 发放日（Date of Payment）

在这一天，公司用各种方式向股东支付股利，并冲销股利负债。

图 2 – 10 为股票"贵州茅台"的分红方案，相比前述案例中的"铁公鸡"，贵州茅台是内地股市中少数的"现金王"。请分析其分红方式。

2013-08-31	不分配不转增	2007-04-03	10派7元(含税)
2013-03-29	10派64.19元(含税)	2006-08-23	不分配不转增
2012-08-10	不分配不转增	2006-04-06	10派5.91元(含税)
2012-04-11	10派39.97元(含税)	2006-04-06	10转10股
2011-08-31	不分配不转增	2006-04-05	10派3元(含税)
2011-03-21	10送1股派23元(含税)	2005-08-17	不分配不转增
2010-08-12	不分配不转增	2005-04-23	10转2股派5元(含税)
2010-04-02	10派11.85元(含税)	2004-07-28	不分配不转增
2009-08-07	不分配不转增	2004-03-26	10转3股派3元(含税)
2009-03-25	10派11.56元(含税)	2003-07-30	不分配不转增
2008-08-28	不分配不转增	2003-03-26	10送1股派2元(含税)
2008-03-13	10派8.36元(含税)	2002-08-14	不分配不转增
2007-08-17	不分配不转增	2002-04-17	10转1股派6元(含税)

图 2 – 10　贵州茅台股票分红方案

第二节　债　券

债券是一种有价证券，是社会各类经济主体为筹集资金而向债券投资者出具的、承诺按一定利率定期支付利息的并到期偿还本金的债权债务凭证。债券的本质是债的证明书，具有法律效力。债券购买者或投资者与发行者之间是一种债权债务关系，债券发行人即债务人，投资者（债券购买者）即债权人。

一、债券特征

（一）偿还性

偿还性指债券规定的偿还期限，债务人必须按期向债权人支付利息和偿还本金。

（二）流动性

流动性指债券持有人可按自己的需要和市场的实际情况，灵活地转让债券，以提前收回本金和实现投资收益。

（三）安全性

安全性指债券持有人的收益相对固定，不随发行者经营收益的变动而变动，并且可按期收回本金。

（四）收益性

收益性指债券可以为持有人带来一定收益的特性。收益与债券的偿还期限、流动性均有关系。

【例题2－4 多选题】关于债券的特征，下列描述不正确的有（   ）。

A. 偿还性是指债券没有规定的偿还时间，债务人必须按时向债权人支付利息

B. 流动性首先取决于市场为债权转让所提供的便利程度；其次取决于债券在迅速转变为货币时，是否在以货币计算的价值上蒙受损失

C. 一般来说，具有高度流动性的债券同时风险较大

D. 一般情况下，政府债券的风险低于金融债券和公司债券

答案：AC

【答案解析】偿还性是指债券有规定的偿还期限，债务人必须按期向债权人支付利息和偿还本金。具有高度流动性的债券同时也是较安全的。

二、债券票面要素

债券尽管种类多种多样，但是在内容上都要包含一些基本的要素。这些要素是指发行的债券上必须载明的基本内容，这是明确债权人和债务人权利与义务的主要约定，具体包括：

（一）债券面值

债券面值是指债券的票面价值，是发行人对债券持有人在债券到期后应偿还的本金数额，也是企业向债券持有人按期支付利息的计算依据。债券的面值与债券实际的发行价格并不一定是一致的，发行价格大于面值称为溢价发行，小于面值称为折价发行，等价发行称为平价发行。

（二）偿还期

债券偿还期是指企业债券上载明的偿还债券本金的期限，即债券发行日至到期日之间的时间间隔。公司要结合自身资金周转状况及外部资本市场的各种影响因素来确定公司债券的偿还期。

（三）付息期

债券的付息期是指企业发行债券后的利息支付的时间。它可以是到期一次支付，或1年、半年或者3个月支付一次。在考虑货币时间价值和通货膨胀因素的情况下，付息期对债券投资者的实际收益有很大影响。到期一次付息的债券，其利息通常是按单利计算的；而年内分期付息的债券，其利息是按复利计算的。

（四）票面利率

债券的票面利率是指债券利息与债券面值的比率，是发行人承诺以后一定时期支付给债券持有人报酬的计算标准。债券票面利率的确定主要受到银行利率、发行者的资信状况、偿还期限和利息计算方法以及当时资金市场上资金供求情况等因素的影响。

（五）发行人名称

发行人名称指明债券的债务主体，为债权人到期追回本金和利息提供依据。

上述要素是债券票面的基本要素，但在发行时并不一定全部在票面上印制出来，例如，在很多情况下，债券发行者是以公告或条例形式向社会公布债券的期限和利率。

【例题2-5 多选题】 假如债券票面金额定得较小，将会（   ）。

A. 有利于小额投资者购买 　　　　B. 发行工作量大

C. 持有者分布面广 　　　　D. 印刷费用较高

答案：ABCD

【答案解析】 票面金额定得较小，有利于小额投资者购买，持有者分布面广，但债券本身的印刷及发行工作量大，费用可能较高。

【例题2-6 单选题】 当未来市场利率趋于下降时，应选择发行（   ）。

A. 短期债券 　　B. 中期债券 　　C. 长期债券 　　D. 不能确定

答案：A

【答案解析】 一般来说，当未来市场利率趋于下降时，应发行期限较短的债券。

【案例】

下图为某企业债券样票，请分析该债券的票面要素。

三、债券类型

（一）按发行主体的不同，可以分为政府债券、金融债券和公司债券

1. 政府债券

由政府发行的债券称为政府债券，它的利息享受免税待遇，其中由中央政府发行的债券也称公债或国库券，其发行债券的目的都是为了弥补财政赤字或投资于大型建设项目，主要包括国债、地方政府债券等，其中最主要的是国债。国债因其信誉好、利率优、风险小而又被称为"金边债券"。

✎ **【例题2－7 单选题】**一般而言，下列债券按其信用风险依次从低到高排列的是（　　）。

A. 政府债券、公司债券、金融债券

B. 金融债券、公司债券、政府债券

C. 政府债券、金融债券、公司债券

D. 金融债券、政府债券、公司债券

答案：C

【答案解析】政府债券的发行主体是政府，风险最低。金融机构一般有雄厚的资金实力，信用度较高，因此，金融债券往往也有良好的信誉。

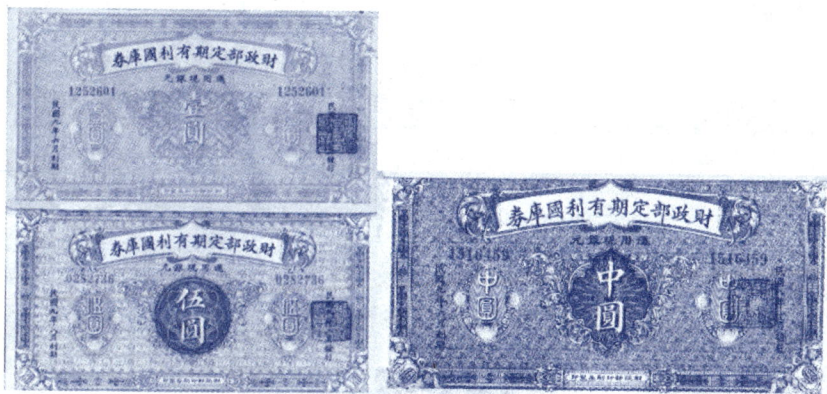

图2－11　民国时期的国库券

图2－12　1994年中华人民共和国国库券

【实事链接】

　　财政部发布了2014年关键期限国债发行计划，1月6日招标发行2014年记账式附息（一期）国债，2014年度记账式国债招标发行就此拉开。

　　根据计划，记账式国债方面，2014年全年将发行42期关键期限国债，较2013年增加7期，其中主要是短期限品种的发行有所增加。包括：1年期品种2014年计划发行8期，2013年为4期；3年期品种2014年计划发行5期，2013年为4期。5年期和7年期品种的发行期数，分别为6期和12期，而10年期品种2013年发行9期，2014年将增加至11期。

　　首期国债为5年期固定利率附息债，竞争性招标面值总额100亿元，不进行甲类成员追加投标。本期国债2014年1月6日招标，1月7日开始计息，1月7日至1月9日进行分销，1月13日起上市交易。本期国债利息按年支付。

　　储蓄国债方面，2014年计划发行则和2013年基本相同，在3—11月每月10日各有一期3年期和5年期品种发行，其中包括4期凭证式国债和5期电子式国债，预计整体发行规模在3500亿元左右。

　　2014年第一季度，按照计划共有9期记账式国债发行，其中1月4期，2月2期，3月3期。从第二季度开始的发行较为密集，关键期限国债在2014年第二至第四季度分别有12期、10期和11期发行。

2014年国债发行时间表

品种	期限（年）	发行起始日	付息方式
凭证式	3 5	3月10日	到期一次还本付息
电子式	3 5	4月10日	每年付息一次
凭证式	3 5	5月10日	到期一次还本付息
电子式	3 5	6月10日	每年付息一次
电子式	3 5	7月10日	每年付息一次
电子式	3 5	8月10日	每年付息一次
凭证式	3 5	9月10日	到期一次还本付息
电子式	3 5	10月10日	每年付息一次
凭证式	3 5	11月10日	到期一次还本付息

2. 金融债券

金融债券是由银行和非银行金融机构发行的债券。目前在我国金融债券主要由国家开发银行、进出口银行等政策性银行发行。金融债券发行的目的一般是为了筹集长期资金，其利率也一般要高于同期银行存款利率，而且持券者需要资金时可以随时转让。

图 2 - 13　中国工商银行金融债券

3. 公司债券

公司（企业）债券是企业依照法定程序发行，约定在一定期限内还本付息的债券。公司债券的发行主体是股份公司，但也可以是非股份公司的企业发行债券，所以，一般归类时，公司债券和企业发行的债券合在一起，可直接称为公司（企业）债券。它是由非金融性质的企业发行的债券，其发行目的是为了筹集长期建设资金。一般都有特定用途。按有关规定，企业要发行债券必须先参加信用评级，级别达到一定标准才可发行。因为企业的资信水平比不上金融机构和政府，所以公司债券的风险相对较大，因而其利率一般也较高。

图 2 - 14　襄樊市企业债券

图 2-15　马鞍山市企业债券

✎　【例题2-8 单选题】在名义收益率相等的情况下，如果考虑税收的因素，下列债券使投资者获得更多收益的是（　　　）。

A. 政府债券　　　　B. 公司债券　　　　C. 企业债券　　　　D. 金融债券

答案：A

【答案解析】在政府债券与其他证券名义收益率相等的情况下，如果考虑税收因素，持有政府债券的投资者可以获得更多的实际投资收益。

（二）按付息方式划分

1. 贴现债券。贴现债券指债券券面上不附有息票，发行时按规定的折扣率，以低于债券面值的价格发行，到期按面值支付本息的债券。贴现债券的发行价格与其面值的差额即为债券的利息。

2. 零息债券。零息债券指债券到期时和本金一起一次性付息、利随本清，也可称为到期付息债券。付息特点一是利息一次性支付，二是债券到期时支付。

3. 附息债券。附息债券指债券券面上附有息票的债券，是按照债券票面载明的利率及支付方式支付利息的债券。息票上标有利息额、支付利息的期限和债券号码等内容。持有人可从债券上剪下息票，并据此领取利息。附息国债的利息支付方式一般是在偿还期内按期付息，如每半年或一年付息一次。

4. 固定利率债券。固定利率债券就是在偿还期内利率固定的债券。

5. 浮动利率债券。浮动利率债券是指利率可以变动的债券。这种债券的利率确定与市场利率挂钩，一般高于市场利率的一定百分点。

（三）按偿还期限划分

1. 长期债券。一般来说，偿还期限在10年以上的为长期债券。

2. 中期债券。偿还期限在1年或1年以上、10年以下（包括10年）的为中期债券。

3. 短期债券。偿还期限在1年以下的为短期债券。

（四）按债券形态划分

1. 实物债券（无记名债券）。实物债券是以实物债券的形式记录债权，券面标有发行年度和不同金额，可上市流通。实物债券由于其发行成本较高，将会被逐步取消。

2. 凭证式债券。凭证式债券是一种储蓄债券，通过银行发行，采用"凭证式国债收款凭证"的形式，从购买之日起计息，但不能上市流通。

3. 记账式债券。记账式债券指没有实物形态的票券，以记账方式记录债权，通过证券交易所的交易系统发行和交易。由于记账式国债发行和交易均无纸化，所以交易效率高，成本低，是债券发展的趋势。

【实事链接】2014 年记账式国债首期发行 100 亿元

2014 年 1 月 6 日，财政部招标发行了 2014 年记账式附息（一期）国债共计 100 亿元。招标结果显示，本期国债中标利率为 4.47%，低于此前市场预期。不过，由于资金利率中枢整体上行，该期国债仍创下同期限记账式国债近 16 年来的新高。

四、股票与债券的区别

股票和债券虽然都是有价证券，都可以作为筹资的手段和投资工具，但两者却有明显的区别。

（一）发行主体不同

作为筹资手段，无论是国家、地方公共团体还是企业，都可以发行债券，而股票则只能是股份制企业才可以发行。

（二）收益稳定性不同

从收益方面看，债券在购买之前，利率已定，到期就可以获得固定利息，而不管发行债券的公司经营获利与否。股票一般在购买之前不定股息率，股息收入随股份公司的盈利情况变动而变动，盈利多就多得，盈利少就少得，无盈利不得。

（三）保本能力不同

从本金方面看，债券到期可回收本金，也就是说连本带利都能得到，如同放债一样。股票则无到期之说。股票本金一旦交给公司，就不能再收回，只要公司存在，就永远归公司支配。公司一旦破产，还要看公司剩余资产清盘状况，那时甚至连本金都会蚀尽，小股东特别有此可能。

（四）经济利益关系不同

上述本利情况表明，债券和股票实质上是两种性质不同的有价证券。二者反映着不同的经济利益关系。债券所表示的只是对公司的一种债权，而股票所表示的则是对公司的所有权。权属关系不同，就决定了债券持有者无权过问公司的经营管理，而股票持有者，则有权直接或间接地参与公司的经营管理。

（五）风险性不同

债券只是一般的投资对象，其交易转让的周转率比股票较低，股票不仅是投资对象，更是金融市场上的主要投资对象，其交易转让的周转率高，市场价格变动幅度大，可以暴涨暴跌，安全性低，风险大，但却又能获得很高的预期收入，因而能够吸引不少人投进股票交易中来。

另外，在公司缴纳所得税时，公司债券的利息已作为费用从收益中减除，在所得税前列支。而公司股票的股息属于净收益的分配，不属于费用，在所得税后列支。这一点对公司的筹资决策影响较大，在决定要发行股票或发行债券时，常以此作为选择的决定性因素。

✍ 【例题 2-9 单选题】关于债券与股票，下列说法错误的是（   ）。

A. 债券和股票都属于有价证券
B. 债券和股票的收益率是相互影响的
C. 债券通常有规定的票面利率，而股票的股息红利不固定
D. 债券和股票都是筹资手段，因而都属于负债

答案：D

【答案解析】发行债券是公司追加资金的需要，它属于公司的负债，不是资本金。发行股票则是股份公司创立和增加资本的需要，筹措的资金列入公司资本。

✍ 【例题 2-10 判断题】发行债券的主体都可以发行股票。（   ）

A. 正确　　　　　　　B. 错误

答案：B

【答案解析】有限责任公司可以发行债券，不能发行股票。

第三节　证券投资基金

证券投资基金是一种利益共存、风险共担的集合证券投资方式，即通过发行基金份额，集中投资者的资金，由基金托管人托管，由基金管理人管理和运用资金。人们平常所说的基金主要就是指证券投资基金。

在不同的国家和地区，投资基金的称谓有所区别。英国和中国香港称之为"单位信托投资基金"；美国称为"共同基金"，日本和中国台湾则称为"证券投资信托基金"。这些不同的称谓在内涵和运作上无太大区别。投资基金在西方国家早已成为一种重要的融资、投资手段，并在当代得到了进一步发展。20世纪60年代以来，一些发展中国家积极仿效，越来越运用投资基金这一形式吸收国内外资金，促进本国经济的发展。

一、基金的起源与发展

证券投资基金是证券市场发展的必然产物，在发达国家已有上百年的历史。证券投资基金作为社会化的理财工具，起源于英国的投资信托公司。世界上第一只基金是1822年荷兰国王威廉一世创立的私人基金。

产业革命极大地推动了英国生产力的发

展，国民收入大幅增加，社会财富迅速增长。当时许多富裕起来的英国人希望投资海外市场以谋取更高的回报。但自行投资风险很高，钱财被骗的情况屡屡发生。

为保障投资安全，并实现资金的保值增值，人们开始寻找值得信赖的专业投资管理者，委托专业人士代为处理海外投资事宜、分散风险，从而产生了投资人与代理投资人之间的信托契约。1868 年，英国成立"海外及殖民地政府信托基金"，在英国《泰晤士报》刊登招募说明书，公开向社会公众发售认股凭证，投资于美国、俄国、埃及等国的17 种政府债券。该基金与股票类似，不能退股，也不能将基金份额兑现，认购者的权益仅限于分红和派息两项。因其在许多方面为现代基金的产生奠定了基础，金融史学家将之视为证券投资基金的雏形。

早期的基金管理没有引进专业的管理人，而是由投资者通过签订契约，推举代表来管理和运用基金资产。1873 年，苏格兰人罗伯特·富莱明创立"苏格兰美国投资信托"，专门办理新大陆的铁路投资，聘请专职的管理人进行管理，这时投资信托才成为一种专门的盈利业务。

初创阶段的基金多为契约型投资信托，投资对象多为债券。1879 年，英国《股份有限公司法》公布，投资基金脱离原来的契约形态，发展成为股份有限公司式的组织形式。公司型投资基金的经营方式与一般的企业股份有限公司相同，即发行股票或公司债券集资，或向银行借款。不同的是，公司型投资基金既没有工厂，也不从事一般工商业的营运活动，其唯一经营对象就是投资有价证券。

到 1890 年，运作中的英国投资信托基金超过 100 家，以公债为主要投资对象，在类型上主要是封闭型基金。

20 世纪以后，世界基金业发展的大舞台转移到美国。1924 年 3 月 21 日，"马萨诸塞投资信托基金"在美国波士顿成立，成为世界上第一只公司型开放式基金。与以往基金运作模式相比，马萨诸塞投资信托基金有三个新的特点：一是基金的组织形式由契约型改为公司型；二是基金的运作方式由原先的封闭式改为开放式；三是证券投资基金的回报方式由过去的固定收益方式改为收益分享、风险分担的分配方式。

1926 年到 1928 年 3 月，美国成立的公司型基金多达 480 家。到 1929 年基金业资产达到 70 亿美元，为 1926 年的 7 倍。1929 年 10 月，全球股市崩溃，大部分基金倒闭或停业，基金业总资产在 1929—1931 年间下降了 50% 以上。整个 20 世纪 30 年代，基金业的发展一直处于停滞不前的状态。

1921 年 4 月，美国引进了英国的投资基金制度，1924 年，美国出现了第一只开放式基金。随后，美国出台了一系列保护中小投资者权益的监管法规，培养了人们对证券投资基金的信任。

1933 年美国公布了《证券法》，第二年又公布了《证券交易法》，1940 年公布了《投资公司法》。这些法律明确地规范了投资基金的组成及管理的要件，为投资者提供了完整的法律保护，从而奠定了投资基金健全发展的法律基础。

20 世纪 40 年代以后，众多发达国家的政府认识到证券投资基金的重要性，纷纷立法加强监管，完善对投资者的保护措施，为基金业发展提供了良好的外部环境。1940 年，美国颁布《投资公司法》和《投资顾问法》，以法律形式明确基金的规范运作，严格限制投机活动，为投资者提供了体系完整的法律保护，并成为其他国家制定相关基金法律的典范。此后的世界基金业基本处于稳中有升的发展态势。

二、基金的特征

基金作为一种现代化的投资工具，主要具有以下三个特征：

（一）集合投资

基金是这样一种投资方式：它将零散的资金巧妙地汇集起来，交给专业机构投资于各种金融工具，以谋取资产的增值。基金对投资的最低限额要求不高，投资者可以根据自己的经济能力决定购买数量，有些基金甚至不限制投资额大小，完全按份额计算收益的分配，因此，基金可以最广泛地吸收社会闲散资金，集腋成裘，汇成规模巨大的投资资金。在参与证券投资时，资本越雄厚，优势越明显，而且可能享有大额投资在降低成本上的相对优势，从而获得规模效益的好处。

（二）分散风险

以科学的投资组合降低风险、提高收益是基金的另一大特点。在投资活动中，风险和收益总是并存的，因此，"不能将所有的鸡蛋都放在一个篮子里"，这是证券投资的箴言。但是，要实现投资资产的多样化，需要一定的资金实力，对小额投资者而言，由于资金有限，很难做到这一点，而基金则可以帮助中小投资者解决这个困难。基金可以凭借其雄厚的资金，在法律规定的投资范围内进行科学的组合，分散投资于多种证券，借助于资金庞大和投资者众多的公有制使每个投资者面临的投资风险变小，另外又利用不同的投资对象之间的互补性，达到分散投资风险的目的。

（三）专业理财

基金实行专家管理制度，这些专业管理人员都经过专门训练，具有丰富的证券投资和其他项目投资经验。他们善于利用基金与金融市场的密切联系，运用先进的技术手段分析各种信息资料，能对金融市场上各种品种的价格变动趋势作出比较正确的预测，最大限度地避免投资决策的失误，提高投资成功率。对于那些没有时间，或者对市场不太熟悉，没有能力专门研究投资决策的中小投资者来说，投资于基金，实际上就可以获得专家们在市场信息、投资经验、金融知识和操作技术等方面所拥有的优势，从而尽可能地避免盲目投资带来的失败。

【例题 2－11 单选题】 基金一般反映的是（　　）。

A. 债权债务关系　　　B. 信托关系　　　C. 借贷关系　　　D. 所有权关系

答案：B

【**答案解析**】基金反映的是信托关系，公司型基金除外。

三、基金的分类

根据不同标准可将投资基金划分为不同的种类。

（一）根据基金是否可增加或赎回分类，投资基金可分为开放式基金和封闭式基金

开放式基金：指基金设立后，投资者可以随时申购或赎回基金单位，基金规模不固定的投资基金。

封闭式基金：指基金规模在发行前已确定，在发行完毕后的规定期限内，基金规模固定不变的投资基金。

开放式基金与封闭式基金的区别主要表现在：

第一，期限不同。封闭式基金有一个固定的存续期，我国证券投资基金法规定，封闭式基金年限应在 5 年以上，我国的封闭式基金大多在 15 年左右；开放式基金一般是无限期的。

第二，份额限制不同。封闭式基金的份额是固定的，在封闭期限内未经法定程序不能增减；开放式基金规模不固定，随着投资者提出申购或赎回，基金份额随之增加或减少。

第三，交易场所不同。封闭式基金在交易所上市交易，只能在投资者之间进行交易；开放式基金份额不固定，投资者可以向基金公司申购和赎回，交易在投资者和基金管理人之间完成。

第四，价格形成方式不同。封闭式基金主要受二级市场上供求关系的影响，需求旺盛就会出现溢价现象，需求低迷就会出现交易价格低于净值的折价现象。开放式基金的买卖价格以基金份额净值为基础，不受市场供求影响。

第五，激励约束机制与投资策略不同。从激励约束机制看，开放式基金具有较强的激励约束机制，因为开放式基金管理人时刻面临着持有人的赎回压力，如果管理人业绩不理想，就难吸引到新的投资者，基金的规模就会缩小，管理人的收入就会减少。

从投资策略看，由于开放式基金份额不固定，投资操作常常受到不可预测的资金流入、流出的影响与干扰，特别是为满足基金赎回的要求，开放式基金就必须保留一定比例的现金资产，并高度重视基金资产的流动性，这在一定程度上给基金的长期经营业绩带来不利影响。相对而言，封闭式基金份额相对固定，没有赎回压力，经理人可以进行长期投资和全额投资，这在一定程度上提高了基金长期业绩。

【**例题 2-12 单选题**】下列各项中，对封闭式基金的认识不正确的是（　　）。

A. 经核准的基金份额总额在基金合同期限内固定不变

B. 基金份额可以在依法设立的证券交易场所交易

C. 基金份额持有人不得申请赎回

D. 投资者可以通过证券经纪商在一级市场和二级市场上进行基金的买卖

答案：D

【**答案解析**】封闭式基金的投资者只能通过证券经纪商在二级市场上进行基金的

买卖。

【例题2-13 判断题】封闭式基金的期限是指基金的存续期，即基金从成立起到终止之间的时间。（　　）

A. 正确　　　　　　　　　　B. 错误

答案：A

【答案解析】本题所述是正确的，封闭式基金的期限是指基金的存续期，即基金从成立起到终止之间的时间。

（二）根据组织形态的不同分类，投资基金可分为公司型投资基金和契约型投资基金

公司型投资基金：由具有共同投资目标的投资者组成以盈利为目的的股份制投资公司，并将资产投资于特定对象的投资基金。契约型投资基金（也称信托型投资基金）：是指基金发起人依据其与基金管理人、基金托管人订立的基金契约，发行基金单位而组建的投资基金。

（三）根据投资风险与收益的不同的分类，投资基金可分为成长型投资基金、收入型投资基金和平衡型投资基金

成长型投资基金是指把追求资本的长期成长作为其投资目的的投资基金。收入型基金是主要投资于可带来现金收入的有价证券，以获取当期的最大收入为目的。收入型基金资产成长的潜力较小，损失本金的风险相对也较低，一般可分为固定收入型基金和权益收入型基金。平衡型基金其投资目标是既要获得当期收入，又要追求长期增值，通常是把资金分散于股票和债券，以保证资金的安全性和盈利性。

（四）根据投资对象的不同分类，投资基金可分为股票基金、债券基金、货币市场基金、期货基金、期权基金，指数基金和认股权证基金等

股票基金是指以股票为投资对象的投资基金；债券基金是指以债券为投资对象的投资基金；货币市场基金是指以国库券、大额银行可转让存单、商业票据、公司债券等货币市场短期有价证券为投资对象的投资基金；指数基金是指以某种证券市场的价格指数为投资对象的投资基金。

【例题2-14 多选题】下列对股票基金的认识正确的有（　　）。

A. 股票基金是重要的基金品种，仅次于国债基金

B. 各国政府对股票基金的监管都十分严格，不同程度地规定了基金购买某一家上市公司的股票总额不得超过基金资产净值的一定比例，以防止基金过度投机和操纵市场

C. 股票基金的投资目标侧重于追求资本利得和长期资本增值

D. 按基金投资的标的划分，可将股票基金划分为一般股票基金和专门化股票基金

答案：BC

【答案解析】股票基金的投资目标侧重于追求资本利得和长期资本增值。因股票基金聚集了巨额资金，故各国政府股票基金的监管都十分严格，不同程度地规定了基金购

买某一家上市公司的股票总额不得超过基金资产净值的一定比例，以防止基金过度投机和操纵市场。

【实事链接】

基金2013年度业绩相差悬殊，中邮战略新兴产业股票夺得2013年度股票型基金和所有基金冠军，全年上涨80.38%。根据银河证券基金研究中心数据，股票基金全年平均上涨10.39%，混合基金平均上涨11.87%，均大幅跑赢大盘。债券基金平均上涨0.13%，货币市场基金平均上涨3.92%。以下为部分基金业绩前十名和后十名及业绩。

基金简称	基金成立日期	2013年净值增长率	成立以来净值增长率	基金简称	成立时间	2013年净值增长率	成立以来净值增长率
中邮战略新兴产业股票	2012-06-12	80.38%	88.50%	易方达资源行业股票	2011-08-16	-28.73%	-35.00%
长盛电子信息产业股票	2012-03-27	74.26%	63.45%	东吴行业轮动股票	2008-04-23	-26.13%	-44.07%
银河主题策略股票	2012-09-21	73.51%	92.60%	华宝兴业资源优选股票	2012-08-21	-25.78%	-24.00%
景顺长城内需增长股票	2004-06-25	70.41%	751.99%	中欧中小盘股票（LOF）	2009-12-30	-22.59%	-23.23%
景顺长城内需贰号股票	2006-10-11	69.14%	316.83%	工银红利股票	2007-07-18	-17.49%	-23.66%
华商主题精选股票	2012-05-31	63.42%	59.50%	长信金利趋势股票	2006-04-30	-15.42%	66.45%
华宝兴业新兴产业股票	2010-12-07	60.43%	46.36%	博时特许价值股票	2008-05-28	-10.66%	23.03%
农银汇理消费主题股票	2012-04-24	58.19%	65.07%	景顺长城能源基建股票	2009-12-20	-9.75%	3.13%
银河行业优选股票	2009-04-24	53.85%	103.38%	国富中小盘股票	2010-11-23	-8.18%	-3.50%
易方达科讯股票	2007-12-18	51.60%	5.00%	南方隆元产业主题股票	2007-11-09	-7.65%	-49.98%

股票型基金业绩前十名及后十名

基金简称	基金成立日期	2013年净值增长率	成立以来净值增长率	基金简称	成立时间	2013年净值增长率	成立以来净值增长率
易方达创业板ETF	2011-09-20	78.51%	46.42%	银华中证内地资源主题指数分级	2011-12-08	-38.13%	-41.43%
招商深证TMT50ETF	2011-06-27	51.68%	11.30%	民生加银中证内地资源主题指数	2012-03-08	-37.70%	-41.50%
嘉实中创400ETF	2012-03-22	41.09%	27.46%	国联安上证大宗商品股票ETF	2010-11-26	-34.87%	-55.21%
鹏华深证民营ETF	2011-09-02	26.63%	-3.32%	国投瑞银中证上游资源产业指数	2011-07-21	-34.11%	-46.10%
海富通中证内地低碳指数	2012-05-25	26.35%	17.00%	鹏华中证A股资源产业指数分级	2012-09-27	-33.94%	-33.94%
广发中小板300ETF	2011-06-03	23.14%	-13.44%	博时上证自然资源ETF	2012-04-10	-33.81%	-40.96%
东吴中证新兴产业指数	2011-02-01	22.32%	-20.00%	国联安上证大宗商品股票ETF联接	2010-12-01	-33.33%	-53.60%
诺安中证创业成长指数分级	2012-03-29	20.55%	12.59%	博时上证自然资源ETF联接	2012-04-10	-32.56%	-39.97%
国联安双力中小板综指分级	2012-03-23	20.30%	8.87%	博时上证超级大盘ETF	2009-12-29	-21.18%	-43.44%
诺安上证新兴产业ETF	2011-04-07	19.08%	-22.00%	博时上证超级大盘ETF联接	2009-12-29	-20.25%	-41.86%

指数型基金业绩前十名及后十名

基金简称	成立时间	2013年净值增长率	成立以来净值增长率	基金简称	成立时间	2013年净值增长率	成立以来净值增长率
宝盈核心优势混合(A类)	2009-03-17	56.40%	31.58%	广发内需增长混合	2010-04-19	-19.57%	-26.48%
华商动态阿尔法混合	2009-11-24	51.46%	29.80%	上投摩根中国优势混合	2004-09-15	-18.20%	264.36%
泰信优势增长混合	2008-06-25	42.45%	72.04%	交银主题优选混合	2010-06-30	-15.77%	-20.91%
华宝兴业收益增长混合	2006-06-15	39.28%	305.00%	工银精选平衡混合	2006-07-13	-14.97%	37.68%
华富竞争力优选混合	2005-03-02	38.87%	119.85%	博时价值增长贰号混合	2006-09-27	-8.48%	73.67%
华商领先企业混合	2007-05-15	37.53%	45.63%	博时价值增长混合	2002-10-09	-7.36%	264.06%
华商价值共享灵活配置混合	2013-03-18	35.84%	35.84%	嘉实主题混合	2006-07-21	-5.37%	176.63%
大摩消费领航混合	2010-12-03	35.57%	-7.62%	大成蓝筹稳健混合	2004-06-03	-5.01%	167.57%
华夏经典混合	2004-03-15	34.96%	350.95%	泰信保本混合	2012-02-22	-4.23%	0.47%
东方增长中小盘混合	2011-12-28	33.76%	39.85%	东吴保本混合	2012-08-13	-3.95%	-2.80%

混合型基金业绩前十名及后十名

（五）根据投资货币种类分类，投资基金可分为美元基金、日元基金和欧元基金等

美元基金是指投资于美元市场的投资基金；日元基金是指投资于日元市场的投资基金；欧元基金是指投资于欧元市场的投资基金。

（六）根据资本来源和运用地域的不同分类，投资基金可分为国际基金、海外基金、国内基金、国家基金和区域基金等

国际基金是指资本来源于国内，并投资于国外市场的投资基金；海外基金也称离岸基金，是指资本来源于国外，并投资于国外市场的投资基金；国内基金是指资本来源于国内，并投资于国内市场的投资基金；国家基金是指资本来源于国外，并投资于某一特定国家的投资基金；区域基金是指投资于某个特定地区的投资基金。

四、基金的当事人

基金当事人是指受基金合同约束，根据基金合同有关规定享有权利并承担义务的基金发起人、基金管理人、基金托管人和基金份额持有人的总称。

（一）基金发起人

基金发起人是指发起设立基金的机构，它在基金的设立过程中起着重要作用。国外基金的发起人大多数为有实力的金融机构，可以是一个也可以是多个。在中国，根据《证券投资基金管理暂行办法》的规定，基金的主要发起人为按照国家有关规定设立的证券公司、信托投资公司及基金管理公司，基金发起人的数目为两个以上。就发起人的权利义务而言，这也是由《证券投资基金法》的立法目的决定的，该法第一条规定："为了规范证券投资基金活动，保护投资人及相关当事人的合法权益，促进证券投资基金和证券市场的健康发展，制定本法"。而投资者利益保护又是立法的重点。发起人的义务是发起人为保护投资者利益而应履行的职责，其权利则是保护其发起基金的积极性促进基金业发展所需条件。图2－16为部分基金公司名录及其所管理基金数量和规模。

序号	基金公司简称②	管理资产总规模（亿元）	旗下基金数	序号	基金公司简称	管理资产总规模（亿元）	旗下基金数
1	华夏基金	2921.05	57	11	汇添富基金	1105.66	64
2	南方基金	2064.32	59	12	招商基金	1077.90	45
3	嘉实基金	1919.57	71	13	华安基金	1029.69	65
4	工银瑞信	1919.45	62	14	大成基金	1014.17	52
5	易方达基金	1858.70	77	15	富国基金	956.94	59
6	广发基金	1467.32	61	16	建信基金	933.93	52
7	博时基金	1274.98	59	17	鹏华基金	867.17	58
8	银华基金	1241.36	51	18	天弘基金	775.11	24
9	上投摩根基金	1207.36	36	19	景顺长城基金	588.31	37
10	中银基金	1138.96	45	20	交银施罗德基金	584.97	39

图2－16　部分基金公司名录

（二）基金管理人

基金管理人负责基金资产投资运作，在不同的基金市场上名称有所不同，如美国"投资顾问公司"或"资产管理公司"、日本的"证券投资信托委托公司"、"投资信托公司"、"投资顾问公司"和中国台湾的"证券投资信托公司"，我国则将其称做"基金管理公司"。

作为专业从事基金资产管理机构，基金管理人最主要职责就是按照基金契约的规定，制定基金资产投资策略，组织专业人士，选择具体的投资对象，决定投资时机、价格和数量，运用基金资产进行有价证券投资。此外，基金管理人还须自行或委托其他机构进行基金推广、销售，负责向投资者提供有关基金运作信息（包括计算并公告基金资产净值、编制基金财务报告并负责对外及时公告等）。

基金业绩在很大程度上取决于基金管理人员的管理能力和职业操守。为了保护基金投资者利益，各国和地区资本市场监管部门均对基金管理人，特别是其从业人员的资格作出严格规定。我国对基金管理公司的设立实行审批制，按照《证券投资基金管理暂行办法》的要求，在从事基金管理业务之前，基金管理公司资本金额、信誉状况及其主要业务人员的业务素质和职业道德水准都必须首先得到监管机构认可。

✍【例题2－15多选题】根据法律规定，基金管理人不得有（　　）等行为。

A. 将其固有财产或他人财产混同于基金财产进行证券投资

B. 公平地对待其管理的不同基金财产

C. 利用基金财产为基金持有人以外的第三人牟取利益

D. 按照规定确定基金收益分配方案，向基金份额持有人分配收益

答案：AC

【答案解析】我国《证券投资基金法》规定："基金管理人不得有下列行为：将其固有财产或者他人财产混同于基金财产从事证券投资；不公平地对待其管理的不同基金

财产；利用基金财产为基金份额持有人以外的第三人牟取利益；向基金份额持有人违规承诺收益或者承担损失；依照法律、行政法规有关规定，由国务院证券监督管理机构规定禁止的其他行为。"

（三）基金托管人

通常由具备一定条件的商业银行、信托公司等专业性金融机构担任，负责保管基金资产，在公司型基金运作模式中，托管人是基金公司董事会所雇佣的专业服务机构，在契约型基金运作模式中，托管人通常还是基金的名义持有人。图2-17是部分托管银行及其托管数量。

序号	银行名称	托管基金数
1	北京银行股份有限公司	11
2	渤海银行股份有限公司	2
3	广发银行股份有限公司	21
4	华夏银行股份有限公司	19
5	交通银行股份有限公司	138
6	宁波银行股份有限公司	2
7	平安银行股份有限公司	7
8	上海浦东发展银行股份有限公司	26
9	上海银行股份有限公司	13
10	兴业银行股份有限公司	27
11	中国工商银行股份有限公司	512
12	中国建设银行股份有限公司	502
13	中国邮政储蓄银行股份有限公司	42
14	中信银行股份有限公司	47

图2-17　部分托管银行及其托管基金数量

【例题2-16 单选题】基金份额持有人与托管人的关系是（　　）。

A. 监督与被监督　　　　　　　B. 相互制衡

C. 所有权与经营权　　　　　　D. 委托与受托

答案：D

【答案解析】基金份额持有人与托管人的关系是委托与受托的关系，也就是说，基金份额持有人将基金资产委托给基金托管人保管。

（四）基金持有人

基金持有人就是指基金投资人，也就是基金单位或受益凭证的持有人。基金持有人可以是自然人，也可以是法人。无论哪一种基金，只要投资者买入某种基金单位，就成为相应基金的持有人。基金持有人的权利包括本金受偿权、收益分配权、剩余财产分配权、监督基金经营情况、获取基金业务及财务状况的资料及参与持有人大会表决等权利。

五、基金的费用

（一）基金管理费

基金管理费通常按照每个估值日基金净资产的一定比率（年率）逐日计提，累计至每月月底，按月支付。管理费率的大小通常与基金规模成反比，与风险成正比。基金规模越大，风险越小，管理费率就越低；反之则越高。不同的国家及不同种类的基金，管理费率不完全相同。我国基金的年管理费率最初为 2.5%，随着基金规模的扩大和竞争的加剧，管理费有逐步调低的倾向。目前，我国股票基金大部分按照 1.5%的比例计提基金管理费，债券基金的管理费率一般低于 1%，货币基金的管理费率为 0.33%。管理费通常从基金的股息、利息收益中或从基金资产中扣除，不另向投资者收取。

（二）基金托管费

基金托管费是指基金托管人为保管和处置基金资产而向基金收取的费用。托管费通常按照基金资产净值的一定比率提取，逐日计算并累计，按月支付给托管人。托管费从基金资产中提取，费率也会因基金种类不同而异。目前，我国封闭式基金按照 0.25%的比例计提基金托管费，开放式基金根据基金合同的规定比例计提，通常低于 0.25%；股票型基金的托管费率要高于债券型基金及货币市场基金的托管费率。我国规定，基金托管人可磋商酌情调低基金托管费，经中国证监会核准后公告，无须为此召开基金持有人大会。

（三）基金交易费

基金交易费指基金在进行证券买卖交易时所发生的相关交易费用。目前，我国证券投资基金的交易费用主要包括印花税、交易佣金、过户费、经手费、证管费。交易佣金由证券公司按成交金额的一定比例向基金收取，印花税、过户费、经手费、证管费等则由登记公司或交易所按有关规定收取。参与银行间债券交易的，还需向中央国债登记结算有限责任公司支付银行间账户服务费，向全国银行间同业拆借中心支付交易手续费等服务费用。

（四）基金运作费

基金运作费指为保证基金正常运作而发生的应由基金承担的费用，包括审计费、律师费、上市年费、信息披露费、分红手续费、持有人会费、开户费、银行汇划手续费等。按照有关规定，发生的这些费用如果影响基金份额净值小数点后第 5 位的，即发生的费用大于基金净值十万分之一，应采用预提或待摊的方法计入基金损益。发生的费用如果不影响基金份额净值小数点后第 5 位的，即发生的费用小于基金净值十万分之一，应于发生时直接计入基金损益。

（五）基金销售服务费

目前只有货币市场基金以及其他经中国证监会核准的基金产品收取基金销售服务费，基金管理人可以依照相关规定从基金财产中持续计提一定比例的销售服务费。收取销售服务费的基金通常不再收取申购费。

六、基金的估值

（一）基金资产净值

基金资产总值是指基金所拥有的各类证券的价值、银行存款本息、基金应收的申购基金款以及其他投资所形成的价值总和。基金资产净值是指基金资产总值减去负债后的价值。基金份额净值是指某一时点上某一投资基金每份基金份额实际代表的价值。

基金资产净值和基金份额净值计算公式如下：

$$基金资产净值 = 基金资产总值 - 基金负债$$

$$基金份额净值 = 基金资产净值/基金总份额$$

【例题2-17 单选题】 某基金总资产为50亿元，总负债为20亿元，发行在外的基金份数为30亿份，则该基金的基金份额净值为（　　）元。

A. 1 　　　　　　B. 1.5 　　　　　　C. 2 　　　　　　D. 2.5

答案：A

【答案解析】 （50-20）/30=1（元）

基金份额净值是衡量一个基金经营业绩的主要指标，也是基金份额交易价格的内在价值和计算依据。一般情况下，基金份额价格与资产净值趋于一致，即资产净值增长，基金份额价格也随之提高。尤其是开放式基金，其基金份额的申购或赎回价格都直接按基金份额净值计价。封闭式基金在证券交易所上市，其价格除取决于基金份额净值外，还受到市场供求状况、经济形势、政治环境等多种因素的影响，所以其价格与资产份额净值常发生偏离。

（二）基金资产估值

基金资产估值是指通过对基金所拥有的全部资产及所有负债按一定的原则和方法进行估算，进而确定基金资产公允价值的过程。

1. 估值的目的。基金资产估值的目的是客观、准确地反映基金资产的价值。经基金资产估值后确定的基金资产净值而计算出的基金份额净值，是计算基金份额转让价格尤其是计算开放式基金申购与赎回价格的基础。

2. 估值对象。为基金依法拥有的各类资产，如股票、债券、权证等。

3. 估值日的确定。基金管理人应于每个交易日当天对基金资产进行估值。

4. 估值暂停。基金管理人虽然必须按规定对基金净资产进行估值，但遇到下列特殊情况，可以暂停估值：（1）基金投资所涉及的证券交易所遇法定节假日或因其他原因暂停营业时。（2）因不可抗力或其他情形致使基金管理人、基金托管人无法准确评估基金资产价值时。（3）占基金相当比例的投资品种的估值出现重大转变，而基金管理人为保障投资人的利益，已决定延迟估值。（4）如出现基金管理人认为属于紧急事故的任何情况，会导致基金管理人不能出售或评估基金资产的。（5）中国证监会和基金合同认定的其他情形。

5. 估值基本原则。按照《企业会计准则》和中国证监会相关规定，估值的基本原则如下：（1）对存在活跃市场的投资品种，如估值日有市价的，应采用市价确定公允价值。估值日无市价的，但最近交易日后经济环境未发生重大变化，应采用最近交易市价确定公允价值；估值日无市价的，且最近交易日后经济环境发生了重大变化的，应参考类似投资品种的现行市价及重大变化因素，调整最近交易市价，确定公允价值。有充分证据表明最近交易市价不能真实反映公允价值的（如异常原因导致长期停牌或临时停牌的股票等），应对最近交易的市价进行调整，以确定投资品种的公允价值。（2）对不存在活跃市场的投资品种，应采用市场参与者普遍认同且被以往市场实际交易价格验证具有可靠性的估值技术确定公允价值。（3）有充足理由表明按以上估值原则仍不能客观反映相关投资品种的公允价值的，基金管理公司应根据具体情况与托管银行进行商定，按最能恰当反映公允价值的价格估值。

第四节　金融衍生工具

一、金融衍生工具的概念

金融衍生工具指其价值依赖于标的资产（Underlying Asset）价值变动的合约。这种合约可以是标准化的，也可以是非标准化的。标准化合约是指其标的资产（基础资产）的交易价格、交易时间、资产特征、交易方式等都是事先标准化的，因此此类合约大多在交易所上市交易，如期货。非标准化合约是指以上各项由交易的双方自行约定，因此具有很强的灵活性，比如远期合约。

金融衍生产品的共同特征是保证金交易，即只要支付一定比例的保证金就可进行全额交易，不需实际上的本金转移，合约的了结一般也采用现金差价结算的方式进行，只有在期满日以实物交割方式履约的合约才需要买方交足贷款。因此，金融衍生产品交易具有杠杆效应。保证金越低，杠杆效应越大，风险也就越大。

二、金融衍生工具的种类

国际上金融衍生产品种类繁多，活跃的金融创新活动接连不断地推出新的衍生产品。金融衍生产品主要有以下几种分类方法。

（一）按照产品形态分类

1. 独立衍生工具。是指其本身即为独立存在的金融合约，与嵌入式衍生工具对应。

2. 嵌入式衍生工具。是嵌入到非衍生工具（即主合同）中，使混合工具的全部或部分现金流量随特定利率、金融工具价格、商品价格、汇率、价格指数、费率指数、信用等级、信用指数或其他类似变量的变动而变动的衍生工具。嵌入衍生工具与主合同构成混合工具，如可转换公司债券等。

（二）按照交易场所分类

1. 交易所交易的衍生工具

在有组织的交易所上市交易的衍生工具，指所有的供求方集中在交易所进行竞价交易的交易方式。这种交易方式具有交易所向交易参与者收取保证金，同时负责进行清算和承担履约担保责任的特点。此外，由于每个投资者都有不同的需求，交易所事先设计出标准化的金融合同，由投资者选择与自身需求最接近的合同和数量进行交易。所有的交易者集中在一个场所进行交易，这就增加了交易的密度，一般可以形成流动性较高的市场。期货交易和部分标准化期权合同交易都属于这种交易方式。

欧美发达国家集中了世界上绝大部分的交易所金融衍生品交易，全球80％以上的交易分布在北美和欧洲，近年来这种集中趋势更加明显。

2. OTC 交易的衍生工具

分散的，一对一交易的衍生工具，指交易双方直接成为交易对手的交易方式。这种交易方式有许多形态，可以根据每个使用者的不同需求设计出不同内容的产品。同时，为了满足客户的具体要求、出售衍生产品的金融机构需要有高超的金融技术和风险管理能力。场外交易不断产生金融创新。但是，由于每个交易的清算是由交易双方相互负责进行的，交易参与者仅限于信用程度高的客户。掉期交易和远期交易是具有代表性的柜台交易的衍生产品。

与交易所市场类似，OTC金融衍生品市场也主要分布在欧美国家。英国一直保持着OTC市场的领先地位，而且市场份额不断上升，之外的OTC交易主要分布在美国、德国、法国、日本等国家。

（三）按照基础工具种类分类

1. 股权类产品的衍生工具。指以股票指数为基础工具的金融衍生工具，主要包括股票期货、股票期权、股票指数期货、股票指数期权以及上述合约的混合交易合约。

2. 货币衍生工具。指以各种货币作为基础工具的金融衍生工具，主要包括远期外汇合约、货币期货、货币期权、货币互换以及上述合约的混合交易合约。

3. 利率衍生工具。指以利率或利率的载体为基础工具的金融衍生工具，主要包括远期利率协议、利率期货、利率期权、利率互换以及上述合约的混合交易合约。

4. 信用衍生工具。是以基础产品所蕴含的信用风险或违约风险为基础变量的金融衍生工具，用于转移或防范信用风险，是20世纪90年代以来发展最为迅速的一类衍生产品，主要包括信用互换、信用联结票据等。

5. 其他衍生工具。例如用于管理气温变化风险的天气期货，管理政治风险的政治期货、管理巨灾风险的巨灾衍生产品等。

（四）按照金融衍生工具自身交易的方法及特点分类

1. 金融远期合约。金融远期合约是指规定合约双方同意在指定的未来日期按约定的价格买卖约定数量的相关资产或金融工具的合约，目前主要有远期外汇合同、远期利率协议等。金融远期合约通常在两个金融机构之间或金融机构与其客户之间签署，其交易一般也不在规范的交易所内进行，所以，金融远期合约的交易一般规模较小、较为灵活、交易双方易于按各自的愿望对合约条件进行磋商。在远期合约的有效期内，合约的价值随相关资产市场价格或相关金融价值的波动而变化，合约的交割期越长，其投机性越强，风险也就越大。

2. 金融期货。金融期货是指规定交易双方在未来某一期间按约定价格交割特定商品或金融工具的标准化合约，目前主要有利率期货、外汇期货、债券期货、股票价格指数期货等。金融期货合约与金融远期合约十分相似，它也是交易双方按约定价格在未来某一期间完成特定资产交易行为的一种方式。但金融期货合约的交易是在有组织的交易所内完成的，合约的内容，如相关资产的种类、数量、价格、交割时间、交割地点等，都是标准化的。金融期货的收益决定与金融远期合约一致。

3. 金融期权。金融期权是指规定期权的买方有权在约定的时间或约定的时期内，按照约定价格买进或卖出一定数量的某种相关资产或金融工具的权利，也可以根据需要放弃行使这一权利的合约，目前主要有外汇期权、外汇期货期权、利率期权、利率期货期权、债券期权、股票期权、股票价格指数期权等。为了取得这样一种权利，期权合约的买方必须向卖方支付一定数额的费用，即期权费。期权分看涨期权和看跌期权两个基本类型。看涨期权的买方有权在某一确定的时间以确定的价格购买相关资产；看跌期权的买方则有权在某一确定时间以确定的价格出售相关资产。

4. 金融互换。金融互换也译作"金融掉期"，是指交易双方约定在合约有效期内，以事先确定的名义本金额为依据，按约定的支付率（利率、股票指数收益率等）相互交换支付的合约，目前主要有外汇互换、利率互换、货币互换、债券互换、抵押贷款互换等。互换合约实质上可以分解为一系列远期合约组合。

5. 结构化金融衍生工具。前述4种常见的金融衍生工具通常也被称做建构模块工具，它们是最简单和最基础的金融衍生工具，而利用其结构化特性，通过相互结合或者与基础金融工具相结合，能够开发设计出更多具有复杂特性的金融衍生产品，后者通常被称结构化金融衍生工具，或简称为结构化产品。例如，在股票交易所交易的各类结构化票据、目前我国各家商业银行推广的挂钩不同标的资产的理财产品等都是其典型代表。

✎ 【例题 2 - 18 单选题】金融期货通过在现货市场与期货市场建立相反的头寸，从而锁定未来现金流的功能称为（　　　）。

A. 套期保值功能　　　B. 价格发现功能　　　C. 投机功能　　　D. 套利功能

答案：A

【答案解析】金融期货具有四项基本功能：套期保值功能、价格发现功能、投机功能和套利功能。套期保值是指通过在现货市场与期货市场建立相反的头寸，从而锁定未来现金流的交易行为。故选 A。

✎ 【例题 2 - 19 单选题】金融期权分为看涨期权和看跌期权是依据（　　　）分类的。

A. 合约所规定的履约时间不同　　　　　　B. 选择权的性质

C. 金融期权基础资产性质的不同　　　　　D. 交易标的不同

答案：B

【答案解析】根据选择权的性质划分，金融期权可分为看涨期权和看跌期权。故选 B。

✍ 【例题 2-20 多选题】根据交易合约的签订与实际交割之间的关系，将市场交易的组织形态划分为（　　）。

A. 现货交易　　　　　B. 互换交易　　　　　C. 远期交易　　　　D. 期货交易

答案：ACD

【答案解析】根据交易合约的签订与实际交割之间的关系，将市场交易的组织形态划分为三类。现货交易的特征是"一手交钱，一手交货"，即以现款买现货方式进行交易。远期交易是双方约定在未来某时刻（或时间段内）按照现在确定的价格进行交易。期货交易是在交易所进行的标准化的远期交易。故选 ACD。

✍ 【例题 2-21 多选题】关于金融期权与金融期货论述正确的是（　　）。

A. 金融期权与金融期货都是人们常用的套期保值工具，它们的作用与效果是相同的

B. 人们利用金融期货进行套期保值，在避免价格不利变动造成的损失的同时，也必须放弃若价格有利变动可能获得的利益

C. 通过金融期权交易，既可避免价格不利变动造成的损失，又可在相当程度上保住价格有利变动而带来的利益

D. 在现实的交易活动中，人们往往将金融期权与金融期货结合起来，通过一定的组合或搭配来实现某一特定目标

答案：BCD

【答案解析】金融期权与金融期货都是人们常用的套期保值的工具，但它们的作用与效果是不同的。人们利用金融期货进行套期保值，在避免价格不利变动造成的损失的同时也必须放弃若价格有利变动可能获得的利益。人们利用金融期权进行套期保值，若价格发生不利变动，套期保值者可通过执行期权来避免损失；若价格发生有利变动，套期保值者又可通过放弃期权来保护利益。A 项错误，其他三项都是对金融期权与金融期货的正确论述。故选 BCD。

三、金融衍生工具特征

（一）跨期性

金融衍生工具是交易双方通过对利率、汇率、股价等因素变动趋势的预测，约定在未来时间按照一定条件进行交易或选择是否交易的合约。无论是哪一种金融衍生工具，都会影响交易者在未来一段时间内或未来某时点上的现金流，跨期交易的特点十分突出。这就要求交易双方对利率、汇率、股价等价格因素的未来变动趋势作出判断，而判断的准确与否直接决定了交易者的交易盈亏。

（二）杠杆性

金融衍生工具交易一般只需要支付少量保证金或权利金就可以签订远期大额合约或互换不同的金融工具。例如，若期货交易保证金为合约金额的 5%，则期货交易者可以控制 20 倍于所交易金额的合约资产，实现以小博大的效果。在收益可能成倍放大的同

时，交易者所承担的风险与损失也会成倍放大，基础工具价格的轻微变动也许就会带来交易者的大盈大亏。金融衍生工具的杠杆效应一定程度上决定了它的高投机性和高风险性。

（三）联动性

这是指金融衍生工具的价值与基础产品或基础变量紧密联系、规则变动。通常，金融衍生工具与基础变量相联系的支付特征由衍生工具合约规定，其联动关系既可以是简单的线性关系，也可以表达为非线性函数或者分段函数。

（四）不确定性或高风险性

金融衍生工具的交易后果取决于交易者对基础工具（变量）未来价格（数值）的预测和判断的准确程度。基础工具价格的变幻莫测决定了金融衍生工具交易盈亏的不稳定性，这是金融衍生工具高风险性的重要诱因。基础金融工具价格不确定性仅仅是金融衍生工具风险性的一个方面，国际证监会组织在 1994 年 7 月公布的一份报告（ISOCOPD35）中认为金融衍生工具还伴随着以下几种风险：①交易中对方违约，没有履行承诺造成损失的信用风险；②因资产或指数价格不利变动可能带来损失的市场风险；③因市场缺乏交易对手而导致投资者不能平仓或变现所带来的流动性风险；④因交易对手无法按时付款或交割可能带来的结算风险；⑤因交易或管理人员的人为错误或系统故障、控制失灵而造成的操作风险；⑥因合约不符合所在国法律，无法履行或合约条款遗漏及模糊导致的法律风险。

【例题 2–22 单选题】金融衍生工具交易一般只需要支付少量的保证金或权利金就可签订远期大额合约或互换不同的金融工具，指的是金融衍生工具的（　　）特性。

A. 跨期性 　　　　　　　　　　　B. 联动性

C. 杠杆性 　　　　　　　　　　　D. 不确定性或高风险性

答案：C

【答案解析】金融衍生工具交易一般只需要支付少量的保证金或权利金就可签订远期大额合约或互换不同的金融工具。这里说的是金融衍生工具特性中的杠杆特性。故选 C。

四、金融衍生工具的产生及发展

从 20 世纪 60 年代开始，特别是进入 70 年代以后，随着布雷顿森林体系的解体和世界性石油危机的发生，利率和汇率出现了剧烈波动。宏观经济环境的变化，使金融机构的原有经营模式和业务种类失去市场，同时又给它们创造了开发新业务的机会和巨大的发展空间。与此同时，计算机与通信技术的长足发展及金融理论的突破促使金融机构的创新能力突飞猛进，而创新成本却日益降低。在强大的外部需求召唤下，在美好的盈利前景吸引下，金融机构通过大量的创新活动，冲破来自内外部的各种制约，导致全球金融领域发生了一场至今仍在继续的广泛而深刻的变革：形形色色的新业务、新市场、新机构风起云涌，不仅改变了金融总量和结构，而且还对金融体制发起了猛烈的冲击，对货币政策和宏观调控提出了严峻挑战，导致国际金融市场动荡不定，国际金融新秩序有待形成。

（一）金融衍生工具产生的最基本原因是避险

20 世纪 70 年代以来，随着美元的不断贬值，布雷顿森林体系崩溃，国际货币制度由固定汇率制走向浮动汇率制。1973 年和 1978 年两次石油危机使西方国家经济陷入滞胀，为对付通货膨胀，美国不得不运用利率工具。这又使金融市场的利率波动剧烈。利率的升降会引起证券价格的反方向变化，并直接影响投资者的收益。面对利市、汇市、债市、股市发生的前所未有的波动，市场风险急剧放大，迫使商业银行、投资机构、企业寻找可以规避市场风险、进行套期保值的金融工具，金融期货、期权等金融衍生工具便应运而生。

（二）20 世纪 80 年代以来的金融自由化进一步推动了金融衍生工具的发展

金融自由化，是指政府或有关监管当局对限制金融体系的现行法令、规则、条例及行政管制予以取消或放松，以形成一个较宽松、自由、更符合市场运行机制的新的金融体制。金融自由化的主要内容包括：（1）取消对存款利率的最高限额，逐步实现利率自由化。如美国《1980 年银行法》废除了 Q 条例，规定从 1980 年 3 月起分 6 年逐步取消对定期存款和储蓄存款的最高利率限制。（2）打破金融机构经营范围的地域和业务种类限制，允许各金融机构业务交叉、互相自由渗透，鼓励银行综合化发展。（3）放松外汇管制。（4）开放各类金融市场，放宽对资本流动的限制。其他还包括放松对本国居民和外国居民在投资方面的许多限制，减轻金融创新产品的税负以及促进金融创新等。

金融自由化一方面使利率、汇率、股价的波动更加频繁、剧烈，使得投资者迫切需要可以回避市场风险的工具；另一方面金融自由化促进了金融竞争。由于允许各金融机构业务交叉、相互渗透，多元化的金融机构纷纷出现，直接或迂回地夺走了银行业很大一块阵地；再加上银行业本身业务向多功能、综合化方向发展，同业竞争激烈，存贷利差趋于缩小，使银行业不得不寻找新的收益来源，改变以存、贷款业务为主的传统经营方式，把金融衍生工具视做未来的新增长点。

（三）金融机构的利润驱动是金融衍生工具产生和迅速发展的又一重要原因

金融机构通过金融衍生工具的设计开发以及担任中介，显著地推进了金融衍生工具的发展。金融中介机构积极参与金融衍生工具的发展主要有两方面原因：一是在金融机构进行资产负债管理的背景下，金融衍生工具业务属于表外业务，既不影响资产负债表状况，又能带来手续费等项收入。1988 年国际清算银行（BIS）制定的《巴塞尔协议》规定：开展国际业务的银行必须将其资本对加权风险资产的比率维持在 8% 以上，其中核心资本至少为总资本的 50%。这一要求促使各国银行大力拓展表外业务，相继开发了既能增进收益又不扩大资产规模的金融衍生工具，如期权、互换、远期利率协议等。二是金融机构可以利用自身在金融衍生工具方面的优势，直接进行自营交易，扩大利润来源。为此，金融衍生工具市场吸引了为数众多的金融机构。不过，由于越来越多的金融机构尤其是商业银行介入了金融衍生工具交易，引起了监管机构的高度关注，目前新的《巴塞尔协议 II》对国际性商业银行从事金融衍生工具业务也规定了资本金要求。

（四）新技术革命为金融衍生工具的产生与发展提供了物质基础与手段

由于计算机和通信技术突飞猛进的发展，电脑网络、信息处理在国际金融市场的广泛应用，使得个人和机构从事金融衍生工具交易如虎添翼。

金融衍生工具极强的派生能力和高度的杠杆性使其发展速度十分惊人，根据国际清算银行的金融衍生产品统计报告（BIS，2009），截至 2008 年 6 月，全球商业银行持有的各类现货资产总数为 390878 亿美元，而同期交易所交易的未平仓期货合约金额达到 201013 亿美元（12 月底数据），发行在外的期权合约金额达到 396960 亿美元（12 月数据），OTC 交易的金融衍生产品名义金额达到 6837250 亿美元。后 3 类之和达到商业银行现货资产数额的 19 倍，衍生产品名义金额平均年增长近 20%。考虑到商业银行在整个金融行业内的显著地位，可以毫不夸张地说，目前基础金融产品与衍生工具之间已经形成了倒金字塔结构，单位基础产品所支撑的衍生工具数量越来越大。

【本章小结】

本章围绕证券投资工具的具体品种，对股票、债券、证券投资基金以及金融衍生工具作了详细介绍，主要就各品种的概念、种类、应用展开，并辅以大量例题、案例和图片。

【课后训练】

1. 试比较普通股和优先股的区别。
2. 请观察今年以来国债的发行状况，包括期限、面额、总量以及销售情况等。

第三章

证券市场运行与监管

ZHENGQUAN SHICHANG
YUNXING YU JIANGUAN

教学要求

通过本章学习，能掌握证券市场组织与运行的基本知识，证券市场法律法规与监管的基本要求，并能从案例中领悟到中国证券市场运行与监管所特有的内涵。

知识目标

1. 熟悉证券发行和交易市场的概念及其关系，证券发行市场的构成
2. 熟悉证券交易所市场与场外市场的组织结构、运作功能
3. 熟悉股价指数的编制与应用，了解世界主要股市的指数体系
4. 了解证券投资收益和风险的内涵、关系、作用机制
5. 了解证券市场法律法规的层次及各层次内容
6. 熟悉证券市场监管与自律管理体系

能力目标

1. 掌握证券发行市场、交易所市场、场外市场的基本内容
2. 掌握主要的股价指数分类及应用

3. 掌握证券市场法规监管与自律行为规定

4. 掌握证券投资者保护与维权的制度机制

第一节　证券市场的组织与运行

按证券进入市场的顺序划分，证券市场可分为发行市场和交易市场。证券发行市场作为一个抽象的市场，其买卖成交活动并不局限于一个固定的场所，体现了证券由发行主体流向投资者的市场关系。证券交易市场是已发行的证券通过买卖交易实现流通转让的场所。证券发行市场与交易市场紧密联系，互相依存，互相作用。发行市场是交易市场的存在基础，发行市场的发行条件及发行方式影响着交易市场的价格及流动性。而交易市场又能促进发行市场的发展，为发行市场所发行的证券提供了变现的场所，同时交易市场的证券价格及流动性又直接影响发行市场新证券的发行规模和发行条件。

一、证券发行市场

证券发行市场又称为一级市场或初级市场，是证券发行人向投资者出售证券，使证券从发行人手中转移到认购人手中的场所。证券发行市场通过股票、债券等证券种类，把众多的社会闲散资金聚集起来转变为资本，既为资金需求者提供了筹措资金的渠道，也为资金供给者提供了投资机会，促使资源配置得以优化。证券发行市场是一个抽象的、无形的市场，其证券买卖成交活动并不局限于一个固定的场所。

（一）证券发行市场的构成

发行者之间的竞争和投资者之间的竞争，是证券发行市场赖以形成的契机。在证券发行市场上，不仅存在着由发行主体向投资者的证券流，而且存在着由投资者向发行主体的货币资本流。因此，证券发行市场不仅是发行主体筹措资金的市场，也是给投资者提供投资机会的市场。证券发行市场由证券发行人、证券认购人、证券承销商和专业服务机构构成。

1. 证券发行人。证券发行人又称发行主体，就是为筹措资金而发行股票或债券的企业单位、政府机构、金融机构或其他团体等，也包括在本国发行证券的外国政府和公司。证券发行人是证券发行市场得以存在与发展的首要因素。

2. 证券认购人。证券认购人就是以取得利息、股息或资本收益为目的而根据发行人的招募要约，将要认购或已经认购证券的个人或机构。它是构成证券发行市场的另一个基本要素。在证券发行实践中，证券投资者的构成较为复杂，它可以是个人，也可以是团体；后者主要包括证券公司、信托投资公司、投资公司、共同基金等金融机构和企业、事业单位以及社会团体等。在证券发行市场上，投资者人数的多少、购买能力的强弱、资产数量的大小、收益要求的高低，以及承担风险能力的大小等，直接影响和制约着证券发行的消化量。当证券进入认购者或投资者手中，证券发行市场的职能也就实现了。

3. 证券承销商。证券承销商主要是媒介证券发行人与证券投资者交易的证券中介机构。证券承销商是联结发行人和认购人的桥梁和纽带，接受发行人的委托，通过一定的发行方式和发行渠道，向认购人销售发行人的证券。我国目前从事证券承销业务的机构是经批准有承销资格的证券公司、金融资产管理公司和金融公司。

4. 专业服务机构。专业服务机构包括证券服务性机构和经济鉴证类机构以及其他服务机构。证券服务性机构包括证券登记结算公司和证券信用评级机构等，其主要作用是为发行人和认购人进行股权或债权注册登记和评估发行人信用级别；会计师事务所主要作用是为发行人进行财务状况审计，为认购人提供客观的财务信息；资产评估机构的作用是运用合理的评估方法确定发行人和某些认购人的资产质量；律师事务所的作用是以合法的手段排除发行过程中的法律障碍，并就发行人申请证券发行时所处的法律状态出具法律意见书。

（二）证券主板市场的组织与运行

证券主板市场（Main – Board Market）也称为一板市场，指传统意义上的证券市场（通常指股票市场），是一个国家或地区证券发行、上市及交易的主要场所。主板市场先于创业板市场产生，二者既相互区别又相互联系，是多层次资本市场的重要组成部分。相对创业板市场而言，主板市场是资本市场中最重要的组成部分，很大程度上能够反映经济发展状况，有"国民经济晴雨表"之称。主板市场对发行人的营业期限、股本大小、盈利水平、最低市值等方面的要求标准较高，上市企业多为大型成熟企业，具有较大的资本规模以及稳定的盈利能力。中国大陆的主板市场包括上海证券交易所和深圳证券交易所两个市场。

（三）证券二板市场的组织与运行

二板市场（Second – board Market）是相对于一板市场或主板市场而言，一般是指主板市场之外专为中小企业和新兴公司提供筹资途径的中小企业市场、小盘股市场、创业股市场，是在服务对象、上市标准、交易制度等方面不同于主板市场的资本市场，是交易所主板市场之外的另一证券市场，其主要目的是为新兴中小企业提供集资途径，帮助其发展和扩展业务。二板市场是一国资本市场的重要组成部分，和主板市场的根本区别在于其不同的上市标准，且上市对象多为具有潜在成长性的新兴中小企业，故二板市场又称为小型公司市场或新兴公司市场。

创业板首先是一种证券市场，它具有一般证券市场的共有特性，包括上市企业、券商和投资者三类市场活动主体，是企业融资和投资者投资的场所。相对于现在的证券市场（主板市场）而言，主板市场在上市公司数量、单个上市公司规模以及对上市公司条件的要求上都要高于创业板，所以创业板的性质属于二板市场。我国的二板市场定位于为创业型中小企业服务，所以称为创业板。根据已定的方案，创业板拟定设立在深圳证券交易所。二板市场作为主要为中小型创业企业服务的市场，其特有功能是风险投资基金（创业资本）的退出机制，二板市场的发展可以为中小企业的发展提供良好的融资环境。大多数新兴中小企业，具有较高的成长性，但往往成立时间较短、规模较小、业绩也不突出，却对资本的需求很大，证券市场的多次筹资功能可以改善中小企业对投资的大量需求，还可以引入竞争机制，把不具有市场前景的企业淘汰出局。国际上成熟的证券市场大都设有二板市场，只是名称不同。

二、证券交易所市场

证券经过发行市场的承销后，即进入流通市场，证券流通市场具有两个方面的职能：其一是为证券持有者提供将证券出卖变现的场所；其二是为新的投资者提供投资机会。证券交易市场又可以分为有形的证券交易所市场和无形的场外交易市场。

（一）证券交易所的职能

证券交易所是证券买卖双方公开交易的场所，是一个高度组织化、集中进行证券交易的市场，是整个证券市场的核心。证券交易所本身并不买卖证券，也不决定证券价格，而是为证券交易提供一定的场所和设施，配备必要的管理和服务人员，并对证券交易进行周密的组织和严格的管理，为证券交易顺利进行提供一个稳定、公开、高效的市场。我国《证券法》规定，证券交易所是为证券集中交易提供场所和设施，组织和监督证券交易，实施自律管理的法人。根据社会经济发展对资本市场的需求和建设多层次资本市场的部署，我国在以上海、深圳证券交易所作为证券市场主板市场的基础上，又在深圳证券交易所设置了中小企业板市场和创业板市场，从而形成了交易所市场内的不同市场层次。

（二）证券交易所市场的层次结构

主板市场是一个国家或地区证券发行、上市及交易的主要场所，一般而言，各国主要的证券交易所代表着国内主板市场。上海证券交易所和深圳证券交易所主板、中小板是我国证券市场的主板市场。上海证券交易所于1990年12月19日正式营业；深圳证券交易所于1991年7月3日正式营业。2004年5月，经国务院批准，中国证监会批复同意，深圳证券交易所在主板市场内设计中小企业板块市场。设立中小企业板块的宗旨是为主业突出、具有成长性和科技含量的中小企业提供直接融资平台，是我国多层次资本市场体系建设的一项重要内容，也是分步推进创业板市场建设的一个重要步骤。

我国中小企业板块的设计要点主要基于四个方面：第一，暂不降低发行上市标准，而是在主板市场发行上市标准的框架下设立中小企业板块，这样可以避免因发行上市标准变化带来的风险；第二，在考虑上市企业的成长性和科技含量的同时，尽可能扩大覆盖面，以增强上市公司行业结构的互补性；第三，在现有主板市场内设置中小企业板块，可以依托主板市场形成初始规模，避免直接建立创业板市场初始规模过小带来的风险；第四，在主板市场的制度框架内实行相对独立运行，目的在于有针对性地解决市场监管的特殊性问题，逐步推进制度创新，从而为建立创业板市场积累经验。从制度安排看，中小企业板块以运行独立、监察独立、代码独立和指数独立与主板市场相区别；同时，中小企业板块又以其相对独立性与创业板市场相衔接。中小企业板块市场在监管方面主要采取两项措施：一是改进交易制度，完善开盘集合竞价制度和收盘价的确定方式，在监控中引入涨跌幅、振幅及换手率的偏离值等指标，完善交易异常波动停牌制度；二是完善中小企业板块上市公司监管制度，推行募集资金使用定期审计制度、年度报告说明会制度和定期报告披露上市公司股东持股分布制度等措施。

创业板是我国多层次资本市场体系的重要组成部分，是为具有高成长性的中小企业和高科技企业融资服务的资本市场。我国创业板市场于2009年10月23日在深圳证券交易所正式启动。创业板的开板，标志着我国交易所市场在经过20年发展后，已经逐步确立了由主板（含中小板）、创业板构成的多层次交易所市场体系框架。我国创业板市场主要面向成长型创业企业，重点支持自主创新企业，支持市场前景好、带动能力强、就业机会多的成长型创业企业，特别是支持新能源、新材料、电子信息、生物医药、环保节能、现代服务等新兴产业的发展。创业板的推出和发展，将发挥对高科技、高成长创业企业的"助推器"功能，为各类风险投资和社会资本提供风险共担、利益共享的进入和退出机制，促进创业投资良性循环，逐步强化以市场为导向的资源配置、价格发现和资本约束机制，提高我国资本市场的运行效率和竞争力。创业板是不同于主板的独特的资本市场，具有前瞻性、高风险、监管要求严格以及明显的高技术产业导向的特点。创业板市场的功能主要表现在两个方面：一是在风险投资机制中的作用，即承担风险资本的退出窗口作用；二是作为资本市场所固有的功能，包括优化资源配置、促进产业升级等作用。而对企业来讲，上市除了融通资金外，还有提高企业知名度、分担投资风险、规范企业运作等作用。因而，建立创业板市场是完善风险投资体系，为中小高科技企业提供直接融资服务的重要一环，也是层次资本市场的重要组成部分。

三、场外市场

（一）"三板"是代办股份转让系统

2001 年 7 月 16 日，为了解决主板退市问题（包括水仙、粤金曼和中浩等）以及原STAQ、NET 系统内存在有法人股历史遗留问题（首批挂牌交易的公司包括大自然、长白、清远建北、海国实、京中兴和华凯），"代办股份转让系统"正式成立，后被称为"老三板"。2006 年 1 月，中关村科技园区非上市股份有限公司股份报价转让系统（即"新三板"）正式推出，是国内证交所主板、中小板及创业板市场的补充。截至 2010 年底，在代办股份转让系统挂牌的公司有 75 家，股票 58 只，投资者开户数 12 万人，市值83 亿元人民币，其中 A 类股份流通市值为 35 亿元人民币，B 类股份流通市值为 2500 万美元。2011 年"新三板"成交总额为 5.6 亿元。2012 年 6 月底，"新三板"挂牌公司124 家。目前我国柜台市场主要包括全国性与区域性两个层次，正在试点扩容改革的"新三板"就是全国性 OTC 市场，如北京中关村、武汉东湖、上海张江、天津滨海等 4家高新技术园区。"全国中小企业股份转让系统"（http：//www.neeq.com.cn/）揭牌仪式 2013 年 1 月 16 日在北京金融街举行，"新三板"交易模式正式诞生。

延伸阅读：国务院关于全国中小企业股份转让系统有关问题的决定

国发〔2013〕49 号

各省、自治区、直辖市人民政府，国务院各部委、各直属机构：

为更好地发挥金融对经济结构调整和转型升级的支持作用，进一步拓展民间投资渠道，充分发挥全国中小企业股份转让系统（以下简称全国股份转让系统）的功能，缓解中小微企业融资难，按照党的十八大、十八届三中全会关于多层次资本市场发展的精神和国务院第 13 次常务会议的有关要求，现就全国股份转让系统有关问题作出如下决定。

一、充分发挥全国股份转让系统服务中小微企业发展的功能

全国股份转让系统是经国务院批准，依据证券法设立的全国性证券交易场所，主要为创新型、创业型、成长型中小微企业发展服务。境内符合条件的股份公司均可通过主办券商申请在全国股份转让系统挂牌，公开转让股份，进行股权融资、债权融资、资产重组等。申请挂牌的公司应当业务明确、产权清晰、依法规范经营、公司治理健全，可以尚未盈利，但须履行信息披露义务，所披露的信息应当真实、准确、完整。

二、建立不同层次市场间的有机联系

在全国股份转让系统挂牌的公司，达到股票上市条件的，可以直接向证券交易所申请上市交易。在符合《国务院关于清理整顿各类交易场所切实防范金融风险的决定》（国发〔2011〕38号）要求的区域性股权转让市场进行股权非公开转让的公司，符合挂牌条件的，可以申请在全国股份转让系统挂牌公开转让股份。

三、简化行政许可程序

挂牌公司依法纳入非上市公众公司监管，股东人数可以超过200人。股东人数未超过200人的股份公司申请在全国股份转让系统挂牌，证监会豁免核准。挂牌公司向特定对象发行证券，且发行后证券持有人累计不超过200人的，证监会豁免核准。依法需要核准的行政许可事项，证监会应当建立简便、快捷、高效的行政许可方式，简化审核流程，提高审核效率，无须再提交证监会发行审核委员会审核。

四、建立和完善投资者适当性管理制度

建立与投资者风险识别和承受能力相适应的投资者适当性管理制度。中小微企业具有业绩波动大、风险较高的特点，应当严格自然人投资者的准入条件。积极培育和发展机构投资者队伍，鼓励证券公司、保险公司、证券投资基金、私募股权投资基金、风险投资基金、合格境外机构投资者、企业年金等机构投资者参与市场，逐步将全国股份转让系统建成以机构投资者为主体的证券交易场所。

五、加强事中、事后监管，保障投资者合法权益

证监会应当比照证券法关于市场主体法律责任的相关规定，严格执法，对虚假披露、内幕交易、操纵市场等违法违规行为采取监管措施，实施行政处罚。全国股份转让系统要制定并完善业务规则体系，建立市场监控系统，完善风险管理制度和设施，保障技术系统和信息安全，切实履行自律监管职责。

六、加强协调配合，为挂牌公司健康发展创造良好环境

国务院有关部门应当加强统筹协调，为中小微企业利用全国股份转让系统发展创造良好的制度环境。市场建设中涉及税收政策的，原则上比照上市公司投资者的税收政策处理；涉及外资政策的，原则上比照交易所市场及上市公司相关规定办理；涉及国有股权监管事项的，应当同时遵守国有资产管理的相关规定。各省（区、市）人民政府要加强组织领导和协调，建立健全挂牌公司风险处置机制，切实维护社会稳定。

2013年12月13日

（二）"四板"是区域性股权交易市场

区域性股权交易市场（柜台市场），通常由地方政府批准设立的地方区域性交易场所。目前全国建成并初具规模的区域股权市场有：天津股权交易所、齐鲁股权托管交易中心、上海股权托管交易中心、武汉股权托管交易中心、重庆股份转让系统、前海股权交易中心、广州股权交易中心、浙江股权交易中心、江苏股权交易中心、大连股权托管交易中心、海峡股权托管交易中心等十几家股权交易市场。对于"四板"市场，中国证监会给予规则上的指导。2012 年，上海证券交易所与浙江省政府签署战略合作框架协议，推动双方在区域性股权交易市场建设等方面开展更广泛长期合作。上交所下属的信息网络有限公司持有浙江股权交易中心 20% 的股份，为其第二大股东。上海证券交易所还在 2012 年入股了上海股权托管交易中心，成为第二大股东。中国目前拥有 10 多万个股份制企业，发展四板市场是中小企业的利好。四板市场是为特定区域内的企业提供股权、债券的转让和融资服务的私募市场，一般以省级为单位，由省级人民政府监管，是我国多层次资本市场的重要组成部分，也是中国多层次资本市场建设中必不可少的部分。对于促进企业特别是中小微企业股权交易和融资，鼓励科技创新和激活民间资本，加强对实体经济薄弱环节的支持，具有积极作用。

2013 年 12 月 28 日上午，北京"四板"市场（北京区域性股权交易市场平台）正式启动，首批 50 家企业挂牌，3 家发行企业与私募债推荐机构签约，拟发行 2.5 亿元中小企业私募债。"四板"全称为北京股权交易中心有限公司，注册资本 2 亿元，是为企业提供股权、债券的转让和融资服务的私募市场。"四板"对非上市股份制企业规模盈利均没有要求，只要存续期超过一年就可以到北京股权交易中心免费办理。正式启动后，"四板"计划 3 年内实现为不少于 2000 家企业提供登记托管服务，为 2000 多家企业提供挂牌交易和挂牌展示服务；同时每年向"新三板"、创业板、中小板等输出不少于 50 家转板企业，为 300 家以上企业提供不少于 100 亿元的直接融资服务。除了提供股份登记、托管、股东变更等服务外，"四板"还可以根据中小企业需求和投资者风险偏好，与证券公司、商业银行等金融机构合作，发行中小企业高收益私募债等固定收益类创新金融产品。据悉，北京市现有中小微企业将近 30 万家，绝大多数中小微企业迫切希望可以从资本市场获取直接融资，目前进入主板、创业板、"新三板"市场融资的企业不超过 500 家，还存在大量的企业难以通过银行贷款获取间接融资。"四板"启动将为中小企业提供差异竞争、错位发展的机遇。

四、证券价格指数

证券价格指数是指反映有价证券市场价格波动的相对数，是当代市场经济国家普遍编制的主要价格指数之一。股价平均数和股价指数是衡量股票市场总体价格水平及其变动趋势的尺度，也是反映一个国家或地区政治、经济发展状态的灵敏信号。

（一）股票价格指数

股票价格指数简称"股指"，是度量组成该指数的所有股票的市场平均价格水平及其变动情况的指标。股票价格指数不仅为投资者了解股市的整体表现提供了条件，也为股市的纵向比较、横向比较及投资者投资绩效的比较提供了方便。

根据不同覆盖范围，股指可分为综合指数和成分指数。通常将包括某证券交易所全部上市股票的指数称为该交易所的综合指数，而将部分股票组成的指数称为成分指数。根据不同使用功能，股指可分为基准指数和投资指数。基准指数市场覆盖面广、代表性好、行业分布均衡，主要目的是反映目标市场的整体运行情况。例如，道琼斯全球指数由遍布全球的近5500只股票组成。投资指数普遍用于指数基金、指数期货和期权、交易所交易基金（ETFs）等衍生产品和结构产品，其主要目的是用于指引投资者进行证券投资。投资指数在编制时除了要考虑指数的市场覆盖范围和行业代表性外，还必须重点考虑指数的可投资性。

伴随着指数的投资功能越来越重要，指数的编制和加权方法也开始不断改进和创新。通常而言，股指编制主要考虑以下四个因素：一是抽样，即在众多股票中根据一定的规则抽取少数具有代表性的成分股；二是新股上市何时计入指数，即新股上市首日到计入指数的时间间隔；三是加权方式，如按价格、总市值或自由流通市值加权等；四是计算方法，如算术平均或几何平均等。

（二）中国的证券价格指数

我国主要的股票价格指数有：中证指数有限公司及其指数、上海证券交易所的股价指数、深圳证券交易所的股价指数、香港和台湾的主要股价指数。目前，上证综指和深证综指采用算术平均的总市值加权，新股上市后第11个交易日进入指数；沪深300、中证100等中证系列指数，采用算术平均的自由流通市值加权，成分股按一定规则选取，一般于每年1月和7月的第一个交易日进行成分股定期调整。

表 3 – 1　　　　　　　　　　　　　中国的证券价格指数

中证指数有限公司及其指数	（1）沪深 300 指数	简称沪深 300，成分股数量为 300 只，指数基日为 2004 年 12 月 31 日，基点为 1000 点
	（2）中证规模指数	中证 100 指数、中证 200 指数、中证 500 指数、中证 700 指数、中证 800 指数和中证流通指数
上海证券交易所股价指数	（1）样本指数类	①上证成分股指数，简称"上证 180 指数"；②上证 50 指数
	（2）综合指数类	①上证综合指数；②新上证综合指数
	（3）分类指数类	A 股指数、B 股指数及工业类、商业类、地产类、公用事业类和综合分类指数
深圳证券交易所股价指数	（1）样本指数类	①深圳成分指数；②深圳 A 股指数；③深圳 B 股指数；④深证 100 指数
	（2）综合指数类	①深圳综合指数；②深证新指数；③中小企业板指数
香港的主要股价指数	（1）恒生指数	①恒生金融分类指数；②恒生公用事业分类指数；③恒生地产分类指数；④恒生工商分类指数
	（2）恒生综合指数系列	①恒生香港综合指数；②恒生中国内地指数（含 H 股指数、红筹股指数）
台湾证交所的股价指数	台湾加权股价指数	

此外，我国主要的债券指数包括中证全债指数、上证国债指数、上证企业债指数、中国债券指数。我国主要的基金指数包括中证基金指数系列、中证协基金行业股票估值指数（"SAC 行业指数"）、上证基金指数、深圳基金指数。

延伸阅读：上证指数特征与上海多层次蓝筹股市场

历史数据表明，上证综指、上证50、上证180、上证380指数的涨幅依次递增，波动性也依次增加。上证综指由于受权重股的影响较大，它与上证50、上证180指数在走势上较为接近，反映了上海市场上的大型蓝筹企业，这些企业是国民经济的主体，业绩增长稳定，虽然涨幅较小，但波动性更小，是资本市场的稳定器。

上海证券市场的股票市场的规模结构具有典型的二八分化情况，即180只股票的市值占据73%，交易额占据46%，剩余的700多家公司包含了近80%的公司数和54%的交易额。从每股均价、市盈率、波动性、活跃度以及与流通股相关的成交量等指标来看，该股票群体不亚于沪市大盘蓝筹的市场表现，且具有行业分布完整、成长优良等特征。上证380指数就是这一股票群体中具有高成长特点的新兴蓝筹企业的代表，指数涨幅明显，波动性也更大。2010年底，上证综指、上证50、上证180、上证380指数的市盈率分别为21.6倍、16.1倍、18.2倍、45.2倍，市净率分别为2.6倍、2.1倍、2.3倍、3.7倍。上证380指数样本股由于良好的成长性而获得较高的市场溢价，估值水平较高。

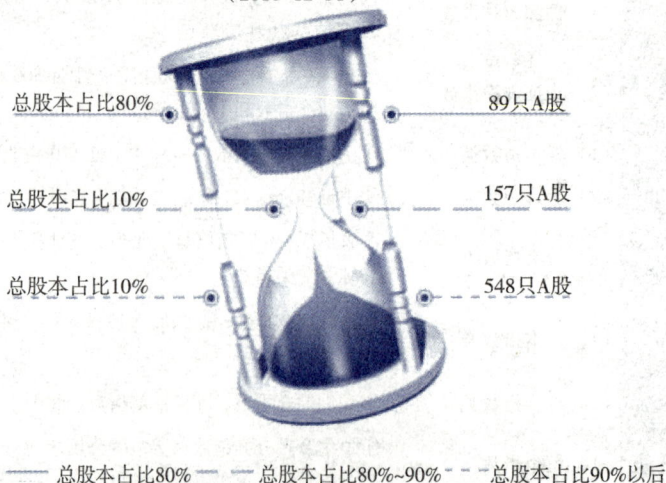

沪市非ST的A股总股本聚类分析
（2010-12-31）

总股本占比80%　　　　89只A股

总股本占比10%　　　　157只A股

总股本占比10%　　　　548只A股

—— 总股本占比80%　— — 总股本占比80%~90%　- - - 总股本占比90%以后

图1　上海 A 股市场股本分布聚类图

图2 沪市非ST的A股市价总值聚类分析

沪市非ST的A股市总价值聚类分析
（2010-12-31）

市价总值占比约59%　　　50只A股

市价总值占比约21%　　　130只A股

市价总值占比约16%　　　390只A股

市价总值占比约4%　　　214只A股

—— 市价总值的50只　　　—— 市价总值51~180只
—— 市价总值181~580只　　—— 市价总值581只以后

图 2　沪市非 ST 的 A 股市价总值聚类分析

资料来源：上海证券交易所·市场数据，http://www.sse.com.cn/market/。

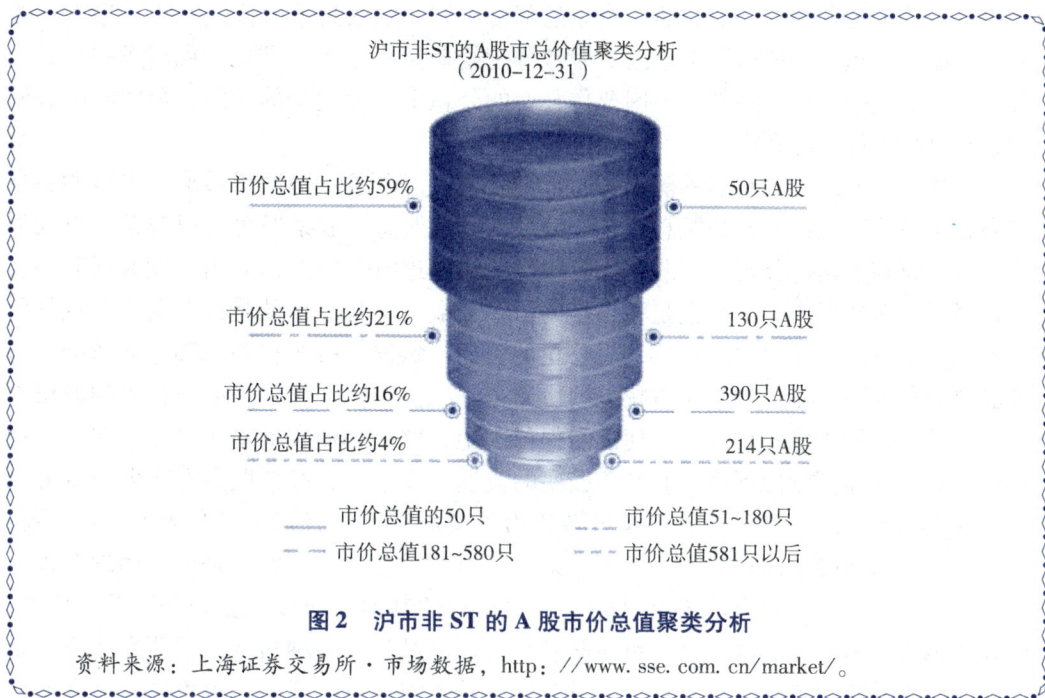

（三）世界主要市场股票价格指数

世界各地股票市场均有各自的股票价格指数。其中编制最早、最能敏感反映股票行情变化的是美国的道琼斯平均指数。该指数于 1884 年开始编制，其内容包括：①30 家大工业公司的道琼斯工业平均指数；②20 家重要运输业公司的股票价格平均指数；③15 家公用事业大公司的股票价格平均指数；④以上 65 家公司股票价格的道琼斯综合平均指数。

著名的股票价格指数还有伦敦的金融时报指数、巴黎的综合指数、东京的日经道琼斯平均股价、香港的恒生指数等。

五、证券投资的收益和风险

（一）证券投资收益

收益和风险是并存的，通常收益越高，风险越大。投资者只能在收益和风险之间加以权衡，即在风险相同的证券中选择收益较高的，或在收益相同的证券中选择风险较小的进行投资。

1. 股票收益。股票投资的收益是指投资者从购入股票开始到出售股票为止整个持有期间的收入，它由股息收入、资本利得和公积金转增收益组成。

（1）股息。股份有限公司在会计年度结算后，将一部分净利润作为股息分配给股东。其中，优先股股东按照规定的固定股息率优先取得固定股息，普通股股东则根据余下的利润分取股息。股东在取得固定的股息以后又从股份有限公司领取的收益，称为红利。股息的来源是公司的税后净利润。公司的税后净利润，按以下程序分配：从税后净利润中提取法定公积金、公益金后，剩余的部分先按固定股息率分配给优先股股东，再提取任意盈余公积金，然后再按普通股股数分配给普通股股东。可见，税后净利润是公司分配股息的基础和最高限额，但因要作必要的公积金和公益金的扣除，公司实际分配的股息总是少于税后净利润。

股息的具体形式可以有多种。第一，现金股息。现金股息是以货币形式支付的股息和红利，是最普通、最基本的股息形式。第二，股票股息。股票股息是以股票的方式派发的股息，原则上是按公司现有股东持有股份的比例进行分配的，采用增发普通股并发放给普通股股东的形式，实际上是将当年的留存收益资本化。也就是说，股票股息是股东权益账户中不同项目之间的转移，对公司的资产、负债、股东权益总额毫无影响，对得到股票股息的股东在公司中所占权益的份额也不产生影响，仅仅是股东持有的股票数比原来多了。发放股票股息既可以使公司保留现金，解决公司发展对现金的需要，又使公司股票数量增加，股价下降，有利于股票的流通。股东持有股票股息在大多数西方国家可免征所得税，出售增加的股票又可转化为现实的货币，有利于股东实现投资收益，因而是兼顾公司和股东利益的两全之策。第三，财产股息。财产股息是公司用现金以外的其他财产向股东分派股息。最常见的是公司持有的其他公司或子公司的股票、债券，也可以是实物。第四，负债股息。负债股息是公司通过建立一种负债，用债券或应付票据作为股息分派给股东。这些债券或应付票据既是公司支付的股息，也可满足股东的获利需要。第五，建业股息，又称建设股息，是指经营铁路、港口、水电、机场等业务的股份公司，由于其建设周期长，不可能在短期内开展业务并获得盈利，为了筹集到所需资金，在公司章程中明确规定并获得批准后，公司可以将一部分股本作为股息派发给股东。建业股息不同于其他股息，它不是来自公司的盈利，而是对公司未来盈利的预分，实质上是一种负债分配，也是无盈利无股息原则的一个例外。

（2）资本利得。股票买入价与卖出价之间的差额就是资本利得，或称资本损益。资本利得可正可负。

（3）公积金转增股本。公积金转增股本也采取送股的形式，但送股的资金不是来自当年可分配盈利，而是公司提取的公积金。公司提取的公积金有法定公积金和任意公积金。法定公积金的来源有以下几项：一是股票溢价发行时，超过股票面值的溢价部分，要转入公司的法定公积金；二是依据《公司法》的规定，每年从税后净利润中按比例提存部分法定公积金；三是公司经过若干年经营以后资产重估增值部分；四是公司从外部取得的赠予资产，如从政府部门、国外部门及其他公司等得到的赠予资产。

我国《公司法》规定，公司分配当年税后利润时，应当提取利润的10%列入公司法定公积金。公司法定公积金累计额为公司注册资本的50%以上的，可以不再提取。股东大会决议将公积金转为资本时，按股东原有股份比例派送红股或增加每股面值。但法定公积金转为资本时，所留成的该项公积金不得少于注册资本的25%。

（4）股票收益率。衡量股票投资收益水平的指标主要有股利收益率、持有期收益率和股份变动后持有期收益率等。

第一，股利收益率。又称获利率，指股份公司以现金形式派发股息与股票市场价格的比率。

例：某投资者以20元一股的价格买入X公司股票，持有1年分得现金股息1.80元，则：股利收益率 = $1.80 \div 20 \times 100\% = 9\%$。

第二，持有期收益率。持有期收益率指投资者持有股票期间的股息收入与买卖价差占股票买入价格的比率。

第三，股份变动后持有期收益率。投资者在买入股票后，有时会发生该股份公司进行股票分割（即拆股）、送股、配股、增发等导致股份变动的情况，股份变动会影响股票的市场价格和投资者持股数量，因此，有必要在股份变动后作相应调整，以计算股份变动后的持有期收益率。

2. 债券收益。债券的投资收益来自两个方面：一是债券的利息收益，二是资本利得。

（1）债息。债券的利息收益取决于债券的票面利率和付息方式。债券的票面利率是指1年的利息占票面金额的比率。

一次性付息的计息方式有三种：第一，单利计息。以单利计息，到期还本时一次支付所有应付利息。这种方式被称为利随本清。我国的一次还本付息债券即是单利计息债券。第二，复利计息。用这种方式付息的债券通常被称为无息债券或零息债券。运用这种复利计息的债券，投资者的实际收益率要高于与持有票面利率同水平的单利债券收益率。它是国际债券市场上的常见品种，我国到目前为止尚未发行过这类债券。第三，贴现方式计息。以贴现方式计息，投资者按票面额和应收利息之差价购买债券，到期按票面额收回本息。

分期付息债券又称附息债券或息票债券，是在债券到期以前按约定的日期分次按票面利率支付利息，到期再偿还债券本金。分次付息一般分按年付息、半年付息和按季付息三种方式。

（2）资本利得。债券投资的资本利得是指债券买入价与卖出价或买入价与到期偿还额之间的差额。

（3）债券收益率。债券收益率有票面收益率、直接收益率、持有期收益率、到期收益率和贴现债券收益率等，这些收益率分别反映投资者在不同买卖价格和持有年限下的实际收益水平。

第一，票面收益率。票面收益率又称名义收益率或票息率，是债券票面上的固定利率，即年利息收入与债券面额之比率。票面收益率只适用于投资者按票面金额买入债券直至期满并按票面金额偿还本金这种情况。

第二，直接收益率。直接收益率又称本期收益率、当前收益率，指债券的年利息收入与买入债券的实际价格之比率。直接收益率反映了投资者的投资成本带来的收益。在上例中，投资者购买债券的价格低于债券面额，所以收益率高于票面利率。

第三，持有期收益率。指买入债券后持有一段时间，又在债券到期前将其出售而得到的收益率。它包括持有债券期间的利息收入和资本损益。一次还本付息债券的计算公式。我国发行的中期债券多为到期一次还本付息债券，在中途出售的卖价中包含了持有期的利息收入。

第四，到期收益率。到期收益率又称最终收益率，一般的债券到期都按面值偿还本金，所以，随着到期日的临近，债券的市场价格会越来越接近面值。到期收益率同样包括利息收入和资本损益。

第五，贴现债券收益率。贴现债券又称贴水债券，是指以低于面值发行、发行价与票面金额之差额相当于预先支付的利息、债券期满时按面值偿付的债券。贴现债券一般用于短期债券的发行，如美国政府国库券。

（二）证券投资风险

一般而言，风险是指对投资者预期收益的背离，或者说是证券收益的不确定性。证券投资的风险是指证券预期收益变动的可能性及变动幅度。与证券投资相关的所有风险称为总风险，总风险可分为系统性风险和非系统性风险两大类。

1. 系统性风险。是指由于某种全局性的共同因素引起的投资收益的可能变动，这些因素来自企业外部，是单一证券无法抗拒和回避的，因此又叫不可回避风险。这些共同的因素会对所有企业产生不同程度的影响，不能通过多样化投资而分散，因此又称为不可分散风险。系统性风险包括政策风险、经济周期性波动风险、利率风险和购买力风险等。

（1）政策风险。指政府有关证券市场的政策发生重大变化或是有重要的法规、举措出台，引起证券市场的波动，从而给投资者带来的风险。

（2）经济周期性波动风险。指证券市场行情周期性变动而引起的风险。这种行情变动不是指证券价格的日常波动和中级波动，而是指证券行情长期趋势的改变。在整个看涨行市中，几乎所有的股票价格都会上涨；在整个看跌行市中，几乎所有的股票价格都不可避免地有所下跌，只是涨跌的程度不同而已。

（3）利率风险。利率从两方面影响证券价格：一是改变资金流向。当市场利率提高时，会吸引一部分资金流向银行储蓄、商业票据等其他金融资产，减少对证券的需求，使证券价格下降；当市场利率下降时，一部分资金流回证券市场，增加对证券的需求，刺激证券价格上涨。二是影响公司的盈利。利率提高，公司融资成本提高，在其他条件不变的情况下净盈利下降，派发股息减少，引起股票价格下降；利率下降，融资成本下降，净盈利和股息相应增加，股票价格上涨。

利率政策是中央银行的货币政策工具。利率风险对不同证券的影响是不相同的。第一，利率风险是固定收益证券的主要风险，特别是债券的主要风险。第二，利率风险是政府债券的主要风险。第三，利率风险对长期债券的影响大于短期债券。

（4）购买力风险。又称通货膨胀风险。购买力风险对不同证券的影响是不相同的，最容易受其损害的是固定收益证券，如优先股、债券。一般来讲，可通过计算实际收益率来分析购买力风险：

$$实际收益率 = 名义收益率 - 通货膨胀率$$

2. 非系统性风险。是指只对某个行业或个别公司的证券产生影响的风险，非系统性风险是可以抵消回避的，因此又称为可分散风险或可回避风险。非系统性风险包括信用风险、经营风险、财务风险等。

（1）信用风险。又称违约风险，指证券发行人在证券到期时无法还本付息而使投资者遭受损失的风险。债券、优先股、普通股都可能有信用风险，但程度有所不同。信用风险是债券的主要风险，政府债券的信用风险最小，其他债券的信用风险从低到高依次为地方政府债券、金融债券、公司债券，但大金融机构或跨国公司债券的信用风险有时会低于某些政局不稳的国家的政府债券。股票没有还本要求，普通股股息也不固定，但仍有信用风险。

（2）经营风险。指公司的决策人员与管理人员在经营管理过程中出现失误而导致公司盈利水平变化，从而使投资者预期收益下降的可能。

（3）财务风险。指公司财务结构不合理、融资不当而导致投资者预期收益下降的风险。

（三）风险与收益的关系

收益以风险为代价，风险用收益来补偿。投资者投资的目的是为了得到收益，与此同时，又不可避免地面临着风险。收益与风险的基本关系：收益与风险相对应。也就是说，风险较大的证券，其要求的收益率相对较高；反之，收益率较低的投资对象，风险相对较小。风险与收益共生共存，承担风险是获取收益的前提；收益是风险的成本和报酬。风险和收益的本质联系可以表述为下面的公式：

$$预期收益率 = 无风险利率 + 风险补偿$$

预期收益率是投资者承受各种风险应得的补偿。在短期国库券无风险利率的基础上，我们可以发现以下几个规律：

第一，同一种类型的债券，长期债券利率比短期债券高。这是对利率风险的补偿。如同是政府债券，都没有信用风险和财务风险，但长期债券的利率要高于短期债券，这是因为短期债券没有利率风险，而长期债券却可能受到利率变动的影响，两者之间利率的差额就是对利率风险的补偿。

第二，不同债券的利率不同，这是对信用风险的补偿。通常，在期限相同的情况下，政府债券的利率最低，地方政府债券利率稍高，其他依次是金融债券和企业债券。在企业债券中，信用级别高的债券利率较低，信用级别低的债券利率较高，这是因为它们的信用风险不同。

第三，在通货膨胀严重的情况下，债券的票面利率会提高或是会发行浮动利率债券。这是对购买力风险的补偿。

第四，股票的收益率一般高于债券。这是因为股票面临的经营风险、财务风险和经济周期波动风险比债券大得多，必须给投资者相应的补偿。在同一市场上，许多面值相同的股票也有迥然不同的价格，这是因为不同股票的经营风险、财务风险相差甚远，经济周期波动风险也有差别。投资者以出价和要价来评价不同股票的风险，调节不同股票的实际收益，使风险大的股票市场价格相对较低，风险小的股票市场价格相对较高。

当然，风险与收益的关系并非如此简单。证券投资除以上几种主要风险以外，还有其他次要风险，引起风险的因素以及风险的大小程度也在不断变化之中；影响证券投资收益的因素也很多。所以这种收益率对风险的替代只能粗略地、近似地反映两者之间的关系，更进一步说，只有加上证券价格的变化才能更好地反映两者的动态替代关系。

第二节　证券市场法律法规与监管

一、证券市场的法律法规

证券市场的法律法规分为四个层次，即法律、行政法规、部门规章及规范性文件、自律性规则。

（一）证券市场法律

法律指由全国人民代表大会或全国人民代表大会常务委员会制定并颁布的。现行的证券市场法律主要包括《中华人民共和国证券法》、《中华人民共和国证券投资基金法》、《中华人民共和国公司法》以及《中华人民共和国刑法》等。此外，《中华人民共和国物权法》、《中华人民共和国反洗钱法》、《中华人民共和国企业破产法》等法律也与资本市场有着密切的联系。

> **延伸阅读：与证券犯罪有关的刑法条款**
>
> - 虚假出资、抽逃出资罪
> - 欺诈发行股票、债券罪
> - 提供虚假财会报告罪
> - 妨害清算罪
> - 隐匿、销毁会计资料罪（《刑法》第一百六十二条第一款）
> - 徇私舞弊低价折股、出售国有资产罪
> - 擅自设立金融机构罪
> - 擅自发行股票、公司、企业债券罪
> - 内幕交易、泄露内幕信息罪
> - 编造并且传播证券、期货交易虚假信息罪
> - 诱骗投资者买卖证券、期货合约罪（1999 年修改）
> - 操纵证券、期货交易价格罪
> - 非法经营罪
> - 中介组织人员提供虚假证明文件罪

（二）行政法规

行政法规是指由国务院制定并颁布的行政法规。现行的证券行政法规中，与证券经

营机构业务密切相关的有《证券、期货投资咨询管理暂行办法》，2008 年 4 月 23 日国务院公布的《证券公司监督管理条例》和《证券公司风险处置条例》，之后由最高人民法院公布的《关于在民事审判和执行工作中依法保护金融债权防止国有资产流失问题的通知》等。

（三）部门规章及规范性文件

是指由证券监管部门制定的部门规章及规范性文件。部门规章及规范性文件由中国证监会根据法律和国务院行政法规制定，其效力次于法律和行政法规。包括《证券发行与承销管理办法》、《首次公开发行股票并在企业板上市管理暂行办法》、《上市公司信息披露管理办法》、《证券公司融资融券业务试点管理办法》、《证券市场禁入规定》等。

（四）自律性规则

指由证券交易所、中国证券业协会及中国证券登记结算有限公司制定的自律性规则。经中国证监会汇总认可的主要自律规则如表 3 - 2 所示。

表 3 - 2　　　　　　　　　　中国证监会汇总认可的自律规则

	自律规则文件名称	发布时间
1	中国证券登记结算有限责任公司结算参与人管理规则	2007 - 05 - 07
2	深圳证券交易所会员管理规则	2007 - 05 - 01
3	上海证券交易所会员管理规则	2007 - 05 - 01
4	中国证券登记结算有限责任公司证券登记规则	2006 - 07 - 26
5	上海证券交易所交易规则	2006 - 07 - 01
6	深圳证券交易所交易规则	2006 - 07 - 01
7	上海证券交易所股票上市规则	2006 - 05 - 19
8	深圳证券交易所股票上市规则	2006 - 05 - 19
9	证券业从业人员资格考试办法（试行）	2006 - 03 - 15
10	证券公司代办股份转让系统中关村科技园区非上市股份有限公司股份报价转让试点办法	2006 - 01 - 17
11	中国证券登记结算有限责任公司结算备付金管理办法	2004 - 12 - 01
12	中国证券业协会会员管理办法	2004 - 03 - 30
13	证券业从业人员资格管理实施细则（试行）	2003 - 07 - 01
14	中国证券登记结算有限责任公司证券账户管理规则	2002 - 05 - 01
15	证券公司代办股份转让服务业务试点办法	2001 - 06 - 12

资料来源：中国证监会·公众服务·法律法规，http：//www.csrc.gov.cn/。

二、证券市场的监管

证券市场监管（Regulation）是指证券管理机关运用法律的、经济的以及必要的行政手段，对证券的募集、发行、交易等行为以及证券投资中介机构的行为进行监督与管理。证券市场监管是一国宏观经济监管体系中不可缺少的组成部分，对证券市场的健康发展意义重大。

我国证券市场经过 20 年的发展，逐步形成了以国务院证券监督管理机构、国务院证券监督管理机构的派出机构、证券交易所、行业协会和证券投资者保护基金公司为一体的监督体系和自律管理体系。

（一）证券市场监管的目标与原则

1. 证券市场监管的目标。国际证监会组织公布了证券监管的三个目标：一是保护投资者；二是保证证券市场的公平、效率和透明；三是降低系统性风险。

借鉴国际标准并根据我国的具体情况，我国证券市场的监管目标是：运用和发挥证券市场机制的积极作用，限制其消极作用；保护投资者利益，保障合法的证券交易活动，监督证券中介机构依法经营；防止人为操纵、欺诈等不法行为，维持证券市场的正常秩序；根据国家宏观经济管理的需要，运用灵活多样的方式，调控证券市场与证券交易规模，引导投资方向，使之与经济发展相适应。

2. 证券市场监管的原则

（1）依法监管原则。

（2）保护投资者利益原则。

（3）"三公原则"。即公开原则、公平原则、公正原则。

（4）监督与自律相结合的原则。

（二）证券市场监管的手段

1. 法律手段。通过建立完善的证券法律、法规体系和严格执法来实现。这是证券市场监管部门的主要手段，具有较强的威慑力和约束力。

2. 经济手段。通过运用利率政策、公开市场业务、信贷政策、税收政策等经济手段，对证券市场进行干预。这种手段相对比较灵活，但调节过程可能较慢，存在时滞。

3. 行政手段。通过制定计划、政策等对证券市场进行行政性干预。这种手段比较直接，但运用不当可能违背市场规律，无法发挥作用甚至遭到惩罚。一般多在证券市场发展初期，法制尚不健全、市场机制尚未理顺或遇突发性事件时使用。

（三）证券市场监管的重点内容

对证券市场进行监管的重点主要在四大领域：第一，对证券发行及上市的监管；第二，对交易市场的监管；第三，对上市公司的监管；第四，对证券经营机构的监管。

加强证券市场监管是保障广大投资者合法权益的需要；加强证券市场监管是维护市场良好秩序的需要；加强证券市场监管是发展和完善证券市场体系的需要；准确和全面的信息是证券市场参与者进行发行和交易决策的重要依据。

> **延伸阅读：新三板挂牌企业将超 1000 家 分层监管方案有望推出**
>
> 　　新三板全国扩容以来，企业挂牌已步入常态化，挂牌数量快速增长，目前已有642 家企业挂牌新三板，预计年内挂牌企业将超过 1000 家。在快速发展中，新三板市场依然坚持服务创新型、创业型、成长型中小微企业的市场定位，目前，高新技术企业在挂牌公司中占比超过 80%，股本在 5000 万股以下的挂牌公司占比为 82%，净利润在 1000 万元以下的占比 78%。需要特别说明的是，新三板市场的自然人投资者以挂牌公司既有股东为主，包括原始股东、董事、监事、高管及参与股权激励的核心员工，有较强的风险判别和承受能力。
>
> 　　在新三板快马加鞭之下，市场机制建设显得尤为重要。一个市场的长期健康发展需要一整套法律规范，在此，新三板将积极配合《证券法》修订，及时总结案例、新情况和新问题，进一步奠定市场发展的法律基础。由于新三板不设财务门槛，导致挂牌企业股本差异较大。最小股本 500 万元，最大 52 亿元，挂牌企业平均股本为 3000 多万元。与此同时，营业收入、股权分散程度差别也很大。基于以上特点，市场需要分层监管。
>
> 　　　　　　　　　　　　　　　　　　　　——摘自《金融时报》，2014 – 02 – 22。

（四）证券投资者保护基金

　　证券投资者保护基金指按照《证券投资者保护基金管理办法》筹集形成的、在防范和处置证券公司风险中用于保护证券投资者利益的资金，于 2005 年 8 月成立。证券投资者保护基金公司是负责保护基金筹集、管理和使用，不以营利为目的的国有独资公司，其主要职责包括筹集、管理和运作证券投资者保护基金；监测证券公司风险，参与证券公司风险处置工作；证券公司被撤销、关闭和破产或被证监会采取行政接管、托管经营等强制性监管措施时，按照国家有关政策规定对债权人予以偿付；组织、参与被撤销、关闭或破产证券公司的清算工作；管理和处分受偿资产，维护基金权益；发现证券公司经营管理中出现可能危及投资者利益和证券市场安全的重大风险时，向证监会提出监管、处置建议；对证券公司运营中存在的风险隐患会同有关部门建立纠正机制。为及时监测可能危及投资者利益和证券市场安全的重大风险，保护基金公司在做好证券公司风险处置工作的基础上，致力于建设证券市场交易结算资金监控系统和基于可扩展性商业语言（XBRL）的资本市场电子化信息披露系统，全面加强对证券市场的风险监测。同时，积极开展证券公司和上市公司投资者保护评价工作，探索建立投资者教育、投资者调查和投资者呼叫组成的多层次投资者教育和服务体系。

延伸阅读：《证券投资者信心调查专报（2014 年第 2 期总第 71 期）》摘要

　　本次证券投资者信心调查从 2014 年 2 月 1 日起依托中国证券投资者保护网（www. sipf. com. cn）进行，截至 2 月 25 日，共有 3325 名投资者填写了问卷。

　　2014 年 2 月投资者信心指数为 59.0，环比大幅上升 26.07%，同比微降 4.38%，达到自 2013 年 3 月以来的最高值，总体偏向乐观。子指数方面，国内经济基本面和国内经济政策指数均大幅上升 13.9；大盘乐观、大盘反弹和大盘抗跌指数分别上升 18.6、7.7 和 13.8；买入指数上升 11.9。2014 年是全面深化改革的关键一年，市场对即将召开的"两会"寄予了热切期望，对相关改革政策进一步明确和落实的预期较为强烈，投资者信心大幅提升。

2014 年 2 月与 2014 年 1 月投资者信心指数比较表

	2014 年 1 月	2014 年 2 月	月度变化
信心指数	46.8	59.0	12.2
国内经济基本面	42.8	56.7	13.9
国内经济政策	48.9	62.8	13.9
国际经济金融环境	36.3	42.8	6.5
股票估值	59.0	58.9	−0.1
大盘乐观	45.4	64.0	18.6
大盘反弹	39.9	47.6	7.7
大盘抗跌	54.6	68.4	13.8
买入	45.8	57.7	11.9

　　本月，保护基金利用投资者调查样本库开展投资者信心调查。经统计，本次样本库投资者信心指数为 57.5，较上月 55.7 上升 1.8，相比本月通过网络公开调查方式获取的信心指数 59.0 低 1.5。子指数方面，国内经济政策、大盘抗跌和买入指数分别上升 2.1、2.9 和 3.0；国际经济金融环境指数下降 2.9。其他均变化不大。

　　信息来源：中国证券投资者保护网，http://www. sipf. com. cn/。

三、证券市场的自律管理

（一）证券交易所的监管

1. 证交所被《证券法》授予的监管权

（1）根据需要对出现重大异常交易情况的证券账户限制交易，并报国务院证券监督管理机构备案。

（2）对证券（包括股票和公司债券）的上市交易申请行使审核权。

（3）上市公司出现法定情形时，就暂停或终止其股票上市交易行使决定权。

（4）公司债券上市交易后，公司出现法定情形时，就暂停或终止其公司债券上市交易决定权。当事人对证券交易所作出的不予上市、暂停上市、终止上市决定不服的，我国《证券法》第六十二条规定当事人"可以向证券交易所设立的复核机构申请复核"。

2. 证交所对证券交易活动的管理。根据《证券交易所管理办法》，证券交易所应当就证券交易的种类和期限，证券交易方式和操作程序，证券交易中禁止行为，清算交割事项，交易纠纷的解决，上市证券的暂停、恢复与取消交易，开市、收市、休市及异常情况的处理，交易手续费及其他有关费用的收取方式和标准，对违反交易规则行为的处理规定，证券交易所证券信息的提供和管理，股份指数的编制方法和公布方式，其他需要在交易规则中规定的事项等制定具体的交易规则。

3. 证券交易所对会员的管理。根据《证券交易所管理办法》，证券交易所应当就会员资格的条件和程序，席位管理办法，与证券交易和清算业务有关的会员内部监管、风险控制、电脑系统的标准及维护等方面要求，会员的业务报告制度，会员所派出市代表在交易场所内的行为规范，会员及其出市代表违法、违规行为的处罚等事项，制定具体的会员管理规则。

4. 证券交易所对上市公司的管理。《证券交易所管理办法》规定，证券交易所应当根据有关法律、行政法规，就证券上市的条件、申请和批准程序以及上市协议的内容及格式，上市公告书的内容及格式，上市推荐人的资格、责任、义务，上市费用及其他有关费用的收取方式和标准，对违反上市规则行为的处理规定等事项，制定具体的上市规则。

（二）中国证券业协会的自律管理

中国证券业协会的自律管理体现在保护行业共同利益、促进行业共同发展方面，主要表现在以下方面：

1. 对会员单位的自律管理。包括规范业务，制定业务指引。规范发展，促进行业创新，增强行业竞争力。制定行业公约，促进公平竞争。

2. 对从业人员的自律管理。包括从业人员资格管理、后续职业培训、制定从业人员的行为准则和道德规范、从业人员诚信信息管理。2002 年 12 月 16 日，中国证监会公布《证券业从业人员资格管理办法》（以下简称《资格管理办法》），自 2003 年 2 月 1 日起实施。主要内容包括证券从业人员的规范、从业资格的取得和执业证书、执业管理、相关处罚等。证券业从业人员诚信信息包括基本信息、奖励信息、警示信息、处罚处分信息。

3. 证券业从业人员执业行为准则。为规范证券业从业人员执业行为，维护证券市场秩序，按照中央纪律检查委员会关于制定金融行业从业人员行为准则的工作要求和中国证监会的统一部署，《证券从业人员执业行为准则》（以下简称《准则》）于 2009 年 1 月 19 日由中国证券业协会正式颁布实施。《准则》是我国证券行业从业人员第一部系统性的自律规则，中国证券业协会将依据《准则》对从业人员的执业行为进行自律管理。

四、证券投资者维权

（一）个人证券投资者的权利与维护

1. 个人证券投资者的权利。投资者购买上市公司的股票后，就意味着拥有上市公司一定数量的股份，即成为该上市公司的股东，享有上市公司股东的基本权利，即拥有知情权、参加股东大会权、选择监督管理者权、资产收益权、关联交易审查权、提案提议权、股票处分权、决议撤销权、退出权和代位诉讼权等。股东对公司的重大事项通过投票表决行使权力，不直接干预公司的具体经营。

2. 投资者如何进行投诉。当合法权益受到损害，投资者应如实向证券监管部门投诉或举报。证监会是我国证券市场的监管机关，负责对证券市场进行监管，对证券市场的违法违规行为享有调查权、处罚权。投资者可以向证监会或其派出机构进行投诉。证券交易所也负有监管其会员和上市公司的职责。根据违法违规行为的性质，投资者还可以向工商行政管理机关、公安机关或检察机关举报。

（二）提起证券诉讼的基本条件

根据我国《民事诉讼法》的规定，投资者起诉要符合下列条件：

1. 投资者是本案有直接利害关系的公民、法人或其他组织。

2. 有明确的被告。

3. 有具体的诉讼请求和事实、理由。

4. 属于人民法院受理民事诉讼的范围和受诉人民法院管辖。

延伸阅读：中国证监会投保局开通"12386"热线

2013 年 9 月 6 日，中国证监会发布了《中国证券监督管理委员会公告》（〔2013〕35 号），宣布即日起开通"12386"中国证监会热线试运行。

一、"12386"中国证监会热线承接哪些事项？

为拓宽投资者诉求处理渠道，向广大投资者提供更为便捷有效的服务，中国证监会在信访途径之外开通了"12386"中国证监会热线。"12386"中国证监会热线受理证券期货市场投资者投诉、咨询、建议等，具体包括：①投资者在购买产品、接受服务或投资活动中，与证券期货市场经营主体及其从业人员发生争议的，可以提起投诉；②对证券期货监管工作或者政策提出建议和意见；③对证券期货相关法律制度或者监管工作政策等提出咨询。

二、投资者如何使用"12386"中国证监会热线？

投资者可以在每周一至周五（法定节假日除外）的上午 9：00～11：30，下午 13：00～16：30 期间拨打热线电话。北京地区投资者拨打号码为"12386"，其他地区投资者拨打号码为"010－12386"。"12386"中国证监会热线同时承接中国证监会网站（www.csrc.gov.cn）"我要留言"、"给主席写信"栏目以及投资者保护基金公司网站（www.sipf.com.cn）"投资者呼叫"栏目的投资者咨询、建议及投诉事项。

三、投资者通过"12386"中国证监会热线提出的诉求能否得到有效解决？

"12386"中国证监会热线承接电话和网络诉求，数量可能比较大。为了保证投资者诉求处理的顺畅，证监会制定了专门的工作机制，设立了专职机构负责热线诉求处理转办工作。对每位投资者提出的诉求，都要做到件件有回复。对于投资者咨询建议事项，证监会将发挥全系统力量，进行专业化、精细化的解答，并就投资者反映的热点问题，积极予以回应；对于投诉类事项，被投诉的市场经营主体要承担投诉处理的首要责任，要积极承接热线转办的诉求，及时与投资者联系沟通、解释说明，对投资者造成损失的，要主动与投资者协商和解。监管部门要发挥监督作用，要加强投诉处理的跟踪督办，发现被投诉对象存在违法违规行为的要及时予以纠正。

四、中国证监会采取了哪些措施来保障投诉处理的质量？

热线投诉处理中，投资者认为被投诉对象存在蓄意欺瞒、拖沓敷衍等情形的，可以向热线反映情况，中国证监会核实后将依法采取监管措施。中国证监会还将定期通过热线电话、电子邮件、座谈会等方式，对投资者进行回访，听取投资者意见，改进热线服务工作。

五、"12386"中国证监会热线会向投资者提供哪些具体服务举措？

为方便投资者诉求解决，热线系统设置了互动服务功能，在热线试运行一段时间后，将逐步向投资者开放。一是投诉处理进展实时查询功能，投资者可以随时通过热线了解投诉处理情况，并进行满意度评价；二是为投资者提供多元化的救济选择途径。热线将根据投诉处理的具体情况，向投资者提供法律援助、调解、仲裁、诉讼支持等服务。此外，中国证监会将在证监会网站上（www.csrc.gov.cn）设立"12386"中国证监会热线栏目，适时公开热线诉求处理流程、咨询答复信息以及诉求处理的统计分析数据。主动接受市场监督，提高投资者对热线的认可度。

资料来源：中国证监会·证监会要闻，http://www.csrc.gov.cn/。

📖【本章小结】

本章重点介绍了证券市场组织与运行的基本知识，证券市场法律法规与监管的基本要求。内容包括证券发行和交易市场的概念及其关系，证券发行市场的构成，证券交易所市场与场外市场的组织结构、运作功能，股价指数的编制与应用，以及世界主要股市的指数体系，证券投资收益和风险的内涵、关系、作用机制，证券市场法律法规的层次及各层次内容，证券市场监管与自律管理体系，证券投资者保护与维权的制度机制。丰富的案例介绍、延伸阅读，将有助于深刻理解相关基本知识、基础原理以及内涵功能。

✒【课后训练】

专题视频分析，完成实训报告

实训一　脑力风暴

1. 观看 DVD《华尔街》之第七集《阳光交易》。

2. 请思考回答：

（1）如何理解"阳光是最好的防腐剂，灯光是最好的警察"？

（2）美国证券市场的"集体诉讼制"对你有何启发？

实训二　投资者教育与维权能力训练

1. 4~6人组成一个学习团队，给团队命名，共同设计问题。

2. 使用中国证监会投保局"12386"热线，记录下沟通内容。

3. 提炼热线沟通内容，选派代表进行课堂交流。

第二篇
证券交易

第四章
证券经纪业务
ZHENGQUAN JINGJI YEWU

教学要求

通过本章学习，掌握证券经纪业务的含义和建立过程，熟悉证券经纪人的工作内容；掌握股票交易程序；了解新三板市场，掌握新股网上申购、分红派息、网络投票等经纪业务实务。

知识目标

1. 熟悉经纪业务的含义与特点
2. 熟悉证券经纪人的工作内容
3. 熟悉股票交易程序
4. 熟悉新三板市场的相关规则
5. 熟悉股票发行、分红派息的实务

能力目标

1. 能够了解经纪业务的主要模式
2. 能够掌握股票交易流程
3. 能够掌握网上申购新股的流程
4. 能够进行分红配股的相关计算
5. 能够熟悉网络投票的过程

第一节 证券经纪业务概述

一、证券经纪业务的含义与特点

（一）证券经纪业务的含义

证券经纪业务是指证券公司通过其设立的证券营业部，按照客户的委托代理客户买卖证券的业务。在证券经纪业务中，证券公司只收取一定比例的佣金作为业务收入。证券经纪业务是国内证券公司最基本的业务，也是目前多数券商收入的主要来源。

佣金作为券商的重要收入来源，佣金收入的高低取决于成交量的大小和佣金率的高低。虽然这几年随着证券市场规模的扩大，整体证券交易量有所上升，但市场竞争激烈导致佣金率下降明显，尤其是网络交易的一些创新，某些券商甚至推出接近零佣金的万分之二佣金，这些变化趋势对严重依赖佣金作为主要收入来源的小型券商形成了严重的经营压力。如何从传统经纪业务中转型成为当前很多券商面临的难题。

（二）证券经纪业务的特点

1. 业务对象的广泛性。所有上市交易的股票和债券都是证券经纪业务的对象，因此，证券经纪业务的对象具有广泛性。同时，由于证券经纪业务的具体对象是特定价格的证券，而证券价格受宏观经济运行状况、上市公司经营业绩、市场供求情况、社会政治变化、投资者心理因素、主管部门的政策及调控措施等多种因素的影响，经常涨跌变化。同一种证券在不同时点上会有不同的价格，因此，证券经纪业务的对象还具有价格变动性的特点。

2. 证券经纪商的中介性。证券经纪业务是一种代理活动，证券经纪商不以自己的资金进行证券买卖，也不承担交易中证券价格涨跌的风险，而是充当证券买方和卖方的代理人。证券经纪商发挥着沟通买卖双方和按一定的要求和规则迅速、准确地执行指令并代办手续，同时尽量使买卖双方按自己意愿成交的媒介作用，因此具有中介性的特点。

3. 客户指令的权威性。在证券经纪业务中，客户是委托人，证券经纪商是受托人。证券经纪商要严格按照委托人的要求办理委托事务，这是证券经纪商对委托人的首要义务。委托人的指令具有权威性，证券经纪商必须严格地按照委托人指定的证券、数量、价格和有效时间买卖证券，不能自作主张，擅自改变委托人的意愿。即便情况发生了变化，为了维护委托人的权益不得不变更委托指令，也必须事先征得委托人的同意。如果证券经纪商无故违反委托人的指令，在处理委托事务时使委托人遭受损失，证券经纪商应承担赔偿责任。

4. 客户资料的保密性。在证券经纪业务中，委托人的资料关系到其资产安全和投资决策的实施，证券经纪商有义务为客户保密，但法律另有约定的除外。保密的资料包括：客户开户的基本情况，如股东账户和资金账户的账号和密码；客户委托的有关事项，如买卖哪种证券、买卖证券的数量和价格等；客户股东账户中的库存证券种类和数量、资金账户中的资金余额等。如因证券经纪商泄露客户资料而造成客户损失，证券经纪商应承担赔偿责任。

二、证券经纪业务的发展模式

发达国家的证券市场经过了 100 多年的发展，已经形成了比较成熟的经纪业务发展模式，其中美国主流券商三类主要经纪业务模式备受市场的推崇：

（一）美林模式

该模式是利用公司专业化的经纪队伍与庞大的市场研究力量为客户提供各种理财服务。美林证券——综合性选择策略。所谓综合性选择就是向客户提供连续的从完全自己管理到全权委托管理的系列产品。美林在综合性选择中提供的服务账户有无限优势、自助交易、网上交易及传统交易模式等几种，这些账户根据服务的内容不同，采取不同的佣金费率。例如，自助交易一般不需要理财顾问的指导和建议，每笔交易按 29.95 美元收取，是典型的佣金模式；无限优势服务则为客户提供全权的资金管理服务，按客户资产的比例收取年费，收费起点为 1500 美元。美林模式的特点：经纪业务的性质在很大程度上向资产管理方向转化；数量众多的投资顾问是公司的营销前台和公司与客户之间的纽带；强大的研究支持系统是公司提供的资产组合质量的保证，也是公司的核心竞争力。

（二）嘉信理财模式

该模式同时提供给投资者网上交易、电话交易及店面交易，嘉信理财通过技术的不断创新来降低交易成本，进而降低服务价格，但并不会牺牲服务质量。正是凭借良好的服务、低廉的服务价格，嘉信理财吸引了大批客户，公司获得了极大的成功。它通过网上交易击败了传统券商霸主——美林证券公司，经纪业务总量超过了美林证券。嘉信模式的特点：最大限度地发挥价格竞争在市场中大大作用；努力降低成本，只提供单一的通道服务；整个经纪业务以互联网为中心展开。

（三）E – Trade 模式

该模式交易完全在网上进行，公司没有有形的营业网点存在。故其可以以尽可能低的佣金吸引对价格在意而对服务要求不高的投资者，因此，这些公司的营业成本低，所以价格低就是这些公司的核心竞争优势，这种服务模式在市场上具有一定的竞争力。E – Trade 模式的特点：以网站为中心的营销体系；丰富的信息咨询内容；"9.99 美元的低佣金、9 秒之内达成交易"是其竞争策略和竞争灵魂。

三、证券公司客户经理

我国的证券公司客户经理是指接受证券公司的聘用，从事客户招揽和客户服务等活动的证券公司营销人员（或称证券经纪人）。其主要职能是开发和招揽客户、向客户进行理财产品销售等。

（一）经纪人从事活动范围

可以根据证券公司的授权从事下列部分或者全部活动：

1. 向客户介绍证券公司和证券市场的基本情况；

2. 向客户介绍证券投资的基本知识及开户、交易、资金存取等业务流程；

3. 向客户介绍与证券交易有关的法律、行政法规、证监会规章、自律规则和证券公司的有关规定；

4. 向客户传递由证券公司统一提供的研究报告及与证券投资有关的信息；

5. 向客户传递由证券公司统一提供的证券类金融产品宣传推介材料及有关信息；

6. 法律、行政法规和证监会规定证券经纪人可以从事的其他活动。

不得从事的行为：

1. 替客户办理账户开立、注销、转移，证券认购、交易或者资金存取、划转、查询等事宜；

2. 提供、传播虚假或者误导客户的信息，或者诱使客户进行不必要的证券买卖；

3. 与客户约定分享投资收益，对客户证券买卖的收益或者赔偿证券买卖的损失作出承诺；

4. 采取贬低竞争对手、进入竞争对手营业场所劝导客户等不正当手段招揽客户；

5. 泄露客户的商业秘密或者个人隐私；

6. 为客户之间的融资提供中介、担保或者其他便利；

7. 为客户提供非法的服务场所或者交易设施，或者通过互联网络、新闻媒体从事客户招揽和客户服务等活动；

8. 委托他人代理其从事客户招揽和客户服务等活动；

9. 损害客户合法权益或者扰乱市场秩序的其他行为。

（二）证券经纪人的工作内容

1. 负责拓展销售渠道，开发新客户，销售公司发行或代销的金融理财产品；

2. 负责把证券公司的金融产品和服务方面的信息传递给现有的及潜在的客户；

3. 负责为客户提供金融理财的合理化建议，为客户实现资产保值增值；

4. 负责组织并策划高级营销活动，开发高端市场。

（三）经纪人的职业要求

1. 教育培训。经济、金融、证券等相关专业专科及以上学历，具有证券从业人员资格。

2. 工作经验。熟悉证券、股票和基金相关的金融基础知识；具有一定的金融从业经历或金融营销工作经验；具有广泛的客户资源；具有良好的沟通能力、客户开发能力；具有很强的工作责任心、团队合作精神，并且能够承受一定的工作压力。

成功的客户经理的收入是非常可观的。客户经理收入的高低，并不依赖于职位的高低，是否得到老板的赏识，而是取决于其所拥有的客户的价值。证券客户经理的薪资一般由"底薪＋提成（股票佣金提成＋基金佣金提成）＋年底利润分红"构成。

延伸阅读：证券从业资格考试

证券从业人员资格考试是从事证券行业的入门考试。证券资格是进入证券行业的必备证书，是进入银行及非银行金融机构、上市公司、会计公司、投资公司、大型企业集团、财经媒体、政府经济部门的重要参考，是个人财商水平的一个体现，是个人进行投资获利的知识工具。

考试科目分为基础科目和专业科目，基础科目为证券基础知识，专业科目包括证券交易、证券发行与承销、证券投资分析、证券投资基金。基础科目为必考科目，专业科目可以自选。

通过基础科目及任意一门专业科目考试的，即取得证券从业资格，并可根据《证券业从业人员资格管理办法》、《证券业从业人员资格管理实施细则（试行）》的规定，向中国证券业协会申请执业资格。

考试成绩合格将取得成绩合格证书，考试成绩终身有效。

四、证券经纪业务的禁止行为

证券市场遵循"三公"原则，禁止任何内幕交易、操纵市场、欺诈客户、虚假陈述等损害市场和投资者的行为。根据我国《证券法》等相关法律法规和中国证券业协会《证券业从业人员执业行为准则》的规定，证券公司在从事证券经纪业务过程中禁止下列行为：

1. 挪用客户所委托买卖的证券或者客户账户上的资金；或将客户的资金和证券借与他人，或者作为担保物或质押物；或违规向客户提供资金或有价证券。

2. 侵占、损害客户的合法权益。

3. 未经客户的委托，擅自为客户买卖证券，或者假借客户的名义买卖证券；违背客户的委托为其买卖证券；接受客户的全权委托而决定证券买卖、选择证券种类、决定买卖数量或者买卖价格；代理买卖法律规定不得买卖的证券。

4. 以任何方式对客户证券买卖的收益或者赔偿证券买卖的损失作出承诺。

5. 为牟取佣金收入，诱使客户进行不必要的证券买卖。

6. 在批准的营业场所之外私下接受客户委托买卖证券。

7. 编造、传播虚假或者误导投资者的信息；散布、泄露或利用内幕信息。

8. 从事或协同他人从事欺诈、内幕交易、操纵证券交易价格等非法活动。

9. 贬损同行或以其他不正当竞争手段争揽业务。

10. 隐匿、伪造、篡改或者毁损交易记录。

11. 泄露客户资料。

【例题 4-1 单选题】证券经纪业务包含的要素不包括（　　）。

A. 委托人　　　　　B. 证券交易所　　　C. 证券经纪商　　　D. 中国证券业协会

答案：D

【答案解析】证券经纪业务包含的要素有：委托人、证券经纪商、证券交易所和证券交易的对象。

【例题4-2 单选题】（   ）是客户与证券经纪商之间在委托买卖过程中有关权利、义务、业务规则和责任的基本约定，也是保障客户与证券经纪商双方权益的基本法律文书。

A.《风险提示书》

B.《客户须知》

C.《证券交易委托代理协议》

D.《客户交易结算资金银行存管协议书》

答案：C

【答案解析】《证券交易委托代理协议》是客户与证券经纪商之间在委托买卖过程中有关权利、义务、业务规则和责任的基本约定，也是保障客户与证券经纪商双方权益的基本法律文书。

【例题4-3 单选题】在证券经纪业务营销中，客户服务中的（   ）是证券经纪业务服务的核心。

A. 有形服务   B. 交易通道服务   C. 信息咨询服务   D. 技术服务

答案：B

【答案解析】在证券经纪业务营销中，客户服务中的交易通道服务是证券经纪业务服务的核心。

【例题4-4 多选题】下列关于证券经纪业务的含义，说法正确的有（   ）。

A. 证券公司不赚取买卖差价

B. 证券公司按照客户的要求代理客户买卖证券的业务

C. 证券公司通过其设立的证券营业部，接受客户委托

D. 证券公司只收取一定比例的佣金作为业务收入

答案：ABCD

【答案解析】四个选项都是正确的。

第二节　股票交易程序

证券在证券交易所的交易程序一般包括以下几个环节：开户、委托、竞价与成交、清算与交割、过户等步骤。

一、开户

投资者在买卖证券之前，要到证券经纪人处开立户头，开户之后，才有资格委托经纪人代为买卖证券。

开户时要同时开设证券账户和资金账户。当甲投资者买入证券，乙投资者卖出证券，成交后证券从乙投资者的证券账户转入甲投资者的账户，相应的资金在扣除费用后从甲投资者的资金账户转入乙投资者的资金账户。

（一）证券账户

证券账户是证券登记机关为投资者设立的，用于准确登记投资者所持的证券种类、名称、数量及相应权益变动情况的一种账册。

我国证券账户分为个人账户和法人账户两种。

● 个人开户必须持有效证件。

● 法人开户提供的证件有：有效法人证明文件（营业执照）及其复印件、法定代表人证明书及其身份证、法人委托书及代办人身份证。

● 一般的证券账户只能进行 A 股、基金和证券现货交易；进行 B 股交易和债券回购交易需另行开户和办理相关手续等。

投资者投资于上海和深圳股市，需分别在上海证券交易所和深圳证券交易所开设证券账户。

● 上海证券账户是在上海证券中央登记结算公司或其委托的证券登记机构或证券经营机构办理开户手续。

● 深圳证券账户由深圳证券结算公司或其授权的证券登记公司或证券经营机构办理开户。

证券账户全国通用，投资者可以在开通上海或深圳证券交易业务的任何一家证券营业部委托交易。

（二）资金账户

资金账户是投资者在证券商处开设的资金专用账户，用于存放投资者买入证券所需资金或卖出证券取得的资金，记录证券交易资金的币种、余额和变动情况。资金账户类似于银行的活期存折，投资者可以随时提取存款，也可以获得活期存款的利息。

延伸阅读：非现场开户推出新政

中国证券业协会于 2013 年 3 月 15 日发布《证券公司开立客户账户规范》，明确证券公司不仅可以在经营场所内为客户现场开立账户，也可以通过见证、网上及证监会认可的其他方式为客户开立账户。

非现场开户放开后，客户将通过比较券商的服务能力和优惠措施来进行选择营业部，而不用考虑券商营业部的位置。面对形势，各券商均在第一时间制订计划以迎接接踵而至的竞争。某大型券商人士对此表示，中西部地区和二三线城市佣金率相对较高，取消辖区限制对那些网点分布尚不均匀的区域性券商更有利，因为现场开户时代，地域是延揽异地客户最主要的障碍，如今低佣金地区将吸引更多的客户。

目前，不少券商根据互联网客户的特定属性，设计出多款服务产品，制订不同的标准化服务计划，同时确定相应的佣金价格。例如，某些券商已经开通网上开户业务权限的券商执行差别佣金政策。投资者可通过互联网选择佣金水平更具竞争力的所在地营业部落户，佣金费率采用与开户营业部逐一议价的模式。资金规模大、交易活跃的客户可以拿到跨区开立万分之三的费率。

二、委托

投资者买卖证券必须通过证券交易所的会员进行。投资者委托证券经纪人买卖某种证券时，要签订委托契约书，填写年龄、职业、身份证号码、通信地址、电话号码等基本情况。委托书还要明确，买卖何种股票、何种价格、买卖数量、时间等。最后签名盖章方生效。根据投资者委托的不同内容，证券委托可有不同的分类。

（一）从买卖证券的数量看，分整数委托和零数委托

整数委托是指投资者委托经纪人买进或卖出的证券数量是以一个交易单位为起点，或者是一个交易单位的整数倍。一个交易单位称为"一手"。"手"的概念来源于证券交易初期的一手交钱一手交货，现已发展为标准手。如上海、深圳证券交易所规定：A股、B股、基金的标准手就是每 100 股或 1000 基金单位为一手；债券以 100 元面值为一张，10 张即 1000 元为一标准手。

零股委托是指委托买卖的证券数量不足一个交易单位。若以一手等于 100 股为一个交易单位，则 1~99 股便为零股。一般规定，只有交易额达到一个交易单位或交易单位的整数倍，才允许进交易所内交易，零股则必须由经纪人凑齐为整数股后，才能进行交易。

（二）从委托的价格看，分市价委托和限价委托

市价委托是指投资者向经纪人发出委托指令时，只规定某种证券的名称、数量，对价格由经纪人随行就市，不作限定。

限价委托即由投资者发出委托指令时，提出买入或卖出某种证券的价格范围，经纪人在执行时必须按限定的最低价格或高于最低价格卖出，或按限定的最高价格或低于最高价格买进。

（三）从委托方式看，分柜台递单委托、电话自动委托、电脑自动委托和远程终端委托

柜台递单委托是指投资者持身份证和账户卡，由投资者在证券商柜台填写买进或卖出委托书，交由柜台工作人员审核执行。

电话自动委托是指投资者用电话拨号的方式，通过证券商柜台的电话自动委托系统，用电话机上的数字和符号键输入委托指令。

电脑自动委托是指投资者用证券商在营业厅或专户室设置的柜台电脑自动委托终端亲自下达买进或卖出的指令。

远程终端委托指投资者通过与证券商柜台电脑系统联网的远程终端或者互联网下达

买进或卖出指令。

三、竞价与成交

经纪人在接受投资者委托后,即按投资者指令进行申报竞价,然后拍板成交。从证券交易发展的过程来看,申报竞价的方式一般有口头竞价、牌板竞价、书面竞价和电脑竞价等几种。目前证券交易以电脑竞价为主。

(一) 竞价原则

证券交易所内的证券交易按"价格优先、时间优先"原则竞价成交。

(1) 价格优先。成交时价格优先的原则为:较高价格买入申报优先于较低价格买入申报,较低价格卖出申报优先于较高价格卖出申报。

(2) 时间优先。成交时间优先的原则为:买卖方向、价格相同的,先申报者优先于后申报者。先后顺序按证券交易所交易主机接受申报的时间确定。

【例4-1】有甲、乙、丙、丁投资者四人,均申报买入 X 股票,申报价格和申报时间分别为:甲的买入价 10.1 元,时间 13:35:05;乙的买入价 10.2 元,时间 13:35:08;丙的买入价 10.2 元,时间 13:35:09;丁的买入价 10.3 元,时间 13:35:11。那么这四位投资者交易的优先顺序为:丁、乙、丙、甲。

(二) 竞价方式

目前,我国证券交易所采用两种竞价方式:集合竞价方式和连续竞价方式。

上海证券交易所规定,采用竞价交易方式的,每个交易日的 9:15~9:25 为开盘集合竞价时间,9:30~11:30、13:00~15:00 为连续竞价时间。深圳证券交易所规定,采用竞价交易方式的,每个交易日的 9:15~9:25 为开盘集合竞价时间,9:30~11:30、13:00~14:57 为连续竞价时间,14:57~15:00 为收盘集合竞价时间。

1. 集合竞价。是指对在规定的一段时间内接受的买卖申报一次性集中撮合的竞价方式。根据我国证券交易所的相关规定,集合竞价确定成交价的原则为

A. 可实现最大成交量的价格。

B. 高于该价格的买入申报与低于该价格的卖出申报全部成交的价格。

C. 与该价格相同的买方或卖方至少有一方全部成交的价格。

如有两个以上申报价格符合上述条件的,深圳证券交易所取距前收盘价最近的价位为成交价;上海证券交易所则规定使未成交量最小的申报价格为成交价格,若仍有两个以上使未成交量最小的申报价格符合上述条件的,其中间价为成交价格。

集合竞价的所有交易以同一价格成交。然后进行集中撮合处理。所有买方有效委托按委托限价由高到低的顺序排列,限价相同者按照进入证券交易所交易系统电脑主机的时间先后排列。所有卖方有效委托按照委托限价由低到高的顺序排列,限价相同者也按照进入交易系统电脑主机的时间先后排列。依序逐笔将排在前面的买方委托与卖方委托配对成交。也就是说,按照价格优先、同等价格下时间优先的成交顺序依次成交,直至成交条件不满足为止,即所有买入委托的限价均低于卖出委托的限价,所有成交都以同

一成交价成交。集合竞价中未能成交的委托，自动进入连续竞价。

2. 连续竞价。指对买卖申报逐笔连续撮合的竞价方式。连续竞价阶段的特点是，每一笔买卖委托输入交易自动撮合系统后，当即判断并进行不同的处理：能成交者予以成交；不能成交者等待机会成交；部分成交者则让剩余部分继续等待。按照我国证券交易所的有关规定，在无撤单的情况下，委托当日有效。另外，开盘集合竞价期间未成交的买卖申报，自动进入连续竞价。深圳证券交易所还规定，连续竞价期间未成交的买卖申报，自动进入收盘集合竞价。连续竞价时，成交价格的确定原则为

A. 最高买入申报与最低卖出申报价位相同，以该价格为成交价。

B. 买入申报价格高于即时揭示的最低卖出申报价格时，以即时揭示的最低卖出申报价格为成交价。

C. 卖出申报价格低于即时揭示的最高买入申报价格时，以即时揭示的最高买入申报价格为成交价。

【例 4 - 2】某股票即时揭示的卖出申报价格和数量及买入申报价格和数量如表 4 - 1 所示。若此时该股票有一笔卖出申报进入交易系统，价格为 10. 12 元，数量为 700 股，则应以 10. 15 元成交 500 股、以 10. 14 元成交 200 股。

表 4 - 1

买卖方向	价格（元）	数量（股）
卖出申报	10. 22	200
	10. 19	500
	10. 18	1000
买入申报	10. 15	500
	10. 14	300
	10. 10	800

（三）竞价结果

竞价的结果会产生三种可能：全部成交、部分成交、不成交。

1. 全部成交。委托买卖全部成交，证券经纪商应及时通知客户按规定的时间办理交收手续。

2. 部分成交。客户的委托如果未能全部成交，证券经纪商在委托有效期内可继续执行，直到有效期结束。

3. 不成交。客户的委托如果未能成交，证券经纪商在委托有效期内可继续执行，等待机会成交，直到有效期结束。对客户失效的委托，证券经纪商须及时将冻结的资金或证券解冻。

（四）交易费用

投资者在委托买卖证券时，需支付多项费用和税收，如佣金、过户费、印花税等。

1. 佣金。这是投资者在委托买卖证券成交后按成交金额一定比例支付的费用，是证

券经纪商为客户提供证券代理买卖服务收取的费用。此项费用由证券公司经纪佣金、证券交易所手续费及证券交易监管费等组成。证券公司向客户收取的佣金不得高于证券交易金额的3‰。

2. 过户费。这是委托买卖的股票、基金成交后，买卖双方为变更证券登记所支付的费用。这笔收入属于中国结算公司的收入，由证券经纪商在同投资者清算交收时代为扣收。上海证券交易所和深圳证券交易所在过户费的收取上略有不同。在上海证券交易所，A股的过户费为成交面额的0.75‰，起点为1元；在深圳证券交易所，免收A股的过户费。对于B股，这项费用称为结算费。在上海证券交易所为成交金额的0.5‰；在深圳证券交易所也为成交金额的0.5‰，但最高不超过500港元。基金交易目前不收过户费。

3. 印花税。这是根据国家税法规定，在A股和B股成交后对买卖双方投资者按照规定的税率分别征收的税金。我国税收制度规定，股票成交后，国家税务机关应向成交双方分别收取印花税。为保证税源，简化缴款手续，现行的做法是由证券经纪商在同投资者办理交收过程中代为扣收；其次，在证券经纪商同中国结算公司的清算、交收中集中结算；最后，由中国结算公司统一向征税机关缴纳。我国证券交易的印花税税率标准曾多次调整。21世纪以来的调整情况：2001年11月16日，A股、B股交易印花税税率统一下调为2‰；2005年1月24日，证券交易印花税税率从2‰再下调到1‰；2007年5月30日，证券交易印花税税率由1‰上调为3‰；2008年4月24日，证券交易印花税税率再由3‰下调为1‰；2008年9月19日，证券交易印花税只对出让方按1‰税率征收，对受让方不再征收。

【例4－3】某投资者在深圳证券交易所以每股20元的价格买入××股票（A股）10000股，那么，该投资者最低需要以什么价格全部卖出该股票才能保本（佣金按0.8‰计收，印花税按1‰计收）。

解：设卖出价格为每股P元。

则：卖出收入 = 10000P － 10000 × （0.0008 + 0.001）P

= 9982P（元）

买入支出 = 10000 × 20 + 10000 × 20 × 0.0008

= 199840（元）

保本即为：卖出收入 － 买入支出 ≥ 0

那么：9982P － 199840 ≥ 0　　则：P ≥ 20.02 元

即该投资者要最低以每股20.02元的价格全部卖出该股票才能保本。

四、清算与交割

证券的清算与交割是一笔证券交易达成后的后续处理，是价款结算和证券交收的过程。清算和交割统称证券的结算，是证券交易中的关键一环，它关系到买卖达成后交易双方责权利的了结，直接影响到交易的顺利进行，是市场交易持续进行的基础和保证。

（一）证券结算方式

证券的结算方式有逐笔结算和净额结算两种。逐笔结算是指买卖双方在每一笔交易达成后对应收应付的证券和资金进行一次交收，可以通过结算机构进行，也可以由买卖双方直接进行，比较适合以大宗交易为主、成交笔数少的证券市场和交易方式。例如CEDEL 国际清算中心就采用此方式。

净额结算是指买卖双方在约定的期限内将已达成的交易进行清算，按资金和证券的净额进行交收。该方式比较适合于投资者较为分散、交易次数频繁、每笔成交量较小的证券市场和交易方式。净额结算通常需要经过两次结算，即首先由证券交易所的清算中心与证券商之间进行结算，称为一级结算；然后由证券商与投资者之间进行结算，称为二级结算。

（二）证券结算时间安排

在不同的证券交易所，因其交易传统和交易方式的不同而使证券结算的时间安排上会有不同。目前在交收日的安排上可分为两种。

一是会计日交收。指在一个时期内发生的所有交易在交易所规定的日期交收。如比利时根据交易所排定日期安排交收，奥地利证券市场交易安排在次周一交收，印度证券市场交易每周安排一次交收。

二是滚动交收，是指所有的交易安排与交易日后固定天数内完成，大多数国家的证券市场都采用此方式。有的规定在成交日后的第一个营业日，称其为 T＋1 规则，有的规定在成交日后的第四个营业日，称其为 T＋4 规则，等等。由于尽早完成交收对提高市场效率、防止发生结算风险有重要意义，采用滚动交收方式并缩短交收期，最终实现T＋0交收，是国际证券界倡导的方向。

我国目前证券结算对 A 股实行 T＋1 交收，对 B 股实行 T＋3 交收。

五、过户

我国证券交易所的股票已实行所谓的"无纸化交易"，对于交易过户而言，结算的完成即实现了过户，所有的过户手续都由交易所的电脑自动过户系统一次完成，无须投资者另外办理过户手续。

延伸阅读：券商"触网"步伐加快

2013 年以来，券商纷纷进驻电子商务平台，希望以此获得创新动力。3 月 13 日，方正证券高调进驻阿里巴巴旗下"天猫商城"，这也是国内首家在电商平台上开设网店的券商。和方正证券不同的是，齐鲁证券选择进驻成本较低的"淘宝网"，并命名为"齐鲁证券融易品牌店"。也有券商开设独立网上商城，如华泰证券"涨乐网"、国泰君安证券网上商城。据了解，涨乐网是华泰证券打造的专业互联网投资销售平台，不仅可以网上开户，更可以投资基金产品、信托产品，而国泰君安网上商城与之情况类似。11 月，上市券商国金证券发出公告，宣布与腾讯签署《战略合作协议》，双方结为战略合作伙伴，进行全方位、全业务领域的深度合作，将共同打造在线金融服务平台。这是国内券商与互联网企业达成的首例战略合作。

资料来源：《大众证券报》。

延伸阅读：深交所首次公开发行股票网上按市值申购实施办法（节选）

第三章　基本规则

第九条　根据投资者持有的市值确定其网上可申购额度，持有市值 1 万元以上（含 1 万元）的投资者才能参与新股申购，每 5000 元市值可申购一个申购单位，不足 5000 元的部分不计入申购额度。

每一个申购单位为 500 股，申购数量应当为 500 股或其整数倍，但最高不超过当次网上初始发行股数的千分之一，且不得超过 999999500 股。

第十条　投资者可以根据其持有市值对应的网上可申购额度，使用所持深圳市场证券账户申购在深交所发行的新股。深交所接受申购申报的时间为 T 日 9∶15 ~ 11∶30、13∶00 ~ 15∶00。

投资者在进行申购委托前需足额缴款，投资者申购量超过其持有市值对应的网上可申购额度部分为无效申购。对于申购量超过主承销商确定的申购上限的新股申购，深交所交易系统将视为无效予以自动撤销，不予确认；对于申购量超过按市值计算的网上可申购额度，中国证券登记结算有限责任公司（以下简称"中国结算"）深圳分公司将对超过部分作无效处理。

第十一条　新股申购一经深交所交易系统确认，不得撤销。

投资者参与网上公开发行股票的申购，只能使用一个有市值的证券账户。同一投资者使用多个证券账户参与同一只新股申购的，中国结算深圳分公司将以该投资者第一笔有市值的证券账户的申购为有效申购，对其余申购作无效处理。

每只新股发行，每一证券账户只能申购一次。同一证券账户多次参与同一只新股申购的，以深交所交易系统确认的该投资者的第一笔申购为有效申购，其余申购均被自动撤销。

第十二条　不合格、休眠、注销和无市值证券账户不得参与新股申购，上述账户参与申购的，中国结算深圳分公司将对其作无效处理。各证券公司须做好上述证券账户的前端监控。

第十三条　T 日有多只新股发行的，同一投资者参与当日每只新股网上申购的可申购额度均按其 T-2 日日终持有的市值确定。

第十四条　申购委托前，投资者应把申购款全额存入其在证券公司开立的资金账户。申购时间内，投资者按委托买入股票的方式，以发行价格填写委托单。一经申报，不得撤单。申购配号根据实际有效申购进行，每一有效申购单位配一个号，对所有有效申购单位按时间顺序连续配号。

第十五条　中国结算深圳分公司对新股申购实行非担保交收。

结算参与人应使用其在中国结算深圳分公司开立的资金交收账户（即结算备付金账户）完成新股申购的资金交收，并应保证其资金交收账户在规定的资金到账时点有足额资金用于新股申购的资金交收。

> **第十六条** 如果结算参与人在规定的资金到账时点资金不足以完成新股申购的资金交收，则资金不足部分确认为无效申购。中国结算深圳分公司将根据以下原则进行无效申购处理：同一日内有多只新股进行申购的，按证券代码从大到小进行无效处理；同一新股的申购，根据深交所主机确认申购的时间先后，逆序从最晚一笔申购开始，对该结算参与人的申购逐笔进行无效处理，直至满足实际资金余额为止。
>
> 资料来源：深圳证券交易所网站（深证上〔2013〕456号）。

【例题4-5 单选题】 委托指令根据（　　）划分，有市价委托和限价委托。

A. 委托时效限制　　　　　　　　　　B. 委托订单的数量

C. 委托价格限制　　　　　　　　　　D. 买卖证券的方向

答案：C

【答案解析】 委托指令根据委托价格限制划分，有市价委托和限价委托。

【例题4-6 单选题】 有甲、乙、丙、丁四人，均申报买入×股票，申报价格和时间如下：甲的买入价10.75元，时间为13：40；乙的买入价10.40元，时间为13：25；丙的买入价10.70元，时间为13：25；丁的买入价10.75元，时间为13.38。那么他们交易的优先顺序应为（　　）。

A. 丁、丙、乙、甲　　　　　　　　　B. 丁、甲、丙、乙

C. 丙、丁、乙、甲　　　　　　　　　D. 丙、乙、丁、甲

答案：B

【答案解析】 证券交易所内的证券交易按"价格优先、时间优先"原则竞价成交。

第三节　经纪业务相关实务

一、全国中小企业股份转让系统（新三板市场）

（一）新三板扩容

全国中小企业股份转让系统（以下简称全国股份转让系统）是经国务院批准，依据证券法设立的全国性证券交易场所，2012年9月正式注册成立，是继上海证券交易所、深圳证券交易所之后第三家全国性证券交易场所。在场所性质和法律定位上，全国股份转让系统与证券交易所是相同的，都是多层次资本市场体系的重要组成部分。

全国股份转让系统与证券交易所的主要区别在于：一是服务对象不同。《国务院关于全国中小企业股份转让系统有关问题的决定》（以下简称《国务院决定》）明确了全国股份转让系统的定位主要是为创新型、创业型、成长型中小微企业发展服务。这类企业普遍规模较小，尚未形成稳定的盈利模式。在准入条件上，不设财务门槛，申请挂牌

的公司可以尚未盈利，只要股权结构清晰、经营合法规范、公司治理健全、业务明确并履行信息披露义务的股份公司均可以经主办券商推荐申请在全国股份转让系统挂牌。二是投资者群体不同。我国交易所市场的投资者结构以中小投资者为主，而全国股份转让系统实行了较为严格的投资者适当性制度，未来的发展方向将是一个以机构投资者为主的市场，这类投资者普遍具有较强的风险识别与承受能力。三是全国股份转让系统是中小微企业与产业资本的服务媒介，主要是为企业发展、资本投入与退出服务，不是以交易为主要目的。

证监会在 2013 年 12 月 27 日发布了《关于修改〈非上市公众公司监督管理办法〉的决定》、《股东人数超过 200 人的未上市股份有限公司申请行政许可有关问题的审核指引》、《公开转让说明书》、《公开转让股票申请文件》、《定向发行说明书和发行情况报告书》、《定向发行申请文件》以及证监会关于实施行政许可工作的公告等 7 项配套规则。这些配套规则的发布，标志着全国中小企业股份转让系统（简称全国股转系统）试点扩大至全国工作正式启动，据证监会有关部门负责人透露，目前已在全国股转系统审核的拟挂牌企业，将于 2014 年 1 月开始分批挂牌。

三类个股有望分享新三板扩容带来的巨大利益，首先为高新园区类上市公司，其次是拥有未上市公司股权的创投概念公司，再次是承担代办转让及做市商功能的券商。境内符合条件的股份公司，均可提出股票在全国中小企业股份转让系统挂牌公开转让、定向发行证券的申请，并解决了股东人数超过 200 人未上市股份公司（以下简称"200 人公司"）的上市问题。

（二）相关投资规则

备受关注的个人投资者参与新三板交易的门槛也首次明确。根据规则，个人投资者需要有两年以上的证券投资经验，或具有会计、金融、投资、财经等相关专业背景，并且要求投资者本人名下前一交易日日终证券类资产市值在 300 万元人民币以上。

1. 委托时间：报价券商接受投资者委托的时间为每周一至周五，报价系统接受申报的时间为上午 9：30 至 11：30，下午 13：00 至 15：00。

2. 委托数量限制：委托的股份数量以"股"为单位，每笔委托的股份数量应不低于 3 万股，但账户中某一股份余额不足 3 万股时可一次性报价卖出。投资者在递交卖出委托时，应保证有足额的股份余额，否则报价系统不予接受。

3. 交割时间：股份过户和资金交收采用逐笔结算的方式办理，股份和资金 T＋1 日到账。证券登记结算机构不担保交收，交收失败的（如买卖双方的资金、股份不足或被司法冻结将导致交收失败），由买卖双方自行承担不能交收的风险。

二、股票网上发行

（一）网上发行的概念和类型

股票网上发行是利用证券交易所的交易系统，新股发行主承销商在证券交易所挂牌销售，投资者通过证券营业部交易系统进行申购的发行方式。股票网上发行方式的基本类型有网上竞价发行和网上定价发行。在我国，绝大多数股票采用了网上定价发行。

1. 网上竞价发行。新股竞价发行在国外指的是一种由多家承销机构通过招标竞争确定证券发行价格，并在取得承销权后向投资者推销证券的发行方式。也称招标购买方式。

在我国，新股网上竞价发行是指主承销商利用证券交易所的交易系统，以自己作为唯一的卖方，按照发行人确定的底价将公开发行股票的数量输入其在证券交易所的股票发行专户；投资者则作为买方，在指定时间通过证券交易所会员交易柜台，以不低于发行底价的价格及限购数量，进行竞价认购的一种发行方式。

2. 网上定价发行。新股网上定价发行是事先规定发行价格，再利用证券交易所交易系统来发行股票的发行方式，即主承销商利用证券交易所的交易系统，按已确定的发行价格向投资者发售股票。

2000 年以后，我国新股发行出现过多种形式，如上网定价发行、网上累计投标询价发行、对一般投资者上网发行和对法人配售相结合方式、向二级市场投资者市场配售等。其中，网上累计投标询价发行和网上定价市值配售也都属于网上定价发行模式。

2004 年 12 月 7 日，证监会发布《关于首次公开发行股票试行询价制度若干问题的通知》，决定自 2005 年 1 月 1 日起施行首次公开发行股票的询价制度。根据这一制度规定，首次公开发行股票的公司及其保荐机构应通过向询价对象（指符合证监会规定条件的机构投资者）询价的方式确定股票发行价格。询价分为初步询价和累计投标询价两个阶段。发行人及其保荐机构通过初步询价确定发行价格区间，通过累计投标询价确定发行价格；同时，发行人及其保荐机构应向参与网下累计投标询价的询价对象配售规定数量的股票。累计投标询价完成后，发行人及其保荐机构应将其余股票以相同的价格按照发行公告规定的原则和程序向社会公众投资者公开发行。

（二）股票网上发行的基本规定

1. 申购单位及上限。上交所规定每一申购单位为 1000 股，申购数量不少于 1000 股，超过 1000 股的必须是 1000 股的整数倍，但最高不得超过当次社会公众股上网发行数量或者 9999.9 万股。深圳证券交易所规定，申购单位为 500 股，每一证券账户申购委托不少于 500 股，超过 500 股的必须是 500 股的整数倍，但不得超过本次上网定价发行数量，且不超过 99999.95 万股。

2. 申购次数。一个账户不能重复申购。除法规规定的证券账户外，同一证券账户的多次申购委托（深交所包括在不同的营业网点各进行一次申购的情况），除第一次申购外均视为无效申购；其余申购由证券交易所交易系统自动剔除。新股申购一经确认，不得撤销。

3. 申购配号。申购配号根据实际有效申购进行，每一有效申购单位配一个号。对所有有效申购单位按时间顺序连续配号。

4. 资金交收。结算参与人应使用其资金交收账户（即结算备付金账户）完成新股申购的资金交收。并应保证其资金交收账户在最终交收时点有足额资金用于新股申购的资金交收。如果结算参与人发生透支申购（即申购总额超过结算备付金余额）的情况，则透支部分确认为无效申购。

（三）股票网上申购的操作流程

在股票网上申购操作流程方面，现阶段采用的主要办法如下：

1. 投资者申购。申购当日（T+0日），投资者在指定的申购时间内通过与证券交易所联网的证券营业部，根据发行人发行公告规定的发行价格和申购数量缴足申购款，进行申购委托。已开立资金账户但没有足够资金的投资者，必须在申购日之前（含该日），根据自己的申购量存入足额的申购资金；尚未开立资金账户的投资者，必须在申购日之前（含该日）在与证券交易所联网的证券营业部开立资金账户，并根据申购量存入足额的申购资金。

2. 申购资金冻结、验资及配号。申购日后的第一个交易日（T+1日），由中国结算公司的分公司进行申购资金冻结处理。下午16点前，申购资金需全部到位。下午16点后，发行人及其主承销商会同中国结算公司分公司和会计师事务所对申购资金的到位情况进行核查，并由会计师事务所出具验资报告。发行人应当向负责申购资金验资的会计师事务所支付验资费用。然后根据验资结果确认有效申购总量，并将根据最终的有效申购总量对有效申购按时间先后顺序进行统一的连续配号。每一有效申购单位配一个号，并按以下办法配售新股：

（1）当有效申购总量小于或等于该次股票上网发行量时，投资者按其有效申购量认购股票。

（2）当有效申购总量大于该次股票发行量时，则通过摇号抽签，确定有效申购中签号码，每一中签号码认购一个申购单位新股。

3. 摇号抽签、中签处理（T+2日）。如果有效申购总量大于该次股票发行量，主承销商将于申购日后的第二个交易日（T+2日）组织摇号抽签，公布确定的发行价和中签率，并按规定进行中签处理。

4. 申购资金解冻（T+3日）。申购日后的第三个交易日（T+3日），主承销商公布中签结果。中国结算公司对未中签部分的申购款予以解冻，并按规定进行新股认购款划付，即从结算参与人的资金交收账户上扣收新股认购款项，再划付给主承销商。申购冻结资金产生的利息收入由中国结算公司按相关规定办理划转事宜。

5. 结算与登记。主承销商在收到中国结算公司划转的认购资金后，依据承销协议将该款项扣除承销费用后划转到发行人指定的银行账户。网上发行结束后。中国结算公司完成上网发行新股股东的股份登记。

三、分红派息与配股

（一）分红派息

分红派息主要是上市公司向其股东派发红利和股息的过程，也是股东实现自己权益的过程。分红派息的形式主要有现金股利和股票股利两种。上市公司分红派息须在每年决算并经审计之后，由董事会根据公司盈利水平和股息政策确定分红派息方案，提交股东大会审议。随后，董事会根据审议结果向社会公告分红派息方案，并规定股权登记日。

目前，上海、深圳证券交易所上市证券的分红派息，主要是通过中国结算公司的交易清算系统进行的，投资者领取红股、股息无须办理其他申领手续，红股、股息由交易清算系统自动派到投资者账上。下面以上海证券交易所为例，说明 A 股分红派息的操作流程。

1. 现金红利派发日程安排

（1）申请材料送交日（T－5 日前）。证券发行人在实施权益分派公告日 5 个交易日前，要向中国结算上海分公司提交相关申请材料。

（2）中国结算上海分公司核准答复日（T－3 日前）。中国结算上海分公司在公告日 3 个交易日前审核申报材料并作出答复。

（3）向证券交易所提交公告申请日（T－1 日前）。证券发行人接到中国结算上海分公司核准答复后，应在确定的权益登记日 3 个交易日前，向证券交易所申请信息披露。

（4）公告刊登日（T 日）。证券发行人在指定报刊上刊登实施权益分派的公告。

（5）权益登记日（T＋3 日）。证券发行人应确保权益登记日不得与配股、增发、扩募等发行行为的权益登记日重合。并确保自向中国结算上海分公司提交申请表之日至权益登记日期间，不得因其他业务改变公司的股本数或权益数。

（6）除息日（T＋4 日）。

（7）发放日（T＋8 日）。证券发行人要确保在现金红利发放日前的第二个交易日 16：00 前，将发放款项汇至中国结算上海分公司指定的银行账户。中国结算上海分公司收到相应款项后，在现金红利发放日前的第一个交易日闭市后，通过资金结算系统将现金红利款项划付给指定的券商。投资者可在发放日领取现金红利。未办理指定交易的 A 股投资者，其持有的现金红利暂由中国结算上海分公司保管，不计息。一旦投资者办理了指定交易，中国结算上海分公司结算系统自动将尚未领取的现金红利划付给指定的券商。

2. A 股送股日程安排

（1）申请材料送交日为 T－5 日前。

（2）结算公司核准答复日为 T－3 日前。

（3）向证券交易所提交公告申请日为 T－1 日前。

（4）公告刊登日为 T 日。

（5）股权登记日为 T＋3 日。

（二）配股

配股是上市公司根据公司发展需要，依照有关法律规定和相应的程序，向原股东进一步发行新股、筹集资金的行为。投资者在执行配股缴款前需清楚地了解上市公司发布的配股说明书。

投资者在配股的股权登记日当天收市清算后仍持有该只股票，则自动享有配股权利，无须办理登记手续。中国登记结算公司会自动登记应有的所有登记在册的股东的配股权限。

上市公司原股东享有配股优先权，可自由选择是否参与配股。若选择参与，则必须在上市公司发布配股公告中配股缴款期内参加配股，若过期不操作，即为放弃配股权利，不能补缴配股款参与配股。由于配股除权后价格一般低于配股前的价格，所以放弃配股的话就会给自己带来市值损失，除非在配股前将股票卖出。

一般的配股缴款起止日为 5 个交易日，具体以上市公司公告为准。

配股缴款之后，根据上市公司公告会有一个具体的除权日以除权方式来平衡股东的该股份资产总额以保证总股本的稳定。

（三）除权除息价计算

1. 计算除息价

$$除息价 = 股息登记日的收盘价 - 每股所分红利现金额$$

【例 4 - 4】 某股票股息登记日的收盘价是 4.17 元，每股送红利现金 0.03 元，则其次日股价为：4.17 - 0.03 = 4.14（元）

2. 计算除权价

$$送红股后的除权价 = 股权登记日的收盘价 \div （1 + 每股送红股数）$$

【例 4 - 5】 某股票股权登记日的收盘价是 24.75 元，每 10 股送 3 股，即每股送红股数为 0.3，则次日股价为：24.75 \div （1 + 0.3）= 19.04（元）

$$配股后的除权价 = （股权登记日的收盘价 + 配股价 \times 每股配股数）\div （1 + 每股配股数）$$

【例 4 - 6】 某股票股权登记日的收盘价为 18.00 元，10 股配 3 股，即每股配股数为 0.3，配股价为每股 6.00 元，则次日股价为（18.00 + 6.00 \times 0.3）\div （1 + 0.3）= 15.23（元）

3. 计算除权除息价

$$除权除息价 = （股权登记日的收盘价 - 每股所分红利现金额 + 配股价 \times 每股配股数）\div （1 + 每股送红股数 + 每股配股数）$$

【例 4 - 7】 某股票股权登记日的收盘价为 20.35 元，每 10 股派发现金红利 4.00 元，送 1 股，配 2 股，配股价为 5.50 元/股，即每股分红 0.4 元，送 0.1 股，配 0.2 股，则次日除权除息价为（20.35 - 0.4 + 5.50 \times 0.2）\div （1 + 0.1 + 0.2）= 16.19（元）。

四、股东大会网络投票系统

上市公司股东大会网络投票系统是指利用网络与通信技术，为上市公司股东非现场行使股东大会表决权提供服务的信息技术系统。交易所鼓励上市公司在召开股东大会时，除现场会议外，同时向股东提供网络投票方式。

上市公司召开股东大会并向股东提供网络投票方式的，股东大会股权登记日登记在册的所有股东，均有权通过股东大会网络投票方式行使表决权，但同一股份只能选择一种表决方式。同一股份通过现场、网络或其他方式重复进行表决的，以第一次投票结果为准。

上市公司召开股东大会审议下列事项的，应当向股东提供网络投票方式：

1. 上市公司发行股票、可转换公司债券及中国证券监督管理委员会认可的其他证券品种；

2. 上市公司重大资产重组；

3. 上市公司以超过当次募集资金金额10%以上的闲置募集资金暂时用于补充流动资金；

4. 上市公司拟购买关联人资产的价格超过账面值100%的重大关联交易；

5. 上市公司股权激励计划；

6. 股东以其持有的上市公司股权偿还其所欠该上市公司债务；

7. 对上市公司和社会公众股股东利益有重大影响的相关事项；

8. 上市公司章程规定需要提供网络投票方式的事项；

9. 本所要求提供网络投票方式的事项。

下面以上海证券交易所为例说明网络投票的程序与流程。

（一）股东大会网络投票的方法与程序

1. 上市公司股东大会应当在本所交易日内召开，网络投票在该交易日的交易时间内进行。

2. 同时持有同一家上市公司A股和B股的股东，应当通过本所的A股和B股交易系统分别投票。

3. 参加股东大会网络投票的股东，应当按照本细则附件"上市公司股东参加网络投票操作流程"的规定进行投票操作。

对采用累积投票制的议案，股东应当按照相关规定进行投票操作。

4. 参加股东大会网络投票的股东，应当对提交表决的议案明确发表同意、反对或弃权意见。

证券公司按照所征集的融资融券投资者的投票意见，通过证券公司投票系统进行投票的，应当根据融资融券投资者对同一议案的不同意见进行分拆投票，投票时间为股东大会召开当日的9：30～15：00。

合格境外机构投资者（QFII）参加股东大会网络投票的，应当根据其委托人对同一议案的不同意见进行分拆投票。

（二）上市公司股东参加网络投票操作流程

1. 网络投票的投票代码和投票简称

（1）本所交易系统为上市公司股东大会网络投票设置专用投票代码和投票简称，上市公司同时发行A股和B股的，本所为A股和B股分别设置投票代码。

（2）上市公司A股代码前三位为"600"的，其A股投票代码为"738+A股代码后三位"。上市公司A股代码前三位为"601"的，其A股投票代码为"788+A股代码后三位"。发行B股的上市公司其B股投票代码为"938+B股代码后三位"。

（3）投票简称为"××投票"，由上市公司根据其证券简称向本所申请。

2. 网络投票的操作流程。上市公司股东通过本所交易系统进行股东大会网络投票比照本所新股申购操作，具体操作流程如下：

（1）买卖方向为买入。

（2）申报价格代表股东大会议案，如股东大会有多个待表决的议案，则1元代表议案一，2元代表议案二，依此类推。99元代表本次股东大会所有议案。

多个需逐项表决的议案可组成议案组。此时可用含两位小数的申报价格代表该议案组下的各个议案，如2.01元代表对议案组2项下的第一个议案，2.02元代表对议案组2项下的第二个议案，依此类推。2.00元代表议案组2项下的所有议案。

（3）申报股数代表表决意见，其中1股代表同意，2股代表反对，3股代表弃权。

（4）股东大会有多个待表决的议案的，可以按照任意次序对各议案进行表决申报，但表决申报不能撤单。对同一议案多次申报的，以第一次申报为准。

（5）对采用累积投票制的议案，按照相关规定进行操作。

【例题4-7 单选题】 某上市公司每10股派发现金红利1.50元，同时按10:5的比例向现有股东配股，配股价格为6.40元。若该公司股票在除权除息目的前收盘价为11.05元，则除权（息）报价应为（　　）元。

A. 8.75　　　　　　B. 9.20　　　　　　C. 9.40　　　　　　D. 10.13

答案：C

【答案解析】 （11.05-0.15+6.4×0.5）÷（1+0.5）=9.4（元）。

【例题4-8 单选题】 同一证券账户多次参与同一只新股申购的，以交易所交易系统确认的该投资者的（　　）为有效申购，其余申购均为无效申购。

A. 平均申购数　　B. 抽签申购数　　C. 第一笔申购　　D. 最后一笔申购

答案：C

【答案解析】 同一证券账户多次参与同一只新股申购的，以交易所交易系统确认的该投资者的第一笔申购为有效申购，其余申购均为无效申购。

【例题4-9 多选题】 如果上市证券发生（　　）等事项，就要进行除息与除权。

A. 增发新股　　　　　　　　B. 权益分派

C. 公积金转增股本　　　　　D. 配股

答案：BCD

【答案解析】 如果上市证券发生权益分派、公积金转增股本、配股等事项，就要进行除息与除权。

【例题4-10 多选题】 股票网上发行方式的基本类型有（　　）。

A. 网上累计投标询价发行　　　B. 网上定价发行

C. 网上竞价发行　　　　　　　D. 网上定价市值配售

答案：BC

【答案解析】 股票网上发行方式的基本类型有网上竞价发行和网上定价发行。

【例题 4 – 11 多选题】下列关于股票上网发行资金申购的规则说法中，正确的有（　　）。

A. 每只新股发行，每一证券账户只能申购一次

B. 每一有效申购单位配一个号，对所有有效申购单位按价格高低顺序连续配号

C. 上海证券交易所申购单位为 500 股，深圳证券交易所申购单位为 1000 股

D. 结算参与人应保证其资金交收账户在最终交收时点有足额资金用于新股申购的资金交收

答案：AD

【答案解析】每一有效申购单位配一个号，对所有有效申购单位按时间顺序连续配号，所以 B 说法有误。上海证券交易所申购单位为 1000 股，深圳证券交易所申购单位为 500 股，所以 C 项说法有误。

【本章小结】

本章重点介绍了证券经纪业务，股票的交易流程和经纪业务相关实务三个方面的内容。经纪业务重点介绍了经纪业务的含义与特点，经纪业务的主要模式以及作为证券经纪人的工作内容；股票的交易流程则详细介绍了开户、委托、成交、清算和过户五个流程；经纪业务相关实务介绍了新三板市场，股票发行申购的流程和规则，分红配股和网络投票等经纪业务实务内容。

【复习思考题】

1. 作为证券经纪人，应该具备哪些方面的专业知识和素质？试了解目前我国证券经纪人的职业状况。

2. 了解证券公司的收入结构，证券经纪业务作为传统业务在目前证券公司的收入的地位是怎么样的，证券经纪业务未来发展有哪些新趋势？

【课后训练】

1. 模拟股票交易，熟悉股票交易程序。

2. 了解当前新股发行情况，应该如何申购新股，新股申购回报率如何？

3. 举例说明上市公司分红有哪些形式，你是如何看待上市公司分红送股的行为的，送股对公司有实质影响吗？

第五章
资产管理与创新业务

ZICHAN GUANLI YU
CHUANGXIN YEWU

教学要求

通过本章学习，要求能够掌握券商资产管理的种类和特点，对券商资产管理产品进行分析；掌握融资融券的含义与特点，熟悉融资融券业务的相关操作实务。

知识目标

1. 熟悉资产管理业务的含义及种类
2. 了解券商集合资产管理计划产品的优点
3. 熟悉融资融券业务的含义与特点
4. 熟悉融资融券的风险
5. 了解证券公司 IB 业务范围

能力目标

1. 能够掌握券商集合资产管理的种类和特点
2. 能够分析券商集合资产管理计划产品

3. 能够掌握客户资产管理业务的一般规定

4. 能够熟悉融资融券业务相关操作实务

第一节 资产管理业务

一、资产管理业务的含义及种类

资产管理业务是指证券公司作为资产管理人，依照有关法律法规及《试行办法》的规定与客户签订资产管理合同，根据资产管理合同约定的方式、条件、要求及限制，对客户资产进行经营运作，为客户提供证券及其他金融产品的投资管理服务的行为。资产管理业务包括三种：为单一客户办理定向资产管理业务、为多个客户办理集合资产管理业务、为客户特定目的办理专项资产管理业务。

证券公司开展资产管理业务，有助于摆脱传统的以交易为基础的经纪业务之限制，推进证券公司突破瓶颈，实现转型发展。从资产管理业务最发达的美国来看，证券公司资产管理业务对公司业务利润的贡献度达到45%以上，但中国目前尚不到10%。截至2012年底，已有85家证券公司开展资产管理业务，共管理集合理财产品超过460只，资产份额逾2200亿份。

表 5 – 1 资产管理业务分类

分类	概念内容	特点
为单一客户办理定向资产管理业务	证券公司与单一客户签订定向资产管理合同，通过该客户的账户为客户提供资产管理服务的一种业务。	(1) 证券公司与客户必须是一对一的； (2) 具体投资方向应在资产管理合同中约定； (3) 必须在单一客户的专用证券账户中经营运作。
为多个客户办理集合资产管理业务	证券公司通过设立集合资产管理计划，与客户签订集合资产管理合同，将客户资产交由依法可以从事客户交易结算资金存管业务的商业银行或者中国证监会认可的其他资产托管机构进行托管，通过专门账户为客户提供资产管理服务的一种业务。	(1) 集合性，即证券公司与客户是一对多的； (2) 投资范围有限定性和非限定性之分； (3) 客户资产必须进行托管； (4) 通过专门账户投资运作； (5) 较严格的信息披露。
为客户特定目的办理专项资产管理业务	证券公司与客户签订专项资产管理合同，针对客户的特殊要求和资产的具体情况，设定特定投资目标，通过专门账户为客户提供资产管理服务的一种业务。	(1) 综合性，即证券公司与客户可以是"一对一"，也可以是"一对多"； (2) 特定性，即要设定特定的投资目标； (3) 通过专门账户经营运作。

集合资产管理计划又有两种：限定性集合资产管理计划和非限定性集合资产管理计划。

限定性集合资产管理计划的资产应当主要用于投资国债、国家重点建设债券、债券型证券投资基金、在证券交易所上市的企业债券、其他信用度高且流动性强的固定收益类金融产品。

限定性集合资产管理计划投资于业绩优良、成长性高、流动性强的股票等权益类证券以及股票型证券投资基金的资产，不得超过该计划资产净值的20%，并应当遵循分散投资风险的原则。

非限定性集合资产管理计划的投资范围则不受上述规定限制。

二、券商集合资产管理计划的优势

（一）集中券商整体优势资源

证券公司是综合开展各项证券业务的机构，其业务的外延和深度都远远高于一般的理财机构，多年来积累了大量的专业知识和实战操作经验。证券公司投行业务、研发业务和经纪业务等对资产管理业务的发展都可以给予有力的支撑和支持。证券公司开展集合资产管理业务，可以有效整合内部各方优势资源，充分发挥专家理财的优势，为投资者取得良好的投资回报。

（二）投资范围更广

基金主要投资于债券、股票等常规性金融资产，而券商集合资产管理计划除了投资于上述常规性金融资产外，还可以投资基金和部分场外交易品种，投资选择的余地更大。

（三）无最低持仓要求，配置更灵活

目前基金对股票、债券等资产的投资比例，都有较明确的最低持仓要求，这就使得基金在股市或债市整体下跌时不能有效地避免系统性下跌的风险，导致投资者被动地承受不必要的风险。而券商集合资产管理计划资产配置比例灵活，各类资产无最低持仓要求，在股市或债市低迷时，能将股票或债券的投资比例最低减少至零，有效避免单一资产配置导致的被动持仓局面，规避市场系统性风险。

（四）适度封闭运作，提高投资效率

券商集合资产管理计划设有封闭期和固定的开放期，避免了投资者频繁参与、退出而造成资产净值大幅波动的情形，同时由于在封闭期内，管理人不用将大量资金用作流动性准备，从而进一步提高了资金的使用效率。

（五）追求绝对收益，远离排名干扰

公募基金每天都面临着净值排名的压力，容易导致管理人在投资的过程中追求相对排名，而采取与同类型基金相同的投资策略，可能损害投资者的利益。而券商集合资产管理计划则以追求绝对回报为己任，远离净值排名的干扰，因此更能坚持和贯彻既定的投资策略和价值原则，有利于为委托人更稳健地创造投资收益。

三、证券公司办理客户资产管理业务的一般规定

1. 证券公司办理定向资产管理业务，接受单个客户的资产净值不得低于人民币100

万元。

2. 证券公司办理集合资产管理业务，只能接受货币资金形式的资产。证券公司设立限定性集合资产管理计划的，接受单个客户的资金数额不得低于人民币 5 万元；设立非限定性集合资产管理计划的，接受单个客户的资金数额不得低于人民币 10 万元。

3. 证券公司应当将集合资产管理计划设定为均等份额。客户按其所拥有的份额在集合资产管理计划资产中所占的比例享有利益、承担风险；但是按照以下规定 5 另有约定的除外。

4. 参与集合资产管理计划的客户不得转让其所拥有的份额，但是法律、行政法规另有规定的除外。

5. 证券公司可以自有资金参与本公司设立的集合资产管理计划。在该集合资产管理计划存续期间，证券公司不得收回所投入的资金。以自有资金参与本公司设立的集合资产管理计划的证券公司，应当在集合资产管理合同中，对其所投入的资金数额和承担的责任等作出约定。

证券公司参与 1 个集合计划的自有资金，不得超过计划成立规模的 5%，并且不得超过 2 亿元；参与多个集合计划的自有资金总额，不得超过证券公司净资本的 15%。证券公司投入的资金，根据其所承担的责任，在计算公司的净资本额时予以相应的扣减。扣减后的净资本等各项风险控制指标应当符合中国证监会的规定。

6. 证券公司可以自行推广集合资产管理计划，也可以委托证券公司的客户资金存管指定商业银行代理推广。客户在参与集合资产管理计划之前，应当已经是证券公司自身或者其他推广机构的客户。

7. 证券公司设立集合资产管理计划的，应当自中国证监会出具无异议意见或者作出批准决定之日起 6 个月内启动推广工作，并在 60 个工作日内完成设立工作并开始投资运作。集合资产管理计划设立完成前，客户的参与资金只能存入资产托管机构，不得动用。

8. 证券公司进行集合资产管理业务投资运作，在证券交易所进行证券交易的，应当通过专用交易单元进行，集合计划账户、专用交易单元应当报证券交易所、证券登记结算机构及公司住所地中国证监会派出机构备案。集合资产管理计划资产中的证券，不得用于回购。

9. 证券公司将其所管理的客户资产投资于一家公司发行的证券，不得超过该证券发行总量的 10%。一个集合资产管理计划投资于一家公司发行的证券不得超过该计划资产净值的 10%。

10. 证券公司将其管理的客户资产投资于本公司、资产托管机构及与本公司、资产托管机构有关联方关系的公司发行的证券，应当事先取得客户的同意，事后告知资产托管机构和客户，同时向证券交易所报告。单个集合资产管理计划投资于前述证券的资金，不得超过该集合资产管理计划资产净值的 3%。

四、案例分析

表 5-2　　　　　　　　　　　　某券商非限定性集合资产管理产品

产品名称	海通新兴成长	产品代码	850005
产品管理人	海通证券	产品类型	非限定性
产品面值	1.00 元	产品托管人	交通银行

投资目标	把握中国经济增长方式转型中的成长机会，重点投资于基本面良好、具有高成长性的中小市值公司股票，谋求计划资产的长期增值。			
风险收益特征	本计划属于混合型产品，风险和收益水平低于股票型产品，高于债券型产品，属于较高风险收益特征的产品。			

	资产类别	投资品种	配置下限	配置上限
资产配置比例范围	权益类	权益类资产包括股票、股票型和偏股型基金（业绩基准中权益类占比不低于 60%）、权证等，其中股票型和偏股型基金不超过 20%，权证占计划净值的比例不超过 3%。中小市值公司股票不低于权益类资产的 60%。	0	95%
	固定收益类	固定收益类资产包括国债、央行票据、金融债、企业债、公司债、可转债、债券型基金、资产支持证券、短期融资券等。	0	30%
	现金及准现金类资产	现金及准现金类资产包括现金、银行存款、货币市场基金、不超过 7 天的债券逆回购等。	5%	

业绩比较基准	中证 500 指数×70% + 中证全债指数×30%
开放期	本计划封闭期 1 个月，封闭期结束后办理参与、退出业务，每个深沪证券交易所交易日开放

参与和退出	推广期参与 推广期内，委托人可多次参与本集合计划，首次参与金额不得低于 10 万元； 每次参与金额必须是 1000 元的整数倍； 累计参与金额不设上限。开放日参与和退出：首次参与金额不低于 10 万元，可多次参与；每次参与金额必须是 1000 元的整数倍；累计参与金额不设上限；单笔退出最低份额为 1000 份； 余额不足 1000 份时必须全部退出。

	参与费		
	参与金额 A	推广期参与费率	存续期参与费率
	A < 100 万元	1.2%	1.5%
	100 万元≤A < 500 万元	0.6%	0.6%
	500 万元≤A	每笔 1000 元	每笔 1000 元

参与退出费用与业绩报酬	退出费	
	持有期限 T（1 年按 365 天计算）	退出费率
	T < 1 年	1.0%
	1 年≤T < 2 年	0.5%
	2 年≤T	0

业绩报酬
在计划分红日、委托人退出日和计划终止日计提业绩报酬，对每笔参与份额以上次计提日到本次计提日的年化收益率为基准，超过 10% 以上部分提取 20% 作为业绩报酬。

该产品的阅读重点：

1. 产品收益风险：该产品类似于混合型基金产品，风险和收益水平低于股票型产品，高于债券型产品，属于较高风险收益特征的产品。

2. 投资标的：权益类和固定收益类证券。股票投资对象主要是高成长性的中小市值公司股票，类似于成长型基金。

3. 业绩基准：中证 500 指数 × 70% + 中证全债指数 × 30%。反映该产品的收益目标。

4. 参与要求：10 万元以上。购买要求较高，具有私募性质。

与开放式基金的区别。本质上类似于开放式基金，主要的区别是发行人不同，发行条件不同，相对而言购买基金的资金要求更低。

【例题 5 - 1 单选题】 为单一客户办理定向资产管理业务的特点是（　　）。

A. 证券公司与客户必须是一对多的

B. 必须在单一客户的专用证券账户中经营运作

C. 应在资产管理合同中约定投资收益分配比例

D. 应在资产管理合同中约定具体投资金额

答案：B

【答案解析】 为单一客户办理定向资产管理业务的特点：（1）证券公司与客户必须是一对一；（2）具体投资方向应在资产管理合同中约定；（3）必须在单一客户的专用证券账户中经营运作。

第二节　融资融券业务

一、融资融券业务的含义

融资融券业务是指在证券交易所或者国务院批准的其他证券交易场所进行的证券交易中，证券公司向客户出借资金供其买入证券或者出借证券供其卖出，并由客户交存相应担保物的经营活动。从世界范围来看，融资融券制度是一项基本的信用交易制度。2010 年 3 月 30 日，上交所、深交所分别发布公告，表示于 2010 年 3 月 31 日起正式开通融资融券交易系统，开始接受试点会员融资融券交易申报。融资融券业务正式启动。在各项创新业务收入中，融资融券收入无疑是最具规模与成长性的。2012 年，上市证券公司来自融资融券的利息收入合计达 30 亿元，在上市证券公司 638.3 亿元的营业收入中占比 4.7%。到 2014 年 3 月，中国证券市场的融资融券余额已接近 4000 亿元。

二、融资融券与普通证券交易的区别

融资融券交易与普通证券交易相比，在许多方面有较大的区别，主要有以下几点：

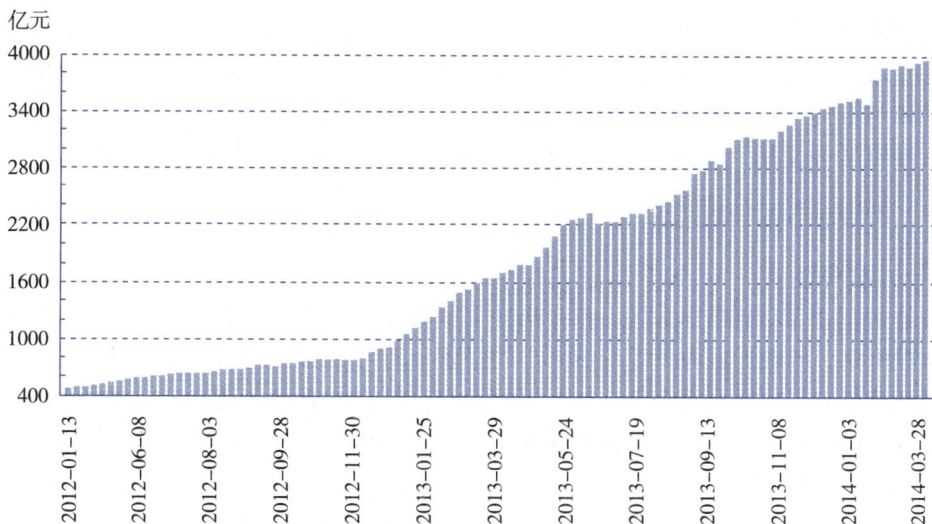

图 5-1　融资融券余额

（一）杠杆性不同

投资者可以通过向证券公司融资融券，扩大交易筹码，具有一定的财务杠杆效应，收益与亏损将放大。普通股票交易没有杠杆性。

（二）保证金要求不同

投资者从事普通证券交易须提交 100% 的保证金，即买入证券须事先存入足额的资金，卖出证券须事先持有足额的证券。而从事融资融券交易则不同，投资者只需交纳一定的保证金，即可进行保证金一定倍数的买卖（买空卖空），在预测证券价格将要上涨而手头没有足够的资金时，可以向证券公司借入资金买入证券，并在高位卖出证券后归还借款；预测证券价格将要下跌而手头没有证券时，则可以向证券公司借入证券卖出，并在低位买入证券归还。

（三）法律关系不同

投资者从事普通证券交易时，其与证券公司之间只存在委托买卖的关系；而从事融资融券交易时，其与证券公司之间不仅存在委托买卖的关系，还存在资金或证券的借贷关系，因此还要事先以现金或证券的形式向证券公司交付一定比例的保证金，并将融资买入的证券和融券卖出所得资金交付证券公司一并作为担保物。投资者在偿还借贷的资金、证券及利息、费用，并扣除自己的保证金后有剩余的，即为投资收益（盈利）。

（四）风险承担和交易权利不同

投资者从事普通证券交易时，风险完全由其自行承担，所以可以买卖所有公开交易的品种；而从事融资融券交易时，如不能按时、足额偿还资金或证券，还会给证券公司带来风险，所以投资者只能在证券公司确定的融资融券标的证券范围内买卖证券，而证券公司确定的融资融券标的证券均在证券交易所规定的标的证券范围之内，这些证券一般流动性较大、波动性相对较小、不易被操纵。

（五）交易控制不同

投资者从事普通证券交易时，可以随意自由买卖证券，可以随意转入转出资金。而从事融资融券交易时，如存在未关闭的交易合约时，需保证融资融券账户内的担保品充裕，达到与券商签订融资融券合同时要求的担保比例，如担保比例过低，券商可以停止投资者融资融券交易及担保品交易，甚至对现有的合约进行部分或全部平仓。

三、融资融券的特点与作用

（一）杠杆性

证券融资融券交易最显著的特点是借钱买证券和借证券卖证券。普通的股票交易必须支付全额价格，但融资融券只需交纳一定的保证金即可交易。例如，如果交纳20%的保证金，意味着可以用同样多的金额进行五倍的操作。投资者通过向证券公司融资融券，扩大交易筹码，可以利用较少资本来获取较大的利润，这就是信用交易的杠杆效应。

（二）做空机制

普通的股票交易必须先买后卖，当股票价格上涨时很容易获利，但是当股票价格下跌时，要么割肉止损要么等待价格重新上涨。而引入融资融券制度后，投资者可以先借入股票卖出，等股价真的下跌后再买回归还给证券公司。这意味着股价下跌时也能获利，改变了只能单边上涨时获利的状况。

（三）价格发现

融资融券交易有助于投资者表达自己对某种股票实际投资价值的预期，引导股价趋于体现其内在价值，并在一定程度上减缓了证券价格的波动，维护了证券市场的稳定。以融券交易为例，当市场上某些股票价格因为投资者过度追捧或是恶意炒作而变得虚高时，敏感的投机者会及时地察觉这种现象，于是他们会通过借入股票来卖空，从而增加股票的供给量，缓解市场对这些股票供不应求的紧张局面，抑制股票价格泡沫的继续生成和膨胀。而当这些价格被高估股票因泡沫破灭而使价格下跌时，先前卖空这些股票的投资者为了锁定已有的利润，适机重新买入这些股票以归还融券债务，这样就又增加了市场对这些股票的需求，在某种程度上起到"托市"的作用，从而达到稳定证券市场的效果。

四、融资融券业务的风险

同普通证券交易相比，融资融券交易不仅具有普通证券交易所具有的政策风险、市场风险、违约风险、系统性风险等各种风险，还具有其特有的风险：

（一）证券公司是否具有开展融资融券业务资格的风险

《融资融券业务试点管理办法》第三条规定：未经证监会批准，任何证券公司不得向客户融资、融券，也不得为客户与客户、客户与他人之间的融资融券活动提供任何便利和服务。因此，投资者在开户从事融资融券交易前，必须了解所在的证券公司是否具有开展融资融券业务的资格。

（二）证券投资亏损放大风险

融资融券交易利用了一定的财务杠杆，放大了证券投资的盈亏比例。以融资买入股票为例，假设：客户拥有资金 100 万元；融资保证金比例为 0.5。则客户可以先普通买入股票 100 万元，再将普通买入的股票作为担保物向证券公司融资买入股票 140 万元（融资买入金额 = 保证金/融资保证金比例 = 担保物市值 × 折算率/融资保证金比例 = 100 × 0.7/0.5），即总共买入 240 万元的股票。如果该股票价格下跌 10%，则亏损 240 × 10% = 24 万元，是普通交易亏损的 2.4 倍。

不过，根据交易所相关规则，融资保证金比例不得低于 50%，股票折算率最高不超过 70%，因此保证金比例通常要高于 0.5，投资亏损放大倍数较举例情况要低。

（三）被强制平仓的风险

按《证券公司融资融券业务试点管理办法》相关条款规定，证券公司将逐日计算客户提交担保物价值与其所欠债务的比例（即维持担保比例）。证券公司可以在符合证券交易所规定的前提下，对相关事项作出具体规定，譬如如果客户信用账户该比例低于 130%，证券公司将会通知客户补足差额；如果此时客户未按要求补足，证券公司将立即按照合同约定处分其担保物，即强制平仓。

延伸阅读：融资融券保证金比例及计算

客户融资买入证券时，融资保证金比例不得低于 50%。

融资保证金比例 = 保证金/（融资买入证券数量 × 买入价格）× 100%

客户融券卖出证券时，融券保证金比例不得低于 50%。

融券保证金比例 = 保证金/（融券卖出证券数量 × 卖出价格）× 100%

延伸阅读：维持担保比例

维持担保比例是客户担保物价值与其融资融券债务之间的比例。

维持担保比例 =（现金 + 信用证券账户内证券市值）/（融资买入金额 + 融券卖出证券数量 × 市价 + 利息及费用）

客户维持担保比例不得低于 130%。当该比例低于 130% 时，证券公司应当通知客户在约定的期限内追加担保物。该期限不得超过 2 个交易日。客户追加担保物后的维持担保比例不得低于 150%。

维持担保比例超过 300% 时，客户可以提取保证金可用余额中的现金或充抵保证金的有价证券，但提取后维持担保比例不得低于 300%。

五、融资融券的相关操作实务

（一）投资者参与融资融券交易的要求

根据中国证监会《证券公司融资融券试点管理办法》（以下简称《管理办法》）的

规定，投资者参与融资融券交易前，证券公司应当了解该投资者的身份、财产与收入状况、证券投资经验和风险偏好等内容。对于不满足证券公司征信要求、在该公司从事证券交易不足半年、交易结算资金未纳入第三方存管、证券投资经验不足、缺乏风险承担能力或者有重大违约记录的投资者，以及证券公司的股东、关联人，证券公司不得向其融资、融券。

（二）证券公司开展融资融券业务试点的要求

根据《管理办法》，只有取得证监会融资融券业务试点许可的证券公司，方可开展融资融券业务试点。未经证监会批准，任何证券公司不得向客户融资、融券。

（三）投资者进行融资融券交易前的准备工作

投资者向证券公司融资、融券前，应当按照《管理办法》等有关规定与证券公司签订融资融券合同以及融资融券交易风险揭示书，并委托证券公司为其开立信用证券账户和信用资金账户。

根据《管理办法》的规定，投资者只能选定一家证券公司签订融资融券合同，在一个证券市场只能委托证券公司为其开立一个信用证券账户。

（四）融资融券交易申报具体内容

融资融券交易申报分为融资买入申报和融券卖出申报两种。融资买入申报内容应当包括：①投资者信用证券账号；②融资融券交易专用席位代码；③标的证券代码；④买入数量；⑤买入价格（市价申报除外）；⑥"融资"标识；⑦本所要求的其他内容。融券卖出申报内容应当包括：①投资者信用证券账号；②融资融券交易专用席位代码；③标的证券代码；④卖出数量；⑤卖出价格（市价申报除外）；⑥"融券"标识；⑦本所要求的其他内容。其中，上述融资买入、融券卖出的申报数量应当为100股（份）或其整数倍。

（五）融券卖出申报价格的限制

为了防范市场操纵风险，投资者融券卖出的申报价格不得低于该证券的最近成交价；如该证券当天还没有产生成交的，融券卖出申报价格不得低于前收盘价。融券卖出申报价格低于上述价格的，交易主机视其为无效申报，自动撤销。

投资者在融券期间卖出通过其所有或控制的证券账户所持有与其融入证券相同证券的，其卖出该证券的价格也应当满足不低于最近成交价的要求，但超出融券数量的部分除外。

（六）投资者如何了结融资交易

投资者融资买入证券后，可以通过直接还款或卖券还款的方式偿还融入资金。投资者以直接还款方式偿还融入资金的，按照其与证券公司之间的约定办理；以卖券还款偿还融入资金的，投资者通过其信用证券账户委托证券公司卖出证券，结算时投资者卖出证券所得资金直接划转至证券公司融资专用账户。

需要指出的是，投资者卖出信用证券账户内证券所得资金，须优先偿还其融资欠款。

（七）投资者如何了结融券交易

投资者融券卖出后，可以通过直接还券或买券还券的方式偿还融入证券。投资者以直接还券方式偿还融入证券的，按照其与证券公司之间约定，以及交易所指定登记结算机构的有关规定办理。以买券还券偿还融入证券的，投资者通过其信用证券账户委托证券公司买入证券，结算时登记结算机构直接将投资者买入的证券划转至证券公司融券专用证券账户。

投资者采用买券还券方式偿还融入证券时，其买券还券申报内容应当包括：①投资者信用证券账号；②融资融券交易专用席位代码；③标的证券代码；④买入数量；⑤买入价格（市价申报除外）；⑥"融券"标识；⑦本所要求的其他内容。需要指出的是，未了结相关融券交易前，投资者融券卖出所得资金除了用于买券还券外，不得另作他用。

（八）融资融券的期限

为了控制信用风险，证券公司与投资者约定的融资、融券期限最长不得超过6个月。

延伸阅读：有价证券充抵保证金的计算

有价证券可以作为融资融券的保证金，但是一般要按其市值的一定折扣计算。以下是交易所有价证券的充抵保证金的折算率。

上海证券交易所融资融券可充抵保证金证券范围和折算率

可充抵保证金证券品种		折算率
A 股	上证 180 指数成分股	不超过 70%
	非上证 180 指数成分股	不超过 65%
	被实行特别处理和被暂停上市的 A 股	0
基金	交易所交易型开放式指数基金（ETF）	不超过 90%
	其他上市基金	不超过 80%
债券	国债	不超过 95%
	其他上市债券	不超过 80%
权证	权证	0

深圳证券交易所融资融券可充抵保证金证券范围和折算率

可充抵保证金证券品种		折算率
A 股	深证 100 指数成分股	不超过 70%
	非深证 100 指数成分股	不超过 65%
	被实行特别处理和被暂停上市的 A 股	0
基金	交易所交易型开放式指数基金（ETF）	不超过 90%
	其他上市基金	不超过 80%

第三节　期货交易中间介绍业务

一、期货 IB（Introducing Broker）业务

证券公司 IB 业务是指证券公司接受期货经纪商的委托，为期货经纪商介绍客户，并获得一定提成的业务模式。

作为股指期货介绍经纪商的证券公司，可以将投资者介绍给期货公司并为投资者提供期货知识的培训、向投资者出示风险说明书，协助期货公司与投资者签订期货经纪合同，为投资者开展期货交易提供设施方面的便利，协助期货公司向投资者发送追加保证金通知书等，期货公司向 IB 支付佣金。但 IB 不得接受投资者的保证金，不得变相从事期货经纪业务，投资者仍然需要通过期货公司来进行股指期货的投资。

根据中国证监会颁布的《证券公司为期货公司提供中间介绍业务管理暂行办法》规定，证券公司只能通过全资拥有或控股的期货公司完成 IB 业务。从某种意义上说，证券公司控制的期货公司实质上就是证券公司的一个职能部门，只是为了隔离风险的需要，采取了"职能部门法人化"的办法。IB 业务流程的重点是如何防范风险，故须结合期货行业特点，设计 IB 期货业务流程，以此来保证业务合规、有序地进行。

二、证券公司 IB 业务范围

目前，证券公司受期货公司委托从事介绍业务，应当提供下列服务：协助办理开户手续；提供期货行情信息、交易设施；中国证监会规定的其他服务。证券公司为期货公司介绍客户时应承担的具体工作，包括应当向客户明示其与期货公司的介绍业务委托关系，解释期货交易的方式、流程及风险，不得作获利保证、共担风险等承诺，不得虚假宣传，误导客户。要求证券公司应当建立完备的协助开户制度，对客户的开户资料和身份真实性等进行审查，向客户充分揭示期货交易风险，解释期货公司、客户、证券公司三者之间的权利义务关系，告知期货保证金安全存管要求。证券公司应当及时将客户开户资料提交期货公司，期货公司应当复核后与客户签订期货经纪合同，办理开户手续。

三、证券公司 IB 业务禁止事项

证券公司在提供中间介绍服务中的禁止事项，包括不得代客户下达交易指令，不得利用客户的交易编码、资金账号或期货结算账户进行期货交易，不得代客户接收、保管或者修改交易密码。不得直接或者间接为客户从事期货交易提供融资或担保等，特别对于风险控制环节，期货、现货市场行情发生重大变化或者客户可能出现风险时，证券公司及其分支机构可以协助期货公司向客户提示风险。

> **延伸阅读：券商系期货公司的优势**
>
> 目前，很多期货公司已被券商控股成为券商系期货公司，券商系期货公司不仅为券商开展 IB 业务提供了方便，拥有大型券商背景的期货公司更是具有传统期货公司所没有的一些优势。
>
> 券商系期货公司与传统期货公司相比有自身优势，这主要表现在以下几个方面：一是券商的大量注资使券商系期货公司在规模上得以迅速扩大，跨越了传统期货公司几年、甚至是十几年才能完成的原始积累阶段；二是券商系期货公司可引进券商已有的证券客户资源从事期货业务，因此拥有传统期货公司无法相比的潜在客户资源；三是券商系期货公司借助券商在金融行业中的地位，可以接触、利用、整合各类金融资源，可以站在更高的金融平台上从事传统经纪业务和开展金融创新业务。由于具备了这些优势，券商系期货公司在长期发展的前景和内在动力上要优于传统期货公司。

【例题 5-2 单选题】 融资买入、融券卖出的申报数量应当为（ ）或其整数倍。

A. 1000 股（份）　　　B. 1000 手　　　C. 100 股（份）　　D. 100 手

答案：C

【答案解析】 融资买入、融券卖出的申报数量应当为 100 股（份）或其整数倍。

【例题 5-3 单选题】 融资融券标的证券为股票的，应当符合的条件是（ ）。

A. 在交易所上市交易满 2 个月

B. 近 3 个月内日均换手率不低于基准指数日均换手率的 20%

C. 股东人数不少于 2000 人

D. 融资买入标的股票的流通股本不少于 1 亿股或流通市值不低于 3 亿元

答案：B

【答案解析】 在交易所上市交易满 3 个月，所以 A 说法有误；股东人数不少于 4000 人，所以 C 说法有误；融资买入标的股票的流通股本不少于 1 亿股或流通市值不低于 5 亿元，所以 D 项说法有误。

【例题 5-4 单选题】（ ）用于存放客户交存的、担保证券公司因向客户融资融券所生债权的资金。

A. 融资专用资金账户　　　　　　　　B. 融券专用证券账户

C. 客户信用交易担保资金账户　　　　D. 客户信用交易担保证券账户

答案：C

【答案解析】 客户信用交易担保资金账户用于存放客户交存的、担保证券公司因向客户融资融券所生债权的资金。

【例题5-5 单选题】证券公司对客户融资融券的额度按现行规定不得超过客户提交保证金的（　　）倍，期限不超过（　　）个月。

A. 2, 6　　　　　B. 2, 3　　　　　C. 3, 6　　　　　D. 3, 12

答案：A

【答案解析】证券公司对客户融资融券的额度按现行规定不得超过客户提交保证金的2倍，期限不超过6个月。

【例题5-6 多选题】证券公司经营融资融券业务，应当以自己的名义，在商业银行分别开立（　　）。

A. 融券专用证券账户　　　　　　B. 融资专用资金账户

C. 信用交易资金交收账户　　　　D. 客户信用交易担保资金账户

答案：BD

【答案解析】证券公司经营融资融券业务，应当以自己的名义，在商业银行分别开立：融资专用资金账户、客户信用交易担保资金账户。

【本章小结】

本章重点介绍了资产管理业务、融资融券与IB业务。资产管理业务重点内容为资产管理业务的种类和特点，资产管理产品的分析。融资融券业务则介绍了融资融券的含义与特点，融资融券的风险与相关操作实务。证券IB业务主要介绍了该业务的范围。

【复习思考题】

1. 券商的资产管理产品和证券投资基金公司的基金产品有什么异同点？
2. 作为融资融券标的股票，融资融券能多大程度对股票的价格产生影响？

【课后训练】

1. 列举2~3个券商集合资产管理计划产品，对其产品特点进行分析。
2. 查看交易所创业板融资融券信息，对融资融券额度较大的前几只股票进行分析，思考融资融券对其股价的影响？

第六章

证券交易监管与结算体系

ZHENGQUAN JIAOYI JIANGUAN
YU JIESUAN TIXI

教学要求

通过本章学习，要求能够掌握证券市场监管的主要类型和监管内容；熟悉证券登记的种类和证券交易的结算方式。

知识目标

1. 熟悉证券交易机制的类型
2. 熟悉证券市场监管的主要类型和内容
3. 熟悉证券登记的种类
4. 熟悉证券交易的结算方式

能力目标

1. 能够熟悉操纵市场的行为方式
2. 能够掌握内幕信息和内幕交易行为的方式
3. 能够了解全额结算和净额结算的区别

第一节　证券交易机制与交易监管

一、证券交易机制

证券交易机制是证券市场具体交易制度设计的基础，如上海证券交易所和深圳证券交易所的集合竞价和连续竞价，其设计依据就是定期交易和连续交易的不同机制；而上海证券交易所固定收益平台交易中一级交易商提供的双边报价，就采用了报价驱动的机制。

（一）证券交易机制类型

1. 定期交易和连续交易

从交易时间的连续特点划分，有定期交易和连续交易。在定期交易中，成交的时点是不连续的。在某一段时间到达的投资者的委托订单并不是马上成交，而是要先存储起来，然后在某一约定的时刻加以匹配。在连续交易中，并非意味着交易一定是连续的，而是指在营业时间里订单匹配可以连续不断地进行。因此，两个投资者下达的买卖指令，只要符合成交条件就可以立即成交，而不必再等待一段时间定期成交。

这两种交易机制有着不同的特点。定期交易的特点有：第一，批量指令可以提供价格的稳定性；第二，指令执行和结算的成本相对比较低。连续交易的特点有：第一，市场为投资者提供了交易的即时性；第二，交易过程中可以反映更多的市场价格信息。

2. 指令驱动和报价驱动

从交易价格的决定特点划分，有指令驱动和报价驱动。指令驱动是一种竞价市场，也称为"订单驱动市场"。在竞价市场中，证券交易价格是由市场上的买方订单和卖方订单共同驱动的。如果采用经纪商制度，投资者在竞价市场中将自己的买卖指令报给自己的经纪商，然后经纪商持买卖订单进入市场，市场交易中心以买卖双向价格为基准进行撮合。报价驱动是一种连续交易商市场，或称"做市商市场"。在这一市场中，证券交易的买价和卖价都由做市商给出，做市商将根据市场的买卖力量和自身情况进行证券的双向报价。投资者之间并不直接成交，而是从做市商手中买进证券或向做市商卖出证券。做市商在其所报的价位上接受投资者的买卖要求，以其自有资金或证券与投资者交易。做市商的收入来源是买卖证券的差价。

这两种交易机制也有着不同的特点。指令驱动的特点有：第一，证券交易价格由买方和卖方的力量直接决定；第二，投资者买卖证券的对手是其他投资者。报价驱动的特点有：第一，证券成交价格的形成由做市商决定；第二，投资者买卖证券都以做市商为对手，与其他投资者不发生直接关系。

（二）证券交易机制目标

1. 流动性。
证券的流动性是证券市场生存的条件。如果证券市场缺乏流动性，或者说不能提供充分的流动性，证券市场的功能就要受到影响。从积极的意义上看，证券市场流动性为证券市场有效配置资源奠定了基础。证券市场流动性包含两方面的要求，即成交速度和成交价格。如果投资者能以合理的价格迅速成交，则市场流动性好。反过来，单纯是成交速度快，并不能完全表示流动性好。

2. 稳定性。证券市场的稳定性是指证券价格的波动程度。一般来说，稳定性好的市场，其价格波动性比较小，或者说其调节平衡的能力比较强。从证券市场健康运行的角度看，保持证券价格的相对稳定、防止证券价格大幅度波动是必要的。证券市场的稳定性可以用市场指数的风险度来衡量。由于各种信息是影响证券价格的主要因素，因此，提高市场透明度是加强证券市场稳定性的重要措施。

3. 有效性。证券市场的有效性包含两方面的要求：一是证券市场的高效率；二是证券市场的低成本。其中，高效率又包含两方面内容。首先是证券市场的信息效率，即要求证券价格能准确、迅速、充分反映各种信息。根据证券价格对信息的反映程度，可以将证券市场分为强式有效市场、半强式有效市场和弱式有效市场。其次是证券市场的运行效率，即证券交易系统硬件的工作能力，如交易系统的处理速度、容量等。低成本也包含两方面：一是直接成本；二是间接成本。前者如投资者参与交易而支付的佣金和缴纳的税金，后者如投资者收集证券信息所发生的费用等。

二、证券市场监管

证券监管是指以保护投资者合法权益为宗旨，以矫正和改善证券市场的内在问题（市场失灵）为目的，政府及其监管部门通过法律、经济、行政等手段对参与证券市场各类活动的各类主体的行为所进行的引导、干预和管制。

证券监管的主要目标：一是保护投资者；二是透明和信息公开；三是降低系统性风险。

（一）证券市场监管的原则

1. 依法管理原则。这一原则是指证券市场监管部门必须加强法制建设，明确划分各方面的权利与义务，保护市场参与者的合法权益，即证券市场管理必须有充分的法律依据和法律保障。

2. 保护投资者利益原则。由于投资者是拿出自己的收入来购买证券，且大多数投资者缺乏证券投资的专业知识和技巧，只有在证券市场管理中采取相应措施，使投资者得到公平的对待，维护其合法权益，才能更有力地促使人们增加投资。

3. "三公"原则

（1）公开原则。这一原则就是要求证券市场具有充分的透明度，要实现市场信息的公开化。信息披露的主体不仅包括证券发行人、证券交易者，还包括证券监管者；要保障市场的透明度，除了证券发行人需要公开影响证券价格的该企业情况的详细说明外，监管者还应当公开有关监管程序、监管身份、对证券市场违规处罚等。

（2）公平原则。这一原则要求证券市场不存在歧视，参与市场的主体具有完全平等的权利。具体而言，无论是投资者还是筹资者，是监管者还是被监管者，也无论其投资规模与筹资规模的大小，只要是市场主体，则在进入与退出市场、投资机会、享受服务、获取信息等方面都享有完全平等的权利。

（3）公正原则。这一原则要求证券监管部门在公开、公平原则的基础上，对一切被监管对象给予公正待遇。根据公正原则，证券立法机构应当制定体现公平精神的法律、法规和政策；证券监管部门应当根据法律授予的权限履行监管职责，要在法律的基础上，对一切证券市场参与者给予公正的待遇；对证券违法行为的处罚和对证券纠纷事件和争议的处理，都应当公平进行。

4. 监督与自律相结合的原则。这一原则是指在加强政府、证券主管机构对证券市场监管的同时，也要加强从业者的自我约束、自我教育和自我管理。国家对证券市场的监管是管好证券市场的保证，而证券从业者的自我管理是管好证券市场的基础。国家监督与自我管理相结合的原则是世界各国共同奉行的原则。

（二）证券市场监管的手段

1. 法律手段。是通过证券法律与法规来实现。这是监管部门的主要手段，约束力强。

2. 经济手段。是指通过运用利率政策、公开市场业务、税收政策等经济手段，对证券市场进行干预。这种手段相对比较灵活，但调节过程可能较慢，存在时滞。

3. 行政手段。是指通过制定计划、政策等对证券市场进行行政性的干预。这种手段比较直接，但运用不当可能违背市场规律，无法发挥作用甚至受到惩罚。一般多在证券市场发展初期，法制尚不健全、市场机制尚未理顺或遇突发性事件时使用。

（三）信息披露的监管

1. 信息披露的基本要求

（1）全面性。这一要求是指发行人应当充分披露可能影响投资者投资判断的有关资料，不得有任何隐瞒或重大遗漏。

（2）真实性。这一要求是指发行人公开的信息资料应当准确、真实，不得有虚假记载、误导或欺骗。

（3）时效性。这一要求是指向公众投资者公开的信息应当具有最新性、及时性。公开资料反映的公司状态应为公司的现实状况，公开资料交付的时间不得超过法定期限。

2. 信息披露虚假或重大遗漏的监管。《证券法》关于信息披露文件的监管对象主要包括四类：发行人及公司发起人；发行人的重要职员，包括董事、监事、经理及在文件中签章的其他职员；注册会计师、律师、工程师、评估师或其他专业技术人员；证券公司。

《证券法》规定，经核准上市交易的证券，其发行人未按照有关规定披露信息，或者所披露的信息有虚假记载、误导性陈述或者有重大遗漏的，由证券监督管理机构责令改正，对发行人处以30万元以上60万元以下的罚款。对直接负责的主管人员和其他直接责任人员给予警告，并处以3万元以上30万元以下的罚款。构成犯罪的，依法追究刑事责任。

📖 **【案例】**

事件名称：杭萧钢构（600477）未及时、完整披露消息

事件类型：未及时、完整、准确披露重大事项

事件回顾：杭萧钢构在信息披露中主要存在两类违法违规行为：一是未按照规定披露信息；二是披露的信息有误导性陈述。杭萧钢构管理层只将公司重大消息在内部大会，而不及时在证监会指定的媒体予以披露，且当上证所问询时公司还称没有异常

情况，并同时在相关项目的建设周期时间上大玩文字游戏。

惩罚决定：

1. 对杭萧钢构给予警告，并处以40万元罚款；
2. 对单银木、周金法分别给予警告，并处以20万元罚款；
3. 对潘金水、陆拥军、罗高峰分别给予警告，并处以10万元罚款。

（四）操纵市场的监管

证券市场中的操纵市场，是指某一组织或个人以获取利益或减少损失为目的，利用其资金、信息等优势，或滥用职权，制造证券市场假象，诱导或致使投资者在不了解事实真相的情况下作出证券投资决定，扰乱证券市场秩序的行为。

操纵市场的主要行为：

（1）通过单独或者合谋，集中资金优势、持股优势联合或者连续买卖，操纵证券交易价格；

（2）与他人串通，以事先约定的时间、价格和方式相互进行证券交易或者相互买卖并不持有的证券，影响证券交易价格或者证券交易量；

（3）以自己为交易对象，进行不转移所有权的自买自卖，影响证券交易价格或者证券交易量；

（4）以其他方式操纵证券交易价格。

根据我国《证券法》的规定，对操纵证券交易价格或者制造证券交易的虚假价格或者证券交易量，获取不正当利益或者转嫁风险的机构或个人，没收违法所得，并处违法所得一倍以上五倍以下的罚款；构成犯罪的，依法追究刑事责任。证券经营机构的操纵行为被查实后，证券管理机构可以暂停或取消其注册资格，取消其交易所会员资格，或对其交易数量加以限制，或令其停止部分或全部交易。

📖 **【案例】案件：周建明操纵证券市场**

涉案金额： 操作股票达15只，金额达176.22万元。

处罚结果： 没收周建明违法所得176万元，并处以罚款176万元。

事件缘由： 周建明是地道的宁波人，疑是"涨停板敢死队"的主力。在2006年1月至11月期间，周建明利用在短时间内频繁申报和撤销申报手段操纵大同煤业、四川路桥、中纺投资、上海医药、中炬高新和安阳钢铁等15只股票价格。

（五）欺诈行为的监管

证券欺诈行为是指以获取非法利益为目的，违反证券法规，在证券发行、交易及相关活动中从事欺诈客户、虚假陈述等行为。

欺诈客户主要行为：

（1）证券经营机构将自营业务和代理业务混合操作；

（2）证券经营机构违背代理人的指令为其买卖证券；

（3）证券经营机构不按国家有关法规和证券交易场所业务规则的规定处理证券买卖委托；

（4）证券经营机构不在规定时间内向被代理人提供证券买卖书面确认文件；

（5）证券登记、清算机构不按国家有关法规和本机构业务规则的规定办理清算、交割、过户、登记手续；

（6）证券登记、清算机构擅自将顾客委托保管的证券用作抵押；

（7）证券经营机构以多获取佣金为目的，诱导顾客进行不必要的证券买卖，或者在客户的账户上翻炒证券；

（8）发行人或者发行代理人将证券出售给投资者时，未向其提供招募说明书；等等。

根据国务院证券委员会于 1993 年 9 月 2 日发布的《禁止证券欺诈行为暂行办法》（以下简称《办法》）的规定，禁止任何单位或个人在证券发行、交易及其相关活动中欺诈客户。证券经营机构、证券登记或清算机构以及其他各类从事证券业的机构有欺诈客户行为的，将根据不同情况，限制或者暂停证券业务及其他处罚。因欺诈客户行为给投资者造成损失的，应当依法承担赔偿责任。

📖 【案例】案件：无锡金百灵违规代客操作

案例涉及面： 有 30 多位客户表示被无锡金百灵违规代理操作

处罚结果： 无锡金百灵向王炳银求和，并向王炳银支付了 8 万元现金。

事件缘由： 无锡金百灵游说公司客户王炳银将账户直接交给金百灵操作，声称每月收益可达到 50% 乃至 100%，双方按 3:7 的比例分成，即王炳银享受收益的 7 成，金百灵享受收益的 3 成。但在 5 月股市最为火爆时期，不仅没有给王先生 100 万元的账户增长 50%，反而是减少了 10% 多，而且每次交易都是高买低卖。

（六）内幕交易的监管

内幕交易又称知内情者交易，是指公司董事、监事、经理、职员、主要股东、证券市场内部人员或市场管理人员，以获取利益或减少经济损失为目的，利用地位、职务等便利，获取发行人未公开的、可以影响证券价格的重要信息，进行有价证券交易，或泄露该信息的行为。

《证券法》第七十五条规定，在证券交易活动中，涉及公司的经营、财务或者对该公司证券的市场价格有重大影响的尚未公开的信息，为内幕信息。下列信息皆属内幕信息：本法第六十七条第二款所列重大事件；公司分配股利或者增资的计划；公司股权结构的重大变化；公司债务担保的重大变更；公司营业用主要资产的抵押、出售或者报废一次超过该资产的百分之三十；公司的董事、监事、高级管理人员的行为可能依法承担重大损害赔偿责任；上市公司收购的有关方案；国务院证券监督管理机构认定的对证券交易价格有显著影响的其他重要信息。

内幕交易行为主要包括：（1）内幕知情人员利用内幕信息买卖证券或者根据内幕信息建议他人买卖证券；（2）内幕知情人员向他人泄露内幕信息，使他人利用该信息进行内幕交易；（3）非内幕人员通过不正当的手段或者其他途径获得内幕信息，并根据该信息买卖证券或者建议他人买卖证券等。

根据《证券法》的规定，内幕人员和以不正当手段或者其他途径获得内幕信息的其他人员违反法律规定，泄露内幕信息，根据内幕信息买卖证券或者建议他人买卖证券的，将根据不同情况予以处罚，并追究有关人员的责任。

📖 **【案例】基金经理"老鼠仓"案——韩刚案**

韩刚自 2009 年 1 月 6 日担任长城久富证券投资基金经理一职期间，利用职务便利及所获取的基金投资决策信息，与他人共同操作其亲属开立的账户，先于或同步于韩刚管理的久富基金买入、卖出相关个股；或在久富基金建仓阶段买卖相关个股，非法获利。中国证监会以韩刚涉嫌利用未公开信息交易移送公安机关立案侦查。2011 年 1 月，深圳福田区人民法院作出公开判决，韩刚犯利用未公开信息交易罪，被依法判处有期徒刑一年，并处罚金 310000 元；赃款 303274.46 元予以没收。该案成为我国第一起基金从业人员因利用未公开信息违规交易被追究刑事责任的案件。

🖱 **延伸阅读：光大"8·16"乌龙指事件**

2013 年 8 月 16 日 11 点 05 分，上证指数出现大幅拉升大盘一分钟内涨超 5%，最高涨幅 5.62%，很多大盘股瞬间涨停，指数最高报 2198.85 点，盘中逼近 2200 点。11 点 44 分上交所称系统运行正常。当天下午 2 点，光大证券公告称策略投资部门自营业务在使用其独立的套利系统时出现问题，业内人士将此事件称为"光大证券乌龙指事件"。

证监会经初步核查通报称，光大证券自营的策略交易系统包含订单生成系统和订单执行系统两个部分，存在程序调用错误、额度控制失效等设计缺陷，并被连锁触发，导致生成巨量市价委托订单，直接发送至上交所，累计申报买入 234 亿元，实际成交 72.7 亿元。同日，光大证券将 18.5 亿元股票转化为 ETF 卖出，并卖空 7130 手股指期货合约。

8月22日，光大证券第三届董事会第十四次会议审议通过议案，同意接受光大证券总裁徐浩明提出的辞去公司董事、总裁职务的申请，光大证券董事长袁长清将代行公司总裁职责。

证监会于8月30日召开新闻发布会，通报对"光大证券乌龙指事件"的处罚决定：此事件被定性为内幕交易，对四位相关决策责任人徐浩明、杨赤忠、沈诗光、杨剑波给予终身禁入证券市场的处罚，没收光大证券非法所得8721万元，并处以5倍罚款，共计5.23亿元。这被认为是我国资本市场史上的最重罚单。

资料来源：中财网，2013-12-25。

【例题6-1 多选题】 下列行为属于操作市场的是（   ）。

A. 通过单独或者合谋，集中资金优势、持股优势联合或者连续买卖，操纵证券交易价格

B. 与他人串通，以事先约定的时间、价格和方式相互进行证券交易或者相互买卖并不持有的证券，影响证券交易价格或者证券交易量

C. 以自己为交易对象，进行不转移所有权的自买自卖，影响证券交易价格或者证券交易量

D. 上市公司高管向他人泄露内幕信息，使他人利用该信息进行内幕交易

答案：ABC

【答案解析】 D行为属于内幕交易行为。

【例题6-2 多选题】 下列行为不属于内幕交易行为的是（   ）。

A. 内幕人员利用内幕信息买卖证券或者根据内幕信息建议他人买卖证券

B. 内幕人员向他人泄露内幕信息，使他人利用该信息进行内幕交易

C. 非内幕人员通过不正当的手段或者其他途径获得内幕信息，并根据该信息买卖证券或者建议他人买卖证券等

D. 证券经营机构违背代理人的指令为其买卖证券

答案：ABC

【答案解析】 D行为属于内幕交易行为欺诈行为。

【例题6-3 判断题】 在报价驱动系统中，交易双方既可以通过做市商买卖证券，也可以直接成交。（   ）

A. 正确　　B. 错误

答案：B

【答案解析】 在报价驱动系统中，交易双方通过做市商买卖证券，投资者之间并不直接成交。

第二节 证券登记与交易结算

一、证券登记概述

证券登记是指证券登记结算机构为证券发行人建立和维护证券持有人名册的行为。证券登记是确定或变更证券持有人及其权利的法律行为，是保障投资者合法权益的重要环节，也是规范证券发行和证券交易过户的关键所在。证券登记按证券种类可以划分为股份登记、基金登记和债券登记等，按性质划分可以分为初始登记、变更登记、退出登记等。

二、证券登记的构成

（一）证券登记的主体

证券登记的主体是证券发行人或其委托的证券登记机构，境外一般称为登记处（Registrar）或过户处（Transfer Agent）。从证券登记的起源来看，登记最初是由证券发行人自己来完成，即使在目前证券市场相对发达的条件下，仍然有大量股份公司（特别是非上市公司）自己办理股份登记。而由专业的证券登记机构来完成此项工作，一方面是证券市场规模不断扩大和专业分工不断发展的要求，另一方面也是防范证券市场风险、维护证券市场秩序的需要。在这种情况下，证券登记机构代理证券发行人进行证券登记，成为沟通证券发行人和证券持有人的桥梁。

（二）证券登记的客体

证券登记的客体是持有人名册，也称证券登记簿（Register），就股份公司而言，也称股东名册。持有人名册是证券登记的直接结果。发行人的持有人名册内容至少包括持有人名称或姓名、持有证券数量、持有状态等。

（三）证券登记的目的

登记的目的是对证券持有人持有证券的事实及权属状态予以确认。这也是证券登记公示效力的重要体现。持有人名册有法律上的严肃性，在没有相反证据证明其错误的情况下，持有人名册的记录是证明持有人持有证券事实的法律依据。

三、证券登记的种类

证券登记按证券种类可以划分为股份登记、基金登记、债券登记、权证登记、交易型开放式指数基金登记等；按性质划分可以分为初始登记、变更登记、退出登记等。以下按性质划分标准进行介绍。

（一）初始登记

初始登记指已发行的证券在证券交易所上市前，由中国结算公司根据证券发行人的申请维护证券持有人名册，并将证券记录到投资者证券账户中。经过初始登记手续，投资者持有该证券的事实得到确认。初始登记是投资者后续进行买卖、转让、质押等流转和处置行为的前提。

1. 初始登记大体流程

（1）已发行的证券在证券交易所上市前，证券发行人应当在中国结算公司规定的时间内提出办理证券初始登记的申请。（2）中国结算公司对审核申请材料后，办理证券持有人名册的初始登记。其中，通过证券交易所交易系统发行（以下简称网上发行）的证券，由中国结算公司根据网上发行认购结果，直接将证券登记到其持有人名下；通过网下发行的证券，由中国结算公司根据证券发行人提供的网下发行证券持有人名册，将证券登记到其持有人名下。（3）中国结算公司完成证券持有人名册初始登记后，向证券发行人出具证券登记证明文件。

2. 按照证券类别和发行情况，可以对证券初始登记进一步划分为股份初始登记、基金募集登记、债券发行登记、权证发行登记和交易型开放式指数基金发行登记。

（1）股份初始登记。股份登记包括首次公开发行登记、增发新股登记、送股（或转增股本）登记和配股登记等。

①股份首次公开发行和增发登记。在我国，股份公司经主管部门批准公开发行新股，曾采用股票认购证、与储蓄存款挂钩、"全额预缴、比例配售"等网下发行和网上定价发行、网上竞价发行等方式。在不同的发行方式下，股份发行登记的方法略有不同。在现阶段采用网上定价公开发行方式的情况下，投资者申购后，主承销商根据股票发行公告的有关规定确定认购股数，然后由中国结算公司在发行结束后根据成交记录或配售结果自动完成新股的股份登记。具体办法为：新股认购者在开立股票账户后，可于规定的发行日前，在办理本次发行的证券营业部存入足够的申购资金，然后按买入股票的委托手续办理申购。认购者应在申购结束后到证券营业部确认申购配号，并在中签后办理交割手续。对于中国结算公司股份登记的实际运作来说，如果是通过网上发行新股的，就根据证券交易所关于股票发行有关事宜的通知，将网上发行总量记录到主承销商发行专户中，并根据网上申购结果，将主承销商证券账户中的相应股份过户到投资者证券账户中。如果是通过网下发行新股的，中国结算公司根据证券发行人申报数据，将相应股份记录到投资者证券账户中。发行结束后2个交易日内，上市公司应当向中国结算公司申请办理股份发行登记，对网上和网下发行的结果加以确认。

②送股及公积金转增股本登记。送股是指股份公司将其拟分配的红利转增为股本；公积金转增股本是指股份公司将公积金的一部分按每股一定比例转增为股本。对送股（公积金转增股本）的股份登记，由中国结算公司根据上市公司提供的股东大会红利分配方案决议确定的送股比例或公积金转增股本比例，按照股东数据库中股东的持股数，主动为其增加股数，从而自动完成送股（转增股）的股份登记手续。送股股份登记的记录在证券账户的过户记录中逐笔反映。根据有关规定，证券发行人申请办理送股（公积金转增股本）登记，应向中国结算公司提供派发股份股利及公积金转增股本申请、股东大会决议以及其他要求的材料。中国结算公司对证券发行人的申请材料审核通过后，根据其申请派发相应股份，于权益登记日登记送股（转增股）。申请送股（转增股）时，上市公司应确保权益登记日不得与配股、增发、扩募等发行行为的权益登记日重合，并确保自向中国结算公司提交申请表之日至新增股份上市日期间，不得因其他业务改变公

司的股本数或权益数。

③配股登记。配股是指股份公司以股东所持有的股份数为认购权，按一定比例向股东配售该公司新发行的股票。在配股登记日闭市后，中国结算公司将根据持股数量记录投资者的配股权，并将明细数据传输给证券公司。投资者可在公告的配股期限内，委托其指定交易所属证券营业部或原股份托管的证券营业部，在交易时间通过证券交易所电脑交易系统进行配股申报。认购缴款结束后，由中国结算公司主动为认购缴款的股东在相应的股票账户中增加相应的股数。未被认购并且承销商未予包销的股份，根据中国证监会的有关规定即时在可配股份总数中予以扣除，不予登记。配股股份登记的记录在股票账户的过户记录中逐笔反映。

（2）基金募集登记。证券投资基金网上发行和网下发行要进行募集登记，其办法是参照股份首次公开发行登记的相关内容来办理的。

（3）债券发行登记。记账式国债通过招投标或其他方式发行的，中国结算公司根据财政部和证券交易所相关文件确认的结果，建立证券持有人名册，完成初始登记。记账式国债在证券交易所挂牌分销或在场外合同分销的，中国结算公司根据证券交易所确认的分销结果，办理记账式初始国债登记。公司债和企业债的初始登记与股份首次公开发行登记类似。

（4）权证发行登记。参照股份首次公开发行登记办理。

（5）交易型开放式指数基金发行登记。交易型开放式指数基金募集结束后，基金管理人应到中国结算公司办理交易型开放式指数基金份额上市前的有关登记手续。中国结算公司根据基金管理人提供的投资者交易型开放式指数基金份额有效明细数据办理初始登记。中国结算公司在办理投资者交易型开放式指数基金份额初始登记的同时，解除全部组合证券的认购冻结，并根据基金管理人报证券交易所确认的投资者的有效认购组合证券数据，将有效认购组合证券变更登记至以交易型开放式指数基金名义持有的证券账户。

（二）变更登记

变更登记指由证券登记结算机构执行并确认记名证券过户的行为。具体做法是以账户划转的方式在投资者或账户之间转移，并相应更改股东名册或债权人名册。这是因为：其一，现代证券交易的对象多为无纸化证券，由于没有实物载体，股东（或债权人）对相应证券的所有权无法凭借实物券来体现，而在证券账户上对股东（或债权人）的姓名、持有证券数量等资料进行登录，并依据证券账户相关资料生成股东名册（或债权人名册）发送给发行人，就可以使证券持有人获得股东（或债权人）的身份。其二，在证券交易中，股东（债权人）的身份会不断发生改变，权利、义务不断在交易者之间转移，从而要求能够对已有的股权（债权）登记进行修改，即需要进行股权（或债权）过户。变更登记包括证券过户登记和其他变更登记。

1. 证券过户登记。按照引发变更登记需求的不同，可以将证券过户登记划分为证券交易所集中交易过户登记（以下简称集中交易过户登记）和非集中交易过户登记（以下简称非交易过户登记）。

（1）集中交易过户登记。投资者委托证券公司参与证券交易所集中交易后，中国结算公司需要根据证券交易的交收结果在买方的证券账户上增加证券，在卖方的证券账户上减少证券，并相应在证券持有人名册上进行变更登记。

（2）非交易过户登记。非交易过户登记是指符合法律规定和程序的因股份协议转让、司法扣划、行政划拨、继承、捐赠、财产分割、公司购并、公司回购股份和公司实施股权激励计划等原因，发生的记名证券在出让人、受让人或账户之间的变更登记。

2. 其他变更登记。其他变更登记包括证券司法冻结、质押、权证创设与注销、权证行权、可转换公司债券转股、可转换公司债券赎回或回售、交易型开放式指数基金申购或赎回等引起的变更登记。对于其他变更登记，中国结算公司将相应维护证券账户和证券持有人名册的记录，采取变更余额、对质押和司法冻结等情况加以标记等措施。

（三）退出登记

股票终止上市后，股票发行人或其代办机构应当及时到中国结算公司办理证券交易所市场的退出登记手续。按规定进入代办股份转让系统挂牌转让的，应当办理进入代办股份转让系统的有关登记手续。中国结算公司在结清与股票发行人的债权债务，或就债权债务问题达成协议后，与股票发行人或其代办机构签订证券登记数据资料移交备忘录，将股份持有人名册清单等证券登记相关数据和资料移交股票发行人或其代办机构。

股票发行人或其代办机构未按规定办理证券交易所市场退出登记手续的，中国结算公司可将其证券登记数据和资料送达该股票发行人或其代办机构，并由公证机关进行公证，视同该股票发行人证券交易所市场退出登记手续办理完毕。股票发行人证券交易所市场退出登记办理完毕后，中国结算公司在中国证监会指定报刊上刊登关于终止为股票发行人提供证券交易所市场登记服务的公告。

债券提前赎回或到期兑付的，其证券交易所市场登记服务业务自动终止，视同债券发行人交易所市场退出登记手续办理完毕。

四、证券交易结算

（一）清算和交收

证券交易的结算是指交易双方根据成交结果确定和履行相应权利义务的过程，包括清算和交收两个步骤。清算是指按照确定的规则计算交易双方证券和资金的应收应付数额的过程，清算结果确定了交易双方的履约责任。交收是指根据清算结果，交易双方通过转移证券和资金履行相关债权债务的过程，即卖方将其卖出的证券交付给买方，买方将其应付资金交付给卖方。只有交收完成之后，一笔证券交易才算真正意义上完成了。可以说，结算是证券市场交易持续进行的基础和保证。

由于现代证券市场证券交易的参与者数量众多，交易量大，品种复杂，证券交易的结算一般都是由专业的结算机构组织完成的。结算机构通常利用强大的技术系统，为结算参与人提供高效、安全的结算服务。在结算机构完成清算之后，证券交收一般由证券结算机构自身完成，资金交收一般还需要结算银行的参与。

（二）全额结算和净额结算

证券交易的结算方式可以分为全额结算和净额结算。全额结算是指交易双方对所有达成的交易实行逐笔清算，并逐笔交付证券和资金。全额结算是最基本的结算方式，但这种方式对交易双方的资金量、结算系统处理能力和自动化程度要求较高，适用于交易量较小、参与人较少的市场。银行间市场通常采取这种结算方式。

净额结算是指证券登记结算机构以结算参与人为单位，对其买入和卖出交易的资金和证券余额进行轧差，以轧差得到的净额组织结算参与人进行交收的制度。净额结算又可以分为双边净额结算和多边净额结算两种形式。双边净额结算是指证券登记结算机构对交易双方达成的全部交易的余额进行轧差，交易双方按照轧差得到的净额进行交收的结算方式。在这种结算方式下，交易对手就是交收对手。例如，甲方从乙方买入 1000 股 A 股票（假定每股 1 元，忽略交易费用不计），后又卖给乙方 800 股 A 股票，经过双边净额结算后，甲方付给乙方 200 元，乙方交给甲方 200 股 A 股票即可。多边净额结算是指证券登记结算机构介入证券交易双方的交易关系中，成为"所有买方的卖方"和"所有卖方的买方"；然后以结算参与人为单位，对其所有交易的应收应付证券和资金予以冲抵轧差，每个结算参与人根据轧差所得净额与证券登记结算机构进行交收的结算方式。如图 6－1 所示。

图 6－1　证券、资金交收流程

相对于全额结算，多边净额结算大大减少了结算处理量，提高了市场运行效率，降低了市场参与者的风险。目前，大多数证券市场采取了多边净额结算模式，我国大部分证券交易也采取了这种结算方式。中国证券登记结算公司承担着中央结算机构的角色，为参与人提供多边净额结算服务。

（三）滚动交收和会计日交收

证券结算还涉及交收周期的问题，交收周期是指交易双方在交易日后多长时间内完成与交易有关的证券与资金的收付。由于各国传统及交易方式的差异，交收日安排方式及交收期不尽一致，因此产生了证券结算时间的差异。在交收日安排上可分为会计日交收与滚动交收两种方式。

1. 会计日交收。这是指一个时期发生的所有交易在规定的特定日期交收。例如，比利时市场过去是根据交易所排定日期安排交收，奥地利证券市场交易曾安排在次周一交收，印度证券市场交易也曾采取每周安排一次交收的做法。这种会计交收日的做法现在已不多见，多数市场都改为滚动交收的模式。

2. 滚动交收。指所有交易的交收安排于交易日（一般称为 T 日）后固定天数内完成，如美、英、日等大多数国家和我国香港地区的证券市场，均采取滚动交收模式，交收期一般在 T＋2 日或 T＋3 日。尽早地完成交收，对于提高市场效率、防范结算风险具有重要意义。所以，采用滚动交收方式并缩短交收期，是国际证券界倡导的方向。国际30 人小组（G30）提出的对证券市场清算与交收制度的九点建议中，很重要的一条就是要求各市场在 1992 年以前实现 T＋3 日滚动交收。现在，这个目标已基本实现，大多数证券市场经过努力已对集中交易市场的交易采用了滚动交收方式，交收期也缩短至 T＋3

日或 T + 2 日。目前，我国 A 股交易实行 T + 1 日交收，B 股交易实行 T + 3 日交收。

【例题6-4 单选题】证券登记按（　　）可以分为初始登记、变更登记、退出登记等。

A. 程序　　　　　　　B. 性质　　　　　　C. 证券种类　　　　D. 证券数量

答案：B

【答案解析】证券登记按性质划分可以分为初始登记、变更登记、退出登记等。

【例题6-5 单选题】下列给出关于清算的四种解释，错误的是（　　）。

A. 清算指一定经济行为引起的货币资金关系的应收、应付的计算

B. 银行同业往来中应收或应付差额的轧计及资金汇划

C. 清算指公司、企业结束经营活动、收回债务、处置分配财产等行为的总和

D. 企业与企业往来中应收或应付差额的轧计及资金汇划

答案：D

【答案解析】清算一般有三种解释：一是指一定经济行为引起的货币资金关系应收、应付的计算。二是指公司、企业结束经营活动、收回债务、处置分配财产等行为的总和。三是银行同业往来中应收或应付差额的轧抵。

【例题6-6 多选题】我国内地市场目前存在的滚动交收周期为（　　）日。

A. T + 1　　　　　　　B. T + 2　　　　　　C. T + 3　　　　　　D. T + 4

答案：AC

【答案解析】我国内地市场目前存在两种滚动交收周期，即 T + 1 与 T + 3。

📖【本章小结】

本章主要介绍了证券市场监管和证券交易结算的相关内容。信息披露的监管、操纵市场的监管、欺诈行为的监管和内幕交易的监管是证券市场监管的重点，在学习中需重点掌握这些监管的内容和方式。证券登记结算介绍了登记的种类和结算的主要方式，要重点了解全额结算和净额结算的区别。

【复习思考题】

通过查看美国证券市场监管的相关资料，比较中美证券市场监管的异同点。

【课后训练】

1. 列举 3 ~ 5 个最近 2 年证券市场的违法案例，并结合证券市场监管的内容进行分析。

2. 对比中国内地、美国和中国香港市场的证券交收制度，谈谈不同交收制度的利弊。

第三篇
证券发行与承销

第七章
股票发行上市与承销

GUPIAO FAXING SHANGSHI
YU CHENGXIAO

教学要求

通过本章学习，能掌握首次公开发行股票、发行新股、发行外资股的基本知识，发行与承销的基本要求与基本方式，并能从案例中领悟到股票发行所特有的内涵功能。

知识目标

1. 熟悉 IPO 的制度、模式、程序，了解 IPO 审核的信息披露要求
2. 熟悉上市公司发行新股并上市的基本要求，了解增发、配股操作
3. 了解外资股的发行方式与条件，了解 B 股、H 股、内地企业赴港创业板股的基本内容

能力目标

1. 掌握首次公开发行股票并上市的方式与承销要求
2. 掌握上市公司新股发行上市与承销要求
3. 掌握各类外资股发行的基本要求

证券发行是证券市场交易行为的基础，通常将证券发行市场称为"初级市场"或"一级市场"。股票的发行、上市、承销是一个复杂的证券流动过程。股票发行发生在一级市场，是企业的增资扩股行为，实际上是公司的"选秀"。股票上市则发生在二级市场，企业符合交易所的上市条件，即可在交易所市场挂牌交易，成为上市公司。世界知名的大企业，几乎都是上市公司。上市能给企业带来的大额融资、品牌彰显、流动性管理、完善公司治理等效应。发行与上市的环节往往一气呵成，故有将发行与上市当做一回事的误解。股票承销是证券公司依照《中华人民共和国证券法》第二十八条的规定采用包销或者代销方式，将股票传递给投资者的过程。

第一节 首次公开发行股票

一、首次公开发行股票

首次公开募股（Initial Public Offerings，IPO）指一家企业或公司第一次将它的股份向社会公众公开招股的发行方式。根据中国证监会2006年5月颁行的《首次公开发行股票并上市管理办法》，首次公开发行股票并上市，应当符合《证券法》、《公司法》和该办法规定的发行条件。证监会对发行人首次公开发行股票的核准，不表明其对该股票的投资价值或者投资者的收益作出实质性判断或者保证。股票依法发行后，因发行人经营与收益的变化引致的投资风险，由投资者自行负责。该办法规定，发行人依法披露的信息，必须真实、准确、完整，不得有虚假记载、误导性陈述或者重大遗漏。保荐人及其保荐代表人应当遵循勤勉尽责、诚实守信的原则，认真履行审慎核查和辅导义务，并对其所出具的发行保荐书的真实性、准确性、完整性负责。为证券发行出具有关文件的证券服务机构和人员，应当按照本行业公认的业务标准和道德规范，严格履行法定职责，并对其所出具文件的真实性、准确性和完整性负责。

2013年11月30日中国证监会颁行《关于进一步推进新股发行体制改革的意见》（以下简称《意见》），这是逐步推进股票发行从核准制向注册制过渡的重要步骤。《意见》以保护中小投资者合法权益为宗旨，着力保护中小投资者的知情权、参与权、监督权、求偿权。《意见》坚持市场化、法制化取向，突出以信息披露为中心的监管理念，加大信息公开力度，审核标准更加透明，审核进度同步公开，通过提高新股发行各层面、各环节的透明度，努力实现公众的全过程监督。新股发行体制改革在完善事前审核的同时，更加突出事中加强监管、事后严格执法，而并不意味着监管放松。对发行人、大股东、中介机构等，一旦发现违法违规线索，及时采取中止审核、立案稽查、移交司法机关等措施，强化责任追究，加大处罚力度，切实维护市场公开、公平、公正。

延伸阅读：IPO 重启对 A 股行情实质影响有限

4 月 18 日，随着沉寂多时的 IPO 预披露的再度启动，A 股市场步入了下跌通道，其中创业板指跌幅巨大，一些观点由此认为 IPO 重启是导致市场走弱的重要因素。那么究竟如何看待 IPO 重启，IPO 重启将对 A 股行情带来哪些影响？

根据新的审核流程，此次 IPO 重启后的审核时间可能会进一步缩短，而从目前情况看，从预披露到 IPO 核准时间可能是 3～4 个月，预计后期还将有大量企业陆续预披露，如果按照发审委 3 个月的审核周期，8～9 月可能引来 IPO 高潮，当然不排除发审委为了平均 IPO 压力更为有效率、多批次地通过审核。整体来看，在网上配售实行市值配售的状况下，监管层有意推动中小板 IPO 更换至主板进行，以防止投资者为了在创业板或中小板集中打新，分流主板二级市场资金的状况发生。根据分析，由于网上配售实行市值配售，在 IPO 重启短期反而可能带动相应板块上行。从目前排队企业板块分布来看，较为均匀。目前主板、中小板与创业板的排队企业分别为 166 家、219 家与 198 家，预计未来更多中小板 IPO 转移至主板后，三大板块 IPO 分布将更为均匀。

总体来看，全年 IPO 压力大，但可能不会成为主导大盘因素，主要理由：(1) 一般 IPO 资金需求是与大盘同步的，大盘表现差时，相应阶段融资规模自然也会出现下降。另外，网上配售实行的类似市值配售的规则意味着 IPO 对于二级市场的影响下降。(2) IPO 重启对创业板有压制作用。在 IPO 重启前，会对集中发行的板块形成负面情绪影响，而实质启动后由于网上配售的市值配售，反而可能带动相应板块上行，2014 年 1 月 IPO 重启前后创业板表现是较好的例证。

——摘自《上海证券报》，2014 年 4 月 30 日。

二、股票发行的审批制度

(一) 股票发行三种模式比较

股票发行制度主要有三种，即审批制、核准制和注册制，每一种发行监管制度都对应一定的市场发展状况。在市场逐渐发育成熟的过程中，股票发行制度也在逐渐地改变，以适应市场发展需求。其中审批制是完全计划发行的模式，核准制是从审批制向注册制过渡的中间形式，注册制则是目前成熟股票市场普遍采用的发行制度。

表 7－1　　　　　　　　　　　　股票发行的三种模式

模式名称	注册制	审批制	核准制
代表国家（地区）	美国、英国、中国香港等	证券市场不发达国家	
上市公司质量保证	保荐人制度	额度管理＋指标控制	保荐人制度（试行）
特征	公开制度＋事后监督	行政审批	一种过渡形式
基础	强制性信息公开披露	行政计划＋实质审查	形式审查＋实质审查
专业性中介机构	负有"经济警察"责任	对发行人的技术指导	负责判断发行人是否达标

（二）中国股票发行制度的演进

迄今为止，中国股票发行制度经历了审批制和核准制两个阶段。1991—1999 年为审批制阶段。其中 1991—1996 年，实行的是"总量控制"，即由国务院有关主管部门制定每年的股票发行额度，再将额度进行分割，分到各省市和中央产业部委。1997—1999年，我国开始废弃这种股票发行额度管理，实行家数指标管理，即国务院确定发行总规模后，证监会给各省市和各部委下达发行家数指标，由地方政府和中央企业主管部门负责选择股票发行企业，数量不得超过下达的家数。不难看出，无论是额度管理还是家数管理，都带有浓厚的计划经济色彩，政府的行政干预非常强烈。1999 年，根据《证券法》采取核准制后，证监会为了实现对上市公司数量乃至扩容节奏的控制，于 2001 年推出"通道制"，将推荐发行人的权利移转给了承销商。但这种核准制仍是建立在以政府干预为特点的集中性管理体制上，是计划经济的表现形式。"通道制"抑制了券商之间的有效竞争，而且由于缺乏对券商责任的追究机制，导致券商和发行人联合造假的违法事件时有发生。2004 年 2 月起施行的《证券发行上市保荐制度暂行办法》推出名为"保荐制"的核准制度，取代了"通道制"，其宗旨在于建立市场力量对证券发行上市进行约束的机制。2004 年 8 月修订的《证券法》对股票发行方式进行重大改革，取消了新股发行价格须经监管部门核准的规定，于 2005 年初推出国际上新股发行采用的主要方式：累计投标询价。2009 年 6 月，证监会发布《关于进一步改革和完善新股发行体制的指导意见》，力图通过完善制度进一步强化市场约束。2012 年 4 月 28 日，证监会发布《关于进一步深化新股发行体制改革的指导意见》，推进以信息披露为中心的发行制度建设。

（三）股票发行的"保荐制"

保荐工作有两个阶段：尽职推荐与持续督导。尽职推荐从中国证监会正式受理公司申请文件到完成发行上市。保荐机构和保荐人在推荐之前要对发行人进行尽职调查和专业辅导培训，在推荐文件中对发行人是否符合发行上市条件，申请文件不存在虚假记载、误导性陈述或重大遗漏等事项作出承诺。持续督导为上市当年剩余时间及其后 2 个完整会计年度。保荐机构要持续督导发行人履行规范运作、信守承诺、信息披露等义务。保荐制的核心内容是进一步强化和细化了保荐机构的责任，尤其是以保荐代表人为代表的证券从业人员的个人责任。

> ### 延伸阅读：世界主要证券交易所的保荐人制度
>
> （1）英国 AIM 的"终身"保荐人制度
>
> 英国另项投资市场（Alternative Investment Market，AIM）实行"终身"保荐人制度。终身保荐人制度是指上市企业在任何时候都必须聘请一名符合法定资格的公司作为其保荐人，以保证企业持续地遵守市场规则，增强投资者的信心。伦敦证券交易所接受企业的上市申请后，主要考虑的是发行人能否遵守市场规则，投资者能否自由地买卖交易。为此，AIM 设立了两个重要的市场角色：保荐人和经纪商。所

有寻求 AIM 上市的企业必须首先聘请保荐人和经纪商各一名。保荐人主要就上市规则向发行人提供指导和咨询意见，经纪商的职责是专注于提供和支持企业股票的交易便利。聘请保荐人是 AIM 上市审核标准的先决条件之一，保荐人和经纪商的职责可以由同一家公司兼任。保荐人的任期以上市企业的存续时间为基础，如果保荐人因辞职或被解雇而导致缺位，被保荐企业的股票交易将被立即停止，直至新的保荐人到任正式履行职责，才可恢复交易。如果在规定时间内仍无新的保荐人弥补空缺，那么被保荐企业的股票将被从市场中摘牌。英国数百年的社会化专业分工历史，造就了一大批纪律严明、经验丰富的行业专家，为实施保荐人制度提供了人员和素质保障。这是 AIM 市场拥有庞大的保荐人队伍，而且涉及领域非常广泛（如法律、金融、会计等）的重要原因。必须明确的是，保荐人的核心职责在于辅导企业的董事遵守市场规则，履行应尽的责任和义务。保荐人在企业上市前、后从事的保荐工作的侧重点有所不同。上市前，保荐人要对发行人的质地和条件作出实质性审查。尤其是在信息披露方面，保荐人对企业的指导和监督将直接关系到 AIM 的市场运行质量和投资者的切身利益，保荐人在此扮演了"辅导者"和"独立审计师"的角色。企业完成上市以后，保荐人的工作转向指导和督促企业持续地遵守市场规则，按照要求履行信息披露义务。此外，保荐人还可以代表企业，与交易所和投资者之间进行积极的沟通联络，同时担当起企业"董事会秘书"和"公关专家"的职责。

（2）美国 NASDAQ 的"什锦"保荐人制度

美国纳斯达克市场保荐人制度通常被称为"什锦"保荐人制度。承销商、做市商和分析师所提供的市场服务实际上执行了保荐人的研究支持职能。发行人在聘请承销商时，一般要考虑承销商是否准备并且有足够的实力参与到企业上市后的事务中去，提供上市后的一系列服务。"什锦"保荐人制度的亮点是"强制性的法人治理结构"和"理事专业指导计划"。它们内化并替代了保荐人制度的核心功能，对纳斯达克市场的繁荣贡献良多。"什锦"保荐人制度的另一个亮点，是交易所向所有上市公司提供的"理事专业指导计划"。上市后，公司可以获得纳斯达克一名理事的全面指导。

（3）香港的保荐人制度

香港在主板市场和创业板市场上均实行保荐人制度（Sponsor）。略有不同的是，在联交所的主板上市规则中，对保荐人的规定类似于上交所对上市推荐人的规定。保荐人的主要职责是将符合条件的企业推荐上市，并对申请人申请上市、上市文件等所披露信息的真实、准确、完整以及申请人董事知悉自身应尽的职责义务等负有保证的责任。保荐人在发行人上市后至少一年内还要继续维持对发行人的服务，但保荐人的责任原则上随着股票上市而终止。然在香港创业板，保荐人制度的内涵得到了拓展，保荐人的责任被法定延续到发行人上市后的两个完整的会计年度之内。

三、股票发行程序

股票发行程序大致需经过六大阶段，涉及几十个工作步骤，可概括为：

表 7-2　　　　　　　　　　　　　股票发行程序

改制与设立股份公司	（1）拟定改制重组方案，聘请中介机构对改制重组方案进行可行性论证； （2）对拟改制的资产进行审计、评估，签署发起人协议和起草公司章程等文件； （3）设置公司内部组织机构，登记设立股份有限公司。
尽职调查与辅导	（1）保荐机构和其他中介机构对公司进行尽职调查、问题诊断、专业培训和业务指导； （2）完善组织结构和内部管理，规范企业行为，明确业务发展目标和募集资金投向； （3）对照发行上市条件对存在的问题进行整改，准备首次公开发行申请文件。
申请文件的制作与申报	（1）企业和所聘请的中介机构，按照中国证监会的要求制作申请文件；保荐机构进行内核并负责向中国证监会尽职推荐； （2）符合申报条件的，中国证监会在5个工作日内受理申请文件。
申请文件的审核	（1）中国证监会正式受理申请文件后，对申请文件进行初审，同时征求发行人所在地省级人民政府和国家发展改革委意见； （2）中国证监会向保荐机构反馈审核意见，保荐机构组织发行人和中介机构对反馈的审核意见进行回复或审改； （3）初审结束后，股票发行审核委员会审核前，进行申请文件预披露，最后提交股票发行审核委员会审核。
路演、询价与定价	（1）发行申请经股票发行审核委员会审核通过后，中国证监会进行核准，企业在指定报刊上刊载招股说明书及发行公告等信息； （2）证券公司与发行人进行路演，向投资者推介和询价，并根据询价结果确定发行价格。
发行与上市	（1）根据中国证监会规定的发行方式公开发行股票； （2）向证券交易所提出上市申请； （3）办理股份的托管与登记，挂牌上市； （4）上市后由保荐机构按规定负责持续督导。

在整个上市过程中，除了公司及其股东之外，主要的参与者包括证券监管部门（也就是审核发行股票的政府部门）、证券交易所、各专业顾问等。在公司筹备上市之前，了解证券监管部门、证券交易所以及各专业顾问在上市过程中的角色是非常重要的。

路演（Roadshow）是股票公开发行并上市过程中值得投资者高度关注的一个环节。路演的主要形式是举行推介会，在推介会上，公司向投资者就公司的业绩、产品、发展方向等作详细介绍，充分阐述上市公司的投资价值，让准投资者们深入了解具体情况，并回答机构投资者关心的问题。随着网络技术的发展，这种传统的路演同时搬到了互联网上，出现了网上路演，即借助互联网的力量来推广。网上路演现已成为上市公司展示自我的重要平台，推广股票的重要方式。

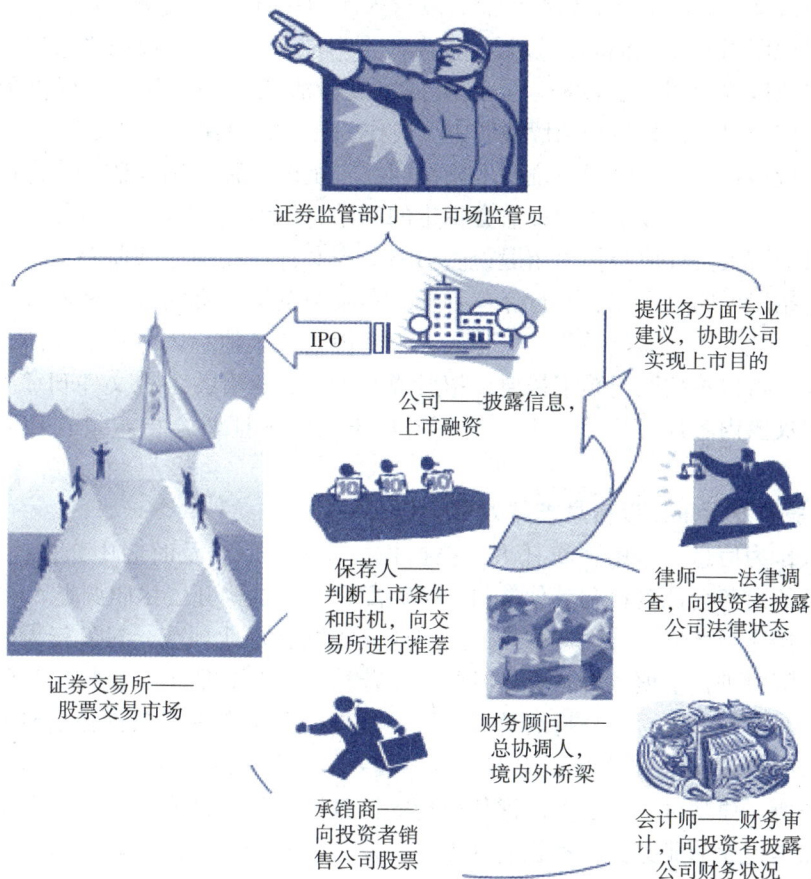

四、股票发行审核的信息披露

（一）股票发行的信息披露要求

股票发行人应当按照中国证监会的有关规定编制和披露招股说明书。招股说明书内容与格式准则是信息披露的最低要求。不论准则是否有明确规定，凡是对投资者作出投资决策有重大影响的信息，均应当予以披露。招股说明书的有效期为6个月，特别情况下发行人可申请不超过1个月的适当延长。招股说明书中引用的财务报表在其最近一期截止日后6个月内有效，财务报表截止日应当为年度末（或半年度末、季度末）。发行人及其全体董事、监事和高级管理人员应当在招股说明书上签字、盖章，保证招股说明书的内容真实、准确、完整。保荐人及其保荐代表人应当对招股说明书的真实性、准确性、完整性进行核查，并在核查意见上签字、盖章。

申请文件受理后、发行审核委员会审核前，发行人应当将招股说明书（申报稿）在中国证监会网站（www.csrc.gov.cn）预先披露；发行人可以将披露内容完全一致的招股说明书（申报稿）刊登于其企业网站。预先披露的招股说明书（申报稿）不是发行人发行股票的正式文件，不能含有价格信息，发行人不得据此发行股票。发行人应当在预先披露的招股说明书（申报稿）的显要位置声明："本公司的发行申请尚未得到中国证监会核准。本招股说明书（申报稿）不具有据以发行股票的法律效力，仅供预先披露之用。投资者应当以正式公告的招股说明书全文作为作出投资决定的依据。"

发行人应当在发行前将招股说明书摘要刊登于至少一种中国证监会指定的报刊，同时将招股说明书全文刊登于中国证监会指定的网站；保荐人出具的发行保荐书、证券服务机构出具的有关文件应当作为招股说明书的备查文件，在中国证监会指定的网站上披露；要求将招股说明书全文、发行保荐书与证券服务机构出具的有关文件等一并置备于发行人住所、拟上市证券交易所、保荐人、主承销商和其他承销机构的住所，以备公众查阅。发行人可以将招股说明书摘要、招股说明书全文、有关备查文件刊登于其他报刊和网站，但披露内容应当完全一致，且不得早于在中国证监会指定报刊和网站的披露时间。

（二）股票发行审核以信息披露为中心

发行人作为信息披露第一责任人，根据相关规定，应当及时向中介机构提供真实、完整、准确的财务会计资料和其他资料，全面配合中介机构开展尽职调查。

保荐机构应当严格履行法定职责，遵守业务规则和行业规范，对发行人的申请文件和信息披露资料进行审慎核查，督导发行人规范运行，对其他中介机构出具的专业意见进行核查，对发行人是否具备持续盈利能力、是否符合法定发行条件作出专业判断，并确保发行人的申请文件和招股说明书等信息披露资料真实、准确、完整、及时。同时，会计师事务所、律师事务所、资产评估机构等证券服务机构及人员，必须严格履行法定职责，遵照本行业的业务标准和执业规范，对发行人的相关业务资料进行核查验证，确保所出具的相关专业文件真实、准确、完整、及时。

中国证监会发行监管部门和股票发审委依法对发行申请文件和信息披露内容的合法合规性进行审核，不对发行人的盈利能力和投资价值作出判断。发现申请文件和信息披露内容存在违法违规情形的，严格追究相关当事人的责任。

投资者应当认真阅读发行人公开披露的股票发行信息，自主判断企业的投资价值，自主作出投资决策，自行承担股票依法发行后因发行人经营与收益变化导致的风险。发行人披露盈利预测的，利润实现数如未达到盈利预测的 80%，除因不可抗力外，其法定代表人、盈利预测审核报告签字注册会计师应当在股东大会及中国证监会指定报刊上公开作出解释并道歉；中国证监会可以对法定代表人处以警告。利润实现数未达到盈利预测的 50% 的，除因不可抗力外，中国证监会在 36 个月内不受理该公司的公开发行证券申请。

（三）创业板信息披露的特殊要求

为了提醒投资者创业板具有较高的投资风险，须在上市公告书中增加重要声明与提示，"本公司股票刊行后拟在创业板上市，该市场具有较高投资风险。创业板公司具有业绩不稳定、经营风险高、退市风险大等特点，投资者面临较大市场风险。投资者应充分了解创业板市场的投资风险及本公司所披露的风险因素，审慎作出投资抉择"。

表 7 – 3 创业板与主板首次公开发行并上市条件对比

	发行条件	创业板	主板
1	主营业务	应当主要经营一种业务，最近 2 年内没有发生重大变化	最近 3 年内主营业务没有发生重大变化
2	净利润/营业收入	标 1. 最近 2 年连续盈利，最近 2 年净利润累计不少于 1000 万元，且持续增长 标 2. 最近 1 年盈利，且净利润不少于 500 万元，最近 1 年营业收入不少于 5000 万元，最近 2 年营业收入增长率均不低于 30%	净利润最近 3 年均为正且累计超过 3000 万元 最近 3 年营业收入累计超过 3 亿元，或最近 3 年经营现金流量净额累计超过 5000 万元
3	净资产	发行前净资产不少于 2000 万元	无相关要求
4	股本总额	发行后股本总额不少于 3000 万元	发行前不少于 3000 万元
5	无形资产占净资产的比例	无相关要求	最近一期末无形资产占净资产比例不高于 20%
6	同业竞争与关联交易	与控股股东、实际控制人及其控制的其他企业间不存在同业竞争，以及严重影响公司独立性或者显失公允的关联交易	不得有同业竞争，不得有显失公平的关联交易，关联交易价格公允，不存在通过关联交易操纵利润的情形
7	公司治理	最近 2 年内董事、高级管理人员均没有发生重大变化，实际控制人没有发生变更	最近 3 年内董事、高级管理人员均没有发生重大变化，实际控制人没有发生变更
8	规范运行	发行人及其控股股东、实际控制人最近 3 年内不存在损害投资者合法权益和社会公共利益的重大违法行为 发行人及其控股股东、实际控制人最近 3 年内不存在未经法定机关核准，擅自公开或者变相公开发行证券，或者有关违法行为虽然发生在 3 年前，但目前仍处于持续状态的情形	仅对发行人作出相关要求，未对控股股东和实际控制人作出要求
9	募集资金用途	主要用于主营业务	原则上应当用于主营业务

五、改革新股配售方式

（一）引入主承销商自主配售机制

网下发行的股票，由主承销商在提供有效报价的投资者中自主选择投资者进行配售。发行人应与主承销商协商确定网下配售原则和方式，并在发行公告中披露。承销商应当按照事先公告的配售原则进行配售。

（二）网下配售优先资格

网下配售的股票中至少 40% 应优先向以公开募集方式设立的证券投资基金和由社保基金投资管理人管理的社会保障基金配售。上述投资者有效申购数量不足的，发行人和主承销商可以向其他投资者进行配售。

（三）强化网下报价约束机制

调整网下配售比例，公司股本 4 亿元以下的，网下配售比例不低于本次公开发行股票数量的 60%；公司股本超过 4 亿元的，网下配售比例不低于本次公开发行股票数量的 70%。余下部分向网上投资者发售。既定的网下配售部分认购不足的，应当中止发行，发行人和主承销商不得向网上回拨股票。

（四）调整网下网上回拨机制

网上投资者有效认购倍数在 50 倍以上但低于 100 倍的，应从网下向网上回拨，回拨比例为本次公开发行股票数量的 20%；网上投资者有效认购倍数在 100 倍以上的，回拨比例为本次公开发行股票数量的 40%。

（五）改进网上配售方式

持有一定数量非限售股份的投资者才能参与网上申购。网上配售应综合考虑投资者持有非限售股份的市值及申购资金量，进行配号、抽签。证券交易所、证券登记结算公司应制定网上配售的实施细则，规范网上配售行为。发行人、主承销商应根据相关规则制订网上配售具体方案并公告。方案必须明确每位投资者网上申购数量的上限，该上限最高不得超过本次网上初始发行股数的千分之一。

（六）强化股票配售过程的信息披露要求

主承销商和发行人应制作配售程序及结果的信息披露文件并公开披露。发行人和主承销商应当在发行公告中披露投资者参与自主配售的条件、配售原则；自主配售结束后应披露配售结果，包括获得配售的投资者名称、报价、申购数量及配售数额等，主承销商应说明自主配售结果是否符合事先公布的配售原则；对于提供有效报价但未参与申购，或实际申购数量明显少于报价时拟申购数量的投资者，发行人和主承销商应在配售结果中列表公示。发行人、主承销商、参与网下配售的投资者及相关利益方存在维护公司股票上市后价格稳定的协议或约定的，发行人应在上市公告中予以披露。

六、投资银行的承销与保荐业务

（一）投资银行保荐业务资格

根据自 2006 年 1 月 1 日起实施的修订后《证券法》规定，证券公司可批准经营证券承销和保荐业务。证券公司申请保荐机构资格应具备的条件有：（1）注册资本不低于人民币 1 亿元，净资本不低于人民币 5000 万元；（2）具有完善的公司治理和内部控制制度，风险控制指标符合相关规定；（3）保荐业务部门具有健全的业务规程、内部风险评估和控制系统，内部机构设置合理，具备相应的研究能力、销售能力等后台支持；（4）具有良好的保荐业务团队且专业结构合理，从业人员不少于 35 人，其中最近 3 年从事保荐相关业务的人员不少于 20 人；（5）符合保荐代表人资格条件的从业人员不少于 4 人；（6）最近 3 年内未因重大违法违规行为受到行政处罚；（7）中国证监会规定的其他条件。证券公司取得保荐机构资格后，应当持续符合上述规定的条件。保荐机构因重大违法违规行为受到行政处罚的，中国证监会撤销其保荐机构资格；不再具备上述规定其他条件的，中国证监会可责令其限期整改，逾期仍然不符合要求的，中国证监会撤销其保荐机构资格。

个人申请保荐代表人资格应当具备下列条件并须通过所任职的保荐机构向中国证监会提交相关材料：（1）具备 3 年以上保荐相关业务经历；（2）最近 3 年内在境内证券发行项目（首次公开发行股票并上市、上市公司发行新股、可转换公司债券及中国证监会认定的其他情形）中担任过项目协办人；（3）参加中国证监会认可的保荐代表人胜任能力考试且成绩合格有效；（4）诚实守信，品行良好，无不良诚信记录，最近 3 年未受到中国证监会的行政处罚；（5）未负有数额较大到期未清偿的债务；（6）中国证监会规定的其他条件。个人如果取得保荐代表人资格后，应当持续符合上述第（4）项、第（5）项和第（6）项规定的条件。保荐代表人被吊销、注销证券业执业证书，或者受到中国证监会行政处罚的，中国证监会撤销其保荐代表人资格；不再符合其他条件的，中国证监会责令其限期整改，逾期仍然不符合要求的，中国证监会撤销其保荐代表人资格。个人通过中国证监会认可的保荐代表人胜任能力考试或者取得保荐代表人资格后，应当定期参加中国证券业协会或者中国证监会认可的其他机构组织的保荐代表人年度业务培训。保荐代表人未按要求参加年度业务培训的，中国证监会撤销其保荐代表人资格。

（二）监管与处罚

保荐人出具有虚假记载、误导性陈述或者重大遗漏的发行保荐书，保荐人以不正当手段干扰中国证监会及其发行审核委员会审核工作的，保荐人或其相关签字人员的签字、盖章系伪造或变造的，或者不履行其他法定职责的，依照《证券法》和保荐制度的有关规定处理。

证券服务机构未勤勉尽责，所制作、出具的文件有虚假记载、误导性陈述或者重大遗漏的，除依照《证券法》及其他相关法律、行政法规和规章的规定处罚外，中国证监会将采取 12 个月内不接受相关机构出具的证券发行专项文件，36 个月内不接受相关签字人员出具的证券发行专项文件的监管措施。

发行人、保荐人或证券服务机构制作或者出具的文件不符合要求，擅自改动已提交的文件，或者拒绝答复中国证监会审核中提出的相关问题的，中国证监会将视情节轻重，对相关机构和责任人员采取监管谈话、责令改正等监管措施，记入诚信档案并公布；情节特别严重的，给予警告。

延伸阅读：中国证监会完善新股发行改革相关措施

《中国证监会关于进一步推进新股发行体制改革的意见》（以下简称《改革意见》）发布以来，新股发行市场化改革的方向得到市场和社会各界的普遍认可，各项改革措施得到了积极的落实，强化新股发行的过程监管、行为监管和事后问责，已在市场中形成广泛共识。与此同时，市场也期待证监会能根据市场情况对相关措施加以完善，更进一步加大事中事后监管力度，打击违法违规行为，保护投资者特别是中小投资者合法权益。对此，证监会积极回应市场关切，广泛征求意见，及时对发行承销办法、老股转让规定、募集资金运用信息披露等进行了微调和完善，目的是继续坚持市场化、法治化的改革方向，保持政策连续性和稳定性，更加突出发挥市场约束机制，更加突出事中事后监管，为下一步向注册制改革过渡打下良好基础。

一是进一步优化老股转让制度。适当放宽募集资金使用限制，强化募集资金合理性的信息披露。新股发行募资数量不再与募投项目资金需求量强制挂钩，但要根据企业所在行业特点、经营规模、财务状况等因素从严审核募集资金的合理性和必要性。老股转让数量不得超过自愿设定 12 个月及以上限售期的投资者获得配售股份的数量。发行人、转让老股的股东和相关网下投资者之间不得存在财务资助等不当利益安排。

二是规范网下询价和定价行为。规定网下投资者必须持有不少于 1000 万元市值的非限售股份。由证券业协会在自律规则中细化网下投资者需要具有丰富的投资经验和定价能力等条件，对不具备定价能力、未能审慎报价、在询价过程中存在违规行为的列入"黑名单"并定期公布，推动形成具有较高定价能力的投资者队伍。

三是进一步满足中小投资者的认购需求。增加网下向网上回拨的档次，对网上有效认购倍数超过 150 倍的，要求网下保留的数量不超过本次公开发行量的 10%，其余全部回拨到网上。同时，网下配售进一步向具有公众性质的机构倾斜，在现行向公募和社保基金优先配售 40% 股票的基础上，要求发行人和承销商再安排一定比例的股票优先配售给保险资金和企业年金。

四是强化对配售行为的监管。加强规范性要求，增加禁止配售关联方，禁止主承销商向与其有保荐、承销业务合作关系的机构或个人配售。规定公募基金等公众投资机构的配售比例应当不低于其他投资者。在网下自主配售时，承销商对同类投资者配售比例应当相同。

五是进一步加强事中事后监管。对发行承销过程实施后发现涉嫌违法违规或者存在异常情形的，责令发行人和承销商暂停或中止发行，对相关事项进行调查处理。建立常态化抽查机制，加大事中事后检查力度。在承销办法中进一步明确发行人和主承销商不得泄露询价和定价信息，加大对串标行为的打击力度。证券业协会还将采取相关自律措施，加强监督检查。

证监会强调，新股发行将继续坚定不移地推进市场化改革，统筹平衡好改革的力度和市场承受的程度。改革的成效需要经过一段时间内相关各方的市场博弈才能体现，需要放在一个比较长的时期来观察和检验。任何一项改革都不可能一蹴而就，解决所有的问题。改革是一项系统工程，需要综合施策，标本兼治，循序渐进。

资料来源：中国证监会·证监会要闻，www.csrc.gov.cn，2014 年 3 月 21 日。

第二节　新股与外资股发行上市

一、上市公司发行新股并上市

（一）上市公司发行新股的准备工作

上市公司公开发行新股的基本条件，依据《证券法》的相关规定，主要包括下列要求：具备健全且运行良好的组织机构；具有持续盈利能力，财务状况良好；最近三年财务会计文件无虚假记载，无其他重大违法行为；经国务院批准的国务院证券监督管理机构规定的其他条件。公司对公开发行股票所募集资金，必须按照招股说明书所列资金用途使用。改变招股说明书所列资金用途，必须经股东大会作出决议。擅自改变用途而未作纠正的，或者未经股东大会认可的，不得公开发行新股，上市公司也不得非公开发行新股。

上市公司非公开发行新股，应当符合经国务院批准的国务院证券监督管理机构规定的条件，并报国务院证券监督管理机构核准。非公开发行股票，发行对象均属于原前10名股东的，可以由上市公司自行销售。

（二）配股与公开增发的特别规定

按照惯例，公司配股时新股的认购权按照原有股权比例在原股东之间分配，即原股东拥有优先认购权。向原股东配股时，除了符合《上市公司证券管理办法》所要求的一般规定外，还应当符合：（1）拟配售股份数量不超过本次配售股份前股本总额的30%；（2）控股股东应当在股东大会召开前公开承诺认配股份的数量；（3）采用证券法规定的代销方式发行。控股股东不履行认配股份的承诺，或者代销期限届满，原股东认购股票的数量未达到拟配售数量70%的，发行人应当按照发行价并加算银行同期存款利息返还已经认购的股东。

向不特定对象公开募集股份（即增发），除符合一般规定外，还应当符合下列规定：（1）最近三个会计年度加权平均净资产收益率平均不低于6%，扣除非经常性损益后的净利润与扣除前的净利润相比，以低者作为加权平均净资产收益率的计算依据；（2）除金融类企业外，最近1期末不存在持有金额较大的交易性金融资产和可供出售的金融资产、借予他人款项、委托理财等财务性投资的情形；（3）发行价格应不低于公告招股意向书前20个交易日公司股票均价或前一个交易日的均价。

（三）上市公司发行新股的方式

上海证券交易所和深圳证券交易所对新股发行、上市操作程序的规定基本一致。股票增发的发行方式可以采取网上定价发行与网下询价配售相结合，也可以网下网上同时定价发行，还可以采用中国证监会认可的其他方式。例如，报喜鸟（002154）的增发详细资料见表7-4。

表 7 – 4　　　　　　　　　　　报喜鸟股票增发情况

增发代码	072154	增发简称	报喜鸟增发
股票代码	002154	股票简称	报喜鸟
发行方式	比例配售	发行价格（元/股）	9.26
网上发行日期	2012 – 11 – 22	网上发行股数（股）	4710688
网下发行日期	2012 – 11 – 22	网下配售股数（股）	0
增发上市日期	2012 – 12 – 07	总发行股数（股）	5000000
		网上网下发行比例	50%：50%
发布结果公布日	2012 – 11 – 27	网上发行配售率（%）	100
冻结资金（亿元）	0.4362	每中一股资金（元）	9.26
募集资金用途	公司本次募集资金投资项目全部投资于营销网络优化建设项目		
主营业务	西服、衬衫等男士系列服饰产品的生产和销售		
发行前总股本（股）	593815328	发行后总股本（股）	593815328
承销方式	余额包销	承销期起止时间	2012 – 11 – 20 至 2012 – 11 – 29
主承销商	中航证券有限公司		
副主承销商			
首日开盘价（元）	7.95	首日收盘价（元）	8.32
首日涨幅（%）	4.65		

资料来源：东方财富网·新股数据·增发，http：//data.eastmoney.com/。

　　股票配股一般采用网上定价发行的方式。配股价格是在一定的价格区间内，由主承销商和发行人协商确定。例如，巨化股份（600160）的配股详细资料如表 7 – 5 所示。

表 7 – 5　　　　　　　　　　　巨化股份配股情况

配售代码	700160	配售简称	巨化配股
股票代码	600160	股票简称	巨化股份
配股比例	3.00	配股价格（元）	4.23
股权登记日	2013 – 12 – 13	实际配售数量（万股）	39399.76
除权基准日	2013 – 12 – 24	实际筹资总额（万元）	166660.96
配股缴款起始日	2013 – 12 – 16	实际筹资净额（万元）	164462.65
配股缴款截止日	2013 – 12 – 20		
配股前总股本（万股）	141691.84	配股前流通股本（万股）	140195.84
配股后总股本（万股）	181091.60	配股后流通股本（万股）	179146.80
承销方式	代销		

资料来源：东方财富网·新股数据·配股，http：//data.eastmoney.com/。

（四）发行新股的信息披露

　　上市公司发行新股时，其招股说明书的编制和披露的要求与 IPO 时的要求一致，但更加强调了上市公司历次募集资金的运用情况。对于历次募集资金的运用应重点披露以下几个方面的信息：第一，发行人应披露最近5年内募集资金运用的基本情况；第二，发行人应列表披露前次募集资金实际使用情况，倘若资金运用和项目未达到计划进度和效益，应进行说明；第三，发行人应披露前次募集资金投资项目的效益情况，倘若实际效益与承诺效益存在重大差异，还应披露原因；第四，发行人最近5年内募集资金的运用发生变更的，应列表披露历次变更情况及变更金额、比例等；若募集资金所投项目被资产置换出公司的，须以单独披露；第五，发行人应披露会计师事务所对前次募集资金运用所出具的专项报告结论。

二、外资股的发行

（一）境内上市外资股的发行

境内上市外资股又称B股，是指在中国境内注册的股份有限公司向境内外投资者发行并在中国境内证券交易所上市交易的股票。境内上市外资股采取记名股票形式，以人民币标明面值，以外币认购、买卖。

1. 境内上市外资股的投资主体。1995年12月25日国务院发布的《关于股份有限公司境内上市外资股的规定》和1996年5月国务院证券委发布的《股份有限公司境内上市外资股规定的实施细则》，专门就境内上市外资股的有关问题作了规范。2001年2月19日，中国证监会发布了《境内居民可投资B股市场》的决定；2001年2月21日，中国证监会发布了《关于境内居民个人投资境内上市外资股若干问题的通知》，对境内居民可投资B股市场作了具体规定。境内上市外资股的投资主体限于以下几类：外国的自然人、法人和其他组织；中国香港、澳门、台湾地区的自然人、法人和其他组织；定居在国外的中国公民；拥有外汇的境内居民；中国证监会认定的其他投资人。

2. 境内上市外资股的发行与上市条件。以募集方式设立公司，申请发行境内上市外资股的应当符合以下条件：（1）所筹资金用途符合国家产业政策；（2）符合国家有关固定资产投资立项的规定；（3）符合国家有关利用外资的规定；（4）发起人认购的股本总额不少于公司拟发行股本总额的35%；（5）发起人的出资总额不少于1.5亿元人民币；（6）拟向社会发行的股份达公司股份总数的25%以上；拟发行的股本总额超过4亿元人民币的，其拟向社会发行股份的比例达15%以上；（7）改组设立公司的原有企业或者作为公司主要发起人的国有企业，在最近3年内没有重大违法行为；（8）改组设立公司的原有企业或者作为公司主要发起人的国有企业，在最近3年内连续盈利。

申请增资发行境内上市外资股的条件，根据《关于股份有限公司境内上市外资股的规定》第九条的规定，除应具备募集设立公司申请发行境内上市外资股前3项条件外，还应当符合下列条件：（1）公司前一次发行的股份已经募足，所得资金的用途与募股时确定的用途相符，并且资金使用效益良好；（2）公司净资产总值不低于1.5亿元人民币；（3）公司从前一次发行股票到本次申请期间没有重大违法行为；（4）公司最近3年连续盈利；原有企业改组或者国有企业作为主要发起人设立的公司，可以连续计算；

（5）中国证监会规定的其他条件；以发起方式设立的股份有限公司首次增加资本，申请发行境内上市外资股时，还必须符合募集设立公司申请发行 B 股时关于向社会公开发行股份比例的要求。

（二）H 股的发行与上市

1. H 股的发行方式。H 股指注册地在内地、上市地在香港的外资股。H 股的发行方式是公开发行加国际配售。发行人须按上市地法律的要求，将招股文件和相关文件作公开披露。招股说明书一般在上市委员会的听证会批准后公布，公司根据招股说明书披露的信息，向社会公众发行新股。初次发行 H 股时必须进行国际路演，这对于新股认购和 H 股上市后在二级市场的表现都有积极的意义。

2. 中国证监会关于企业申请境外上市的要求。1999 年 7 月 14 日，中国证监会发布《关于企业申请境外上市有关问题的通知》，明确提出国有企业、集体企业及其他所有制形式的企业经重组改制为股份有限公司后，凡符合境外上市条件的，均可向中国证监会提出境外上市申请。具体申请条件如下：第一，符合我国有关境外上市的法律法规和规则。第二，筹资用途符合国家产业政策、利用外资政策及国家有关固定资产投资立项的规定。第三，净资产不少于 4 亿元人民币，过去 1 年税后利润不少于 6000 万元人民币，并有增长潜力，按合理预期市盈率计算，筹资额不少于 5000 万美元。第四，具有规范的法人治理结构及较完善的内部管理制度，有较稳定的高级管理层及较高的管理水平。第五，上市后分红派息有可靠的外汇来源，符合国家外汇管理的有关规定。第六，中国证监会规定的其他条件。

3. H 股的发行与上市条件。根据香港联交所的有关规定，内地在中国香港发行股票并上市的股份有限公司应满足以下条件：

表 7 –6　　　　　　　　　　　　　　　H 股的发行与上市条件

项目	细则要求	备注
盈利和市值要求	1. 公司必须在相同的管理层人员的管理下有连续 3 年的营业记录，以往 3 年盈利合计 5000 万港元（最近 1 年的利润不低于 2000 万港元，之前两年的利润之和不少于 3000 万港元），并且市值（包括该公司所有上市和非上市证券）不低于 2 亿港元。 2. 公司有连续 3 年的营业记录，于上市时市值不低于 20 亿港元，最近 1 个经审计财政年度收入至少 5 亿港元，并且前 3 个财政年度来自营运业务的现金流入合计至少 1 亿港元。 3. 公司于上市时市值不低于 40 亿港元，且最近 1 个经审计财政年度收入至少 5 亿港元。 在该项条件下，如果新申请人能证明公司管理层至少有 3 年所属业务和行业的经验，并且管理层及拥有权最近 1 年持续不变，则可以豁免连续 3 年营业记录的规定。	据最新修订《上市规则》，满足前述条件之一即可
最低市值要求	新申请人预期上市时的市值须至少为 2 亿港元	

续表

项目	细则要求	备注
公众持股市值和持股量要求	1. 新申请人预期证券上市时由公众人士持有的股份的市值须至少为5000万港元。无论任何时候，公众人士持有的股份须占发行人已发行股本至少25%。 2. 若发行人拥有超过一种类别的证券，其上市时由公众人士持有的证券总数必须占发行人已发行股本总额至少25%；但正在申请上市的证券类别占发行人已发行股本总额的百分比不得少于15%，上市时的预期市值也不得少于5000万港元。 3. 如发行人预期上市时市值超过100亿港元，则香港联交所可酌情接纳一个介于15%～25%之间的较低百分比。	
股东人数要求	1. 按"盈利和市值要求"第1、2条申请上市的发行人公司至少有300名股东；按"盈利和市值要求"第3条申请上市的发行人至少有1000名股东。 2. 持股量最高的3名公众股东，合计持股量不得超过证券上市时公众持股量的50%。	
持续上市责任	控股股东必须承诺上市后6个月内不得出售公司的股份，并且在随后的6个月内控股股东可以减持，但必须维持控股股东地位，即30%的持股比例。	
公司治理要求	1. 公司上市后须至少有两名执行董事常驻香港。 2. 需指定至少3名独立非执行董事，其中1名独立非执行董事必须具备适当的专业资格，或具备适当的会计或相关财务管理专长。 3. 发行人董事会下须设有审核委员会、薪酬委员会和提名委员会。 4. 审核委员会成员须有至少3名成员，并必须全部是非执行董事，其中至少1名是独立非执行董事且具有适当的专业资格，或具备适当的会计或相关财务管理专长；审核委员会的成员必须以独立非执行董事占大多数，出任主席者也必须是独立非执行董事。	

目前已有众多中国内地企业及跨国公司在香港联交所上市，如图7-2所示。

（三）内地企业在香港创业板的发行与上市

1. 运作历史要求。新申请人必须证明在其呈交上市申请的日期之前，在大致相同拥有权及管理层管理下，具备至少24个月的活跃业务记录。若新申请人符合下列条件之一，此规定可减至12个月：（1）会计师报告显示过去12个月营业额不少于5亿港元；（2）上一个财政年度会计师报告内的资产负债表显示上一个财政期间的资产总值不少于5亿港元；（3）上市时预计市值不少于5亿港元。但须注意的是，在创业板不设立盈利要求。

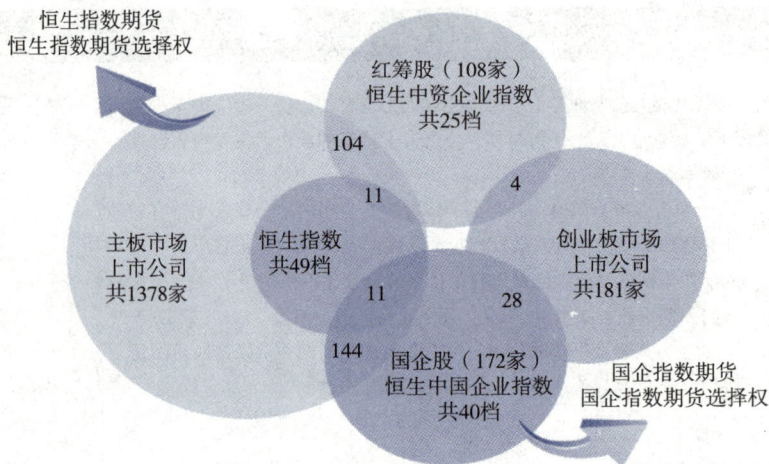

恒生指数期货
恒生指数期货选择权

红筹股（108家）
恒生中资企业指数
共25档

104

11   4

主板市场
上市公司
共1378家

恒生指数
共49档

创业板市场
上市公司
共181家

11   28

144

国企股（172家）
恒生中国企业指数
共40档

国企指数期货
国企指数期货选择权

资料来源：香港瑞丰德永，http：//www.rfdy.hk/。

2. 市值要求。新申请人预期上市时的市值须至少为：如新申请人具备 24 个月活跃业务记录，则实际上不得少于 4600 万港元；如新申请人具备 12 个月活跃业务记录，则不得少于 5 亿港元。

3. 公众持股市值与持股量要求。新申请人预期证券上市时由公众人士持有的股份的市值须至少为：如新申请人具备 24 个月活跃业务记录，则不得少于 3000 万港元；如新申请人具备 12 个月活跃业务记录，则不得少于 1.5 亿港元。若新申请人上市时市值不超过 40 亿港元，则无论在任何时候公众人士持有的股份须占发行人已发行股本总额至少25%（但最低限度要达 3000 万港元）。若新申请人上市时市值超过 40 亿港元，则公众持股量必须为下述两个百分比中的较高者：由公众持有的证券达到市值 10 亿港元（在上市时决定）所需的百分比或发行人已发行股本的 20%。

4. 股东人数要求。如发行人具备 24 个月活跃业务记录，至少有 100 名股东。如发行人具备 12 个月活跃业务记录，至少有 300 名股东，其中持股量最高的 5 名及 25 名股东合计的持股量分别不得超过公众持有的股本证券的 35% 及 50%。

（四）国际推介与分销

1. 国际推介与询价。这一阶段的工作对于发行、承销成功具有重要意义，其主要工作环节包括以下几个步骤。

表 7-7

预路演	由主承销商的销售人员和分析员去拜访一些特定的投资者，通常为大型的专业机构投资者，对他们进行广泛的市场调查，听取投资者对发行价格的意见及看法，了解市场的整体需求，并据此确定一个价格区间。	必须从地域、行业等多方面考虑抽样的多样性，以客观准确地反映市场供求关系，保证预路演效果。

续表

路演推介	在主承销商安排和协助下，主要由发行人面对投资者进行的、旨在让投资者通过与发行人面对面的接触，更好地了解发行人进而决定是否进行认购。	路演结束后，发行人和主承销商可大致判断市场的需求情况。
簿记定价	统计投资者在不同价格区间的订单需求量，以把握投资者需求对价格的敏感性。	为主承销商的市场研究人员对定价区间、承销结果、上市后的基本表现等进行研究分析提供依据。

2. 国际分销与配售。主承销商（或全球协调人）在拟定发行与上市方案时，通常应明确拟采取的发行方式、上市地的选择、国际配售与募股的比例、拟进行国际分销与配售的地区、不同地区分销或配售的基本份额等内容。

通常会考虑，倾向于选择与发行人和股票上市地有密切投资关系、经贸关系和信息交换关系的地区为国际配售地。一般选择当地法律对配售没有限制和严格审查要求的地区作为配售地以简化发行准备工作。对于募股规模较大的项目来说，每个国际配售地区通常安排一家主要经办人。在承销过程中，可以调整国际分销地区、各地区的配售额。

延伸阅读：内地企业赴港上市会否压垮香港股市

4月25日，中国证监会副主席姜洋在第四届两岸及香港《经济日报》财经高峰论坛上表示，香港是内地企业境外上市的首选市场，证监会将进一步简化审核流程，提高审核效率，支持境内企业特别是中小民营企业赴港上市。

香港是内地企业的上市后花园，政府放松审批鼓励更多企业赴港上市，吸纳国际市场资金，经历国际市场监管洗礼。截至目前，内地企业在境外市场上市有190家，筹资总额2110亿美元；其中，在香港市场上市187家，筹资2109亿美元。此外，还有约500家小红筹公司。内地企业市值占港股总市值达56%，成交金额占总交易额的71%。截至2014年3月底，在香港设立分支机构的内地证券公司有23家；基金管理公司有22家；期货公司有6家。从数量看，内地企业已占据港股半壁江山，恒生指数随内地经济而动，反映的是内地经济、内地大型上市公司的利润变化。

赴港上市曾是大型国有企业的特有红利，需要经过严苛的审批，直到2012年底，中国证监会才取消境内企业到境外上市的"456"限制，即4亿元人民币净资产、5000万美元融资额及6000万元人民币净利润条件。不仅H股，对于红筹股也有严格限制。境内审批加上香港上市流程，上市要一年以上的时间，内地民企赴港上市如同登天梯。2014年3月7日，证监会表示有意取消境外上市的行政审批，鼓励民营企业赴港上市。今后要是想在 H 股上市，只要符合香港联交所的上市条件，就可以实施了。在某种程度上，体现了对境内国企、民企的公平国民待遇。

虽然香港市场让基金之神安东尼波顿折戟，但上市、退市与监管符合国际规则，从洪良国际等案例看，其监管优于内地。哪怕内地公司源源不断赴港上市，以什么价格上市、能否获得市场的青睐，由市场说了算，大企业说了不算。上市后破发是常态，统计显示，2014 年 1 月 8 日到 3 月 20 日，港股市场共上市了 23 只新股，其中已有 10 只次新股遭遇了破发。有公司发行得不到认可被迫延期，3 月 7 日，以小微贷款、融资担保为主业的瀚华金控因市场需求不足决定推迟 IPO 计划。原定于 4 月 30 日在香港挂牌交易的万洲国际（原双汇国际）完成国际路演，因需求欠佳将修改全球发售条款，大幅缩减融资规模，融资额从 292 亿～411 亿港元，一路下调至 101.4 亿～148.2 亿港元。

香港市场面向国际投资者，港元与美元挂钩，其定价不可避免地受国际投资者、美元涨跌的重大影响。香港与内地沪港通，直接决定了人民币的市场化进程，人民币离岸中心的游戏规则将对内地市场化进程产生强大的推动力。希望有更多的企业到香港上市，香港是块进入国际市场的跳板，土豪受到洗礼，有些会蜕变成不得不守契约的绅士。

——摘自新华网，2014 - 04 - 30，叶檀。

三、股票发行价格

股票发行价是指股份有限公司发行股票时所确定的股票发售价格。股票发行价格是股票发行计划中最基本和最重要的内容，它关系到发行人与投资者的根本利益及股票上市后的表现。

（一）股票发行价格确定方式

我国确定股票发行价格多采用两种方式：一是固定价格方式，即在发行前由主承销商和发行人根据市盈率法来确定新股发行价：新股发行价 = 每股税后利润 × 发行市盈率。二是区间寻价方式，又叫"竞价发行"方式。即确定新股发行的价格上限和下限，在发行时根据集合竞价的原则，以满足最大成交量的价格作为确定的发行价。比如某只新股竞价发行时的上限是 12 元，下限是 8 元，发行时认购者可以按照自己能够接受的价格进行申购，结果是 10 元可以满足所有申购者最大的成交量，所以 10 元就成了最终确定的发行价格。所有高于和等于 10 元的申购可以认购到新股，而低于 10 元的申购则不能认购到新股。这种发行方式，多在增发新股时使用。

（二）股票发行价格的确定

股票发行价格的确定有三种情况：一是股票的发行价格就是股票的票面价值；二是股票的发行价格以股票在流通市场上的价格为基准来确定；三是股票的发行价格在股票面值与市场流通价格之间，通常是对原有股东有偿配股时采用这种价格。确定股票发行价格的参考公式是

股票发行价格＝市盈率还原值×40％＋股息还原率×20％＋每股净值×20％＋预计当年股息与一年期存款利率还原值×20％

四、股票的承销

股票依法发行后，发行人经营与收益的变化，由发行人自行负责；由此变化引致的投资风险，由投资者自行负责。股票的发行、上市与承销是一个业务逻辑的自然延展。依据《中华人民共和国证券法》的相关规定，证券公司承销证券，有相应的条件约束。公开发行证券的发行人有权依法自主选择承销的证券公司。证券公司不得以不正当竞争手段招揽证券承销业务。证券承销业务采取代销或者包销方式。股票发行采取溢价发行的，其发行价格由发行人与承销的证券公司协商确定。

（一）证券包销

证券包销是指证券公司将发行人的证券按照协议全部购入或者在承销期结束时将售后剩余证券全部自行购入的承销方式。证券的代销、包销期限最长不得超过九十日。证券公司在代销、包销期内，对所代销、包销的证券应当保证先行出售给认购人，证券公司不得为本公司预留所代销的证券和预先购入并留存所包销的证券。

（二）证券代销

证券代销是指证券公司代发行人发售证券，在承销期结束时，将未售出的证券全部退还给发行人的承销方式。股票发行采用代销方式，九十日代销期限届满，向投资者出售的股票数量未达到拟公开发行股票数量70％的，则为发行失败。发行人应当按照发行价并加算银行同期存款利息返还股票认购人。

（三）承销团与承销协议

向不特定对象发行的证券票面总值超过人民币5000万元的，应当由承销团承销。承销团应当由主承销和参与承销的证券公司组成。主承销商由发行人按公平竞争的原则，通过竞标或者协商的方式确定。主承销商应与其他承销商签署承销团协议。特别是拟公开发行股票面值超过1亿元或者预期销售总金额超过人民币15000万元的，承销团中的外地承销机构（发行人所在的省、自治区、直辖市以外的地区的承销机构）的数目以及总承销量中在外地销售的数量，应占合理的比例。承销团由主承销商、副主承销商和分销商组成，承销团成员之间通过签订承销协议（又称分销协议），明确承销方式、承销份额和承销组织工作的分工等。

发行人向不特定对象发行的证券，法律、行政法规规定应当由证券公司承销的，发行人应当同证券公司签订承销（代销或者包销）协议，载明下列事项：第一，当事人的名称、住所及法定代表人姓名；第二，代销、包销证券的种类、数量、金额及发行价格；第三，代销、包销的期限及起止日期；第四，代销、包销的付款方式及日期；第五，代销、包销的费用和结算办法；第六，违约责任；第七，国务院证券监督管理机构规定的其他事项。证券公司承销证券，应当对公开发行募集文件的真实性、准确性、完整性进行核查；发现有虚假记载、误导性陈述或者重大遗漏的，不得进行销售活动；已经销售的，必须立即停止销售活动，并采取纠正措施。

📖 【本章小结】

本章重点介绍了股票的发行上市与承销。首次公开发行股票（IPO）的制度和模式随着市场的发育在不断演进，保荐人制度与信息披露为中心的发行审核是中国当前 IPO 中的重要内容。股票发行涉及各方面利益主体，程序步骤严密复杂，投资银行在 IPO 中发挥了必不可少的保荐承销功能。上市公司发行新股并上市，须符合一系列基本条件，对配股与增发有特别规定及信息披露要求。外资股（B 股、H 股、内地企业赴港创业板股）的发行与上市，有一些特定的条件要求。国际分销推介、股票发行价格确定、股票的承销方式及要求，是需要了解的内容。

✍ 【课后训练】

专题视频分析，完成实训报告

实训一　股票超市自选题

1. 看视频：上海证券交易所投资者教育网站·证券大讲堂·蓝色梦想。

第二篇/第一集股票从"投"学起

第四篇/第一集股票发行公司的"选秀"/第五集股票上市从此它叫"上市公司"

2. 梳理视频内容的逻辑线，并用最精练的文字概括出实训题目。

实训二　路演超市自选题

1. 看视频：深圳证券交易所·投资者教育·中小企业路演网（http: // smers. p5w. net/）。

选择感兴趣的网上路演视频案例 2～3 个，深度解读（至少 5 分钟/个）。

2. 进行比较后，将简单点评（150 字）记录在实训本上。

第八章
债券发行与承销
ZHAIQUAN FAXING YU CHENGXIAO

教学要求

通过本章的学习，能掌握各类债券的基本知识，发行与承销的基本要求、基本方式，并能从案例中领悟到各种债券所特有的内涵功能。

知识目标

1. 熟悉国债的发行方式，熟悉国债的承销程序与国债价格影响因素
2. 熟悉地方政府债券、中央银行债所具有的基本功能、发行要求
3. 熟悉我国金融债券的类别划分，了解各种金融债券的发行承销要求
4. 熟悉企业债券的类别划分，了解各种企业债券的发行承销要求

能力目标

1. 掌握国债发行的方式与承销要求
2. 掌握地方政府债、中央银行债的发行与承销要求
3. 掌握各类金融债券发行的基本要求
4. 掌握各种企业类债券发行的基本要求

中国真正意义上的债券市场从 1981 年财政部恢复国库券发行开始，经历了曲折的探索，已形成银行间市场、交易所市场和商业银行柜台市场三个子市场在内的统一分层的债券市场体系。2005 年至今，债券市场多头监管格局形成，人民银行加速银行间债券市场布局，市场成员、产品序列不断丰富，市场基础设施逐渐完备自成体系，银行间债券市场成为我国债券市场主体，债券存量约占全市场的 95%，有超过九成的交易量在银行间市场完成。目前，绝大多数投资者尚难直接涉足债券投资，债券型基金成为一般机构投资者和个人投资者曲线投资债券市场的途径。中央结算公司（CCDC）作为债券中央托管机构，为中国债券实行集中统一托管，又根据参与主体层次性的不同，相应实行不同的托管结算安排。

第一节　政府债券的发行承销

政府债券包括国债和地方政府债。其中，国债的发行人为中国财政部；地方政府债包括由中央财政代理发行和地方政府自主发行的由地方政府负责偿还的债券。另有政府支持机构债券，虽然不是政府的直接债务，但通常也受到政府担保，因此债券信誉比较高，风险比较低。

一、国债的发行与承销

1949 年我国首次发行国债，称为"人民胜利折实公债"；1958 年国债发行中止；1981 年恢复发行国债。人民币债券占据当前中国债券市场的绝大部分份额，达到托管量和交易结算量的 99% 以上。到 2012 年人民币债券存量已超过 22 万亿元，交易量突破 200 万亿元。2003 年，国家开发银行发行 5 亿美元金融债券，这是新中国建立以来在国内发行的第一笔外币债券。截至 2011 年底，国内外币债券存量为 36 亿美元。目前，凭证式国债发行完全采用承购包销方式，记账式国债发行完全采用公开招标方式。

（一）我国国债的发行方式

1. 公开招标式。公开招标方式是通过投标人的直接竞价来确定发行价格（或利率）水平，发行人将投标人的标价自高价向低价排列，或自低利率排到高利率，发行人从高价（或低利率）选起，直到达到需要发行的数额为止。记账式国债的招标方式有：荷兰式招标、美国式招标、混合式招标。对于投标，有投标标位变动幅度限定、招标量限定、最低承销额限定。

2. 承购包销式。承购包销式是由发行人和承销商签订承购包销合同，合同有关条款是通过双方协商确定的。此方式目前主要用于不可上市流通的凭证式国债的发行。

（二）国债承销程序

1. 记账式国债的承销程序。记账式国债是一种无纸化国债，主要通过银行间债券市场向具备承购包销资格的商业银行、证券公司、保险公司、信托投资公司等机构招标发行。

招标发行基本流程见表 8-1。

表 8 − 1　　　　　　　　　　　国债招标发行基本流程

步骤一	发行准备工作（每次债券招标发行前，发行主体应向全市场公开披露信息）	提前 3 个工作日向社会公布发债公告。发债公告应载明招标日、本次发债的数量、期限、付息方式、起息日、兑付日及发行对象（含分销范围）。
		提前 3 个工作日向承销商发布发行招标办法。招标办法除载明上述要素外，还需说明本次招标方式、招标时间、缴款日及发行手续费标准等具体事项。
		同时，拟参加债券招标的承销团成员在看到招标公告后，对发行价格进行研究，并寻找分销对象签订分销协议书。
步骤二	发行投标	债券发行日投标开始前，债券发行主体通过债券发行系统和中国债券信息网将招标书发送给承销商，并在规定的时间内接受承销商的投标。
步骤三	确定中标	投标时间截止后，发行系统对合法投标书进行统计，按发行主体规定的中标方式进行中标处理。
步骤四	公布中标结果	债券招标结束后，发行主体通过债券发行系统和中国债券信息网向全市场公布债券招标情况。
步骤五	债券分销	在发行人规定的分销期内承销商可以向其他市场参与者进行债券分销。
步骤六	登记托管	承销商在规定的日期向发行人缴纳债券承销款，中央结算公司根据发行人提供的缴款情况进行相应的债券登记托管。

2. 凭证式国债的承销程序。凭证式国债是一种不可上市流通的储蓄型债券，由具备承销团资格的机构承销，各类商业银行、邮政储蓄银行均有资格申请加入凭证式国债承销团。

财政部一般委托中央银行分配承销数额。承销商通过各自的代理网点发售。发售采取向购买人开具凭证式国债收款凭证的方式，发售数量不能突破所承销的国债量。不过，在国债的销售价格方面，财政部允许承销商在发行期内自定销售价格，随行就市发行。

（三）国债销售价格及其影响因素

在传统的行政分配和承购包销发行方式下，国债按规定以面值出售，不存在承销商确定销售价格的问题。在现行多种价格的公开招标方式下，每个承销商的中标价格与财政部按市场情况和投标情况确定的发售价格是有差异的。

1. 市场利率。市场利率趋升，就限制了承销商确定销售价格的空间；市场利率趋降，就为承销商确定销售价格拓宽了空间。所以，市场利率高低及其变化对国债销售价格起着显著的导向作用。

2. 承销商承销国债的中标成本。国债销售价格一般不应低于承销商与发行人的结算价格；反之，就有可能发生亏损。所以，通过投标获得较低成本的国债，有利于分销工作的顺利进行。

3. 流通市场中可比国债的收益率水平。倘若国债承销价格定价过高，即收益率过低，投资者就会倾向于在二级市场上购买已流通的国债，而不是直接购买新发行的国债，从而阻碍国债分销工作的顺利进行。

4. 国债承销的手续费收入。在国债承销中，承销商可获得其承销金额一定比例的手续费收入。对于不同品种的国债，该比例可能不一样，一般为千分之几。由于已有该项手续费收入的存在，为了促进分销活动，承销商有可能压低销售价格。

5. 承销商所期望的资金回收速度。降低销售价格，承销商的分销过程会缩短，资金的回收速度会加快，承销商可以通过获取这部分资金占用其中的利息收入来降低总成本，提高收益。

延伸阅读：精心打造国债收益率曲线

十八届三中全会通过了《关于全面深化改革若干重大问题的决定》，"健全反映市场供求关系的国债收益率曲线"被写入其中，这是《决定》高远性和务实性的一个具体体现。国债收益率曲线是一国市场化金融体系运行的基础性必要条件，发挥着其他各类金融资产的定价基准作用，也是反映经济金融现状和预期的重要指标。作为债券市场基础设施提供者，中央结算公司利用核心资源优势，从1999年开始率先编制和发布了人民币国债收益率曲线。伴随着国债市场的成长发育，中债—国债收益率曲线在行业中已得到了普遍认可和广泛应用，并在应用中得到不断完善。

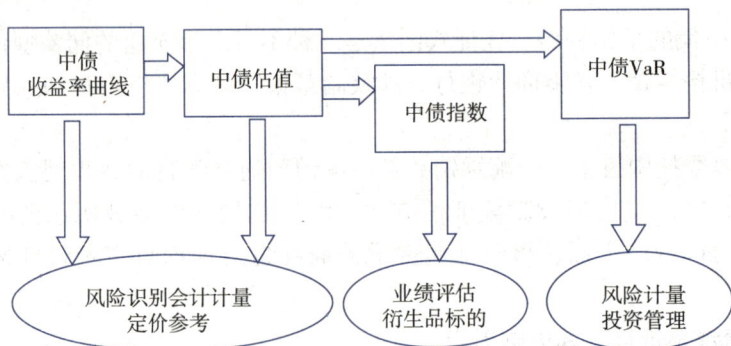

与20世纪90年代末相比，目前国债年度发行量增长20多倍，年换手率从2%左右提高到132%，流动性有了明显提高。财政部自2009年成功发行50年期国债后，现在每年发行两次20年期、30年期和50年期国债。中央结算公司随之陆续编制并推出了即期、远期、远期的即期、远期的到期等国债收益率曲线，实现了全利率类型，形成了从隔夜到50年的短期、中期、长期丰富完整的期限结构，以适应不同的观察和分析需要。2006年，经反复比较研究，中债—国债收益率曲线编制改用Hermit模型，美国财政部编制美国国债收益率曲线也是同年采用的同一模型。从宏观层面看，多年来中国人民银行定期发布的《货币政策执行报告》、《中国人民银行年报》和《金融市场运行情况》，以及财政部发布的《国债管理报告》等公开披露的报告中，持续采用中债—国债收益率曲线反映债券市场利率变化情况。人民银行在对中债—国债收益率曲线长达十年的回归分析后得出的结果显示，我国银行间市场 10 年期与 2 年期国债收益率之间的点差，对未来的经济增长具有统计上显著的预测能力，对国家统计局宏观经济景气一致指数具有先行作用，先行期达 12 个月，可以为货币政策提供有价值的参考。同时，货币政策变动也会对国债收益率曲线产生系统性影响。因此，从货币政策操作目标意义上讲，国债收益率曲线既具有相关性，也具有可控性。以中债—国债收益率曲线为基准构建形成的中债价格指标，在一定程度上反映了债市与经济金融的现状和预期，促进了投资者交易定价的理性化，并为机构管理债券投资在内部风控、会计计量及业绩考核等方面提供了多层次的支持，同时也明显提高了相关外部监管的有效性。

资料来源：中国债券信息网·研究分析·专题研究。

二、地方政府债券的发行与承销

这是指有财政收入的地方政府、地方公共机构发行的债券。一般用于交通、通信、住宅、教育、医疗、污水处理系统等地方性公共设施的建设。地方政府债券一般是以当地政府的税收能力作为还本付息的担保，有两种发债模式：第一种为地方政府直接发债；第二种是中央发行国债，再转贷给地方，也就是中央发国债之后给地方用。在某些特定情况下，地方政府债券又被称为"市政债券"（Municipal Securities）。2011 年，共有上海、浙江、广东、深圳市自行发行了地方政府债券。财政部发布的《2012 年地方政府自行发债试点办法》显示，2012 年地方政府可自行发债省市仍然是上海、浙江、广东与深圳四地，试点名单无变化。可以自行发行的债券类别除了 3 年期与 5 年期债券外，新增了 7 年期债券。除此之外，其他规定无变化。财政部代理发行地方政府债券采用合并名称、合并发行、合并托管的方式。地方政府债券面向记账式国债承销团招标发行，采用单一价格荷兰式招标方式，招标标的为利率。地方政府债券的发行条件、招投标、分销有其自身的规则范式（参见案例解读）。一般地，对企业和个人取得的财政部代理发行的地方政府债券利息所得，免征企业所得税和个人所得税。

案例解读：关于代理发行 2012 年地方政府债券（九期）有关事宜的通知

财库〔2012〕135 号

河北、内蒙古、辽宁、大连、吉林、西藏、贵州省（区、市）财政厅（局），2012—2014 年记账式国债承销团成员，中央国债登记结算有限责任公司、中国证券登记结算有限责任公司、中国外汇交易中心、上海证券交易所、深圳证券交易所：

为筹集财政资金，支持地方经济和社会发展，根据 2012 年地方政府债券发行安排，经分别与河北、内蒙古、辽宁、大连、吉林、西藏、贵州省（区、市）人民政府协商，财政部决定代理发行 2012 年地方政府债券（九期）（以下简称本期债券）。现就本期债券发行工作有关事项通知如下：

一、发行条件

（一）发行场所。通过全国银行间债券市场、证券交易所债券市场发行。

（二）品种和数量。本期债券为 3 年期固定利率附息债，计划发行面值总额为 206 亿元，其中河北、内蒙古、辽宁、大连、吉林、西藏、贵州省（区、市）额度分别为 46 亿元、42 亿元、30 亿元、7 亿元、40 亿元、5 亿元、36 亿元。各省（区、市）额度以 2012 年地方政府债券（九期）名称合并发行、合并托管上市交易。

（三）时间安排。2012 年 9 月 14 日招标，9 月 17 日开始发行并计息，9 月 19 日发行结束。

（四）上市安排。2012 年 9 月 21 日起上市交易。各交易场所交易方式为现券买卖和回购，上市后可以在各交易场所间相互转托管。

（五）兑付安排。利息按年支付，每年 9 月 17 日（节假日顺延，下同）支付利息，2015 年 9 月 17 日偿还本金并支付最后一年利息。财政部代为办理本期债券还本付息，委托中央国债登记结算有限责任公司和中国证券登记结算有限责任公司上海、深圳分公司办理利息支付及到期偿还本金等事宜。

（六）发行手续费率。为承销面值的 0.05%。

二、招投标

（一）招标方式。招标总量 206 亿元。采用单一价格荷兰式招标方式，标的为利率，全场最高中标利率为本期债券的票面利率。

（二）时间安排。2012 年 9 月 14 日上午 9:50～10:30 为竞争性招标时间；竞争性招标结束后 20 分钟内为填制债权托管申请书时间。

（三）参与机构。2012—2014 年记账式国债承销团成员（以下简称承销团成员，名单附后）有资格参与本次投标。

（四）发送承销额度及缴款书。招投标结束后，财政部按照地区额度优先、承销团成员中标量优先的原则拆分承销团成员中标本期债券各省（区、市）额度及应缴款金额，同时通知河北、内蒙古、辽宁、大连、吉林、西藏、贵州省（区、市）财政厅（局）（以下简称各地财政部门）拆分结果，并授权国债登记公司通过债券信息自动披露系统向承销团成员发送加盖财政部国库司印鉴的承销额度及缴款通知书。

三、分销

（一）分销方式。本期债券采取场内挂牌和场外签订分销合同的方式分销。合同分销部分应于 9 月 17 日至 9 月 19 日向各交易场所发出分销确认。

（二）分销对象。分销对象为在国债登记公司开立债券账户及在证券登记公司开立股票和基金账户的各类投资者。承销团成员间不得分销。

（三）分销价格。承销团成员根据市场情况自定分销价格。

四、发行款缴纳

承销团成员于 2012 年 9 月 19 日前（含 9 月 19 日），按照承销额度及缴款通知书上确定金额将发行款通过大额实时支付系统分别缴入各地财政部门指定账户。缴款日期以各地财政部门指定账户收到款项为准。承销团成员未按时缴付发行款的，按规定将违约金通过大额实时支付系统缴入各地财政部门指定账户……

五、债权确认（略）

六、其他（略）

除上述有关规定外，本次发行工作按《财政部关于印发〈财政部代理发行 2012 年地方政府债券发行兑付办法〉的通知》（财库〔2012〕46 号）、《财政部关于印发〈财政部代理发行 2012 年地方政府债券招标发行规则〉的通知》（财库〔2012〕48 号）规定执行。

中华人民共和国财政部　2012 年 9 月 6 日

信息来源：财政部网站，http://www.mof.gov.cn/。

近年来，全国各地的各地方政府性债务增加较快（参见延伸阅读），国际评级机构对其可能引致的风险做出了相应的评级展望反应，对此，我们应当给予必要的关注。

延伸阅读："城投债"的违约悬念

城投债进入了集中兑付期，仅本年度的偿债规模就高达 3500 亿元，这不能不引发人们对地方政府支付能力以及信用违约的担忧。以发债融资来满足基础设施建设的资金需求，是一项具有国际经验的公共财政政策。过去 10 年，我国地方政府通过 1000 余家地方融资平台共发行 3.3 万多亿元城投债，2012 年、2013 年"井喷式"增长形成的债务余额为 1.75 万亿元，逾过去 10 年城投债总额的一半。

国家统计局的数据显示，企业投资与购买需求不足，在货币政策不可能出现大幅松弛的背景下，通过加大"城投债"的供给以加强地方城市基建和棚户区改造的力度，将成为"保增长"的首选。新型城镇化过程所需要的资金量巨大，而债券偿还周期长，与基础设施建设周期大体吻合。按"全面放开建制镇和小城市落户限制，有序放开中等城市落户限制，合理确定大城市落户条件，严格控制特大城市人口规模"的城镇化布局，未来县级以下政府的发债比重会逐渐提升。如由辽宁东港市信用等级为 AA 的财政百强县牵头、其他三家普通县市参与发行的"14 辽宁沿海债"，就是一种类县级城镇化集合债的新型"城投债"。短期看，城投债的存量或增量所形成的债务风险依然处于可控状态，不会出现大的系统性风险。

国家审计署的审计结果显示，过去三年的地方政府性债务中，发行债券增幅达144%，存量占比从7%上升至10%，政府负有偿还责任的部分增速达112%，远高于19%的贷款增速。财政收入超过债券余额1000亿元以上的仅有广东、上海、浙江等8个省或直辖市，而西宁与兰州的城投债余额与财政收入比已超过300%，伊春、南宁、湖州、南京等城市均超100%。一旦政策门槛降低，"城投债"的增量规模加倍肿胀，地方政府的还债压力也会累积增大，长期看的确存在债务违约的风险。由于"城投债"项目一般需要10多年后才能产生收益，因此，地方政府应付城投公司偿债的资金就只有来源于其他渠道。问题是，未来地方政府已普遍进入还债高峰时段。在BT（建设—偿还）、信托、信贷等同样需要占用债务清偿资源的情况下，地方政府整体上用于清偿城投债的资源必然大大缩减，不能排除违约结果。目前地方财政收入30%～70%来源于卖地，而据审计署报告，承诺以土地出让收入偿还额占负有偿还责任债务的比例，全国平均水平40%，浙江、天津接近65%，福建、海南、江西、上海等在40%至50%之间。由于土地资源的刚性约束及未来房价的渐次回落所带动的地价下降，卖地收入对地方财政的贡献必然大减。在缺乏其他财政来源的情况下，地方政府或将成为未来信用违约的主体。

为抑制与化解"城投债"的风险，还须标本兼治。一方面，中央政府应积极推动分税制改革，让地方政府拥有与事权相匹配的财权，在开辟其财政收入稳定来源渠道的同时削弱其发债冲动；另一方面，进一步砍削地方政府的审批权限，降低民间资本进入地方基础设施和公益性项目的门槛，减少地方财政的投资支出压力。为刹住地方政府性债务无序扩张势头，中央层面应加强对地方债的差别化分层次管理，并尽快出台债务风险预警机制，同时严格政府举债程序，将地方政府性债务分门别类纳入全口径预算管理。

——摘自《上海证券报》，2014-04-18。

延伸阅读：穆迪下调中国主权信用评级展望　地方债暴露风险

据华尔街见闻报道，继三大国际评级机构之一的惠誉4月9日下调中国长期本币发行人违约评级（IDR）后，另一著名评级机构穆迪16日将中国主权信用评级展望由"正面"下调至"稳定"，中国的政府债券评级仍为Aa3不变。

穆迪认为，中国的信用基本面符合Aa3评级水平，但减少地方政府或有负债和信贷迅速增长的风险方面不及预期，升级压力缓和，结构改革的规模和速度可能不足以令穆迪今后12～18个月内给予升级。穆迪指出，限制中国评级的主要因素是或有负债，这可能拖累中央政府的资产负债表，影响国内经济更均衡、更适度地增长。2010年底，中国官方公布地方负债规模为人民币10.7万亿元，其中6.7万亿元体现在地方政府资产负债表上，但穆迪不确定这些数据是否完全暴露了地方政府融资工具的或有风险。虽然目前无法得知影子银行贷款的总规模，且这类贷款也没有产生系统性风险，可穆迪认为，中国央行的政策工具无法控制这类贷款。谨慎的宏观监管和金融业改革会有助于避免这种影子系统今后破坏金融系统。

——摘自凤凰网·财经，2013 – 04 – 16。

三、中央银行债的发行

（一）中央银行债的特殊功能

中央银行债即央行票据（Central Bank Bill），是中央银行为调节商业银行超额准备金而向商业银行发行的短期债务凭证，其实质是中央银行债券。中央银行票据的突出特点是短期性，从已发行的央行票据来看，期限最短的3个月，最长的也只有3年。

各发债主体发行的债券是一种筹集资金的手段，其目的是为了筹集资金，即增加可用资金。然而，中央银行发行的央行票据是中央银行调节基础货币的一项货币政策工具，目的是减少商业银行可贷资金量。商业银行在支付认购央行票据的款项后，其直接结果就是可贷资金量的减少。作为重要的货币市场和公开市场工具，央行票据成为央行调节货币供应量和短期利率的重要工具，中央银行在公开市场操作中，引入银行票据替代回购品种，增加了公开市场操作的自由度。

延伸阅读："央票＋正回购"因需而生成应对热钱冲击新方式

央票与正回购在公开市场上的组合出击，正成为当前货币当局应对热钱冲击的新方式。世界银行报告显示，今年1—4月，亚洲新兴市场的资金流入量比去年同期高出42％；在中国，人民币对美元汇率中间价已累计升值900多个基点。从去年12月开始，外汇占款持续高增长，今年1月，外汇占款更是猛增至6837亿元，2月为2954.26亿元，3月小幅下降为2363亿元，4月再次回升到2943.54亿元。热钱的汹涌流入，需要央行动用深度冻结流动性的工具，而央票堪当此任。

更深层的需要则在于，与价格型和数量型货币政策工具相比，公开市场操作具有极强的预调微调功能。从去年主要依赖逆回购操作向市场释放流动性，到今年主要依赖正回购回笼资金，再到近期采用"央票＋正回购"这一组合应对热钱冲击；从公开市场短期流动性调节工具（SLO），到常设借贷便利（SLF），人们发现，近年来央行已经悄然打造了一个期限多样、功能齐备、层次分明、组合丰富的公开市场流动性调节工具池。正是依靠这些工具，央行不仅游刃有余地应对了复杂多变的国内外形势，也能在不轻易动用价格型和数量型货币政策工具的情况下，借助公开市场操作，实现收放银行体系流动性的政策意图，并成功引导市场的货币政策预期。

> 事实上，虽然央行近期连续发行央票回笼资金，但从央票只选择3个月期这一良苦用心看，央行也仅仅是为了打消市场对过度放松流动性的预期，防止流动性泛滥，本质上尚无大规模深度锁定流动性的意图，个中体现出的"稳增长"意味非常强烈。
>
> ——摘自《金融时报》，2013－05－21。

（二）央行在债券市场的特殊地位

中国债券市场的监管，根据市场、债券类别和业务环节不同进行分别监管。银行间市场的监管机构是中国人民银行，交易所债券市场由中国证监会监管。中央结算公司接受三方监管，在业务上受央行和财政部监管；在资产与财务管理上受财政部监管；在人事和组织机构上受银监会领导，并接受其定期审计。从中国债券市场的监管主体机构看，中央银行是极为关键的市场稳定力量。

表8－2　　　　　　　　　　不同债券类别的监管框架

债券类别		监管机构
政府债券		人民银行、财政部、证监会
中央银行债		人民银行
金融债券	政策性银行债、特种金融债券	人民银行
	商业银行债券、非银行金融机构债券	银监会、人民银行
	证券公司债、证券公司短期融资券	人民银行、证监会
短期融资券、中期票据		交易商协会（自律管理）
资产支持证券		银监会、人民银行
企业债		国家发改委、人民银行、证监会
国际机构债券		人民银行、财政部、国家发改委、证监会
可转换债券		人民银行、证监会
上市公司债		证监会
中小企业私募债		交易所（自律管理）

资料来源：中国债券信息网，http://www.chinabond.com.cn/。

第二节　金融债券的发行与承销

国内金融债券的发行始于1985年，由中国工商银行和中国农业银行开始尝试发行金融债券。1994年政策性银行成立后，金融债券的发行主体由商业银行转向政策性银行。从2013—2014年的金融债券统计数据看，政策银行债的发行额占金融债发行额的80%以上，剩余的市场份额被证券公司债、商业银行债、商业银行次级债、保险公司债、其他金融机构（财务公司、金融租赁公司、汽车金融公司）债等共同瓜分。

一、政策性银行债

政策性银行债又称政策性银行金融债，是国家开发银行、中国农业发展银行、中国进出口银行为筹集信贷资金，经国务院批准由中国人民银行用计划派购的方式，向邮政储蓄银行、国有商业银行、区域性商业银行、城市商业银行（城市合作银行）、农村信用社等金融机构发行的金融债券。1998 年进行了发行机制改革，从 1999 年开始全面实行市场化招标发行金融债券，使该券种成为我国债券市场中发行规模仅次于国债的券种。近几年，政策性金融债券品种的创新力度很大，为推动我国债券市场建设发挥了重大作用。

（一）发行条件

三家政策性银行天然具备发行金融债券的条件，只要每年向中国人民银行报送金融债券发行申请，并经中国人民银行核准后便可发行。

（二）金融债券的发行要求

各类金融债券的发行虽然有一些细节差异，但在发行方式、担保要求、信用评级、承销的组织操作、异常情况处理、约束要求等方面，有明确规定且具共性的操作要求，如表 8－3 所示。

表 8－3　　　　　　　　　　金融债券发行的操作要求一览表

发行方式		在全国银行间债券市场公开发行或定向发行；可采取一次足额发行或限额内分期发行的方式。
担保要求		对商业银行无强制担保要求；财务公司则需由母公司或其他有担保能力的成员单位提供担保；银行设立的金融租赁公司，成立不满 3 年，应有担保。
信用评级		由具有债券评级能力的信用评级机构进行信用评级。
发行的组织	承销团的组建	发行人应组建承销团，承销人可在发行期内向其他投资者分销其所承销的金融债券。
	承销方式	可采用协议承销、招标承销的方式。前者发行人应与成员签订承销主协议；后者发行人应聘请主承销商。
	资格条件	承销人应为金融机构，且须①注册资本不低于 2 亿元人民币，②具有较强的债券分销能力，③具有合格的债券专业人员和分销渠道，④近 2 年无重大违法违规行为，⑤人民银行要求的其他条件。
	招标承销的操作要求	发行人应向承销人发布下列信息：招标前/招标开始/招标后。
异常情况处理		应向中国人民银行报送备案文件时，进行书面报告并说明原因。
其他事项		发行人不得认购或变相认购自己发行的金融债券。

（三）金融债券的信息披露

金融债券发行人应在发行前和债券存续期间履行信息披露义务。作为一种金融债券，政策性银行债的信息披露通常包括以下几个方面：

第一，信息披露应通过中国货币网（http：//www.chinamoney.com.cn）、中国债券信息网（http：//www.chinabond.com.cn/）进行；第二，发行人要在每期金融债券发行前 3 个工作日披露募集说明书和发行公告；第三，金融债券存续期间，发行人应于每年

4月30日前向投资者披露年度报告，年度报告应包括发行人上一年度的经营情况说明、经注册会计师审计的财务报告以及设计的重大诉讼事项等内容；第四，金融债券在存续期间要求发行人于每年7月31日前披露债券的跟踪信用评级报告；第五，发行人应将相关信息披露文件分别送全国银行间同业拆借中心和中央结算公司，由同业拆借中心和中央结算公司分别通过中国货币网和中国债券信息网披露；第六，金融债券定向发行的，其信息披露的内容与形式应在发行章程与募集说明书中约定，信息披露的对象限于其认购人；第七，发行人应保证信息披露真实、准确、完整、及时，不得有虚假记载、误导性陈述和重大遗漏。

延伸阅读：兴业银行股份有限公司 2006 年 40 亿元混合资本债券 2013 年第四季度跟踪评级信息公告

根据兴业银行股份有限公司（以下简称兴业银行）2013 年年度报告及相关资料，联合资信评估有限公司认为，2013 年第四季度，兴业银行各项业务稳步发展，营业收入保持增长，盈利水平有所下降，不良贷款率有所上升，但仍处于行业较好水平，资本保持充足。综上，联合资信评估有限公司确定维持兴业银行 2006 年 40 亿元混合资本债券信用等级为 AA，评级展望为稳定。

特此公告

联合资信评估有限公司
二〇一四年四月十七日

资料来源：中国债券信息网·业务操作 > 发行与付息兑付 > 评级文件。

二、商业银行债与商业银行次级债

（一）商业银行债

商业银行债指依法在中华人民共和国境内设立的商业银行在全国银行间债券市场发行的、按约定还本付息的有价证券。商业银行发行债券应该具备下列条件：

（1）具有良好的公司治理机制；

（2）核心资本充足率不低于 4%；

（3）最近三年连续盈利；

（4）贷款损失准备计提充足；

（5）风险监管指标符合监管机构的有关规定；

（6）近三年没有重大违法、违规行为；

（7）中国人民银行要求的其他条件。

根据商业银行的申请，中国人民银行可以豁免以上条款所规定的个别条件。

（二）商业银行次级债

商业银行次级债又称金融机构次级债券，是指商业银行发行的、本金和利息的清偿顺序列于商业银行其他负债之后、先于商业银行股权资本的债券。商业银行经中国银行业监督管理委员会批准，次级债券可以计入附属资本。

此外，还有两类由商业银行发起的金融证券值得一提。一是针对《巴塞尔资本协议》对于混合（债务、股权）资本工具的要求而设计的一种债券形式——混合资本债，所募资金可计入银行附属资本。与目前各家银行发行的次级债相比，混合资本债券具有较高的资本属性，当银行倒闭或清算时，其清偿顺序列于次级债之后，先于股权资本。二是资产支持证券，是指由银行业金融机构作为发起机构，将信贷资产信托给受托机构，由受托机构发行的，以该财产所产生的现金支付其收益的收益证券。换言之，资产支持证券就是由特定目的的信托受托机构发行的、代表特定目的的信托收益权份额。信托机构以信托财产为限向投资机构承担支付资产支持证券收益的义务。

三、证券公司债券与短期融资券

（一）证券公司债

证券公司债是指证券公司依法发行的、约定在一定期限内还本付息的有价证券。不包括证券公司发行的可转换债券和次级债券。证监会依法对证券公司债的发行和转让行为进行监督。证券公司公开发行债券，除符合证券法规定的条件外，还应符合：

（1）发行人最近1期期末经审计的净资产不低于10亿元；

（2）各项风险监控指标符合中国证监会的有关规定；

（3）最近两年内未发生重大违法违规行为；

（4）具有健全的股东会、董事会运作机制及有效的内部管理制度，具备适当的业务隔离和内部控制技术支持系统；

（5）资产未被具有实际控制权的自然人、法人或其他组织及其关联人占用；

（6）中国证监会规定的其他条件。

（二）证券公司短期融资券

证券公司短期融资券这是指证券公司以短期融资为目的，在银行间债券市场发行的，约定在一定期限内还本付息的金融债券。证券公司短期融资券的发行和交易接受中国人民银行的监管。申请发行短期融资券的证券公司，应当符合以下基本条件，并经证监会审查认可：

（1）取得全国银行间同业拆借市场成员资格1年以上；

（2）发行人至少已在全国银行间同业拆借市场上按统一的规范要求披露详细财务信息达1年，且近1年无信息披露违规记录；

（3）客户交易结算资金存管符合证监会的规定，最近1年未挪用客户交易结算资金；

（4）内控制度健全，受托业务和自营业务严格分离管理，有中台对业务的前后台进行监督和操作风险控制，近三年内未发生重大违法违规经营；

（5）采用市值法对资产负债进行估值，能用合理的方法对股票风险进行估价；

（6）中国人民银行和中国证监会规定的其他条件。

延伸阅读：短融热度持续　券商财务杠杆大幅提高

2013 年以来的券商短期融资券发行热还在持续。中国货币网数据显示，本周以来，14 家券商先后公告短融发行信息，4 月 11 日当日就有华西证券、招商证券、浙商证券、华安证券和长城证券五家公司开始发行短融，当日并有安信证券和中金公司等四家券商公布了短融招标结果。

随着券商转型速度加快，公司业务模式更加依赖资金驱动。短期融资券当前已经成为券商缓解资金饥渴、补充流动资金的上乘之选。从已经公布的券商年报来看，2013 年，短期融资券在改善券商财务结构中起到了重要作用，下列券商的资产负债比率变化惊人。

中信证券年报显示，2013 年末集团资产负债率为 60.47%，较 2012 年末的资产负债率 35.17% 增加了 25.30 个百分点，主要原因是由于"公司创新业务迅猛发展，资本中介业务规模不断扩大，公司继续提升财务杠杆水平所致"。2013 年，公司发行了 8 亿美元债、200 亿元人民币债以及 11 期短期融资券，财务杠杆率从 2012 年末的 1.55 倍提升至 2013 年末的 2.5 倍。截至 2013 年 12 月 31 日，公司各类债券余额合计人民币 382.24 亿元，其中短期融资券余额为人民币 120 亿元，占比接近三成。

海通证券年报也显示，为满足公司日常运营所需资金以及融资融券等资本密集型业务，2013 年集团通过发行公司债券、短期融资券等债务工具，不断优化债务结构及其期限，当年负债猛增，2013 年其发行了 9 亿美元公司债、首期 120 亿元公司债和 30 亿元短期融资券。2013 年末，公司总资产 1691.24 亿元，增幅 33.71%，同时负债总额 1050.18 亿元，增幅 58.99%。

招商证券年报显示，截至 2013 年底，自有流动负债 189.52 亿元，最主要的负债为公司债、短期融资券、短期借款及债券回购融资。其中公司债规模为 99.80 亿元，占自有负债的 34.11%；短期融资券余额 78 亿元，占自有负债的 26.66%。

2014 年，证券行业改革创新进程不断深入，尤其是互联网金融的迅速崛起，加剧了行业竞争，也加速了行业洗牌。规模对证券公司的战略地位重要性日益显现，并可能成为最终能否胜出的关键因素。因此，各大券商公布的 2014 年财务管理战略中都展示出强烈的扩张冲动和资金需求。拓宽券商融资渠道是行业内关注的焦点之一。证券行业内乐观的声音认为，随着券商创新持续快速推进，杠杆提升或超出预期，从而带动行业盈利大幅增长。

——摘自《金融时报·债券版》，2014 - 04 - 12。

四、保险公司次级债券

保险公司次级债券指保险公司经批准定向募集的、期限在 5 年以上（含 5 年），本金和利息的清偿顺序列于保单责任和其他负债之后、先于保险公司股权资本的保险公司债务。

保险公司申请定向募集次级债，应当符合下列条件：

（1）经审计的上年度末净资产不低于人民币 5 亿元；

（2）募集后，累计未偿付的次级债本息额不超过保险公司上年度末经审计的净资产值；

（3）具有良好的公司治理结构；

（4）内部控制制度健全且能得到严格遵循；

（5）资产未被具有实际控制权的自然人、法人或者其他组织及其关联方占用；

（6）最近两年内无重大违法违规行为；

（7）中国保监会规定的其他条件。

次级债是企业的一种融资形式，对于很多企业来说，所发行的次级债一般来说清偿顺序是在普通的债务后面、股本前面的一种公司债务。在我国，发行次级债最多的就是保险公司，因为绝大多数的保险公司都没有上市，在融资方面的手段比较少，同时，保险公司由于保单责任的存在融资需求一般又比较大，所以，越来越多的保险公司寻求通过发行次级债务来为自己融资。

五、非银行金融机构债

非银行金融机构债指依法在中华人民共和国境内设立的财务公司、汽车金融公司等非银行金融机构在全国银行间债券市场发行的、按约定还本付息的有价证券。

（一）企业集团财务公司的金融债券

根据 2007 年 7 月发布的《中国银监会关于企业集团财务公司发行金融债券有关问题的通知》规定，财务公司发行金融债券，应具备以下条件：

（1）具有良好的公司治理结构、完善的投资决策机制、健全有效的内部管理和风险控制制度及相应的管理信息系统。

（2）具有从事金融债券发行的合格专业人员。

（3）依法合规经营，符合银监会有关审慎监管的要求。

（4）财务公司设立 1 年以上，经营状况良好，申请前 1 年利润率不低于行业平均水平，且有稳定的盈利预期。

（5）申请前 1 年，不良资产率低于行业平均水平，资产损失准备拨备充足。

（6）申请前 1 年，注册资本金不低于 3 亿元人民币，净资产不低于行业平均水平。

（7）近 3 年无重大违法违规记录。

（8）无到期不能支付债务。

（9）银监会规定的其他审慎性条件。

与此同时，还要求财务公司已发行、尚未兑付的金融债券总额不得超过其净资产总额的 100%，发行金融债券后，资本充足率不低于 10%。财务公司公开发行金融债券应由具备债券评级能力的评级机构进行信用评级。信用评级机构对评级的客观性、公正性和及时性承担责任。

（二）金融租赁公司和汽车金融公司

根据中国人民银行和中国银监会 2009 年 8 月发布的公告，允许金融租赁公司和汽车金融公司发行金融债券来拓宽其融资渠道，其应具备以下条件：

（1）具有良好的公司治理结构和完善的内部控制体系；

（2）具有从事金融债券发行和管理的合格专业人员；

（3）资本充足率均应不低于 8%；

（4）金融租赁公司注册资本不得低于人民币 5 亿元或等值的自由兑换货币，汽车金融公司注册资本不得低于人民币 8 亿元或等值的自由兑换货币；

（5）公司还必须在最近 3 年连续盈利，最近 1 年的利润不得低于行业平均水平，且有稳定的盈利预期；

（6）这些公司的风险监管指标必须达到监管要求，且其最近 1 年的不良资产率必须低于行业平均水平。

根据 2014 年 3 月中国银监会发布的《金融租赁公司管理办法》第二十七条明确规定经营状况良好、符合条件的金融租赁公司可以开办下列部分或全部本外币业务：（一）发行债券；（二）在境内保税地区设立项目公司开展融资租赁业务；（三）资产证券化；（四）为控股子公司、项目公司对外融资提供担保；（五）银监会批准的其他业务。金融租赁公司开办前款所列业务的具体条件和程序，按照有关规定执行。

第三节　企业类债券的发行与承销

非金融企业类债券在中国债券发行融资总额中的占比超过 85%，企业债券、公司债券、中期票据、短期融资券、定向工具、可转债等，均属于非金融企业类的债券。根据 Wind 资讯数据显示，截至 2014 年 4 月 20 日，我国有债券数量 7891 只，债券余额 308835.72 亿元。其中，国债占比 2.84%，金融债 10.16%，企业债 22.43%，公司债 11.11%，中期票据 23.62%，短期融资券 13.75%，定向工具 11.61%，可转债 0.35%，国际机构债 0.04%，如图 8-1 所示。

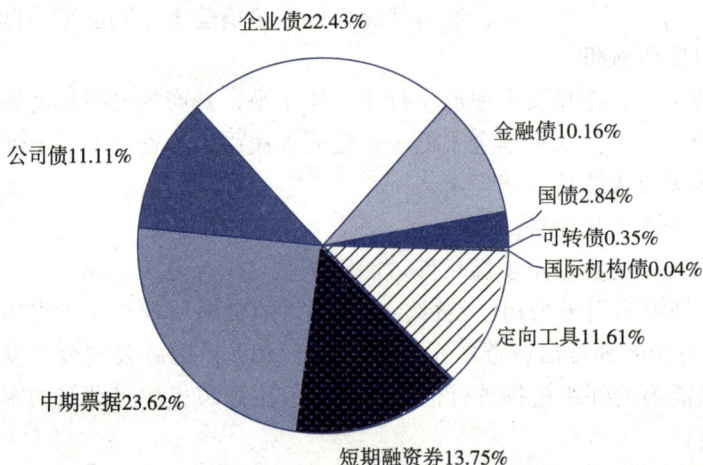

数据来源：Wind 资讯。

图 8-1　我国债券结构图

一、企业债券的发行与承销

（一）发行要求

为了加强对企业债券的管理，引导资金的合理流向，保护投资者的合法权益，1993年8月国务院发布的《企业债券管理条例》中规定，企业债券是在中华人民共和国境内具有法人资格的企业在境内依法发行、约定在一定期限内还本付息的有价证券。但金融债券和外币债券除外。企业发行企业债券应当制定发行章程。

《企业债券管理条例》第十一条规定，企业发行企业债券必须按照本条例的规定进行审批；未经批准的，不得擅自发行和变相发行企业债券。中央企业发行企业债券，由中国人民银行会同国家计划委员会审批；地方企业发行企业债券，由中国人民银行省、自治区、直辖市、计划单列市分行会同同级计划主管部门审批。第十二条规定企业发行企业债券必须符合下列条件：

（一）企业规模达到国家规定的要求；

（二）企业财务会计制度符合国家规定；

（三）具有偿债能力；

（四）企业经济效益良好，发行企业债券前连续三年盈利；

（五）所筹资金用途符合国家产业政策。

（二）上市流通与信息披露

企业债券发行完成后，经核准，可以在证券交易所上市，挂牌买卖；企业债券还可以进入银行间市场交易流通。在债券交易流通期间，发行人应在每年6月30日前向市场投资者披露上一年度的报告和信用跟踪评级报告。

（三）中小企业集合债券

中小企业集合债券指由一个机构作为牵头人，几家经营状况良好、成长能力较强的中小企业组合在一起，申请发行集合债券，是企业债的一种。中小企业集合债券的发行主体企业，各自确定发行额度，分别负债，使用统一的债券名称，统收统付，向投资人发行约定到期还本付息。它是以银行或证券机构作为承销商，由担保机构担保，评级机构、会计师事务所、律师事务所等中介机构参与，并对发债企业进行筛选和辅导以满足发债条件。这种"捆绑发债"的方式，开创了中小企业新的融资模式，其产生源于美国的次贷危机引起了全球范围的金融危机，中国为保护中小企业而作出的应对措施。

二、公司债券的发行与承销

公司债券是指公司依照法定程序发行、约定在一定期限还本付息的有价证券。2007年8月14日中国证监会颁布了《公司债券发行试点办法》，在公司债券发行试点期间，公司范围仅限于沪深证券交易所上市的公司及发行境外上市外资股的境内股份有限公司。截至2013年4月12日，上交所公司债发行总数为717只，市价总值为4439.8亿元。

（一）公司债券发行条件

发行公司债券应当由保荐机构保荐，并向中国证监会申报。2010年《上海证券交易所发行业务指引》对公司债券在上交所发行作了规范。此前有关信息可查阅《上海证券交易所公司债券上市规则》（2009 年修订版）。根据《证券法》第十六条规定，公开发行公司债券应当符合下列条件：

（一）股份有限公司的净资产不低于人民币三千万元，有限责任公司的净资产不低于人民币六千万元；

（二）累计债券余额不超过公司净资产的百分之四十；

（三）最近三年平均可分配利润足以支付公司债券一年的利息；

（四）筹集的资金投向符合国家产业政策；

（五）债券的利率不超过国务院限定的利率水平；

（六）国务院规定的其他条件。公开发行公司债券筹集的资金，必须用于核准的用途，不得用于弥补亏损和非生产性支出。

（二）可转换公司债券的发行上市

可转换公司债券是指发行公司依法发行的，在一定期间内依据约定的条件可以转换成股份的公司债券。在我国，有关可转换债券发行主体的规定与其他各国不同，可转债的发行主体是上市公司。可转债在转换股份之前，其持有人不具有股东的权利和义务。企业发行可转债的原因主要有：第一，比发行普通债券融资成本低，因为可转债含有可转换为股票的权利，对于风险的变化不那么敏感，故相应的补偿要求不高；第二，与立即发行股票相比，可转债对权益稀释的程度较低。对投资者而言，可转债是保证本金的股票。可转债具有债权和期权的双重属性，其持有人可以选择持有债券到期，获取公司还本付息；也可以选择在约定的时间内转换成股票，享受股利分配或资本增值。可转债实质上是一种由普通债券和股票期权两个基本构成的复合融资工具，投资者购买可转债，等价于同时购买了一个普通债券和一个对公司股票的看涨期权。发行方式有四种：全部网上定价发行；网上定价发行与网下向机构投资者配售结合；部分向原社会公众股股东优先配售，剩余网上定价发行；部分向原社会公众股股东优先配售、剩余网上定价发行、再加网下向机构投资者配售。

延伸阅读：中国银行发行 A 股可转债

2010 年 5 月底中国银行启动 400 亿元 A 股可转债的发行工作，成为中国资本市场最大规模可转债、最大规模再融资。据其公布的 A 股可转债募集说明书，发行工作将于 6 月完成，年底将开始逐渐转股，募集资金将全部用于补充附属资本，转股后将用于补充核心资本。

截至 2010 年 5 月 28 日，中行 A 股收盘价为 4.01 元，对应 2010 年第一季度每股净资产 2.14 元的市净率仅为 1.88 倍，低于同业平均水平，也低于工行、建行、交行等上市国有大行的估值水平。据其发行方案，本次中行转债以较高比例向除控股股东以外的原 A 股股东实行优先配售，每股中行 A 股可优先配售 3.75 元可转债，本次可转债的初始转股价格为 4.02 元/股。由于 6 月 3 日登记派息，可转债上市首日转股价将调整为 3.88 元/股。

——摘自中国证券报·中证网。

（三）中小企业私募债的发行

中小企业私募债券是指中小微企业在中国境内以非公开方式发行的，约定在一定期限还本付息的公司债券。这是目前债券市场上适合中小微企业进行直接融资的工具。私募的对象是有限数量的专业投资机构，如银行、信托公司、保险公司和各种基金会等。这些专业投资的投资机构一般都拥有经验丰富的专家，对债券及其发行者具有充分调查研究的能力，加上发行人与投资者相互都比较熟悉，所以没有公开展示的要求，即私募发行不采取公开制度。购买私募债券的目的一般不是为了转手倒卖，只是作为金融资产而保留。这是我国第一个不需要行政审批、无净资产和盈利能力限制的完全市场化的债券产品。

2012 年 5 月 22 日，上交所发布《上海证券交易所中小企业私募债券业试点办法》，当天深交所也发布了相应试点办法及配套指南，中小企业私募债正式启动。2012 年 6 月 8 日，首笔中小企业私募债发行完毕，是由东吴证券承销的"苏州华东镀膜玻璃有限公司 2012 年中小企业私募债券"，规模为 5000 万元，发行期限为 2 年，发行利率为 9.5%，每年付息一次。其增信情况是由苏州国发中小企业担保投资有限公司提供保证担保。11 日，该笔债券在上交所挂牌并完成首笔非公开转让。截至 2012 年底，沪深证券交易所共发行了 81 只中小企业私募债产品，募集资金为 90.83 亿元。截至 2013 年 6 月底，中小企业私募债试点范围已经扩大至 22 个省。

三、中期票据的发行与承销

（一）中期票据的发行

中期票据是一种经监管当局一次注册批准后、在注册期限内连续发行的公募形式的债务证券，期限一般为 5～10 年。最大特点在于发行人和投资者可以自由协商确定有关发行条款（如利率、期限以及是否同其他资产价格或者指数挂钩等）。我国的中期票据，是指具有法人资格的非金融企业（以下简称企业）在银行间债券市场按照计划分期发行的，约定在一定期限还本付息的债务融资工具。在人民银行主导下，2008 年 4 月下旬，首批 8 只共计 392 亿元中期票据招标发行，正式亮相债券市场。

中期票据不采用包销（Firm Commitment Underwriting）的方式，而是采用代销（Best Effort）的方式。承销人不承担销售责任，债券如果没有按照原定发行数额全部售出，则其未售部分退还给发行人。中期票据产生迄今仅 30 余年，但是在发达国家乃至在新兴经济体中，其地位已经不亚于公司债券。

（二）中小企业集合票据

中小企业集合票据指由人民银行主导、银行间市场交易商协会组织、银行间债券市场成员共同参与，在全国银行间债券市场上推出的一种新的债务融资工具。这一融资工具一般由 2～10 个具有法人资格的中小企业，按照"统一产品设计、统一券种冠名、统一信用增进、统一发行"方式在银行间债券市场共同发行。中小企业集合票据与中小企业集合债券类似，通过集合发债，有效解决了单个中小企业独立发行规模小、利率高、流动性不足、信用等级不够等问题。不同的是，中小企业集合票据，在信用增进、风险释放方面有较大创新。

四、短期融资券的发行与承销

(一) 短期融资券

短期融资券指具有法人资格的非金融企业,依照规定的条件和程序在银行间债券市场发行(即由国内各家银行购买不向社会发行)并约定在一定期限内还本付息的有价证券。依照《短期融资券管理办法》,短期融资券是由企业发行的无担保短期本票,是企业筹措短期(1 年内)资金的直接融资方式。企业申请发行短期融资券的条件是

(1) 在中华人民共和国境内依法设立的企业法人;

(2) 具有稳定的偿债资金来源,最近一个会计年度盈利;

(3) 流动性良好,具有较强的到期偿债能力;

(4) 发行融资券募集的资金用于该企业生产经营;

(5) 近三年没有违法和重大违规行为;

(6) 近三年发行的融资券没有延迟支付本息的情形;

(7) 具有健全的内部管理体系和募集资金的使用偿付管理制度;

(8) 中国人民银行规定的其他条件。

(二) 超短期融资券

超短期融资券指具有法人资格、信用评级较高的非金融企业在银行间债券市场发行的,期限为 7~270 天的短期融资券。超短期融资券发行规模不受净资产 40% 的红线约束,比短期融资券更为灵活。

延伸阅读:攀钢钒钛终止发超短期融资券

攀钢钒钛周二晚间公告称,因主承销商招商证券认定公司未达发行超短期融资券的企业所需条件,公司将终止发行 50 亿元超短融券的相关事宜。

中国银行间市场交易商协会 2013 年 10 月 24 日发布的《关于进一步推动市场规范发展有关工作举措的通知》要求,发债主体按照不同收费模式进行评级的主体评级均为 AA + (含)以上;近三年公开发行过债务融资工具,且近三年累计公开发行债务融资工具 3 次 (含)、累计发行规模 50 亿元(含)以上。

而攀钢钒钛近三年累计公开发行债务融资工具 1 次、累计发行规模仅 27 亿元,未能达到协会对企业发行超短期融资券的相关要求。

——摘自全景网络,2014 - 01 - 29。

五、定向债券的发行

非公开定向发行,即传统意义上的私募发行,是指具有法人资格的非金融企业向银行间市场特定机构投资人发行债务融资工具,并在特定机构投资人范围内流通转让的行为。非公开定向发行不是一种单纯的创新类品种,而是基于当前银行间债券市场发行流通的债

券品种，相对于现有的公开发行模式所作出的一种发行方式的创新，市场发展空间巨大。

2011 年 4 月 29 日，中国银行间市场交易商协会正式发布《银行间债券市场非金融企业债务融资工具非公开定向发行规则》。5 月 3 日，中国航空工业集团公司、中国国电集团公司、中国五矿集团公司三家企业正式获得交易商协会注册，注册金额共计 250 亿元。2009 年全球共完成了 6979 笔、金额高达 2.8 万亿美元的债券非公开定向发行，非公开定向债券融资已成为发行人筹集资金的重要场所。2010 年，美国非公开定向发行债券 745 只，总规模达 2952 亿美元，占公司信用类债券总发行量的比重超过 30%。在我国，央企债券存续金额占全部余额的 70% 左右，多数央企与地方重点企业正在面临净资产约束的困境，非公开定向发行方式的推出，无疑为它们重新打开了融资空间。

延伸阅读：永泰能源发行 2014 年度第一期非公开定向债务融资工具

关于 2014 年度第一期非公开定向债务融资工具发行完成的公告

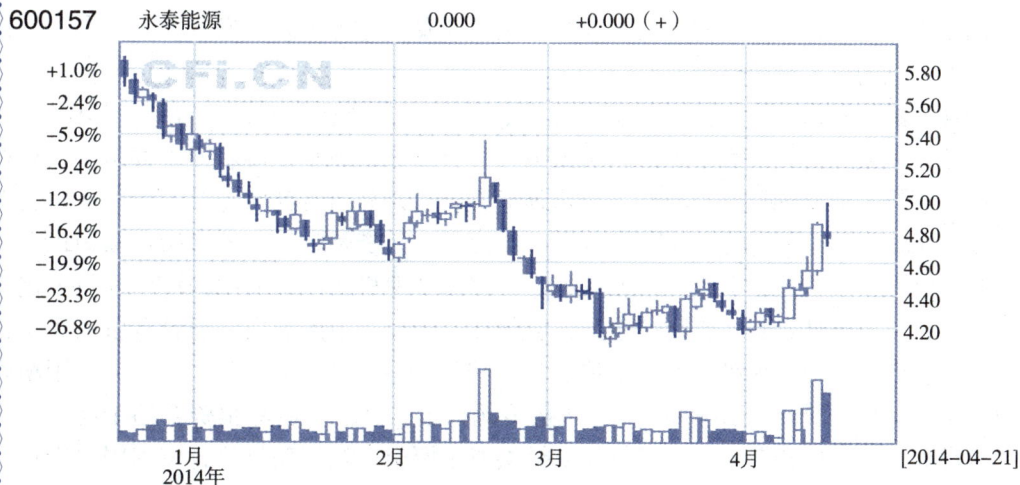

本公司董事会及全体董事保证本公告内容不存在任何虚假记载、误导性陈述或者重大遗漏，并对其内容的真实性、准确性和完整性承担个别及连带责任。

永泰能源股份有限公司（以下简称"公司"）于 2013 年 5 月 3 日召开 2013 年第三次临时股东大会，审议通过了《关于申请注册发行非公开定向债务融资工具的议案》。2014 年 3 月 3 日，公司收到中国银行间市场交易商协会出具的《接受注册通知书》（中市协注〔2014〕PPN95 号），同意接受公司非公开定向债务融资工具注册，注册金额为 60 亿元，相关公告已于 2013 年 5 月 4 日、2014 年 3 月 4 日在《上海证券报》、《中国证券报》、《证券时报》、《证券日报》及上海证券交易所网站（www.sse.com.cn）上披露。

2014 年 4 月 17 日，公司完成了 2014 年度第一期非公开定向债务融资工具的发行工作。本期非公开定向债务融资工具发行金额为 9 亿元，期限为 3 年，单位面值 100 元，发行的利率为 9%，起息日为 2014 年 4 月 17 日，兑付日为 2017 年 4 月 17 日，若投资者行使回售选择权，则其回售部分债券的兑付日为 2016 年 4 月 17 日。

本期非公开定向债务融资工具发行的有关文件及发行情况已在中国银行间市场交易商协会网（www.nafmii.org.cn）和上海清算所网站（www.shclearing.com）上刊登。

特此公告。

永泰能源股份有限公司董事会

二〇一四年四月十九日

六、国际机构债券的发行

国际机构债券指国际机构如世界银行、亚洲开发银行等在我国发行的，约定一定期限内还本付息的以人民币计价的债券。

为规范国际开发机构人民币债券的发行，保护债券持有人的合法权益，2010 年 10 月，中国人民银行对外公布了由中国人民银行、财政部、国家发展和改革委员会、证监会共同重新修订的《国际开发机构人民币债券发行管理暂行办法》（以下简称《暂行办法》）。《暂行办法》所指国际开发机构是指进行开发性贷款和投资的多边、双边以及地区国际开发性金融机构。《暂行办法》规定，国际开发机构申请在中国境内发行人民币债券应具备以下条件：其一，财务稳健，资信良好，经在中国境内注册且具备人民币债券评级能力的评级公司评级，人民币债券信用级别为 AA 级以上；其二，已为中国境内项目或企业提供的贷款和股本资金在 10 亿美元以上；其三，所募集资金用于向中国境内的建设项目提供中长期固定资产贷款或提供股本资金，投资项目符合中国国家产业政策、利用外资政策和固定资产投资管理规定。主权外债项目应列入相关国外贷款规划。经国务院批准予以豁免的除外。

📖【本章小结】

本章重点介绍了债券的发行与承销。基于政府信用层面的内容包括国债的发行与承销、地方政府债券的发行与承销、中央银行债即央行票据的发行。基于金融机构信用层面的债券发行与承销内容，包括政策性银行债券、商业银行债与商业银行次级债、证券公司债券与短期融资券、保险公司次级债券、非银行金融机构债等。基于企业信用的债券发行与承销，内容涉及企业债券、公司债券、中期票据、短期融资券、定向债券、国际机构债券等。

✐ 【课后训练】

一、单选题

1. 在债券交易流通期间，发行人应在每年（　　）前向市场投资者披露上一年度的年度报告和信用跟踪评级报告。

A. 3 月 31 日　　　　B. 6 月 30 日　　　C. 9 月 30 日　　　D. 12 月 31 日

2. 人民币债券发行利率由（　　）核定。

A. 中国人民银行　　　　　　　　　B. 财政部

C. 国家发展和改革委员会　　　　　D. 国务院

3. 目前，财政部在上海、深圳证券交易所和银行间债券市场上以（　　）方式发行记账式国债。

A. 承购包销　　　B. 行政分配　　　C. 承购代销　　　D. 公开招标

4. 其他金融机构发行金融债券应具备的条件由（　　）另行规定。

A. 财政部　　　B. 中国人民银行　　　C. 中国证监会　　　D. 证券交易所

5. 发行人应在中国人民银行核准金融债券发行之日起（　　）内开始发行金融债券，并在规定期限内完成发行。

A. 30 日　　　B. 30 个工作日　　　C. 60 日　　　D. 60 个工作日

6. 金融债券发行结束后（　　），发行人应向中国人民银行书面报告金融债券发行情况。

A. 10 日　　　　B. 10 个工作日　　　C. 5 日　　　　D. 5 个工作日

7. 一般来说，在利率将上调的预测下，长期国债和短期国债中，人们会倾向于投资（　　）。

A. 长期国债　　　　　　　　　　　B. 短期国债

C. 长期国债和短期国债　　　　　　D. 不能确定

8. 对影响债券发行人履行债务的重大事件，债券发行人应在第一时间向（　　）报告。

A. 中国人民银行　　B. 证监会　　　C. 财政部　　　D. 银监会

9. 金融债券发行结束后，发行人应及时向（　　）确认债券债务关系，由国债登记结算公司及时办理债券登记工作。

A. 财政部　　　　　　　　　　　　B. 中国人民银行

C. 国债登记结算公司　　　　　　　D. 证券交易所

10. （　　）是指发行公司依法发行，在一定期间内依据约定的条件可以转换成股份的公司债券。

A. 可转换公司债券　　　　　　　　B. 零息债券

C. 贴现债券　　　　　　　　　　　D. 付息票债券

11. 公司最近（　　）年连续亏损，交易所可暂停其可转换公司债券上市。

A. 2　　　　　　B. 3　　　　　　C. 5　　　　　　D. 6

12. 可转换公司债券的利率由发行公司与（　　）协商确定，发行人应当及时将有关情况予以公告。

A. 证券业协会　　　B. 主承销商　　　C. 证监会　　　D. 投资者

二、判断题

（　　）1. 地方政府债券也被称为市政债券，是指地方政府凭借自身信用、以承担还本付息责任为前提而筹集资金的债务凭证。

（　　）2. 金融债券发行结束后10个工作日内，发行人应向中国人民银行书面报告金融债券发行情况。

（　　）3. 凭证式国债是一种可上市流通的储蓄型债券，主要由银行承销。

（　　）4. 金融债券可在全国银行间债券市场公开发行或定向发行。

（　　）5. 金融债券定向发行的，经认购人同意，可免予信用评级。

（　　）6. 各国有独资商业银行、股份制商业银行和城市商业银行可根据自身情况，自行决定是否发行次级定期债务作为附属资本。

（　　）7. 凭证式国债是一种不可上市流通的储蓄型债券，由具备凭证式国债承销团资格的机构承销。

（　　）8. 发行人应与债券信用评级机构就跟踪评级的有关安排作出约定，并于每年6月30日将上一年度的跟踪评级报告向市场公告。

（　　）9. 可转换公司债券在赎回期间不停止交易。

（　　）10. 可转换公司债券在发行人股票上市的证券交易所上市。

（　　）11. 发行人在提出转债上市申请后，应在全国公开发行的报纸上披露有关信息。

（　　）12. 可转换公司债券每张面值100元。

第九章
公司并购
GONGSI BINGGOU

教学要求

通过本章的学习，能掌握企业并购与上市公司重组的基本知识、基础原理与一般规程，还能从典型案例中领悟并购重组特有的内涵功能。

知识目标

1. 熟悉企业并购的概念、类型、发展历程和动因
2. 熟悉上市公司收购的基本规则、一般程序、公司反收购策略
3. 了解外国投资者并购境内企业的工作方式、监管要求
4. 了解上市公司重大资产重组的工作要求、财务顾问服务及法律监管

能力目标

1. 掌握企业并购的内涵、外延、基本功能、典型案例
2. 掌握上市公司收购的规则，了解反收购策略的应用
3. 掌握外国投资者并购境内企业的基本知识
4. 掌握上市公司资产重组的基本内容、中介服务及法律监管要求

并购重组是企业加强资源整合，增强盈利能力，实现产业和技术升级，提升核心竞争力，在跨越式发展中做大做强的有效途径。2014年3月，国务院发布了《关于进一步优化企业兼并重组市场环境的意见》，要求发挥市场在资源配置中的决定性作用，消除企业兼并重组的体制机制障碍，充分发挥企业在兼并重组中的主体作用。可以预期，并购重组将成为中国资本市场未来数年的重要发展机会。

第一节　并购概述

一、企业并购的定义

企业并购是指企业的兼并和收购（Merger & Acquisition，M&A），是企业资本运作和资本经营的主要形式。作为一种特殊的交易活动，企业并购的交易对象是产权（企业资产包）。企业基于经营战略考虑，对企业股权、资产、负债进行收购、出售、分立、合并、置换活动，表现为资产与负债重组、兼并与收购、破产与清算、股权或产权转让、资产或债券出售、企业改制与股份制改造、管理层及员工持股或股权激励、债转股与股转债、资本结构与治理结构调整等。与并购意义相关联的三个概念是兼并、收购、合并。为方便使用，统称M&A。

（一）兼并

兼并是两家或更多的独立企业、公司合并组成一家企业，通常由一家占优势的公司吸收一家或更多的公司。其方法：一是用现金或证券购买其他公司的资产；二是购买其他公司的股份或股票；三是对其他公司股东发行新股票以换取其所持有的股权，从而取得其他公司的资产和负债。

（二）收购

收购是指一家企业用现金、股票或债务等支付方式，购买另一家企业的股票或资产，以获得该企业的控制权的行为。有资产收购和股权收购两种方式。一家企业通过收购另一家企业的资产/股权以达到控制该企业的行为。按收购方在被收购方股权份额中所占的比例，股权收购分为全面收购和控股收购（51%是相对控股与绝对控股收购分界线）。

兼并与收购的主要区别是：兼并是目标企业和并购企业融为一体，目标企业的法人主体资格取消。例如，2004年，TCL集团在IPO上市的同时，换股吸收合并了TCL通讯，TCL集团在深交所上市，TCL通讯退市。收购活动则常常保留目标企业的法人地位。例如，海信以6.8亿元受让了格林柯尔所持有的科龙电器26.43%的股份，成为第一大股东，达到控股科龙电器的目的。

（三）合并

合并（Consolidation）是指两个或两个以上的企业互相合并成为一个新的企业，分为吸收合并与新设合并。吸收合并就是A + B + C + … = A/B/C，新设合并则是A + B + C + … = 新企业。合并的特点在于：第一，不需要经过清算程序；第二，合并后消灭的企业的产权人或股东自然成为存续或新设企业的产权人或股东;第三,因合并而消灭的企业的资产和债权债务由合并后存续或新设的企业继承。

二、企业并购的基本类型

公司并购作为企业资本扩张发展的产物,其表现形式层出不穷。按不同的分类标准,可以划分出许多不同的类型。常见的公司并购划分形式有:

(一) 按购并双方的行业关联性划分

1. 横向收购。这是两个或两个以上生产、销售相同、产品的公司间的收购。例如,青岛啤酒 1993 年在香港和上海公开上市,一共募集了 7.87 亿元人民币,之后凭借政策、资金、品牌、技术、管理等综合优势,在中国啤酒业掀起并购浪潮,通过债务承担、购买股权、收购资产、内部整合等一系列手段,使四十多家进入青岛啤酒的子公司成为推动企业发展的巨大力量,跃升为国内最大的啤酒集团。总体而言,青岛啤酒的并购是横向并购。横向并购使企业扩大市场份额,可能会导致行业垄断,由此破坏竞争,降低社会整体福祉,因此,会受到反垄断法的限制。

2. 纵向收购。这是处于生产同一产品、不同生产阶段的公司间的收购,即优势企业并购与本企业在生产工序上前后紧密相关的企业,形成纵向一体化。从收购方向角度看,可以分为向前并购与向后并购。向前收购就是向其产品的下游加工流程方向并购,如生产原材料或零件的企业并购加工企业或装配企业。向后并购则是向产品的上游加工流程方向并购,如制造企业并购原材料生产企业。纵向并购扩大了企业的有效边界,使原来发生在企业之间的市场交易行为转化为企业内部行为,从而节约了企业的交易成本。

3. 混合收购。这是生产和经营彼此没有关联的产品或服务的公司之间的收购,分为产品扩张型并购、市场扩张型并购、纯粹混合并购。混合并购使企业快速进入更具成长性的行业,实现多元化发展战略。例如,2011 年 10 月,以传统经编为主业的宏达高科与上海瀛勋、自然人金某签署《股权转让协议》,收购了佰金公司 100% 股权,佰金的主要经营范围是三类医疗器械。

(二) 按目标公司董事会是否抵制划分

1. 善意收购。也称为友好并购,是指并购企业事先与目标公司经营者商议,征得同意并谈判达成并购条件的一致意见后所实现的企业收购。善意并购能得到目标企业的合作,有利于降低并购成本和风险,成功率较高。但是,协商谈判时间过长有可能降低并购行为的价值。

2. 敌意收购。也称强迫接管并购,是指并购行动遭到目标公司反对但收购者仍要强行收购,或者事先未与目标公司协商而突然提出收购要约。一般称进行恶意收购的收购公司为"黑衣骑士"。例如,1993 年秋,深宝安通过子公司暗中买入延中实业股票,使所持股份达到延中实业总股本的 19.8%,成为第一大股东。敌意并购可能面临目标企业的一系列反并购措施,故而并购风险大,成功率较低。但是,并购企业完全处于主动地位,并购行动的时间短、节奏快,可以有效控制并购成本。

（三）按并购出资方式划分

1. 现金购买资产式。此种并购是指购买方通过使用现金购买目标公司的财产以实现并购，收购完成后的目标公司遂成为有现金无生产资源的空壳。此种方式的优点是交易清楚、等价交换，不会产生纠纷，主要适用于产权清晰、债权债务明确的目标公司。

2. 现金购买股票式。此种并购是指收购方通过使用现金在股票市场或以协议转让收购目标公司的股票来实现控制权。此方式简便易行，但要受到有关证券法规信息披露制度的制约，而且公开收购价格较高，会增加收购成本。

3. 以股票换资产式。此种并购是指并购企业向目标公司发行自己的股票，以换取目标公司的资产，从而达到收购目标公司的目的。一般在并购完成后，目标公司解散，收购方用目标公司的资产重新组建新的公司，原来的管理人员和职工一般得到保留。

4. 以股票换股票式。此种并购是指收购方直接向目标公司的股东发行收购公司的股票，以换取目标公司的股票，交换的数量至少应达到收购公司能控制目标公司的足够表决权。收购完成后，目标公司依然存在。以股换股的并购方式可以减少收购方的现金支出，还可利用收购公司较高的股价低成本收购其他企业，以实现企业快速成长。

（四）按持股对象是否确定划分

1. 要约收购。收购人为取得上市公司的控股权，向所有的股票持有人发出购买该上市公司股份的收购要约，收购其股份。要约收购必须通过证券交易所进行。在资本市场股权实现全流通的国家，要约收购是一种基本收购形式。根据《证券法》和中国证监会发布的《上市公司收购管理办法》规定，收购人持有、控制一个上市公司已发行的股份的30%时，继续进行收购的，应以要约收购方式向该公司的所有股东发出收购其持有的全部股份的要约。中国证券市场发生的第一起要约收购是2003年4月9日的南钢联合公司对上市公司南钢股份的收购。

2. 协议收购。收购人与特定股票持有人就收购的条件、价格、期限等事项达成协议，由股票持有人向收购者转让股票，收购人支付资金达到收购的目的。协议收购不通过证券交易所，一般都属于善意收购。

（五）按收购资金来源划分

1. 杠杆收购。是指收购方只支付少量的自有资金，主要利用目标公司资产的未来经营收入进行大规模的融资，来支付并购资金的一种收购方式。杠杆收购在20世纪60年代首先盛行于美国，它使得一些规模较大的公司可能成为被收购的目标。在杠杆收购中，收购方支付的资金一般占收购总价款的10%～15%，大部分资金来源于各种债务融资。偿还收购债务的资金来源于目标公司未来的现金流，收购融资的债权人只能向目标公司求偿。因为，债务人或债券发行主体只是一个"壳公司"，在并购完成后就和目标公司合并了，债务主体就是目标公司。

2. 非杠杆收购。是指收购方主要以自有资金来完成收购的一种收购方式。在实践中，非杠杆收购也并非意味着不举债就能承担收购总价款。几乎所有的收购都会利用贷款等金融手段，只是借贷数额的多少有别。

延伸阅读：保险公司并购融资方式放宽

中国保监会近日下发了《保险公司收购合并管理办法》（以下简称《办法》），将于 6 月 1 日实施新规。《办法》着眼于鼓励和促进保险公司并购，放宽了保险公司并购融资方式，规定投资人可以采取并购贷款等融资方式，但规模不能超过货币对价总额的 50%。

《办法》给保险公司收购和合并明确进行定义：收购是指收购人一次或累计取得保险公司三分之一以上（不含三分之一）股权，且成为该保险公司第一大股东的行为；或者收购人一次或累计取得保险公司股权虽不足三分之一，但成为该保险公司第一大股东，且对保险公司实现控制的行为。合并是指两家或两家以上保险公司合并为一家保险公司。保险公司合并可以采取吸收合并或者新设合并，但不得违反《保险法》第九十五条关于分业经营的有关规定。《办法》较以前的相关规定有突破。首先保监会放宽了并购资金的来源方式。规定投资人可以采取并购贷款等融资方式，但规模不能超过货币对价总额的 50%。《办法》的另一突破点是，明确经中国保监会批准，收购人在收购完成后可以控制两个经营同类业务的保险公司。《办法》明确，"除风险处置或同一控制人控制的不同主体之间的转让等特殊情形外，收购人应书面承诺自收购完成之日起三年内，不转让所持有的被收购保险公司股权或股份"。《办法》还明确，"外国投资人在中国境内进行保险公司收购合并活动，在收购合并完成后外资股东出资或者持股比例占保险公司注册资本超过 25% 的，应当符合《外资保险公司管理条例》第八条的相关资质规定"。

据悉，中国目前有寿险公司 70 家，财产险公司 64 家，已经染指保险公司的上市公司不完全统计超过 30 家。该《办法》的出台将会促进更多民企、上市公司进入保险业。

——摘自中国经济网，2014-04-10。

三、全球并购浪潮与中国式并购重组

一个多世纪以来，西方各国的大规模企业并购，诞生了一大批大型跨国公司，推进了经济全球化进程。其中，美国的并购历程集中反映和代表了西方国家的并购历史。近年来，中国企业兼并重组步伐加快，仅 2014 年第一季度，A 股上市公司并购交易数就达 500 家次，并购交易金额 3851 亿元，相当于 2013 年全年交易的 60% 以上。

（一）第一次并购浪潮（1898—1903 年）

第一次并购浪潮以横向并购为主，约占 78%，"小并小"占并购总数的 83.5%。并购浪潮催生垄断企业，并促进现代企业制度建立，使美国的工业结构发生了重要变化。美国 100 家最大公司的规模增长了 400%，并控制全国工业资本的 40%，资本主义迅速从自由竞争向垄断过渡。1890 年 7 月，美国国会颁布《谢尔曼法》，授权联邦政府控制、干预经济，抑制导致垄断、抑制竞争的并购行为。《谢尔曼法》奠定了反垄断法的坚实基础，至今仍然是美国反垄断的基本准则。

（二）第二次并购浪潮（1916—1929 年）

第二次并购浪潮中出现了相当规模的纵向并购，85% 的企业并购是属于由生产到流通和分销等各个再生产环节的结合。美国最大的 278 家公司中有 236 家公司都是把原料、生产、运输和销售等生产工序组成统一的整体来运行。此轮"大吃小"的并购促使工业资本与银行资本的结合渗透，形成了金融寡头。例如，洛克菲勒控制花旗银行，摩根银行创办美国钢铁公司等。并购主要发生在汽车制造业、石油工业、冶金工业、食品加工业等领域，加强了企业之间的竞争程度。1929 年爆发的经济大危机导致并购浪潮终结。

（三）第三次并购浪潮（1955—1969 年）

第二次世界大战后的并购浪潮以混合并购为特征，约占 82.6%，出现了一批跨部门、跨行业、多元化经营的大型企业。例如，AT&T（美国电报电话公司）先后并购了 270 多个公司，跨越到金融业、保险业、食品业、药品专卖业等经营领域。二战后各国振兴经济，受追逐高额利润与分散投资风险双重动机的驱动，美国最大的 1000 家公司有近 1/3 被并购，其中一半以上是被最大的 200 家公司所并购；英、德等国也如此。此轮"大并大"浪潮终结于 20 世纪 70 年代的石油危机。

（四）第四次并购浪潮（1975—1989 年）

此轮并购浪潮以"小吃大"、"战略并购"与高比例敌意收购为特点。例如，1985 年，资产仅为 1.5 亿美元的潘特里公司 Pantry Pride 以 58 亿美元的价格收购了净资产 10 亿美元的露华浓公司 Revlon。许多综合型大公司采用分解式交易（Divestiture Transaction），母公司将其子公司作为一个独立的实体分离出去或者将子公司出售给别的企业，把主要精力放在最有效率的业务上，由此提高了企业的经营效率。这次并购浪潮由金融财团推动，投资银行在其中扮演了不可替代的角色。一些新型融资工具的出现，譬如，高风险、高收益的"垃圾债券"（Junk Bond），则为杠杆收购（LBO）、经营者收购（MBO）、员工持股计划（ESOP）等创造了条件，驰骋华尔街的"垃圾债券大王"迈克尔·米尔肯就此影响了证券金融业的历史。

延伸阅读：雷诺—纳贝斯克公司争夺战

雷诺—纳贝斯克（RJR Nabisco）收购案被称为"世纪大收购"，交易金额为 250 亿美元，成为历史上规模最大的一笔杠杆收购。

这场收购战主要在 RJR Nabisco 的高级管理人员和 KKR 之间展开。收购战的发起方是以罗斯·约翰逊为首的 RJR Nabisco 高层管理者，他们认为公司当时的股价被严重低估。1988 年 10 月，管理层向董事会提出管理层收购建议，收购价为每股 75 美元，总计 170 亿美元。约翰逊的出价高于当时 RJR Nabisco 股票 53 美元每股的市值，但公司股东对此并不满意。不久，KKR 加入争夺，经过 6 周激战，最后 KKR 胜出，收购价为每股 109 美元，总金额 250 亿美元。KKR 本身动用的资金仅 1500 万美元，其余 99.4% 的资金由垃圾债券大王迈克尔·米尔肯发行垃圾债券筹得。

——摘自上海并购博物馆·展馆资源，http://www.mocma.cn/。

（五）第五次并购浪潮（1994 年开始）

以 2000 年高新技术领域的并购为高潮，第五次并购浪潮中跨国并购成为热点，善意收购占据主导，强强联手引人注目。大多数并购的优秀企业站在战略高度，基于各自核心竞争力基础，通过并购来调整在全球市场的产业价值链，优化资源配置，创造资源整合后的新增价值。其中，银行业兼并尤为活跃。1998 年 4 月，美国花旗公司与旅行者集团宣布合并，兼并金额高达 820 亿美元，涉及 1400 亿美元的资产，以打造"一站式金融大超市"震动了国际金融界。2000 年，美国在线与时代华纳合并，交易金额高达 1400 多亿美元，意在打造全球最大的网络传媒集团。大企业更多地从自身发展的战略角度来考虑并购重组问题，逐渐放弃了财务性的杠杆收购。受欧美等国经济增长速度滞降和"9·11"事件的影响，此轮全球跨国并购浪潮减缓。

在这一轮并购浪潮中，中国以 2002 年加入世贸组织为标志，开启了真正建立在市场基础上的并购时代。2004 年 12 月，联想集团与美国 IBM 签署协议，以 12.5 亿美元收购 IBM 个人电脑事业部。2005 年 5 月，联想集团正式完成了对 IBM 全球个人电脑业务的收购，就此诞生了全球第三大个人电脑企业。

（六）第六次并购浪潮（2005 年开始）

2005 年全球并购总额达到 2.9 万亿美元，较 2004 年增长 40%，此轮并购浪潮以服务业横向并购为主，在 2007 年达到高峰。2008 年金融风暴之后，则以银行业的倒闭、并购为主，例如，美国银行以 500 亿美元收购美林证券，摩根大通银行以 2.4 亿美元低价收购第五大投行贝尔斯登。到 2010 年底，美国银行数量已从 8542 家减少到 7666 家。

有别于以往五次企业并购的"强并弱"，此次全球并购具有"以弱并强"的特点，即新兴市场并购发达市场、相对落后产业并购相对先进产业，财富积累达到一定量级的中国企业成为国际并购的弄潮儿。数据显示，2012 年，中国企业海外并购家数达 319 家，企业海外并购总投资金额从五年前的 103 亿美元发展 652 亿美元。2013 年前九个月，海外并购总额逾 480 亿美元，其中 10 亿美元以上对外并购项目合计金额 333 亿美元。背倚本国 13 亿人口的巨大市场空间，通过海外并购，将全球资源与中国相关产业对接并有效重组，不仅有助于企业突破发展瓶颈，大幅提升企业与产业价值，而且通过在全球范围的收购技术、资源和品牌，更可以推进中国的产业结构调整，优化经济结构。

然而研究表明，仅仅十分之三的大规模企业并购真正创造了价值，依照不同的成功并购标准，企业并购的失败率在 50%～70%。海外并购是实现国际化的一种途径，"走出去"的中国企业家们如何应对并购双方的巨大文化差异，提高并购存活率，是必须面对的挑战。

四、M&A 的动因分析

企业并购的直接动因通常有两个：一是最大化现有股东持有股权的市场价值，二是最大化现有管理者的财富。而增加企业价值则是实现这两个目的的根本。

（一）并购的一般动因分析

1. 获取战略机会。以并购来购买未来的发展机会是收购者的动因之一。并购者欲扩大在某一特定行业的经营时，并购该行业的现有企业是一个重要战略。一则可直接获得正在经营的发展部门，获取时间优势，避免了工厂建设延误的时间；二则可减少一个竞争者，并直接获得其在行业中的位置。两个企业运用市场力，采用统一的价格政策，可以获得高于竞争时的收益，实现"1 + 1 > 2"。

2. 发挥协同效应。并购协同效应可能来自多个方面。在生产领域可以产生规模经济，充分利用未使用的生产能力；在市场流通领域，可以进入新市场，拓展分布网，增加产品的市场控制力；在财务领域，可以开发未使用的债务能力，充分利用未使用的税收利益；在人力资本和研发领域，可以吸收融合、优化配置资源。

3. 提高管理效率。当以非标准方式经营管理的企业被更有效率的企业收购后，管理者的更替可以提高管理效率。企业管理者的财富构成取决于企业财务的成功与否，管理者自当致力于企业市场价值的最大化。当管理者自身利益与现有股东的利益可以更好地协调时，也可以提高管理效率。

4. 获得规模效益。并购可以使企业获得在生产与管理两个层次的规模经济。在整体结构不变的情况下，企业内各子公司实行专业化生产，这可以带来生产的规模经济；并购和企业的管理费用可以在更大范围内分摊，使单位产品的管理费用大大减少，从而使企业可以集中人力、物力、财力致力于新技术、新产品的开发，带来管理的规模经济。

5. 买壳上市。上市资格也是一种资源，并购可以获得目标公司的壳资源。例如，中国远洋运输集团在海外通过多次成功买壳上市控股了香港中远太平洋和中远国际。中远集团（上海）置业发展有限公司耗资 1.45 亿元，以协议方式购买上海众诚实业股份有限公司的发起人法人股，达到控股目的，成功进入国内资本运作市场。

6. 并购降低进入新行业、新市场的障碍。并购是企业进入新行业、新市场的快捷方式。企业通过并购，可以利用被并购方所拥有的资源（设备、人员、优惠政策等），迅速进入新的市场领域，占领市场。例如，恒通公司通过协议以较低价格购买了上海棱光实业国有股份，达到控股目的，从而使自己的业务成功地在上海开展。

（二）并购的财务动因分析

在企业产权流动中，除了使生产要素流向最需要、最能产生效益的地区和行业，还要考虑由于税务、会计处理惯例、证券交易等内在规律作用而产生的一种纯货币的效益。

1. 避税因素。由于股息收入、利息收入、营业收益与资本收益间的税率差别较大，在并购中采取恰当的财务处理方法可以达到合理避税的效果。有些公司有多余的税盾，但是没有利润来利用这些税盾。如果与其他有利润的公司合并，就可以利用税盾带来的好处，当然这相应地会减少给政府的税收。

2. 筹资因素。并购一家掌握大量资金盈余但股票市值偏低的企业，就可以同时获得其资金以弥补自身资金不足。迅速成长的企业设法与一个资金较为充裕的企业联合，不失为一种解决企业筹资难题的有效策略。例如，在香港注册上市的上海实业控股有限公司斥资 6000 万元收购了上海霞飞日化公司，探索出一条间接利用外资发展国产品牌之路。

3. 投机因素。企业并购的证券交易、会计处理、税收处理等所产生的非生产性收益，可以改善企业财务状况，同时也会助长投机行为。在我国出现的外资并购中，投机现象日渐增多，它们以大量举债方式通过股市收购目标企业股权，再将部分资产出售，然后对目标公司进行整顿再以高价卖出，充分利用被低估的资产获取并购收益。

4. 价值增值与财务预期。通常被并购企业股票的市盈率偏低，低于并购方，在并购完成后市盈率维持在较高的水平上，股价上升使每股收益得到改善，可以提高股东的财富价值。并购时股市对企业股票评价发生变化，会引发股价波动与投机。通过并购价格收益比较低但有较高每股收益的企业，具有促使股价上升的财务预期效应。

第二节　上市公司收购

一、上市公司收购的概念

上市公司收购是指投资者依法购买股份有限公司已发行上市的股份，从而获得该上市公司控制权的行为。狭义的上市公司收购即要约收购，我国证券法界定的上市公司收购则是包括要约收购与协议收购方式的广义收购概念。

（一）收购人与一致行动人

上市公司收购人包括投资者及与其一致行动的他人。收购人可以通过取得股份的方式成为一个上市公司的控股股东，也可以通过投资关系、协议、其他安排的途径成为一个上市公司的实际控制人，还可以同时采取上述方式和途径取得上市公司的控制权。一致行动人应当合并计算其持有的股份，投资者若计算其所持有的股份，应当包括登记在其名下的股份与登记在一致行动人名下的股份。

（二）上市公司控制权

有下列情形之一的即为拥有上市公司控制权：第一，投资者为上市公司持股50%以上的股东；第二，投资者可以实际支配上市公司股份表决权超过30%；第三，投资者通过实际支配上市公司股份表决权能够决定公司董事会半数以上成员选任；第四，投资者依据可实际支配的上市公司股份表决权足以对公司股东大会的决议产生重大影响；第五，中国证监会认定的其他情形。

（三）收购的权益披露

上市公司的收购及相关股份权益变动活动，必须遵循公开、公平、公正的原则。信息披露义务人报告、公告的信息必须真实、准确、完整，不得有虚假记载、误导性陈述或者重大遗漏。主要包括：

（1）持股数量与权益的计算；

（2）收购人取得被收购公司的股份达到5%及之后变动5%的权益披露；

（3）收购人取得被收购公司的股份达到5%但未达到20%的权益披露；

（4）收购人取得被收购公司的股份达到20%但未超过30%的权益披露；

（5）权益变动报告书披露后股份发生变动的权益披露；

（6）关于媒体披露；

（7）信息披露中的法律责任。

二、上市公司并购的一般程序

公司收购的业务流程主要包括：收购对象的选择、收购时机的选择、收购风险分析、目标公司定价、制订融资方案、选择收购方式、谈判签约、报批、信息披露、登记过户、收购后的整合。

（一）前期准备阶段

该阶段主要包括制定战略、组建团队、选择顾问、目标搜寻、尽职调查、并购评估等步骤。

1. 并购战略。并购战略是并购的目的以及实现该目的的途径，其内容包括并购目的的确定、并购对象的选择、并购策略的实施以及并购后整合等。按企业并购行业关联性，企业并购战略一般可以分为横向兼并战略、纵向一体化兼并战略和多元化兼并战略。企业并购战略依赖于企业整体战略，企业可根据市场研究的结果，分析市场的发展速度以及本企业在市场中的竞争地位，结合企业的经济实力，确定是选择同一市场内的横向并购战略还是选择纵向一体化并购战略。

2. 目标搜寻。这是指企业及其财务顾问根据并购战略寻找适合条件的并购对象的过程。企业在并购开始前，会将对目标企业的要求提交选定的财务顾问，由财务顾问负责协调完成目标企业的搜寻。并购方对目标企业的要求一般包括目标企业所处的行业、竞争力（销售收入利润等）、性质、地理位置与产品等。

3. 尽职调查。尽职调查又称谨慎性调查，指收购方在确定目标企业之后，由选定的财务顾问公司按收购方提供的调查清单对目标企业进行的现场调查、资料分析等一系列活动。尽职调查的目的是在签署并购协议之前尽可能地发现潜在的风险，并对每个重大的风险采取相应的解决方案。尽职调查范围非常广泛，包括产业、法律、税务、财务、商业、诚信、营运、环境、人力资源、技术、内控尽职与信息技术等调查。

（二）策略设计阶段

其主要包括方案设计、并购谈判、确定价格、确定支付方式、融资安排等内容。

1. 并购定价。这是指并购交易双方确定目标企业最终产权转让价格的过程。目标企业价值评估是企业并购定价的基础，一般情况下，并购定价与资本评估结果不一致，资产评估只为并购定价提供参考，具体价格还受双方谈判能力、双方在市场中的地位等因素的影响。并购定价是并购财务决策中最关键的因素，定价不合理是导致企业并购失败的重要原因。

2. 并购谈判。这是并购双方在资产评估价值和充分把握并购战略的前提下，通过谈判确定最后成交价格的过程。并购协议的谈判是一个漫长的过程，通常是收购方的律师在双方谈判的基础上拿出一套协议草案，然后双方律师在此基础上经过多次磋商、反复修改，最后才能定稿。并购谈判的主要焦点在于并购价格和条件，包括并购的总价格、支付方式、支付期限、交易保护、损害赔偿、并购后的人事安排、税负等。谈判的策略与原则有三个方面：一是争取双赢的结果；二是积极促进卖方出售；三是知己知彼，提高谈判优势。并购谈判从基本的价格开始，经过浮动价格的谈判，达到并购双方共同确认的一个交易价格。在收购方与被收购方就目标公司出售的有关条款经过谈判达成一致后，将由顾问公司协助签订股权转让协议。

3. 并购融资。并购融资指并购方为完成对目标企业的收购支付并购定价而进行的融通资金的活动。并购融资的特点是融资额度大，对并购后存续企业资本结构和公司治理结构有很大影响。并购融资方式根据资金来源可分为内部融资和外部融资。目前企业并购一般常采用外部融资。外部融资方式主要有债务融资（包括优先债务融资、从属债务融资——企业债券、垃圾债券）、权益融资（包括普通股融资、优先股融资）、混合型融资（包括可转换证券、认股权证）以及杠杆收购融资与卖方融资等特殊的融资方式。在中国，通过商业银行贷款可以获得并购融资支持。

延伸阅读：关于中国《商业银行并购贷款风险管理指引》

2008 年 12 月 9 日，银监会发布《商业银行并购贷款风险管理指引》（银监发〔2008〕84 号，以下简称《指引》），允许符合条件的商业银行开办并购贷款业务，并对商业银行并购贷款经营进行规范，以支持和满足企业和市场日益增长的合理并购融资需求。《指引》除了对企业并购整合给予了积极推动作用外，也使银行资金入市成为可能，且对上市公司"大小非"减持起到一定抑制作用。此举将推动我国多层次市场体系的发展，有效化解我国产业整合的难题。

《指引》的基本思路：符合条件的商业银行在开展并购贷款业务时，要在满足市场需求和控制风险之间取得最佳平衡。既要体现以信贷手段支持战略性并购，支持企业通过并购提高核心竞争能力，推动行业重组的政策导向，又要有利于商业银行科学有效地控制并购贷款风险。《指引》共分四章三十九条，规定在银行贷款支持的并购交易中，并购方与目标企业之间应具有较高的产业相关度或战略相关性，并购方通过并购能够获得研发能力、关键技术与工艺、商标、特许权、供应及分销网络等战略性资源以提高其核心竞争能力。《指引》围绕并购贷款的风险管理和控制，既对商业银行管理并购贷款风险进行了原则性指导，同时也提出了一系列量化的监管标准。

《指引》明确了商业银行对并购贷款的管理强度要高于其他贷款种类的总体原则，要求商业银行对于并购贷款在业务受理、尽职调查、风险评估、合同签订、贷款发放、分期还款计划、贷后管理等主要业务环节及内控体系中加强专业化的管理与控制。不但针对商业银行如何全面分析评估与并购有关的各类风险，还进一步指导商业银行将风险管理和控制的精神贯穿于并购贷款的主要业务流程中，包括业务受理的基本条件、尽职调查的组织、借款合同基本条款和关键条款的设计、提款条件、贷后管理、内部控制和内部审计等方面。在对商业银行开展并购贷款提出量化的监管标准方面，《指引》针对并购贷款的风险集中度、大额风险暴露，以及并购的杠杆率等提出了一系列比例要求。

——根据"中国银监会网站·政务信息"相关内容整理。

（三）并购实施阶段

这一阶段主要包括签订协议、信息披露、审查批准、合同签订、股权交割、公司接管等步骤。

双方通过谈判在主要方面取得一致意见后，一般会签订一份《并购意向书》，大致包含以下内容：并购方式、并购价格、是否需要卖方股东会批准、卖方希望买方采用的支付方式、是否需要政府的行政许可、并购履行的主要条件等。双方还会在《并购意向书》中约定意向书的效力，可能会包括如下条款：排他协商条款（未经买方同意，卖方不得与第三方再行协商并购事项）、提供资料及信息条款（买方要求卖方进一步提供相关信息资料，卖方要求买方合理使用其所提供资料）、保密条款（并购的任何一方不得公开与并购事项相关的信息）、锁定条款（买方按照约定价格购买目标公司的部分股份、资产，以保证目标公司继续与收购公司谈判）、费用分担条款（并购成功或者不成功所引起的费用的分担方式）、终止条款（意向书失效的条件）。

签订并购合同后，并购合同双方依照合同约定完成各自义务的行为，包括合同生效、产权交割、尾款支付完毕等。一个较为审慎的并购协议的履行期一般分三个阶段：合同生效后，买方支付一定比例的对价；在约定的期限内卖方交割转让资产或股权之后，买方再支付一定比例的对价；一般买方会要求在交割后的一定期限内支付最后一笔尾款，尾款支付结束后，并购合同才算真正履行结束。

（四）并购整合阶段

整合的过程是整个并购重组过程中最艰难也最为关键的阶段。此阶段工作将涉及业务、资产、财务、人员、管理、文化等全方位整合。当收购方获得目标企业的资产所有权、股权或经营控制权之后，将进行资产、人员等企业要素的整体系统性安排，从而使并购后的企业按照一定的并购目标、方针和战略组织营运。

根据收购方与目标企业在战略依赖性与组织独立性需求上的不同，整合类型包括完全整合、共存型整合、保护型整合与控制型整合四种，具体整合内容包括资产债务整合、企业组织结构整合、企业经营战略整合、企业员工整合与企业文化整合等。上市（Initial Public Offerings，IPO），即企业通过证券交易所公开向投资者增发股票以募集资金的过程，是私募股权基金并购以及杠杆收购后重要的退出渠道。产业整合是并购后整合的一项重要内容，指企业收购目标企业后，根据企业现有产业和资源，进行产业组团设计及链条规划，同时将自身的优势资源，注入被收购企业，改造被收购企业，完善产业链条中的薄弱环节，使整个企业集团进入可持续发展的良性循环状态。

延伸阅读：关于广东金马旅游集团股份有限公司股票终止上市的公告

神华国能集团有限公司（以下简称神华国能）自 2013 年 6 月 19 日起向广东金马旅游集团股份有限公司（以下简称金马集团）除收购人以外的全体股东发出全面

要约，收购其所持有的金马集团股份。截至 2013 年 7 月 18 日，金马集团预受要约的股东为 755 户，已预受要约且未撤回的股份数量合计 153947371 股。根据要约收购报告书约定的生效条件，要约收购生效。2013 年 7 月 23 日，预受要约股份完成过户，神华国能持有金马集团 950917865 股股份，占金马集团股份总数的 94.23%，金马集团由社会公众持有的股份已低于公司股份总数的 10%，股权分布不再满足《证券法》规定的股票上市条件。金马集团董事会已向本所提出终止上市的申请。

上述股票终止上市的申请已经本所第七届上市委员会第三十九次会议审议通过，根据《深圳证券交易所股票上市规则（2012 年修订）》第 14.3.1 条、第 14.3.2 条的相关规定，本所决定该公司股票自 2013 年 8 月 14 日起终止上市。

请金马集团按照规定，做好股票终止上市以及后续有关工作。

资料来源：深圳证券交易所，2013 - 08 - 13。

三、上市公司收购规则与关注要点

《上市公司收购管理办法》（以下简称《收购办法》）自 2006 年 5 月审议通过以来，已随着中国资本市场的发展变化几经修订，目前实施的是 2011 年 12 月底中国证监会审议通过的修订版本。

（一）要约收购规则

要约收购即狭义的上市公司收购，是指收购人向被收购的公司发出收购的公告，待被收购上市公司确认后，方可实行收购行为。它是各国证券市场最主要的收购形式，通过公开向全体股东发出要约，达到控制目标公司的目的。要约收购是一种特殊的证券交易行为，其标的为上市公司的全部依法发行的股份。在要约收购中，收购人通过向目标公司的股东发出购买其所持该公司股份的书面意见表示，并按照依法公告的收购要约中所规定的收购条件、价格、期限以及其他规定事项，收购目标公司股份。

1. 要约收购特点

最大的特点是在所有股东平等获取信息的基础上由股东自主作出选择，因此被视为完全市场化的规范的收购模式，有利于防止各种内幕交易，保障全体股东尤其是中小股东的利益。要约收购包含部分自愿要约与全面强制要约两种要约类型。部分自愿要约，是指收购者依据目标公司总股本确定预计收购的股份比例，在该比例范围内向目标公司所有股东发出收购要约，预受要约的数量超过收购人要约收购的数量时，收购人应当按照同等比例收购预受要约的股份。

2. 要约收购主要内容

第一，要约收购的比例。通过证券交易所的证券交易，收购人持有一个上市公司的股份达到该公司已发行股份的 30% 时，继续增持股份的，应当采取要约方式进行，发出全面要约或者部分要约。以要约方式收购一个上市公司股份的，其预定收购的股份比例均不得低于该上市公司已发行股份的 5%。收购人应当公平对待被收购公司的所有股东，持有同一种类股份的股东应当得到同等对待。

第二，要约收购的价格。规定对同一种类股票的要约价格不得低于要约收购提示性公告日前 6 个月内收购人取得该种股票所支付的最高价格。否则，收购人聘请的财务顾问应当就此作出分析，说明是否存在股价被操纵、是否有未披露的一致行动人、是否存在其他支付安排等问题。

第三，收购要约的支付方式。《证券法》未对收购要约的支付方式进行规定，《收购办法》第三十六条原则认可了收购人可以采用现金、证券、现金与证券相结合等合法方式支付收购上市公司的价款；但《收购办法》第二十七条特别规定，收购人为终止上市公司的上市地位而发出全面要约的，或者向中国证监会提出申请但未取得豁免而发出全面要约的，应当以现金支付收购价款；以依法可以转让的证券支付收购价款的，应当同时提供现金方式供被收购公司股东选择。

第四，收购要约的期限。《证券法》第九十条第二款和《收购办法》第三十七条规定，收购要约约定的收购期限不得少于 30 日，并不得超过 60 日，但是出现竞争要约的除外。

第五，收购要约的变更和撤销。要约一经发出即对要约人具有拘束力，上市公司收购要约也是如此，但是，由于收购过程的复杂性，出现特定情势也应给予收购人改变意思表示的可能，但这仅为法定情形下的例外规定。如我国《证券法》第九十一条规定，在收购要约确定的承诺期限内，收购人不得撤销其收购要约。收购人需要变更收购要约的，必须事先向国务院证券监督管理机构及证券交易所提出报告，经批准后，予以公告。

（二）协议收购规则

收购人通过协议方式在一个上市公司中拥有权益的股份达到或者超过该公司已发行股份的 5%，但未超过 30%，按照"权益披露"的规定办理。拥有已发行股份超过 30%而继续进行收购的，应依法向该公司股东发出要约。符合"豁免申请"规定情形的，收购人可以向中国证监会申请免除发出要约。

以协议方式进行上市公司收购的，在过渡期内，收购人不得通过控股股东提议改选上市公司董事会；确有充分理由改选董事会的，来自收购人的董事不得超过董事会成员的 1/3；被收购公司不得为收购人及其关联方提供担保。

协议收购的相关当事人应当向证券登记结算机构申请办理拟转让股份的临时保管手续，并可将用于支付的现金存放于证券登记结算机构指定的银行。

投资者因行政划转、执行法院裁决、继承、赠与等方式取得上市公司控制权的，应当按照协议收购的相关规定，履行报告、公告义务。

（三）上市公司收购共性问题关注要点

在上市公司收购活动中，有一些需要给予关注的共性问题。其中，尤其不可掉以轻心的是收购资金来源与反垄断要求。

1. 上市公司收购资金的来源

如果收购资金来源于融资安排，须关注收购人是否提供借贷协议，并充分披露借贷协议的主要内容；收购人是否就上市公司股份的取得、处分、质押及表决权等存在特殊安排；结合收购人以往的财务资料及业务、资产、收入、现金流的最新情况，关注其是否具备偿还能力、收购实力。

如果收购资金来源于管理层收购，须关注上市公司的分红政策与高管人员的薪酬待遇；上市公司及其关联方在过去两年内是否与管理层及其近亲属任职企业存在利益输送行为。

如果收购资金来源于自然人或其控制的壳公司，须关注收购人是否具备收购实力、持续的诚信记录、真实身份充分披露；上市公司及其关联方在过去两年内是否与收购人及其关联方存在资金、业务往来，乃至利益输送行为。

延伸阅读：《国务院关于进一步优化企业兼并重组市场环境的意见》摘要

三、改善金融服务

（五）优化信贷融资服务。引导商业银行在风险可控的前提下积极稳妥开展并购贷款业务。推动商业银行对兼并重组企业实行综合授信，改善对企业兼并重组的信贷服务。

（六）发挥资本市场作用。符合条件的企业可以通过发行股票、企业债券、非金融企业债务融资工具、可转换债券等方式融资。允许符合条件的企业发行优先股、定向发行可转换债券作为兼并重组支付方式，研究推进定向权证等作为支付方式。鼓励证券公司开展兼并重组融资业务，各类财务投资主体可以通过设立股权投资基金、创业投资基金、产业投资基金、并购基金等形式参与兼并重组。对上市公司发行股份实施兼并事项，不设发行数量下限，兼并非关联企业不再强制要求作出业绩承诺。非上市公众公司兼并重组，不实施全面要约收购制度。改革上市公司兼并重组的股份定价机制，增加定价弹性。非上市公众公司兼并重组，允许实行股份协商定价。

资料来源：中国证监会网站。

---

2. 上市公司并购重组过程中关于反垄断的要求

2008 年 8 月 1 日起实施的《反垄断法》对上市公司并购重组监管工作提出了新的要求。《反垄断法》第二十条规定，经营者集中是指经营者合并、经营者通过取得股权或者资产的方式取得对其他经营者的控制权、经营者通过合同等方式取得对其他经营者的控制权或者能够对其他经营者施加决定性影响等三种情形。第二十一条规定，经营者集中达到国务院规定的申报标准的，经营者应当事先向国务院反垄断执法机构申报，未申报的不得实施集中。

涉及外资并购的，《反垄断法》有特殊要求。第三十一条规定，对外资并购境内企业或者以其他方式参与经营者集中，涉及国家安全的，除依照本法规定进行经营者集中审查外，还应当按照国家有关规定进行国家安全审查。除应按照前述"一般要求"提供有关文件外，还应当提供国家安全审查的相关文件及行政决定，并由财务顾问、法律顾问发表专业意见。

案例阅读：可口可乐收购汇源的反垄断调查

2008 年 9 月 3 日，可口可乐公司宣布通过旗下全资附属公司以 179.2 亿港元的总价收购汇源果汁剧团头衔公司。2009 年 3 月 18 日，中国商务部以该项收购将对竞争产生不利影响为由，正式否决了可口可乐的申请。

跨国公司凭借资金和管理的优势，直接并购我国有实力的龙头企业，迅速形成市场优势地位的手法屡见不鲜。商务部之否给出三点原因：第一，如果收购成功，可口可乐有能力把其在碳酸饮料行业的支配地位传导到果汁行业；第二，如果收购成功，可口可乐对果汁市场的控制力会明显增强，使其他企业没有能力再进入这个市场；第三，如果收购成功，会挤压国内中小企业的生存空间，抑制国内企业的发展空间。概言之，导致"两个传导效应和一个挤压效应"，可口可乐公司传导其市场支配地位和品牌，并对中小果汁企业产生挤压效应。

这是自 2008 年 8 月 1 日我国《反垄断法》实施以来第一个被商务部禁止的代表性案例。在中国果汁市场，汇源市场份额 10.3%，可口可乐 9.7%，两者合计 20%并不太高。但可口可乐占全国碳酸饮料市场份额的 60.60%，且在资金、品牌、管理、营销等诸多方面已经取得竞争优势。垄断将导致消费者被迫接受更高价格、更少选择品种。

——信息来源：新华网，http://www.news.xinhuanet.com/。

四、公司反收购策略

面对敌意收购，被收购公司的所有者及管理者会采取抵御手段以防止本公司被收购。国际上常用的一些反收购策略正在逐渐应用到中国证券市场实践中。当然，最佳的事先预防策略可能就是通过加强和改善经营管理，以提高公司自身的效益和竞争力。

（一）管理层防卫策略

企业并购往往导致目标公司的管理人员和普通员工被解职、解雇。为避免并购之后出现这种情况，很多公司就采用了相应的保证金措施，以加大收购成本或增加目标公司现金支出从而阻碍并购，这些保证金就像一把降落伞让高层管理者从高高的职位上安全着地，故此得名。目前美国 500 强企业中已有一半以上实施了"降落伞策略"。

1. 金降落伞（Golden Parachutes）。是指目标公司董事会通过决议，由公司董事及高层管理者与目标公司签订合同规定：当目标公司被并购接管、其董事及高层管理者被解职的时候，可一次性领到巨额的退休金（解职费）、股票选择权收入或额外津贴。因收益丰厚如金，故名"金降落伞"。

2. 银降落伞（Sliver Parachutes）与锡降落伞（Tin Parachutes）。是指规定目标公司一旦落入收购方手中，公司有义务向被解雇的中层管理人员支付较"金降落伞"略微逊色的保证金（根据工龄长短支付数周至数月的工资）。"锡降落伞"是指目标公司的员工若在公司被收购后两年内被解雇的话，则可领取员工遣散费。

（二）保证公司控制权策略

目标公司出于反收购的目的，在公司章程中设置一些作为收购障碍的条款，被称为"驱鲨剂"（Shark Repellents）策略。

1. 绝对多数条款（Super-majority Provision）。是指在目标公司章程中规定，对于可能影响到控制权变化的重大事项决议必须经过多数人表决权同意通过。如果要更改公司章程中的反收购条款，必须经过绝对多数股东或董事同意，这就增加了收购者接管、改组目标公司的难度和成本。这种反收购对策对股价有一定的影响，但仍然被认为是一种温和的反收购对策。

2. 分期分级董事会制度（Staggered Board Election）。又称董事会轮选制，是指公司章程规定每年只能改选四分之一或三分之一的董事。这意味着收购者即使收购到了足量的股权，也无法对董事会做出实质性改组，董事会的大部分董事还是原来的董事，他们仍掌握着多数表决权，仍然控制着公司，甚至可以决定采取增资扩股或其他办法来稀释收购者的股票份额，也可以决定采取其他办法来达到反收购的目的。分期分级董事会制度是一种有效而且对股价影响较小的反收购对策。

3. 公平价格条款（Fair Price Provision）与牛卡计划（Dual Class Recapitalization）。公平价格策略要求并购人对所有股东支付相同的价格，其目的在于保护目标公司的少数股东，免予收到比多数股东较低的收购股价，至于"公平价格"是指买方付给卖方股东的最高股价。牛卡计划策略是将公司股票按投票权划分为高级和低级两等，低级股票每股拥有一票的投票权，高级股票每一股拥有十票的投票权，但高级股票派发的股息较低，市场流动性较差，低级股票的股息较高，市场流动性较好。高级股票可以转换为低级股票。在牛卡计划中，公司管理层掌握了足够的高级股票，公司的投票权就会发生转移。即使敌意收购者获得了大量的低级股票，也难以取得公司的控制权。

（三）毒丸策略（Poison Pill）

公司设置了在一些特定情况下会对自身造成严重损害的手段，使收购方一旦收购就如吞食了毒丸一样不好处理，从而降低公司本身的吸引力。

1. 负债毒丸计划。是指目标公司在收购威胁下大量增加自身负债，降低企业被收购的吸引力。例如，发行债券并约定在公司股权发生大规模转移时，债券持有人可要求立刻兑付，从而使收购公司在收购后立即面临巨额现金支出，降低其收购兴趣。

2. 人员毒丸计划。是指公司的绝大部分高级管理人员共同签署协议，在公司被以不公平价格收购，并且这些人中有一人在收购后被降职或革职时，则全部管理人员将集体辞职。这一策略不仅保护了目标公司股东的利益，而且会使收购方慎重考虑收购后更换管理层对公司带来的巨大影响。企业的管理层阵容越强大、越精干，实施这一策略的效果将越明显。当管理层的价值对收购方无足轻重时，此计划也就收效甚微。

（四）友好护卫策略

1. 白衣骑士（White Knight）。是指目标企业在遭到敌意并购袭击时，主动寻找友好的第三方即"白衣骑士"来与并购者争购，造成第三方与敌意收购者竞价并购目标企业、驱逐敌意并购者的局面。在这种情况下，敌意并购者要么提高并购价格，要么放弃并购。如果敌意收购者的收购出价不是很高，目标公司被"白衣骑士"拯救的可能性就大；如若不然，目标公司获得拯救的可能性就会减少。在美国 1978 年至 1984 年间的 78 起成功的反收购案例中，有 36 起是被"白衣骑士"拯救的。

2. 白衣护卫（White Squire）。是指目标公司将有大量表决权的股份出售给与自己关系密切而不对自己构成威胁的第三方企业，以增加并购者的难度。这一策略与白衣骑士很类似，但不是将控股权而是将很大比例的股票转让给友好公司。

（五）股票交易策略

1. 股票回购（Share Repurchase）。是指上市公司面临可能发生的收购威胁时，从股票市场上购回本公司一定数额的发行在外的股票，这在实战中往往是作为辅助战术来实施的，因为回购股票导致负债比例提高，目标企业财务风险增加。其基本形式有两种：一是公司将可用的现金分配给股东购回股票。如果单纯通过股份回购来达到反收购的效果，往往会使目标公司库存股票过多，会影响公司资金的流动性，也不利于公司筹资。目标公司财务状况是制约这一手段的最大因素。二是换股，即发行公司债、特别股或其组合以回收股票，通过减少在外流通股数，抬高股价，迫使收购者提高出价，从而提高收购者的收购成本。

2. 管理层收购（Management Buy – Outs，MBO）。为避免公司落入他人之手，管理层将公司收购为己有。管理层会利用负债融资，通过杠杆收购这一金融手段，来达成反收购目标。这种反并购方式根据目标公司股权结构及管理者实力，主要有个人作为收购主体、成立代理人公司（投资公司）、成立员工持股会等几种形式。

五、外国投资者并购境内企业

（一）并购方式

第一，股权并购。包括以货币现金购买境内公司股东股权或认购境内公司增资股权，或以境外特殊目的的公司股东股权或特殊目的公司以其增发的股份购买境内公司股东股权或认购境内公司增资股权等不同情形下的不同股权并购方式。特殊目的公司是指中国境内公司或自然人为实现以其实际拥有的境内公司权益在境外上市而直接或间接控制的境外公司。

第二，资产并购。仅允许以货币现金购买境内公司资产，而排除以股权作为支付对价购买境内公司资产情形。

（二）并购要求

外国投资者在并购后所设外商投资企业注册资本中的出资比例高于 25% 的，该企业享受外商投资企业待遇。然而外国投资者并购境内企业应符合如下基本要求：外国投资者并购境内企业应遵守中国的法律、行政法规和规章，遵循公平合理、等价有偿、诚实信用的原则，不得造成过度集中、排除或限制竞争，不得扰乱社会经济秩序和损害社会公共利益，不得导致国有资产流失。应符合中国法律、行政法规和规章对投资者资格的要求及产业、土地、环保等政策。依照《外商投资产业指导目录》不允许外国投资者独资经营的产业，并购不得导致外国投资者持有企业的全部股权；需由中方控股或相对控股的产业，该产业的企业被并购后，仍应由中方在企业中占控股或相对控股地位；禁止外国投资者经营的产业，外国投资者不得并购从事该产业的企业。被并购境内企业原有所投资企业的经营范围应符合有关外商投资产业政策的要求；不符合要求的，应进行调整。

（三）涉及的政府职能部门

外国投资者并购境内企业，将涉及多个政府职能部门。主要包括：第一，审批机关，是商务部或省级商务主管部门。第二，登记机关，是国家工商行政管理总局或其授权的地方工商行政管理局。第三，外汇管理机关，是国家外汇管理局或其分支机构。第四，国有资产管理机关，是国务院国有资产监督管理委员会或省级国有资产管理部门。第五，国务院证券监管机构，即中国证监会。第六，税务登记机构，即国家税务总局及地方各级税务机关。

第三节 公司重组与财务顾问

公司并购是在企业之间进行经济资源重新配置的过程，借助于资本市场和投资银行的能动作用，企业实现其资本运作的目标。无论并购的战略战术怎么变，投资银行、会计师、律师是并购的三大核心中介，它们在并购活动中发挥必不可缺的功能。其中，投资银行始终是市场化并购重组中不可或缺的关键角色。

表 9 - 1   并购中介机构的职能

工作阶段	主要工作内容	主要参与方
并购准备	组建并购管理团队	投资银行、会计师、律师
	确立收购主体	投资银行
	制订整体方案	投资银行、律师
并购实施	目标公司评估和定价	投资银行、评估师、会计师
	股权、资产交割	投资银行、律师
并购后整合	公司重组（财务、资产、人力）	投资银行、会计师、律师

一、投资银行在并购中的功能

投资银行在并购活动中有三类行为：其一，并购策划和财务顾问业务，即并购代理，这是投资银行作为中介人的传统业务。其二，并购投资商业务，即并购自营，投资银行作为并购交易的主体炒卖企业。其三，投资银行重组，即通过行业内的兼并重组，实现其作为金融企业的资源再配置，推进投资银行业的发展。并购重组作为一项"财力与智力高度结合"的业务，为投资银行带来可观的收益。

投资银行参与企业并购所体现的突出金融功能：第一，降低交易费用，因为投资银行的介入减少了并购双方的直接摩擦，以客观、公正的纽带作用，使双方在交易中达到利益最大化。第二，信息甄别与筛选功能，因为投资银行的专业化信息生产行为能降低并购中由于信息不对称所致的信息成本，提高资本市场信息生产的效率。换言之，投资银行的专业化信息服务有助于克服企业并购中由于买卖双方信息不对称而导致的逆向选择问题。第三，融资功能，当猎手公司需要外源性资金来实现其并购目标时，投资银行要帮助落实并购所需资金，其间就有融资工具的创新。例如米尔肯在 20 世纪 80 年代基于垃圾债券所创的"杠杆收购"（Leveraged Buyout）。第四，协助价格发现，投资银行以专业而客观的判断，协助并购双方发现并确定成交价格，以尽可能理想的并购结果实现客户利益与自身利益的"双赢"。资料显示，全球跨国公司 70%～80% 的直接投资是以并购方式实现的，而中国目前以并购方式吸引的外资不到 5%。2010 年，全球的直接投资达 1.12 万亿美元，中国全年吸收外资 1050 亿美元左右，但以并购方式的投资只有3%。随着中国资本市场的不断改进，跨国投资银行越来越多地介入中国企业并购，它们在商业规则下的逐利活动，确有不少值得国内投行学习借鉴之处。

延伸阅读：摩根士丹利对中国水泥企业的并购

水泥业在国外基本已成夕阳产业，年均增长约为 3%，而在中国仍属于朝阳产业，近 20 年来，产量年均增长超过 10%，而且还可能再有十年以上的增长期。其主要原因是：一是中国经济的发展前景继续向好，国内经济的高速发展带动水泥的消费需求。二是中国水泥市场的容量大、成长性高。国内水泥产量占全球 40% 以上的份额，销售价格仅为国际市场的 50%，水泥企业的盈利将有巨大的提升空间。三是受到宏观调控与原材料涨价的双重压力，行业集中度过低的水泥企业处于盈利低谷，收购兼并的成本较低。四是水泥企业对自然条件的依赖性及由此而致的区域运输半径制约、同质性很强致使规模效应显著等特点，使区域内的并购整合机会较有效果。

2005 年开始，摩根士丹利、鼎辉基金等战略投资者与拉法基、豪西盟等国际水泥巨头加快了对中国水泥业的并购步伐。国际水泥巨头关注本土企业的业务运营和实业资源，以收购控股来左右企业发展。战略投资者则以资本投资为目的，追求收益最大化时的套现退出，不参与企业实际运营，客观上扶持了财务困境中的企业，更受中国水泥巨头的欢迎。

投资银行作为成熟资本市场体系中的重要角色，在企业融资、并购重组、治理结构改进等方面的功能，恰是转型时期中国企业迫切需要的金融服务。

收购方	被收购方	时间	行业	收购比例	收购资金（美元）
摩根士丹利、鼎辉基金	山水集团	2005	全国第二大水泥生产商，拟香港上市	30%	5000 万
摩根士丹利	海螺水泥（600585）	2006	全国最大水泥生产商	10.51%	1.1 亿

根据《首席财务官》、《北京现代商报》等整理。

二、上市公司重大资产重组

2011 年修订通过的《上市公司重大资产重组管理办法》规定，中国证监会依法对上市公司重大资产重组行为进行监管，在证监会发审委中设立"并购重组委"，对上市公司重大资产重组申请进行表决、审核。

（一）原则和标准

上市公司实施重大资产重组，应当符合下列要求：（1）符合国家产业政策和有关环境保护、土地管理、反垄断等法律和行政法规的规定；（2）不会导致上市公司不符合股票上市条件；（3）重大资产重组所涉及的资产定价公允，不存在损害上市公司和股东合法权益的情形；（4）重大资产重组所涉及的资产权属清晰，资产过户或者转移不存在法律障碍，相关债权债务处理合法；（5）有利于上市公司增强持续经营能力，不存在可能导致上市公司重组后主要资产为现金或者无具体经营业务的情形；（6）有利于上市公司在业务、资产、财务、人员、机构等方面与实际控制人及其关联人保持独立，符合中国证监会关于上市公司独立性的相关规定；（7）有利于上市公司形成或者保持健全有效的法人治理结构。

（二）重大资产重组的程序

上市公司实施重大资产重组的程序包括：（1）初步磋商；（2）聘请证券服务机构；（3）盈利预测报告的制作与相关资产定价；（4）董事会决议；（5）股东大会决议；（6）中国证监会审核；（7）重组的实施；（8）重组实施后的持续督导。

三、上市公司并购重组财务顾问

（一）财务顾问为收购公司和目标公司提供的服务

财务顾问为收购公司提供的服务有：寻找目标公司、提出收购建议、商议收购条款、其他服务。

财务顾问为目标公司提供的服务有：预警服务、制定反收购策略、评价服务、利润预测、编制文件和公告。

（二）财务顾问的业务规则

1. 财务顾问的职责。包括：（1）接受并购重组当事人的委托，对上市公司并购重组活动进行尽职调查，全面评估相关活动所涉及的风险；（2）就上市公司并购重组活动向委托人提供专业服务，帮助委托人分析并购重组相关活动所涉及的法律、财务、经营风险，提出对策和建议，设计并购重组方案，并指导委托人按照上市公司并购重组的相关规定制作申报文件；（3）对委托人进行证券市场规范化运作的辅导，使其熟悉有关法律、行政法规和中国证监会的规定，充分了解其应承担的义务和责任，督促其依法履行报告、公告和其他法定义务；（4）在对上市公司并购重组活动及申报文件的真实性、准确性、完整性进行充分核查和验证的基础上，依据中国证监会的规定和监管要求，客观、公正地发表专业意见；（5）接受委托人的委托，向中国证监会报送有关上市公司并购重组的申报材料，并根据中国证监会的审核意见，组织和协调委托人及其他专业机构进行答复；（6）根据中国证监会的相关规定，持续督导委托人依法履行相关义务；（7）中国证监会要求的其他事项。

2. 财务顾问的业务规程。包括：（1）签订委托协议；（2）尽职调查；（3）规范辅导；（4）内部审核；（5）财务顾问专业意见的出具与相关承诺；（6）向中国证监会提交申请文件及后续服务；（7）内部报告制度建立；（8）持续督导；（9）工作档案和工作底稿制度的建立。

四、企业并购重组法律法规与监管

企业并购重组是专业性、外部性都很强的市场活动。在国内市场，所要遵从的基本法律法规包括：《中华人民共和国公司法》、《中华人民共和国证券法》、《中华人民共和国中外合资经营企业法》、《最高人民法院关于审理与企业改制相关民事纠纷案件若干问题的规定》、《国务院关于促进企业兼并重组的意见》等。在具体的并购重组领域，还需要遵守更为详尽的法规细则。

（一）并购重组法律法规

1. 上市公司并购重组相关法律法规。包括：（1）关于上市公司股权分置改革若干问题的意见；（2）上市公司股权分置改革管理；（3）上市公司收购管理办法；（4）上市公司回购社会公众股份管理办法；（5）上市公司信息披露管理办法；（6）公开发行证券的公司信息披露内容与格式准则第 15－19 号，包括：权益变动公告、上市公司收购公告、要约收购公告、被收购董事会公告、豁免要约收购申请文件等；（7）上市公司重大资产重组管理办法；（8）关于上市公司重大购买、出售、置换资产若干问题的通知等。

2. 外资并购相关法规。包括：（1）外商投资产业指导目录；（2）关于上市公司股权分置改革涉及外资管理有关问题的通知；（3）关于外国投资者并购企业境内企业的规定；（4）关于外商举办投资性公司的补充规定；（5）关于外商投资举办投资性公司的规定；（6）关于向外商转让上市公司国有股和法人股有关问题的通知；（7）利用外资改组国有企业暂行规定等。

（二）监督管理与法律责任

中国证监会、中国证券业协会是监管主体。证监会及其派出机构可以根据审慎监管原则，要求财务顾问提供规定履行尽职调查义务的证明材料、工作档案和工作底稿，并对财务顾问的公司治理、内部控制、经营运作、风险状况、从业活动等方面进行非现场检查或者现场检查。财务顾问及其有关人员应当配合中国证监会及其派出机构的检查工作，提交的材料应当真实、准确、完整。中国证监会建立监管信息系统，对财务顾问及其财务顾问主办人进行持续动态监管，并记载其诚信档案。如果财务顾问及其财务顾问主办人或者其他责任人员所发表的专业意见存在虚假记载、误导性陈述或者重大遗漏的，中国证监会责令改正并依据《证券法》相关条款规定予以处罚。

延伸阅读："中国券商内幕交易第一案"的处置

　　2009 年 1 月 9 日上午，原广发证券总裁涉嫌泄露内幕信息和内幕交易案在广州宣判，广发证券原总裁涉嫌泄露内幕信息罪名成立，被判处有期徒刑 4 年，并处罚金 300 万元。据指控，原广发证券总裁 2006 年将"广发证券借壳延边公路上市"的内幕信息透露给其他人利用该内幕信息大量买卖延边公路股票，分别获利人民币 5000 多万元和 101.73 万元。法院认为，广发证券总裁在该内幕信息公开之前，向其他人泄露该内幕信息，情节严重，构成泄露内幕信息罪，这成为中国券商内幕交易第一案。

五、中国企业"走出去"之典型案例解读

　　跨国并购在我国对外直接投资（Foreign Direct Investment，FDI）中一直占有较高比重。从 2004 年开始，中国企业的跨国并购开始引起全球注意。从行业分布来看，并购高度集中在能源矿产领域，其次是银行业、信息技术业和制造业。

（一）中国企业跨国并购的特点

　　并购规模越来越大，主要是同行业的水平并购。出资方式日趋多样化，但在总体上看，并购成本较高。

表 9 - 2　　　　　　　　　　　　　中国企业跨国并购案例

时间	事件	金额	备注
2004 - 12	联想收购 IBM 之 PC 事业部	12.5 亿美元	现金 + 6 亿美元普通股 + IBM5 亿美元净负债
2005 - 10	中石油收购哈萨克斯坦 PK 石油公司	41.8 亿美元	所有上市股份。高出收市价 21%，同期印度对手出价 36 亿美元。
2006 - 08	中国建设银行收购美国银行香港子公司	97.1 亿港元	100% 股权
2007 - 03	中国特钢收购南洋矿业资源公司	23.7 亿港元	全部股权
2007 - 09	华为公司控制美国 3Com 公司 20% 股权	22 亿美元	有权再增持 5% 股权
2007 - 10	中信证券收购美国 IB 贝尔斯登	资本 + 股权互换	2% 换取 6% 股份
2008 - 09	中钢集团收购澳大利亚 Midwest	13.6 亿澳大利元	现金收购全部股权
2008 - 01	中国矿业联合美国矿业公司收购力拓 12% 股权	140.5 亿美元	成为第一大股东
2009 - 06	中石化收购 Addax 石油公司	82.7 亿加拿大元	现金收购全部股份
2010 - 08	吉利收购福特旗下沃尔沃	18 亿美元	全部股权

（二）成功案例：吉利并购沃尔沃

　　2010 年 8 月，吉利董事长李书福以 18 亿美元收购福特旗下沃尔沃的全部股权。并

购是个漫长的"婚约",重在并购后的消化、融合与整合。即便是完成了股权收购,沃尔沃也只在法律上、商业上属于中国,并不等于吉利就此购买到其思想、眼光、智慧和员工的认同。最终成功的关键要看今后的核心技术消化能力、消化沃尔沃的巨大负利包袱、两种文化的融合、一家中国民营企业对一个国际品牌的整合能力等。2014 年 4 月 1 日,中国国家主席习近平在参观完沃尔沃汽车集团比利时根特工厂后,与比利时国王菲利普一同揭下了第 30 万辆出口中国的沃尔沃 XC60 的红布。

【本章小结】

本章重点介绍了上市公司并购与资产重组业务。公司并购内容包括并购类型、发展历程、并购动因、基本规则、一般程序、反收购策略、外资并购境内企业的要求等。资产重组内容包括上市公司重大资产重组的工作要求、财务顾问服务及法律监管等。丰富的案例介绍、延伸阅读,将有助于深刻理解并购重组的基本知识、基础原理以及特有的内涵功能。

【课后训练】

进入上海证券交易所投资者教育网站 http://edu.sse.com.cn/

收看:蓝色梦想之第五篇"并购重组",第 1~5 集,完成 2 个实训内容。

实训一

1. 请简明勾勒 5 集视频的专业内容逻辑框架;

2. 解读国际金融市场上一个成功的并购案例(300 字)。

实训二

结合中国证券市场最近发生的一个并购案例,介绍点评当下最热门的互联网金融话题。

第四篇
证券投资基金

第十章
基金的类型

JIJIN DE LEIXING

教学要求

梳理目前市场上的基金类型，了解不同类型基金的特点、存在的风险及适合的投资人群。

知识目标

1. 了解基金分类的意义
2. 熟悉契约型基金和公司型基金的概念及区别
3. 熟悉开放式基金和封闭式基金的概念及区别
4. 熟悉股票型、债券型、混合型及货币市场基金
5. 了解系列基金、保本基金、ETF、LOF、QDII、分级基金

能力目标

1. 掌握契约型基金和公司型基金的概念及区别
2. 掌握开放式基金和封闭式基金的概念及区别
3. 掌握股票型、债券型、混合型及货币市场基金的特点
4. 掌握 ETF、LOF、QDII、系列基金、保本基金的特点

基金作为与股票、债券同等重要的证券市场的投资工具，其特色之一就是数量众多、品种丰富。在现阶段我国投资者投资渠道相对狭窄的情况下，品种繁多的基金产品能够较好地满足广大投资者的投资需求。为了能够更好地选择合适的基金品种进行投资，投资者必须了解不同类型基金的特点。

延伸阅读：谨防基金类型认识误区

基金作为金融市场上一种投资工具，已经逐渐为投资者所熟知，但对于即将进入基金市场的投资者而言，需要谨防四大误区：

误区一：买基金没风险

基金主要是通过各大商业银行发行的，因此绝对没有风险。事实上，投资者通过银行投资基金，本质上仍然是进行基金投资，银行只是作为一个发行或销售基金份额的渠道，因此，在任何时候通过任何渠道投资任何类型的基金都是有风险的。

误区二：按照基金评级买基金

基金评级是根据专业评级机构测评出来的，因为按照该评级的优劣来选择基金肯定错不了。事实上，在进行基金评级时，不同机构所参考的评级标准是不一样的，有时甚至把不同类型的基金放在一起进行评级，显然这是有失偏颇的。基金评级只能作为一种参考，而不能完全按照基金评级来选择基金。

误区三：抵触货币市场基金

货币市场基金的净值都是一元，而且期限短，因此，获利是很难的，不值得投资。事实上，货币市场基金的净值为一元是货币市场基金的特点，并不能简单认为其获利难。当然，由于货币市场基金投资对象为货币市场工具，所以其获利能力有限，但比较适合风险规避者投资。

误区四：看好ETF

ETF既可以上市交易，也可以进行申购和赎回，投资渠道多，因此值得投资。事实上，ETF基金是一种指数型基金，选择的是跟踪指数的成分证券进行投资，一般其投资表现和所跟踪的指数大致相当。虽然其有两种不同的投资渠道，但在申购和赎回时，门槛比较高，根本不适合普通投资者投资，而且，由于ETF投资的是跟踪指数的成分证券，因此试图获得超过市场（跟踪指数）的收益是不可能的。该类型的基金适合稳健型投资者。

资料来源：新浪财经。

基金在给投资者提供了一种新的投资品种的同时，也由于有的投资者对基金的认识，特别是类型的认识不足，从而导致在投资基金上出现比较严重的投资误区，因此，投资者在投资基金前，有必要对基金的类型有个全面的认识，选择适合自身的基金进行投资。

第一节 基金分类概述

一、基金分类的意义

随着基金数量的不断增加，基金新产品的层出不穷，对基金进行科学合理的分类，无论是对基金投资者、基金管理公司，还是基金监管部门而言，都具有重大的意义。

对基金投资者而言，面对市场上数量众多的产品，投资者需要在众多的基金中选择适合自己风险收益偏好的基金。科学合理的基金分类将有助于投资者加深对各种基金的认识及对风险收益特征的把握，有助于投资者作出正确的投资选择与比较。

对基金管理公司而言，在目前投资者对基金的区别要求下，基金管理公司必须迎合投资者对基金细分的要求，开发出适合投资需要的基金产品。因此，必须要对基金进行科学合理的分类。同时，在科学分类的基础上，要求基金管理公司按照不同基金的特点进行合理的管理。

对基金部分而言，只有对基金进行明确的细分，才能有针对性地对不同基金的特点实施不同的更有效的监管。

二、基金分类的困难性

科学合理的基金分类至关重要，但在实际工作中对基金进行统一的分类并非易事。基金的数量不断增加，创新的产品不断涌现，没有哪种分类方法能够将目前市场出现的所有基金按照一个统一的标准进行分类，以展现不同基金的特点，各种分类方法之间不可避免地存在重合与交叉。为统一标准，一些国家常常由监管部门或行业协会出面制定基金分类的统一标准。如美国投资公司协会依据基金投资目标和投资策略的不同，将美国的基金分为 33 类。尽管如此，但仍然无法全面给基金进行合理分类。

我国基金市场虽然起步晚，但发展迅速，基金分类势在必行。一些评级机构［比如晨星（中国）公司］按照国外的基金分类标准对我国的基金进行了分类，但与我国基金市场的实际情况不太吻合。因此，目前基本上采用的是中国证监会对我国基金的分类标准。

三、基金分类

构成基金的要素有多种，因此可以依据不同的标准对基金进行分类。

（一）公司型基金和契约型基金

根据组织形态的不同，基金可以分为公司型基金和契约型基金。

公司型基金按照《公司法》组成，它本身是一家股份有限公司，它通过发行股票或债券等方式来筹集资金，然后交给某一选定的基金管理公司进行投资，投资者凭其持有的股份依法分享投资收益。

契约型基金指基金发起人依据其与基金管理人、基金托管人订立的基金契约，发行基金单位而组建的投资基金，这种基金通常以发行受益凭证的方式向投资大众筹集资金。

公司型基金和契约型基金的主要区别有：

1. 法律主体资格不同。契约型基金不具有法人资格；公司型基金具有法人资格。

2. 投资者的地位不同。契约型基金依据基金合同成立。基金投资者主要通过基金持有人大会行使自己的权利，但与公司型基金的股东大会相比，契约型基金持有人大会赋予基金持有人的权利相对较小。

3. 基金运营依据不同。契约型基金依据基金合同运营基金；公司型基金依据基金公司章程营运基金。

4. 筹资的工具不同。公司型基金由于本身是一家具有法人资格的公司，因此，其既可以通过发行股票来筹资，也可以通过发行债券来筹资；契约型基金本身不是一个实体，只能通过发行收益凭证来筹资。

对于这两种类型的投资基金，各有优劣。公司型基金的优点是具有永久性生命，不会面临解散的压力（除非发生连续巨额赎回），经营比较稳定，有利于长期发展。契约型基金的优点是比较灵活，能够根据不同投资者的偏好来设置不同投资策略的基金。而且，由于契约型基金不具有法人资格，因此，基金的设立、投资策略的确定、基金的解散等不受《公司法》的限制，也可以免除公司所得税的负担。因此，目前不少国家和地区都是这两种类型的基金并存，以期达到取长补短的作用。

【例题 10 – 1 单选题】 契约型基金的营运依据是（　　）。

A. 基金公司章程　　　B. 托管协议　　　C. 基金合同　　　D. 基金招募说明书

答案：C

【答案解析】 从基金的营运依据来看，契约型基金的营运依据是基金合同；公司型基金的营运依据是基金公司章程。

【例题 10 – 2 单选题】（　　）在公司型基金中是一个有形机构，在契约型基金中是一个无形机构。

A. 基金管理人　　　B. 基金托管人　　　C. 基金组织　　　D. 基金份额持有人

答案：C

【答案解析】 无论是公司型基金还是契约型基金，都存在基金管理人、基金托管人和基金持有人，但公司型基金是一家公司，其基金组织是有形机构，而契约型基金是无形的。

（二）开放式基金和封闭式基金

根据基金规模是否可变，基金可以分为开放式基金和封闭式基金。

开放式基金指投资者可以按基金的报价在基金管理人指定的营业场所进行申购或赎回，从而使得基金份额有增有减的基金。当投资者申购基金份额时，基金份额增加；当投资者赎回基金份额时，基金份额减少。

封闭式基金指基金发行份额事先确定，在基金封闭期内基金份额总数保持不变，但可以上市交易的基金。投资者可以像买卖股票、债券那样买卖封闭式基金，当交易完成时，基金份额从一个投资账户转移到另一个投资者账户。

开放式基金和封闭式基金的主要区别为：

1. 期限不同。封闭式基金有一个固定的存续期，一般为 5～15 年。当期满时，封闭式基金一般要进行基金清盘或者转换基金运作方式（即转换成开放式基金），只有经基金持有人大会通过并经监管机关同意，基金才能延长存续期。而开放式基金一般是无期限的，只要基金的运作得到基金持有人认可，基金的规模也没有低于规定的最低标准，开放式基金就可以一直存续下去。

2. 份额限制不同。封闭式基金的基金份额是固定的，在封闭期内未经法定程序认可不能增减；开放式基金份额是不固定的，投资者可随时提出申购或赎回申请，基金份额会随之增加或减少。一般而言，投资者会申购业绩好的基金，赎回业绩差的基金，因此，业绩好的基金规模会增大，而业绩差的基金规模会缩小。当基金规模小于某一标准时，基金甚至会清盘。

3. 交易场所不同。封闭式基金在完成募集后，基金份额在证券交易所上市交易，投资者可以将其持有的基金份额转让给其他的投资者进行变现；开放式基金一般在基金管理人指定的时间和地点进行申购和赎回。

【例题 10 - 3 单选题】 目前，我国封闭式基金的存续期大多在（　　）年左右。

A. 3　　　　　　　　B. 5　　　　　　　　C. 10　　　　　　　　D. 15

答案：D

【答案解析】 我国《证券投资基金法》规定，封闭式基金的存续期应在 5 年以上，封闭式基金期满后可以通过一定法定程序延期。目前，我国封闭式基金的存续期大多在 15 年左右。

【例题 10 - 4 单选题】 我国《证券投资基金法》规定，封闭式基金的存续期应在（　　）以上。

A. 1 年　　　　　　　B. 3 年　　　　　　　C. 5 年　　　　　　　D. 10 年

答案：C

【答案解析】 我国《证券投资基金法》规定，封闭式基金的存续期应在 5 年以上。

4. 价格形成方式不同。封闭式基金的交易价格主要受二级市场供求关系的影响，如果供不应求，基金交易价格会超过单位基金资产净值，出现溢价；如果供过于求，基金交易价格会低于单位基金资产净值，出现折价。开放式基金的价格以基金份额净值为基础，交易价格一般在单位基金资产净值上下浮动。

5. 信息披露要求不同。根据我国现行法律法规规定，我国封闭式基金不需要每日公布单位基金资产净值，只需要每周公布一次即可；开放式基金必须每日公布单位基金资产净值，而且考虑到开放式基金的持续销售的要求，开放式基金成立后每 6 个月需要公布一次更新的招募说明书。

6. 投资策略不同。封闭式基金成立后，由于在整个封闭期内，基金份额总数不变，没有资金的流入流出，基金管理人不需要留存一定的资金满足投资者赎回的要求，因此从理论上说，基金管理人可以把所有基金资产进行长线投资；开放式基金在每个开放日都需要应付投资者的赎回要求，因此必须留存一定的现金余额或者流动性强的资产，从而开放式基金不能把所有的基金资产进行长线投资。在流动性方面，开放式基金要比封闭式基金强很多。

（三）收入型、成长型和平衡型基金

根据投资风格的不同，基金可以分为收入型、成长型和平衡型。

收入型基金主要是指以追求当期高收入为基本目标从而以能带来稳定收入的证券为主要投资对象的证券投资基金。其投资对象主要是能够带来稳定收入的有价证券。

成长型基金是指以追求资产的长期增值和盈利为基本目标从而投资于具有良好增长潜力的上市股票或其他证券的证券投资基金。其投资对象主要是成长型公司的股票。

平衡型基金是指以保障资本安全、当期收益分配、资本和收益的长期成长为基本目标从而在投资组合上比较注重长短期收益—风险搭配的证券投资基金。

一般而言，成长型基金的风险最大，预期收益也最高；而收入型基金的风险最小，风险也最低；平衡型基金介于这两者之间：兼顾收益与风险。

【例题 10－5 单选题】 以追求当期高收入为基本目标，以能带来稳定收入的证券为主要投资对象的证券投资基金是（   ）。

A. 指数基金　　　　B. 成长型基金　　　　C. 收入型基金　　　D. 平衡型基金

答案：C

【答案解析】 收入型基金主要是指以追求当期高收入为基本目标从而以能带来稳定收入的证券为主要投资对象的证券投资基金。其投资对象主要是能够带来稳定收入的有价证券。

（四）股票型、债券型、混合型和货币市场型基金

根据投资对象的不同，基金可分为股票型、债券型、混合型和货币市场型基金。

股票型基金指发行基金证券所募集的资金主要投资于上市股票的证券投资基金。根据中国证监会对基金类别的分类标准，基金资产 60% 以上投资于股票的为股票型基金。

债券型基金是指发行基金证券所募集的资金主要投资于可流通的国债、地方政府债券和公司债券的证券投资基金。根据中国证监会对基金类别的分类标准，基金资产 80% 以上投资于股票的为股票型基金。

混合型基金也称为配置型基金，是指发行基金证券所募集的资金投资于股票、债券以及货币市场工具的基金，且不符合股票型基金或债券型基金的分类标准。

货币市场型基金：指发行基金证券所募集的资金主要投资于大额可转让定期存单、银行承兑汇票、商业本票等货币市场工具的证券投资基金。

【例题 10－6 单选题】 按照投资对象不同，可将基金分为（   ）。

A. 股票基金、债券基金、保本基金、货币市场基金

B. 股票基金、债券基金、保本基金、ETF

C. 成长基金、收益基金、指数基金、货币市场基金

D. 股票基金、债券基金、混合基金、货币市场基金

答案：D

【答案解析】依据投资对象的不同，可以将基金分为股票基金、债券基金、货币市场基金、混合基金等。股票基金是指以股票为主要投资对象的基金；债券基金主要以债券为投资对象；货币市场基金以货币市场工具为投资对象；混合基金同时以股票、债券等为投资对象，但投资比例应符合相关规定。

【例题 10 - 7 单选题】根据有关规定，股票基金应有（　　）以上的资产投资于股票，债券基金应有（　　）以上的资产投资于债券。

A. 50%；50%　　　　B. 60%；40%　　　　C. 80%；60%　　　　D. 60%；80%

答案：D

【答案解析】本题是对基金投资组合投资范围的规定。股票基金应有60%以上的资产投资于股票，债券基金应有80%以上的资产投资于债券。

（五）主动型基金和被动型基金

根据投资理念的不同，基金可分为主动型基金和被动型基金。

主动型基金是指基金管理人可以依据基金契约自由选择投资品种，力图取得超越基准组合表现的基金，预期的风险和收益水平都高于被动型基金。它更体现基金管理人的运作水平以及背后强大投研团队的能力。

被动型基金是指并不主动寻求取得超越市场的表现，而是试图复制指数的表现。一般是选取特定的指数作为跟踪对象，以指数所包含的成分股作为投资对象。因此这类基金又被称为指数型基金。

【例题 10 - 8 单选题】依据（　　），证券投资基金可以分为主动型基金和被动型基金。

A. 投资理念的不同　　　　　　　　　B. 投资期限的不同

C. 投资人对风险的态度不同　　　　　D. 投资基本理论依据的不同

答案：A

【答案解析】根据投资理念的不同，基金可分为主动型基金和被动型基金。

（六）公募基金和私募基金

根据基金募集方式的不同，基金可分为公募基金和私募基金。

公募基金是指以公开方式向不确定的社会公众投资者募集资金而设立的基金。投资者人数众多，参与门槛低，风险较小。

私募基金是指通过非公开方式向少数机构投资者和富裕的个人投资者募集资金而设立的基金。由于采用非公开的方式募集资金，因此投资者数量很少，一般不超过200

人，参与门槛高，风险较大。

【例题10-9 单选题】与私募基金相比，公募基金具有的特点是（   ）。

A. 投资风险较高　　　　　　　　　　B. 投资活动所受到的限制和约束少

C. 基金募集对象不固定　　　　　　　D. 采取非公开方式发售

答案：C

【答案解析】公募基金是指以公开方式向不确定的社会公众投资者募集资金而设立的基金。投资者人数众多，参与门槛低，风险较小，受到的约束小。

（七）特殊类型的基金

1. 系列基金。系列基金也称为伞形基金，是指多个子基金共用一个基金合同，各子基金独立运作，子基金之间可以进行相互转换的一种基金结构形式。因此，该类"基金"本质上并不是基金，而是同一基金发起人对由其发起、管理的多只基金的一种经营管理形式，只有其旗下的子基金才是真正的基金。系列基金本身并不构成独立的法律主体，而是一种结构形式，体现了各子基金之间的共同特征和相互转换、互相依存的关系。投资者投资于系列基金，投资的也是系列基金下的子基金。系列基金本身并不是一只具体的基金，相对于一般的基金，系列基金具有如下特点：

（1）法律契约的同一性。不管一只系列基金下面包含多少只子基金，它仍然只有一份相同的招募说明书或基金契约，这些契约文件对该系列基金下的所有子基金都同样适用，都具有相同的法律约束。在采用单一基金组织方式下，尽管不同的基金可能有相同的基金发起人、管理人，但这些基金的契约文件都需要分别制定。

（2）基金体系的开放性。系列基金的开放性一个方面表现在基金规模的开放性，即系列基金总规模或者其下的子基金的规模都没有限制；另一方面表现在基金品种的开放性，即基金发起人可以在同一份法律契约下不断根据市场的需要推出新子基金品种。在设立新的子基金品种时，基金发起人所要做的就是将有关新子基金的具体情况添加到此前的基金企业当中，将之进行更新。新设立的子基金对原有的子基金没有任何影响。

（3）基金品种的多样性。相对于单一基金而言，系列基金通常都包含从数只到十只甚至更多的子基金，这些子基金在投资目标、投资政策、投资对象等方面各不相同，细致而有针对性的品种设计使得系列基金可以在同一品牌下最广泛地吸引具有不同投资目标、投资偏好的众多投资者，因此可以说系列基金是"适合所有人的基金"。

（4）子基金之间的可转换性。同一系列基金的投资者，可以在该系列基金下的不同子基金之间进行方便快捷并且费用低廉的转换。除了一般开放式基金契约所规定的申购、赎回条款外，系列基金的招募说明书还对投资者在不同子基金间进行转换的时间、手续、费率等方面作出规定。转换功能使得投资者在不同基金间进行转换的费用和时间显著降低，从而大大增强了系列基金相对于单一基金的吸引力。不过，在同一系列基金下的子基金之间进行转换时，一般是需要缴纳一定费用的，但总体而言会低于投资者在不同的单一基金间进行转换的费用。

2. 基金中的基金。基金中的基金是指以其他证券投资基金为投资对象的基金，一般选取其他基金构造投资组合作为其投资对象。

3. 保本基金。保本基金是指通过采用投资组合的保险技术，保证投资者在投资到期时至少能够获得投资本金或一定回报的证券投资基金。

保本基金的投资目标是在保本的同时力争有机会获得潜在的高回报。因此，保本基金一般会将大部分资金投资于与基金到期日一致的债券，同时，为提高收益水平，保本基金会将其余部分资金投资于股票、金融衍生品等高风险资产上，当高风险资产亏损时，保本基金至少可以保本；而当高风险资产获取高额回报时，保本基金可以给投资者带来不错的收益。保本基金适合不能忍受亏损、厌恶风险和比较保守的投资者。

4. LOF 和 ETF。上市交易型开放式基金（Listed Open - end Fund），目前在我国指通过深交所交易系统发行并上市交易的开放式基金。该基金为开放式基金，可以在场下申购和赎回，但同时又可以像股票一样通过交易所买卖。无论采取哪种交易方式，投资者均是用资金换基金份额或者用基金份额换资金。

交易型开放式指数基金（Exchange Traded Fund），是以某一选定的指数所包含的成分证券作为投资对象，依据构成指数的股票种类和比例，采取完全复制或抽样复制，进行被动投资的指数基金。该基金和 LOF 类似，也可以采用两种方式交易，但与 LOF 不同的是，在场下申购和赎回时，投资者是用"一篮子"股票换基金份额或者用基金份额换"一篮子"股票。

延伸阅读：LOF 和 ETF 比较

LOF 和 ETF 相比，既有一些相似点，也有一些区别：

一、相似点

1. 同跨两级市场

ETF 和 LOF 都同时存在一级市场和二级市场，都可以像开放式基金一样通过基金发起人、管理人、银行及其他代销机构网点进行申购和赎回。同时，也可以像封闭式基金那样通过交易所的系统买卖。

2. 理论上都存在套利机会

由于上述两种交易方式并存，申购和赎回价格取决于基金单位资产净值，而市场交易价格由系统撮合形成，主要由市场供需决定，两者之间很可能存在一定程度的偏离，当这种偏离足以抵消交易成本的时候，就存在理论上的套利机会。投资者采取低买高卖的方式就可以获得差价收益。

3. 折溢价幅度小

虽然基金单位的交易价格受到供求关系和当日行情的影响，但它始终是围绕基金单位净值上下波动的。由于上述套利机制的存在，当两者的偏离超过一定的程度，就会引发套利行为，从而使交易价格向净值回归，所以其折溢价水平远低于单纯的封闭式基金。

二、区别

1. 适用的基金类型不同

ETF 主要是基于某一指数的被动性投资基金产品，而 LOF 虽然也采取了开放式基金在交易所上市的方式，但它不仅可以用于被动投资的基金产品，也可以用于经济投资的基金。

2. 申购和赎回的标的不同

在申购和赎回时，ETF 与投资者交换的是基金份额和"一篮子"股票，而 LOF 则是基金份额与投资者交换现金。

3. 参与的门槛不同

按照国外的经验和华夏基金上证 50ETF 的设计方案，其申购赎回的基本单位是 100 万份基金单位，起点较高，适合机构客户和有实力的个人投资者；而 LOF 产品的申购和赎回与其他开放式基金一样，申购起点为 1000 基金单位，更适合中小投资者参与。

4. 套利操作方式和成本不同

ETF 在套利交易过程中必须通过"一篮子"股票的买卖，同时涉及基金和股票两个市场，而对 LOF 进行套利交易只涉及基金的交易。更突出的区别是，根据上交所关于 ETF 的设计，为投资者提供了实时套利的机会，可以实现 T+0 交易，其交易成本除交易费用外主要是冲击成本；而深交所目前对 LOF 的交易设计是申购和赎回的基金单位和市场买卖的基金单位分别由中国注册登记系统和中国结算深圳分公司系统托管，跨越申购赎回市场与交易所市场进行交易必须经过系统之间的转托管，需要两个交易日的时间，所以 LOF 套利还要承担时间上的等待成本，进而增加了套利成本。

5. QDII。2007 年 6 月 18 日，中国证监会发布的《合格境内机构投资者境外证券投资管理试行办法》规定，符合条件的境内基金管理公司和证券公司，经中国证监会批准，可在境内募集资金进行境外证券投资管理。这种经中国证监会批准可以在境内募集资金进行境外证券投资的机构称为合格境内机构投资者（Qualified Domestic Institutional Investor，QDII）。

QDII 的投资目标主要是通过全球化的资产配置和组合管理，寻求组合资产稳定的绝对收益，在降低组合波动性的同时，实现基金资产的最大增值。因此，QDII 一般都聘请了境外的投资顾问和资产保管人，且投资于相对比较成熟、稳定的亚太市场和美国市场等。

第二节　股票基金、债券基金、混合基金和货币市场基金

一、股票基金

（一）股票和股票基金的区别

作为进行股票组合投资的股票基金，其与单一股票之间存在比较大的差别。

1. 价格变动不同。单一股票的价格在交易日的交易时间始终处于变动之中，而股票基金每天只有一个价格，就是净值，这个价格一般在交易日收市后计算获得。

2. 价格的决定不同。单一股票价格主要受到投资者买卖股票数量的大小和强弱力量的影响：当买方力量强的时候，股票价格上升，当卖方力量强的时候，股票价格下跌。而股票基金的价格即份额净值不会由于投资者买卖数量或申购、赎回数量的多少而受到影响，其净值主要取决于股票基金投资的证券的价格。

3. 价格对投资者的参考价值不同。人们在投资股票时，一般会根据上市公司的基本面，如财务状况、产品的市场竞争力、盈利预期等方面的信息对股票价格高低的合理性作出判断，判断目前的股票价格是否是低估或者高估，从而来作出是否买进或者卖出的投资决策。而对股票基金份额净值进行合理与否的评判是毫无意义的，因为基金份额净值是由其持有的证券价格复合而成的，不存在净值是否合理的问题，投资者一般通过股票基金份额净值来看清基金的价格走势。

4. 风险不同。单一股票的投资风险较为集中，投资风险较大。股票基金由于选择多种证券进行组合投资，分散了风险，因此其投资风险低于单一股票的投资风险。

（二）股票基金的类型

股票可以根据所在市场、规模、性质以及所属行业等因素分为不同的类型。与此相适应，可以根据基金所投资股票的特性对股票基金进行分类。由于一种股票可能同时具有两种以上的属性，因此，一只股票基金也可以被归为不同的类型。

1. 按投资范围分类。按投资范围分类，股票基金可分为国内股票基金、国外股票基金与全球股票基金三大类。

国内股票基金以本国范围内股票市场上的股票为投资对象，投资风险主要受国内市场的影响。国外股票基金以非本国的股票市场上的股票为投资对象，由于币制不同，存在一定的汇率风险。全球股票基金以包括国内股票市场在内的全球股票市场上的股票为投资对象，进行全球化分散投资，由于投资范围广泛，可以有效克服单一国家或区域投资风险，但由于投资范围跨度大，费用相对较高。

国外股票基金可进一步分为单一国家型股票基金、区域型股票基金、国际股票基金三种类型。单一国家型股票基金以某一国家的股票市场上的股票为投资对象，以期分享该国股票投资的较高收益，但会面临较高的国家投资风险。区域型股票基金以某一区域内的国家组成的区域股票市场上的股票为投资对象，以期分享该区域股票投资的较高收益，比如我国选择东亚国家的股票市场上的股票为投资对象的 QDII，但会面临较高的区域投资风险。国际股票基金以除本国以外的全球股票市场上的股票为投资对象，相对而言，投资对象多样化，可以较好分散除本国股票市场外的风险。

2. 按股票规模分类。股票按市值的大小可分为小盘股票、中盘股票与大盘股票，是一种最基本的股票分析方法。与此相适应，专注于投资小盘股票的基金称为小盘股票基金。同样的，专注于投资中盘股票的基金称为中盘股票基金，专注于投资大盘股票的基金称为大盘股票基金。

对股票规模的划分可能并没有一个非常严格的标准，通常有两种划分方法。一种方法是依据市值的绝对值进行划分。如通常将市值小于 5 亿元人民币的公司股票归为小盘股，将超过 20 亿元人民币的公司股票归为大盘股，介于这两者之间的就是中盘股。另一种方法是依据相对规模进行划分。如将一个市场的全部上市公司股票按市值大小排名。市值较小、累计市值占市场总市值 20% 以下的公司股票归为小盘股；市值排名靠前，累计市值占市场总市值 50% 以上的公司股票为大盘股。

3. 按股票性质分类。根据股票性质的不同，通常可以将股票分为价值型股票与成长型股票。价值型股票通常是指收益稳定、价值被低估、安全性较高的股票，其市盈率、市净率通常较低。成长型股票通常是指收益增长速度快、未来发展潜力大的股票，其市盈率、市净率通常较高。价值型股票的投资者比成长型股票的投资者一般表现得更有耐心，更倾向于长期投资。与此相反，一旦市场有变，成长型股票的投资者往往会选择快进快出，进行短线操作。

专注于价值型股票投资的股票基金称为价值型股票基金；专注于成长型股票投资的股票基金称为成长型股票基金；同时投资于价值型股票与成长型股票的基金则称为平衡型基金。价值型股票基金的投资风险要低于成长型股票基金，但回报通常也不如成长型股票基金。平衡型基金的收益、风险则介于价值型股票基金与成长型股票基金之间。

在价值型与成长型分类中还可以对股票的性质进一步进行细分，从而会有各种不同的价值型基金与成长型基金。

价值型股票可以进一步被细分为低市盈率股、蓝筹股、收益型股票、防御型股票、逆势型股票等，从而有蓝筹股基金、收益型基金等。蓝筹股是指规模大、发展成熟、高质量公司的股票，如包括在上证 50 指数、上证 180 指数中的成分股。收益型股票是指高分红的一类股票。防御型股票是指利润不随经济衰退而下降，可以有效抵御经济衰退影响的一类股票。逆势型股票是指价值被低估或非市场热点的一类股票，往往是典型的周期性衰退公司的股票。专注于此类股票投资的基金经理期望这些股票能进入周期性反弹或其收益能有较大的改善。

成长型股票可以进一步分为持续成长型股票、趋势增长型股票、周期型股票等，从而有持续成长型基金、趋势增长型基金等。持续成长型股票是指业绩能够持续稳定增长的一类股票；趋势增长型股票是指波动大、业绩有望加速增长的一类股票；周期型股票是指利润随经济周期波动变化比较大的一类股票。

4. 按行业分类。同一行业内的股票往往表现出类似的特性与价格走势。以某一特定行业或板块为投资对象的基金就是行业股票基金，如基础行业基金、资源类股票基金、房地产基金、金融服务基金、科技股基金等。不同行业在不同经济周期中的表现不同，为追求较好的回报，还有一种行业轮换型基金。行业轮换型基金集中于行业投资，投资风险相对较高。

（三）股票基金的投资风险

股票基金所面临的投资风险主要包括系统性风险、非系统性风险以及管理运作风险。

系统性风险即市场风险，是指由整体政治、经济、社会等环境因素对证券价格所造成的影响。系统性风险包括政策风险、经济周期性波动风险、利率风险、购买力风险、汇率风险等。这种风险不能通过分散投资加以消除，因此又称为不可分散风险。

非系统性风险是指个别证券特有的风险，包括企业的信用风险、经营风险、财务风险等。非系统性风险可以通过分散投资加以规避，因此又称为可分散风险。

管理运作风险是指由于基金经理对基金的主动性操作行为而导致的风险，如基金经理不适当地对某一行业或个股的集中投资给基金带来的风险。

股票基金通过分散投资可以大大降低个股投资的非系统性风险，但却不能回避系统性投资风险，而管理运作风险则因基金而异。

不同类型的股票基金所面临的风险会有所不同。例如，单一行业投资基金会存在行业投资风险，而以整个市场为投资对象的基金则不会存在行业风险；单一国家型股票基金将会面临较高的单一国家投资风险，而全球股票基金则会较好地回避此类风险。

二、债券基金

（一）债券和债券基金的区别

作为进行债券组合投资的债券基金，其与单一债券之间存在比较大的差别。

1. 收益不同。投资者购买固定利率性质的债券，在购买后会定期得到固定的利息收入，并可在债券到期时收回本金。而债券基金作为不同债券的组合，尽管也会定期将收益分配给投资者，但债券基金分配的收益有升有降，不如债券的利息固定。

2. 到期日不同。债券都有明确的到期时间，比如5年、10年等，但债券基金是由一组具有不同到期日的债券组合而成，而且可以根据市场的变化调整投资组合，因此，其并没有一个确定的到期日，如果债券基金是开放式基金，从理论上来说，甚至可以永远存在。不过为分析债券基金的特性，我们仍可以对债券基金所持有的所有债券计算出一个平均到期日。

3. 收益预测程度不同。投资者买入并持有到期某种单一债券，则可以根据该债券的购买价格、现金流以及到期收回的本金计算其投资收益率，而债券基金由一组不同的债券组成，收益率较难计算和预测。不过为了考察债券基金的投资收益，一般也可以通过债券基金的加权平均收益率或者投资者内部收益率来衡量。

4. 投资风险不同。一般而言，单一债券随着到期日的临近，所承担的利率风险会下降。而债券基金没有固定到期日，所承担的利率风险将主要取决于所持有的债券的平均到期日。债券基金的平均到期日常常会相对固定，债券基金所承受的利率风险通常也会保持在一定的水平。单一债券的信用风险比较集中，而债券基金通过分散投资则可以有效避免单一债券可能面临的较高的信用风险。

（二）债券基金的类型

作为一种重要的投资工具，债券有不同类型，与此相适应，债券基金也会有不同类型。通常可以依据债券发行者（政府、企业等）的不同、债券到期日的长短以及债券的信用等级对债券进行分类。

根据发行者的不同，可以将债券分为政府债券、企业债券、金融债券等。政府债券是政府为筹集资金而发行的债券。主要包括国债、地方政府债券等，其中最主要的是国债。国债因其信誉好、利率优、风险小而又被称为"金边债券"。除了政府部门直接发行的债券外，有些国家把政府担保的债券也划归为政府债券体系，称为政府保证债券。金融债券是由银行和非银行金融机构发行的债券。在我国金融债券主要由国家开发银行、进出口银行等政策性银行发行。金融机构一般有雄厚的资金实力，信用度较高，因此金融债券往往有良好的信誉。企业债券在我国是按照《企业债券管理条例》规定发行与交易、由国家发展和改革委员会监督管理的债券，在实际中，其发债主体为中央政府部门所属机构、国有独资企业或国有控股企业。

根据债券到期日的不同，可以将债券分为短期债券、长期债券等。根据债券信用等级的不同，可以将债券分为低等级债券、高等级债券等。与此相适应，也就产生了以某一类债券为投资对象的债券基金。

（三）债券基金的投资风险

债券基金选取债券作为主要的投资对象，其投资风险主要包括利率风险、信用风险、提前赎回风险以及通货膨胀风险。

1. 利率风险。债券的价格与市场利率变动密切相关，且呈反方向变动。当市场利率上升时，大部分债券的价格会下降；当市场利率降低时，债券的价格通常会上升。通常，债券的到期日越长，债券价格受市场利率的影响就越大。与此相类似，债券基金的价值会受到市场利率变动的影响。债券基金的平均到期日越长，债券基金的利率风险越高。

2. 信用风险。信用风险是指债券发行人没有能力按时支付利息、到期归还本金的风险。如果债券发行人不能按时支付利息或偿还本金，该债券就面临很高的信用风险。投资者为弥补低等级信用债券可能面临的较高信用风险，往往会要求较高的收益补偿。一些债券评级机构会对债券的信用进行评级。如果某债券的信用等级下降，将会导致该债券的价格下跌，持有这种债券的基金的资产净值也会随之下降。

3. 提前赎回风险。提前赎回风险是指债券发行人有可能在债券到期日之前回购债券的风险。当市场利率下降时，债券发行人能够以更低的利率融资，因此可以提前偿还高息债券。持有附有提前赎回权债券的基金将不仅不能获得高息收益，而且还会面临再投资风险。

4. 通货膨胀风险。与股票基金相比，债券基金以债券为投资对象，投资风险小，因此其收益相对也较小。在难以避免通货膨胀会吞噬固定收益所形成的购买力的情况下，投资者必须适当地购买一些股票基金。

三、混合基金

混合基金以股票和债券为投资对象，其风险低于股票基金，预期收益率高于债券基金。

（一）混合基金的类型

依据混合基金投资的股票和债券的配比不同，混合基金可以分为偏股型基金、偏债型基金、股债平衡型基金、灵活配置型基金等。

偏股型基金中股票的配置比例较高，债券的配置比例相对较低。通常，股票的配置比例在50%~70%，债券的配置比例在20%~40%。

偏债型基金与偏股型基金正好相反，债券的配置比例较高，股票的配置比例则相对较低。

股债平衡型基金股票与债券的配置比例较为均衡，比例在40%~60%。

灵活配置型基金在股票、债券上的配置比例则会根据市场状况进行调整，有时股票的比例较高，有时债券的比例较高。

（二）混合基金的投资风险

混合基金的投资风险主要取决于股票与债券配置的比例大小。一般而言，偏股型基金、灵活配置型基金的风险较高，但预期收益率也较高；偏债型基金的风险较低，预期收益率也较低；股债平衡型基金的风险与收益则较为适中。

混合基金尽管提供了一种"一站式"的资产配置投资方式，但如果购买多只混合基金，投资者在各种大类资产上的配置可能变得模糊不清，这将不利于投资者根据市场状况进行有效的资产配置。

四、货币市场基金

货币市场基金以货币市场工具为投资对象，风险小、流动性强。

（一）货币市场基金的投资对象

按照《货币市场基金管理暂行规定》以及其他有关规定，目前我国货币市场基金能够进行投资的金融工具主要包括：（1）现金；（2）1年以内（含1年）的银行定期存款、大额存单；（3）剩余期限在397天以内（含397天）的债券；（4）期限在1年以内（含1年）的债券回购；（5）期限在1年以内（含1年）的中央银行票据；（6）剩余期限在397天以内（含397天）的资产支持证券。

货币市场基金不得投资于以下金融工具：（1）股票；（2）可转换债券；（3）剩余期限超过397天的债券；（4）信用等级在AAA级以下的企业债券；（5）国内信用评级机构评定的A-1级或相当于A-1级的短期信用级别及该标准以下的短期融资券；（6）流通受限的证券。

✍ **【例题10-10单选题】**主要投资于大额可转让定期存单、银行承兑汇票、商业本票等货币市场工具的证券投资基金是（　　）。

　　A. 股票基金　　　　B. 债券基金　　　　C. 债权基金　　　　D. 货币市场基金

答案：D

【答案解析】按照《货币市场基金管理暂行规定》以及其他有关规定，目前我国货币市场基金能够进行投资的金融工具主要包括：（1）现金；（2）1年以内（含1年）的银行定期存款、大额存单；（3）剩余期限在397天以内（含397天）的债券；（4）期限在1年以内（含1年）的债券回购；（5）期限在1年以内（含1年）的中央银行票据；（6）剩余期限在397天以内（含397天）的资产支持证券。

（二）货币市场基金的投资风险

货币市场基金同样会面临利率风险、购买力风险、信用风险、流动性风险。但由于我国货币市场基金不得投资于剩余期限高于 397 天的债券，投资组合的平均剩余期限不得超过 180 天，实际上货币市场基金的风险是较低的。与银行存款不同，货币市场基金并不保证收益水平。因此，尽管货币市场基金的风险较低，但并不意味着货币市场基金没有投资风险。

第三节　保本基金

一、保本基金的特点

保本基金的最大特点是其招募说明书中明确规定了相关的保本条款，即在满足一定的持有期限后，为投资者提供本金或收益的保障。根据中国证监会 2010 年 10 月 26 日公布的《关于保本基金的指导意见》，现阶段我国保本基金的保本保障机制包括：（1）由基金管理人对基金份额持有人的投资本金承担保本清偿义务；同时，基金管理人与符合条件的担保人签订保证合同，由担保人和基金管理人对投资人承担连带责任。（2）基金管理人与符合条件的保本义务人签订风险买断合同，约定由基金管理人向保本义务人支付费用；保本义务人在保本基金到期出现亏损时，负责向基金份额持有人偿付相应损失。保本义务人在向基金份额持有人偿付损失后，放弃向基金管理人追偿的权利。（3）经中国证监会认可的其他保本保障机制。

保本基金从本质上讲是一种混合基金。此类基金锁定了投资亏损的风险，产品风险较低，也并不放弃追求超额收益的空间，因此比较适合那些不能忍受投资亏损、比较稳健和保守的投资者。

【例题 10-11 单选题】 持有一定时期后（一般是 3~5 年，最长也可达 10 年），投资者会获得投资本金的特定百分比（例如 100% 的本金）的回报，如果运作成功，投资者还会得到额外收益的基金是（　　）。

A. 成长型基金　　　　　B. 收入型基金　　　　C. 平衡型基金　　　D. 保本基金

答案：D

【答案解析】 保本基金是指通过采用投资组合的保险技术，保证投资者在投资到期时至少能够获得投资本金或一定回报的证券投资基金。

二、保本基金的保本策略

保本基金于 20 世纪 80 年代中期起源于美国，其核心是运用投资组合保险策略进行基金的操作。国际上比较流行的投资组合保险策略主要有对冲保险策略与固定比例投资组合保险策略（Constant Proportion Portfolio Insurance，CPPI）。

对冲保险策略主要依赖金融衍生产品，如股票期权、股指期货等，实现投资组合价值的保本与增值。国际成熟市场的保本投资策略目前较多采用衍生金融工具进行操作。

目前，国内尚缺乏这些金融工具，所以国内保本基金为实现保本的目的，主要选择固定比例投资组合保险策略作为投资中的保本策略。

CPPI 是一种通过比较投资组合现时净值与投资组合价值底线，从而动态调整投资组合中风险资产与保本资产的比例，以兼顾保本与增值目标的保本策略。CPPI 投资策略的投资步骤可分为以下三步：

第一步，根据投资组合期末最低目标价值（基金的本金）和合理的折现率设定当前应持有的保本资产的价值，即投资组合的价值底线。

第二步，计算投资组合现时净值超过价值底线的数额。该值通常称为安全垫，是风险投资（如股票投资）可承受的最高损失限额。

第三步，按安全垫的一定倍数确定风险资产投资的比例，并将其余资产投资于保本资产（如债券投资），从而在确保实现保本目标的同时，实现投资组合的增值。

风险资产投资额通常可用下式确定：

$$风险资产投资额 = 放大倍数 \times (投资组合现时净值 - 价值底线)$$
$$= 放大倍数 \times 安全垫$$

$$风险资产投资比例 = \frac{风险资产投资额}{基金净值} \times 100\%$$

如果安全垫不放大。将投资组合现时净值高于价值底线的资产完全用于风险资产投资，即使风险资产（股票）投资完全亏损，基金也能够实现到期保本。因此，可以适当放大安全垫的倍数，提高风险资产投资比例以增加基金的收益。例如，将投资债券确定的投资收益的 2 倍投资于股票，也就是将安全垫放大 1 倍，那么如果股票亏损的幅度在50% 以内，则基金仍能实现保本目标。安全垫放大倍数的增加，尽管能提高基金的收益，但投资风险也将趋于同步增大；但过小，则使基金收益不足。基金管理人必须在股票投资风险加大和收益增加这两者间寻找适当的平衡点。也就是说，要确定适当的安全垫放大倍数，以力求既能保证基金本金的安全，又能尽量为投资者创造更多的收益。

通常，保本资产和风险资产的比例并不是经常发生变动的，必须在一定时间内维持恒定比例，以避免出现过激投资行为。基金管理人一般只在市场可能发生剧烈变化时，才对基金安全垫的中长期放大倍数进行调整。在放大倍数一定的情况下，随着安全垫价值的上升，风险资产投资比例将随之上升。一旦投资组合现时净值向下接近价值底线，系统将自动降低风险资产的投资比例。

三、保本基金的投资风险

1. 保本基金一般提供的保证有本金保证、收益保证和红利保证，具体比例由基金公司自行规定。一般本金保证比例为 80% ～ 100%，大部分为 100%。因此投资者在投资保本基金时，一定要看清保本基金的保本比例，如果保本比例为 80%，则说明保本期结束后，投资者的最大亏损比例可能为 20%。

2. 保本基金有一个保本期，投资者只有持有到期后才获得本金保证或收益保证。如果投资者在到期前急需资金，提前赎回，则不享有保证承诺，甚至会发生比较大的亏损，这主要是因为基金管理人为保证资金的稳定性以方便进行证券投资，对于提前赎回的投资者，一般都会规定比较高的赎回费率。保本基金的保本期通常在 3~5 年，但也有长至 7~10 年的。

3. 保本基金只对在认购期内投资保本基金的投资者提供保本承诺，而对于在认购期结束后申购保本基金的投资者不承诺保本。

4. 保本的性质在一定程度上限制了基金收益的上升空间。为了保证到期能够向投资者兑现保本承诺，保本基金通常会将大部分资金投资在期限与保本期一致的债券上。保本基金中债券的比例越高，其投资于高回报上的资产比例就越少，收益上升空间就会受到一定限制。

5. 尽管投资保本基金亏本的风险几乎等于零，但投资者仍必须考虑投资的机会成本与通货膨胀损失。如果到期后不能取得比银行存款利率和通货膨胀率高的收益率，保本将变得毫无意义。投资时间的长短，决定投资机会成本的高低。投资期限愈长，投资的机会成本愈高。

✎ **【例题 10 – 12 单选题】** 关于保本基金，以下说法不正确的是（　　）。

A. 保本期越长，投资者承担的机会成本越高

B. 常见的保本比例介于 80%~100%

C. 其他条件相同，保本比例较低的基金投资于风险性资产的比例也较低

D. 保本基金往往会对提前赎回基金的投资者收取较高的赎回费

答案：C

【答案解析】 在其他条件相同的情况下，保本比例较低的基金投资于风险性资产的比例一般较高。

第四节　交易型开放式指数基金（ETF）

一、ETF 的特点

（一）被动操作的指数基金

ETF 是以某一选定的指数所包含的成分证券为投资对象，依据构成指数的股票种类和比例，采取完全复制或抽样复制，进行被动投资的指数基金。ETF 不但具有传统指数基金的全部特色，而且是更为纯粹的指数基金。

（二）独特的实物申购、赎回机制

实物申购、赎回机制，是指投资者向基金管理公司申购 ETF，需要拿这只 ETF 指定的"一篮子"股票来换取；赎回时得到的不是现金，而是相应的"一篮子"股票；如果想变现，需要再卖出这些股票。实物申购、赎回机制是 ETF 最大的特色，使 ETF 省却了用现金购买股票以及为应付赎回卖出股票的环节。此外，ETF 有"最小申购、赎回份额"的规定，只有资金达到一定规模的投资者才能参与 ETF 一级市场的实物申购、赎回。

【例题10－13 单选题】 ETF 基金最大的特色是（　　）。

A. 被动操作　　　　　　　　　　B. 指数型基金

C. 实物申购赎回　　　　　　　　D. 一级市场与二级市场并存

答案：C

【答案解析】 实物申购、赎回机制是 ETF 最大的特色，使 ETF 省却了用现金购买股票以及为应付赎回卖出股票的环节。

（三）实行一级市场与二级市场并存的交易制度

ETF 实行一级市场与二级市场并存的交易制度。在一级市场上，只有资金达到一定规模的投资者（基金份额通常要求在 50 万份以上）在交易时间内可以随时进行以股票换份额（申购）、以份额换股票（赎回）的交易，中小投资者被排斥在一级市场之外。在二级市场上，ETF 与普通股票一样在市场挂牌交易。无论是资金在一定规模以上的投资者还是中小投资者，均可按市场价格进行 ETF 份额的交易。一级市场的存在使二级市场交易价格不可能偏离基金份额净值很多，否则两个市场的差价会引发套利交易。因此，正常情况下，ETF 二级市场交易价格与基金份额净值总是比较接近，可有效防止类似封闭式基金的大幅折价。

ETF 本质上是一种指数基金，因此对 ETF 的需求主要体现为对指数产品的需求上。目前，在我国的证券市场上，大多数投资者仍然是中小投资者，对于那些想赚取指数红利而又没有大量资金的中小投资者而言，ETF 具有一定的吸引力。

【例题10－14 单选题】 下列内容不属于 ETF 的特点的是（　　）。

A. 被动操作的指数型基金

B. 实行一级市场与二级市场并存的交易制度

C. 招募说明书中明确规定了相关的担保条款

D. 独特的实物申购赎回机制

答案：C

【答案解析】 ETF 是一种指数基金，不存在保本条款。

二、ETF 的套利交易

当同一商品在不同市场上价格不一致时就会存在套利交易。传统上，数量固定的证券会在供求关系的作用下，形成二级市场价格独立于自身净值的交易特色，如股票、封闭式基金即是如此。而数量不固定的证券，如开放式基金则不能形成二级市场价格，只能按净值进行交易。ETF 的独特之处在于实行一级市场与二级市场交易同步进行的制度安排，因此，投资者可以在 ETF 二级市场交易价格与基金份额净值两者之间存在差价时进行套利交易。

具体而言，当二级市场 ETF 交易价格低于其份额净值，即发生折价交易时，大的投资者可以通过在二级市场低价买进 ETF，然后在一级市场赎回（高价卖出）份额，再于二级市场上卖掉股票而实现套利交易。相反，当二级市场 ETF 交易价格高于其份额净值，即发生溢价交易时，大的投资者可以在二级市场买进"一篮子"股票，于一级市场按份额净值转换为 ETF（相当于低价买入 ETF）份额，再于二级市场上高价卖掉 ETF 而实现套利交易。套利机制的存在将会迫使 ETF 二级市场价格与份额净值趋于一致，使 ETF 既不会出现类似封闭式基金二级市场大幅折价交易、股票大幅溢价交易现象，也克服了开放式基金不能进行盘中交易的弱点。

折价套利会导致 ETF 总份额的减少，溢价套利会导致 ETF 总份额的扩大。但正常情况下，套利活动会使套利机会消失，因此套利机会并不多，通过套利活动引致的 ETF 规模的变动也就不会很大。ETF 规模的变动最终取决于市场对 ETF 的真正需求。

三、ETF 的类型

ETF 主要通过复制指数来进行被动投资。根据复制方法的不同，可以将 ETF 分为完全复制型 ETF 与抽样复制型 ETF。完全复制型 ETF 是依据构成指数的全部成分股在指数中所占的权重，进行 ETF 的构建。我国首只 ETF——上证 50ETF 采用的就是完全复制。在标的指数成分股数量较多、个别成分股流动性不足的情况下，抽样复制的效果可能更好。抽样复制就是通过选取指数中部分有代表性的成分股，参照指数成分股在指数中的比重设计样本股的组合比例进行 ETF 的构建，目的是以最低的交易成本构建样本组合，使 ETF 能较好地跟踪指数。

四、ETF 的风险

ETF 作为证券市场的投资工具之一，不可避免地受到证券市场系统性风险的影响。同时，受到部分证券难以复制及 ETF 复制指数程度的影响，ETF 可能与所跟踪指数的表现存在一定的差异，即跟踪误差：指数上涨了，但 ETF 并没有获取收益。这一点，投资者必须要有清醒的认识。

第五节 上市开放式基金（LOF）

一、LOF 的特点

（一）成本低廉

LOF 的交易成本相对低廉，投资者通过交易所买卖 LOF 的双边费率最高差不多为 0.5%，远低于在一级市场（通过银行或基金管理公司）申购和赎回的双边 1.5% ~ 2.0% 的平均交易费用。通过证券账户，利用交易所电话、网络方式交易 LOF 等交易方式，比银行提供的面对面的柜台式服务更为方便和快捷。

（二）独特的交易模式

传统的开放式基金只能通过场下申购、赎回进行交易，封闭式基金上市后只能通过交易所进行交易，而 LOF 上市后，投资者既可以像买卖封闭式基金那样在交易所交易，也可以像开放式基金那样进行申购和赎回。这种独特的一级市场和二级市场交易并存的制度安排，在方便投资者交易的同时，也为投资者提供了套利的机会。

（三）减少折价

传统的封闭式基金在上市交易后，由于其价格受到证券市场买卖双方力量的影响，因此比较容易出现大幅度折价的现象。而 LOF 由于存在一级市场和二级市场独特的交易制度，因此不容易出现折价的现象，即使出现折价，折价幅度也会比较小。比如，如果 LOF 基金出现大幅度的折价，则投资者可以在二级市场买入 LOF，然后在银行以基金净值办理赎回，则可以套利。当套利逐渐消失时，LOF 的折价也逐渐消灭。

（四）信息透明

LOF 一旦在交易所上市交易后，除了像传统的开放式基金一样每日公布份额净值外，还必须遵守交易所的信息披露制度。为了便于二级市场投资者的操作，目前 LOF 一般每天在证券交易时间内四次披露实时净值，这大大提高了基金运作的透明度，有助于 LOF 的规范运作。

二、LOF 的套利交易

由于投资者既可以在交易所上市交易 LOF，又可以办理申购赎回 LOF，因此存在基金的二级市场交易价格与一级市场的申购赎回净值相背离的可能，由此产生了套利机会。当二级市场价格高于基金净值的幅度超过手续费率（申购费率＋市场间转托管费率＋二级市场交易费率）时，投资者就可以从基金公司或者代销机构申购 LOF 份额，再到二级市场卖出基金份额，从而赚取差价收益；当二级市场价格低于基金净值的幅度超过手续费率（二级市场交易费率＋市场间转托管费率＋赎回费率）时，投资者就可以先在二级市场买入基金份额，再到基金公司或者代销机构办理赎回 LOF 份额，从而赚取差价收益。由于上市 LOF 基金的份额托管在中国证券登记结算有限责任公司的两个不同系统，投资者在套利时，必须先办理市场间转托管手续。

转托管是指投资者持有的 LOF 份额在中国证券登记结算有限责任公司的开放式基金注册登记系统（简称 TA 系统）与在中国证券登记结算有限责任公司深圳分公司的证券登记结算系统之间的转托管。之所以需要转托管，是因为 LOF 份额采取分系统托管原则。托管在证券登记系统中的基金份额只能在证券交易所集中交易，不能直接进行认购、申购、赎回；托管在 TA 系统中的基金份额只能进行认购、申购、赎回，不能直接在证券交易所集中交易。如投资者拟将托管在证券登记系统中的基金份额申请赎回，或拟将托管在 TA 系统中的基金份额进行证券交易所集中交易，则应先办理跨系统转托管手续，即将托管在证券登记系统中的基金份额转托管到 TA 系统，或将托管在 TA 系统中的基金份额转托管到证券登记系统。

【例题 10－15 单选题】下面哪个是 LOF 和 ETF 的共同点？（　　　）

A. 适应的基金类型   B. 一级市场参与的门槛

C. 申购和赎回的标的   D. 同跨两级市场

答案：D

【答案解析】ETF 是指数型基金，一级市场参与门槛高，采用实物赎回申购，而 LOF 基金适合各种类型的基金，和一般的开发式基金申购赎回无异，它们的相同点就是同跨两级市场。

第六节　QDII 基金与分级基金

一、QDII 基金

2007 年 6 月 18 日，中国证监会发布的《合格境内机构投资者境外证券投资管理试行办法》规定，符合条件的境内基金管理公司和证券公司，经中国证监会批准，可在境内募集资金进行境外证券投资管理。这种经中国证监会批准可以在境内募集资金进行境外证券投资的机构称为合格境内机构投资者（Qualified Domestic Institutional Investor，QDII）。QDII 是在我国人民币没有实现可自由兑换、资本项目尚未开放的情况下，有限度地允许境内投资者投资境外证券市场的一项过渡性的制度安排。目前，除了基金管理公司和证券公司外，商业银行等其他金融机构也可以发行代客境外理财产品，但我们这里主要涉及的是由基金管理公司发行的 QDII 产品，即 QDII 基金。QDII 基金可以人民币、美元或其他主要外汇货币为计价货币募集。

（一）QDII 基金的投资对象

1. QDII 基金可投资的金融产品或工具。根据有关规定，除中国证监会另有规定外，QDII 基金可投资于下列金融产品或工具：（1）银行存款、可转让存单、银行承兑汇票、银行票据、商业票据、回购协议、短期政府债券等货币市场工具。（2）政府债券、公司债券、可转换债券、住房按揭支持证券、资产支持证券等及经中国证监会认可的国际金融组织发行的证券。（3）与中国证监会签署双边监管合作谅解备忘录的国家或地区证券市场挂牌交易的普通股、优先股、全球存托凭证和美国存托凭证、房地产信托凭证。（4）在已与中国证监会签署双边监管合作谅解备忘录的国家或地区证券监管机构登记注册的公募基金。（5）与固定收益、股权、信用、商品指数、基金等标的物挂钩的结构性投资产品。（6）远期合约、互换及经中国证监会认可的境外交易所上市交易的权证、期权、期货等金融衍生产品。

2. QDII 基金不得有的行为。除中国证监会另有规定之外，QDII 基金不得有下列行为：（1）购买不动产。（2）购买房地产抵押按揭。（3）购买贵重金属或代表贵重金属的凭证。（4）购买实物商品。（5）除应付赎回、交易清算等临时用途以外，借入现金。该临时用途借入现金的比例不得超过基金、集合计划资产净值的 10%。（6）利用融资购买证券，但投资金融衍生产品除外。（7）参与未持有基础资产的卖空交易。（8）从事证券承销业务。（9）中国证监会禁止的其他行为。

（二）QDII 基金的投资风险

1. 国际市场投资会面临国内基金所没有的汇率风险。

2. 国际市场将会面临国别风险、新兴市场风险等特别投资风险。

3. 进行国际市场投资有可能降低组合投资风险，但并不能排除市场风险。

4. QDII 基金的流动性风险也需注意。由于 QDII 基金涉及跨境交易，基金申购、赎回的时间要长于国内其他基金。

二、分级基金

作为一种创新型基金，分级基金通过事先约定基金的风险收益分配，将基础份额分为预期风险收益较低的子份额和预期风险收益较高的子份额，并可将其中一类或全部类别份额上市交易的结构化证券投资基金。一般将预期风险收益较低的子份额称为 A 类份额，一般将预期风险收益较高的子份额称为 B 类份额。

（一）分级基金的特点

1. 一只基金，多种选择。普通基金仅适合于某一类特定风险收益偏好的投资者，而分级基金将一只基金分为预期收益不同的子份额，可以同时满足不同风险偏好投资者的需求。以目前我国股票型分级基金为例，基础份额一般被拆分为 A、B 两类子份额，其中 A 类份额根据基金合同的约定可以获得基准收益，通常是约定一个固定的年化收益率，当基金投资出现亏损时，B 类份额需要弥补 A 类份额的本金损失并满足最低回报要求。作为补偿，在基金表现较好时，A 类份额将部分或全部的超额收益让渡给 B 份额，作为 B 份额承担较高风险的补偿，因此，B 类份额具有较高的预期风险和收益，从而使得一只基金同时具有了风险收益特征不同的三类份额：A 类份额具有低风险、收益稳定的特征，比较适合保守型投资者；B 类份额具有高风险、高回报的特征，比较适合激进型投资者；基础份额等同于普通基金份额，风险、收益适中，比较适合稳健型投资者。

2. 交易所上市，可以分离交易。分级基金可以通过场外、场内两种方式募集，通过场外与场内获得的基金份额分别被注册登记在场外系统与场内系统，但基金份额可以通过跨系统转托管实现在场外与场内市场的转换。基金成立后，场内的基础份额拆分为 A 类份额和 B 类份额，并上市交易，即场内可存在三类份额：基础份额、A 类份额和 B 类份额，实现了不同风险收益特征的 A 类份额和 B 类份额可分离交易。投资者认购基础份额后可以根据自己的风险偏好选择持有基础份额；卖出 A 类份额，持有 B 类份额；或者卖出 B 类份额，持有 A 类份额。

3. 份额分级，资产合并运作。尽管分级基金将基础份额拆分为不同风险收益特征的子份额，但基金资产仍然作为一个整体进行投资运作，不同类别子份额的收益分配一方面受到基金整体投资业绩的影响，另一方面则取决于事先约定的收益分配条件。

4. 内含衍生工具与杠杆特性。分级基金设计收益分配权的分割与收益保障等结构型条款的设置，使得其普遍具有杠杆化的特性，具有了内含衍生工具特性。此外，由于结构设计、运作方式、定价和杠杆的不同，不同的分级基金表现出较大的差异，这些情况都使得分级基金的复杂程度远超过普通基金。

（二）分级基金的类型

分级基金包含有运作方式、投资对象、募集方式等因素，根据这些因素的不同，分级基金可以分为不同的类型。

1. 按运作方式不同，分级基金可分为封闭式分级基金和开放式分级基金。封闭式分级基金基础份额只能在基金发行时购买，发行结束后不能申购赎回基础份额，只能通过二级市场买卖分级份额。开放式分级基金能够满足投资者在基金日常运作期间申购赎回基础份额的要求，通过配对转换的功能实现基础份额与分级份额之间的联通。封闭式分级基金有一定的存续期，目前多为 3 年或 5 年，到期后分级基金转换为普通 LOF 基金进行运作，分级基金不再延续，而开放式分级基金则能保证分级基金的分级机制在正常情况下长期有效和永久存续。

2. 按投资对象不同，分级基金可分为股票型分级基金、债券型分级基金和混合型分级基金等。

3. 按投资风格的不同，分级基金可以分为主动投资型分级基金和被动投资型（指数化）分级基金。

4. 按募集方式的不同，分级基金可以分为合并募集分级基金和分开募集分级基金。合并募集是统一以母基金代码进行募集，募集完成后，将基金份额按比例拆分为子份额；分开募集是分别以子代码进行募集，通过比例配售实现子份额的配比。

5. 按收益分配的不同，分级基金可以分为简单融资型分级基金和复杂型分级基金。

（三）分级基金的风险

分级基金在运作方面比普通基金要复杂得多，因此在投资时需要注意其特定的风险。

1. 分级基金将基金份额拆分为不同风险收益特征的子份额，但基金资产仍然作为一个整体进行投资运作，因此，同样面临各种投资运作风险。

2. 尽管分级基金的预期风险、收益较低的子份额具有低风险且预期收益相对稳定的特性，但仍然可能面临无法取得约定收益乃至遭受投资损失的风险。

3. 高杠杆具有"双刃剑"的作用，上涨时能放大收益，但下跌时投资亏损也会放大。

📖【本章小结】

本章从基金分类的意义出发，梳理了基金的基本类型——契约型基金和公司型基金，开放式基金和封闭式基金，股票型基金、债券型基金、混合基金和货币市场基金，特别针对我国的一些创新产品——系列基金、保本基金、ETF、LOF、QDII、分级基金——进行了详细介绍。

✍【课后训练】

1. 分别选择一只生命周期基金、ETF 联接基金、创新型封闭式基金，说明其特点。

2. 除了文中所述的基金，还有哪些基金产品？

第十一章

基金的发行与营销

JIJIN DE FAXING YU
YINGXIAO

教学要求

阐述了基金的发行程序及基金的营销体系。

知识目标

1. 了解基金发行的程序
2. 熟悉基金营销的内容
3. 熟悉基金的设计与定价
4. 熟悉基金的销售渠道及客户服务
5. 了解基金销售业务信息管理

能力目标

1. 掌握基金的发行程序
2. 掌握基金销售的内容
3. 掌握基金的定价过程
4. 掌握基金的销售渠道

无论是开放式基金还是封闭式，都需要经过一级市场发行这个环节，只有在新基金发行完毕后，投资者才能够在二级市场上进行交易。

延伸阅读：2013年我国基金发行情况

2013年，新基金发行冰火两重天。数量上，全年新成立基金384只，再创历史新高；但平均单只新基金首募规模14.53亿份，仅略高于大盘持续下跌的2011年，整体规模更是较2012年下降近千亿元。类别上，低风险产品大行其道，债券基金占据整体发售份额的65%。

● 数量再创新高债基大行其道

近年来，基金发行市场化改革不断推进。尤其是2013年，受益于证监会取消基金产品审核通道制，普通基金产品审核程序大大简化，审核期限缩短，基金公司可根据市场状况决定申报产品数量和类型，新基金发行数量迎来爆发式增长。

数据统计显示，2013年全年共成立新基金384只，比2012年262只的发行水平高出46.56%，再创历史新高。

从类型上看，低风险产品成为2013年新基金发行市场的主角。统计显示，全年共成立债券型基金188只，占比48.96%；债基首募规模总计3672.80亿份，占比更是高达65.81%。此外，全年新成立的货币型基金新数量为32只，规模537.32亿份。"2012年债券基金大放异彩，整体收益率高达7%，甚至高于同期偏股型基金。"沪上某基金公司市场部人士表示："因此，2013年不少基金公司都将低风险产品作为发行重点，以契合投资者'求稳'的投资心态。"

相较低风险产品的大行其道，权益类基金2013年的新产品扩容则较为"低调"。统计显示，全年新成立股票型基金76只，首募规模661.19亿份，发行数量和规模分别占总体的19.79%和11.85%；混合型基金发行69只，吸筹599.07亿份，分别占比17.97%和10.73%。

● 首募"效率"低下规模缩水千亿元

需要指出的是，相对于产品数量的迭创新高，整体发行规模却比2012年缩水近千亿元，平均单只新基金的首募规模也显著下降。

统计显示，2013年新基金首募规模合计5581.27亿元，而2012年整体新基金首募规模达到6513.40亿份，两者相差932.13亿份。

此外，2013年平均单只新基金首募规模为14.53亿份，不仅与前年24.86亿份的平均水平相差明显，而且从历史上看，也仅略高于大盘持续下跌的2011年（13.05亿份）。单只基金看，去年工银60天理财债券A以103.91亿份的首募规模成为首发最受捧基金；此外，农银7天理财债券A、万家14天理财债券、建信周盈安心理财债券、南方永利定期开放债券、万家岁得利定期开放债券和国泰上证5年期国债ETF首募规模都超过50亿份。而不少基金则因各种原因遭遇首募困局。统计显示，有接近6成新基金首募规模不足10亿元，其中29.84%新基金首募规模低于5亿份。

分析人士表示，伴随基金市场化发行大潮的到来，基金销售渠道拥堵成为常态，新基金首发规模也不断走低，新基金开放申购和赎回后份额大幅缩水的状况也仍在继续，催生大批"迷你基金"。

资料来源：新浪博客。

对于开放式基金而言，除了要做好发行环节的工作外，还需要做好新基金发行后的市场营销环节，吸引更多的投资者来申购基金。

第一节　基金的发行

基金的发行就是基金募集资金的过程。基金的募集是指基金管理公司根据有关规定向中国证监会提交募集申请文件、发售基金份额、募集基金的行为。基金的募集一般要经过申请、核准、发售、基金合同生效四个步骤。

一、基金募集申请

我国基金管理人进行基金的募集，必须根据《证券投资基金法》的有关规定，向中国证监会提交相关文件。申请募集基金应提交的主要文件包括：募集基金的申请报告、基金合同草案、基金托管协议草案和招募说明书草案等。

二、基金募集申请的核准

根据《证券投资基金法》的规定，中国证监会应当自受理基金募集申请之日起6个月内作出核准或不予核准的决定。基金募集申请经中国证监会核准后方可发售基金份额。

三、基金份额的发售

基金管理人应当自收到核准文件之日起6个月内进行基金份额的发售。基金的募集期限自基金份额发售日开始计算，募集期限不得超过3个月。

基金管理人应当在基金份额发售的3日前公布招募说明书、基金合同及其他有关文件。

基金募集期间募集的资金应当存入专门账户，在基金募集行为结束前任何人不得动用。

【例题11-1单选题】基金产品的募集者是（　　）。

A. 基金份额持有人　　B. 基金管理人　　　C. 基金托管人　　D. 证券交易所

答案：B

【答案解析】基金管理人是基金产品的募集者和基金的管理者，在基金运作中具有核心作用。

✎ 【例题 11 - 2 单选题】根据有关规定，我国封闭式基金的募集期限为自基金批准之日起（   ）内。

A. 1 个月   B. 2 个月   C. 3 个月   D. 4 个月

答案：C

【答案解析】基金的募集期限自基金份额发售日开始计算，募集期限不得超过 3 个月。

四、基金合同生效

1. 基金募集期限届满，封闭式基金需满足募集的基金份额总额达到核准规模的 80% 以上、基金份额持有人不少于 200 人的要求；开放式基金需满足募集份额总额不少于 2 亿份、基金募集金额不少于 2 亿元人民币、基金份额持有人不少于 200 人的要求。基金管理人应当自募集期限届满之日起 10 日内聘请法定验资机构验资，并自收到验资报告起 10 日内，向中国证监会提交备案申请和验资报告，办理基金的备案手续。

中国证监会自收到基金管理人验资报告和基金备案材料之日起 3 个工作日内予以书面确认；自中国证监会书面确认之日起，基金备案手续办理完毕，基金合同生效。基金管理人应当在收到中国证监会确认文件的次日发布基金合同生效公告。

2. 基金募集期限届满，基金不满足有关募集要求的基金募集失败，基金管理人应承担以下责任：

（1）以固有财产承担因募集行为而产生的债务和费用。

（2）在基金募集期限届满后 30 日内返还投资者已缴纳的款项，并加计银行同期存款利息。

✎ 【例题 11 - 3 单选题】开放式基金的基金合同生效要求所募集金额不少于（   ）亿元。

A. 1   B. 2   C. 5   D. 10

答案：B

【答案解析】开放式基金需满足募集份额总额不少于 2 亿份、基金募集金额不少于 2 亿元人民币、基金份额持有人不少于 200 人的要求。

✎ 【例题 11 - 4 单选题】封闭式基金募集期限届满要成立时，基金份额总额必须达到核定规模（   ）以上。

A. 100%   B. 80%   C. 60%   D. 50%

答案：B

【答案解析】基金募集期限届满，封闭式基金需满足募集的基金份额总额达到核准规模的 80% 以上、基金份额持有人不少于 200 人的要求。

第二节 基金的营销

基金市场营销的内容主要包括目标市场与客户的确定、营销环境的分析、营销组合的设计、营销过程的管理四个方面。基金营销主要由基金管理公司内设的市场部门承担，也可以委托取得基金代销业务资格的机构办理。在基金营销过程中，基金销售机构必须注意遵循监管机构的规定，加强自身的合规性控制，规范营销人员的行为。

一、基金营销概述

（一）基金市场营销的含义与特征

1. 基金市场营销的含义。证券投资基金的市场营销是基金销售机构从市场和客户需要出发所进行的基金产品设计、销售、售后服务等一系列活动的总称。

基金市场营销不能简单地等同于推销、销售或销售促进，而是包括基金产品、价格、促销、市场定位等诸多活动。基金市场营销是围绕投资人需要而展开的，且市场营销的内涵是随着基金市场营销活动的实践而不断变化发展的。

2. 基金市场营销的特征。证券投资基金属于金融服务行业，其市场营销不同于有形产品营销，有其特殊性，主要体现在以下五个方面：

（1）规范性。基金是面向广大投资者的金融理财产品，为了保护投资者的利益，监管部门从基金销售机构、基金营销人员、基金销售费用、基金销售宣传推介等多个角度制定了基金营销活动的监管规定。基金销售机构、基金营销人员在开展基金营销活动时，必须严格遵守这些规定。

（2）服务性。基金是一种金融产品，投资者购买基金时无法体验实物，产品的品质也体现为基金未来的收益和营销人员的持续服务。为克服无形服务本身的困难，营销人员不但要向客户说明基金产品的本质，还必须以高质量的服务、客户的口耳相传、公司的品牌形象宣传等，增强可靠的信誉，扩大客户基础。

（3）专业性。基金是投资于股票、债券、货币市场工具等多种金融产品的组合投资工具，客观上要求营销人员广泛了解和掌握股票、债券、货币、保险等各种金融工具，在营销过程中将有关知识以服务的方式传递给投资者。与一般有形产品的营销相比，基金对营销人员的专业水平有更高的要求。

（4）持续性。基金营销作为一种理财产品服务，不是一锤子买卖，更需要制度化、规范化的持续性服务。只有优质的、持续性的营销服务才能不断扩大客户群体，扩大基金规模。

（5）适用性。基金销售机构在销售基金和相关产品的过程中，应注重根据基金投资人的风险承受能力销售不同风险等级的产品，把合适的产品卖给合适的基金投资人。基金销售适用性反映了从投资人的需要和实际承受能力出发向投资人销售合适的产品，坚持投资人利益优先的原则，也是监管机构对基金销售的要求。

【例题11-5 单选题】对基金管理人而言，（   ）营销成功与否关系到企业的生存和发展。

　　A. 封闭式基金　　　　B. 开放式基金　　　　C. 私募基金　　　　D. 公募基金

答案：B

【答案解析】目前基金主要以开放式基金为基础，因此开放式基金的营销成功与否关系到企业的生存和发展。

　　【例题 11-6 单选题】基金销售的（　　）反映了从投资人的需要出发向投资人销售合理的产品，坚持了投资人利益优先的原则，也是监管机构对基金销售的要求。

　　A. 服务性　　　　　　B. 专业性　　　　　　C. 持续性　　　　　　D. 适用性

答案：D

【答案解析】基金销售机构在销售基金和相关产品的过程中，应注重根据基金投资人的风险承受能力销售不同风险等级的产品，把合适的产品卖给合适的基金投资人。

（二）基金市场营销的主要内容

　　基金市场营销主要是指开放式基金的市场营销，其涉及的内容包括目标市场与客户的确定、营销环境的分析、营销组合的设计、营销过程的管理四个方面。

　　1. 目标市场与客户的确定。确定目标市场与客户是基金营销部门的一项关键性工作。只有仔细地分析投资者，针对不同的市场与客户推出适合的基金产品，才能更有效地实现营销目标。在细分市场上，尽管基金面对的客户群体是缩小的，但客户的忠诚度却是增大的。

　　在确定目标市场与客户上，基金销售机构面临的重要问题之一就是分析投资人的真实需求，包括投资人的投资规模、风险偏好，对基金流动性、安全性的要求等因素。以机构投资者和个人投资者为例。机构投资者投资额高，投资目标比较明确，对信息的需求比较细致，通常要求专人服务，营销成本低，但服务成本较高。相反，个人投资者投资额低，投资目标比较模糊，只需要概况性的信息，一般不会要求专人服务，营销成本高，但服务成本低。根据投资人承受风险的能力细分客户，也是确定目标市场的重要内容。

　　2. 营销环境的分析。营销环境是指基金销售机构进行基金营销的各种内部、外部因素的统称。对于基金营销而言，营销环境既能提供机遇，也能造成威胁。通常，营销环境由微观环境和宏观环境组成。微观环境指与公司关系密切、能够影响公司客户服务能力的各种因素，主要包括股东支持、销售渠道、客户、竞争对手及公众；宏观环境指能影响整个微观环境的、广泛的社会性因素，包括人口、经济、政治、法律、技术、文化等因素。在营销环境的诸多因素中，基金管理人最需要关注的有以下三个方面：销售机构本身的情况、影响投资者决策的因素以及监管机构对基金营销的监管。

　　（1）销售机构本身的情况。公司股权结构、经营目标、经营策略、资本实力、营销团队等都会对基金营销产生重要的影响。

　　（2）影响投资者决策的因素。人们的金融产品选择依赖于两个因素：外在和内在因素。外在因素如个人成长的文化背景、社会阶层、家庭、身份和社会地位。内在因素有心理上的，如动机、感觉、风险承受能力、对新产品的态度等；还有个人自身的因素，如人生阶段、年龄、职业、生活方式和个性等。基金销售机构在进行基金营销时，应对影响投资者决策的因素有深刻的认识与理解，只有这样才能更有效地与投资者进行沟通。

（3）监管机构对基金营销的监管。规范基金营销的法律法规、部门规章对基金的营销有着重要的影响。基金销售机构只有注意遵循与营销有关的法律法规，加强自身的合规性控制，规范营销人员的行为，才能有效地进行基金营销并获得投资者的信赖。

3. 营销组合的设计。营销组合的四大要素——产品（Product）、费率（Price）、渠道（Place）和促销（Promotion）是基金营销的核心内容。

（1）产品。产品是满足投资者需求的手段。基金销售机构只有不断提供能够满足投资人需求的多样化的基金产品供客户选择，才能不断扩大业务规模。

（2）费率。根据法律法规的规定，基金发行时的份额净值或价格是固定的，因此，基金交易价格主要反映在买卖基金时支付费用的高低，或者说基金交易价格的核心是基金费用的高低。如开放式基金的费用主要包括管理费、托管费、认（申）购费、赎回费以及持续销售服务费等。基金管理人可以通过制定灵活的费率结构，达到扩大基金销售规模的目的。

（3）渠道。渠道的主要任务是使客户在需要的时间和地点以便捷的方式获得产品。

（4）促销。促销是将产品或服务的信息传达到市场上，通过各种有效媒体在目标市场上宣传产品的特点和优点，让客户了解产品在设计、分销、价格上的潜在好处，最后通过市场将产品销售给客户。

尽管营销组合的四个要素本身都具有其重要性，但是一个营销战略是否成功最终取决于如何把各个要素有机地结合起来并使其互相协调。

【例题 11 – 7 单选题】（　　　）指与公司关系密切、能够影响公司客户服务能力的各种因素，主要包括股东支持、销售渠道、客户、竞争对手及公众。

A. 外部环境　　　　　B. 宏观环境　　　　　C. 内部环境　　　　D. 微观环境

答案：D

【答案解析】 微观环境指与公司关系密切、能够影响公司客户服务能力的各种因素，主要包括股东支持、销售渠道、客户、竞争对手及公众。

【例题 11 – 8 单选题】 什么不是证券投资基金市场营销的核心？（　　　）

A. 产品设计　　　　　B. 定价　　　　　C. 促销　　　　　D. 费率

答案：A

【答案解析】 营销组合的四大要素——产品（Product）、费率（Price）、渠道（Place）和促销（Promotion）是基金营销的核心内容。

4. 营销过程的管理。为找到和实施适当的营销组合策略，基金销售机构要进行市场营销的分析、计划、实施和控制。

（1）市场营销分析。基金销售机构要对有关信息进行收集、总结并认真评价，以找到有吸引力的机会和避开环境中的威胁因素。

（2）市场营销计划。营销计划是指将有助于公司实现战略总目标的营销战略形成具体方案。每一类业务、产品或品牌都需要一个详细的营销计划。营销计划应主要包括以下内容：计划实施概要、市场营销现状、市场威胁和市场机会、目标市场和可能存在的问题、市场营销战略、行动方案、预算和控制等。

（3）市场营销实施。市场营销实施是指为实现战略营销目标而把营销计划转变为营销行动的过程，包括日复一日、月复一月、持续有效地贯彻营销计划活动。市场营销系统中各个层次的人员必须通力合作以实施市场营销计划和战略。成功的市场营销实施取决于公司能否将行动方案、组织结构、决策和奖励制度、人力资源和企业文化等相关要素组合出一个能支持企业战略的、结合紧密的行动方案。

（4）市场营销控制。市场营销控制包括估计市场营销战略和计划的成果，并采取正确的行动以保证实现目标。控制过程主要包括以下四个步骤：

①管理部门设定具体的市场营销目标，通常对不同的营销活动或单独的项目，如新基金的发行等制定不同的预算。

②衡量企业在市场中的销售业绩，检查销售时间表是否得到执行。

③分析目标业绩和实际业绩之间存在差异的原因以及预算收支不平衡的原因等。

④管理部门评估广告投入效果、不同渠道的资源投入，及时采取正确的行动，以此弥补目标与业绩之间的差距。这可能要求改变行动方案，甚至改变目标。

【例题 11-9 单选题】（　　　）是指基金管理人要对有关信息进行收集、总结并认真评价，以找到有吸引力的机会和避开环境中的威胁因素。

A. 市场营销分析　　　　B. 市场营销计划　　　C. 市场营销实施　　D. 市场营销控制

答案：A

【答案解析】 市场营销分析是指基金管理人要对有关信息进行收集、总结并认真评价，以找到有吸引力的机会和避开环境中的威胁因素。

二、基金产品设计与定价

基金产品是基金营销管理的客体，基金产品本身能否适合基金投资者的需要在很大程度上决定了营销的效果。

（一）基金产品的设计思路与流程

第一，要确定目标客户，了解投资者的风险收益偏好。一种或一类基金产品不可能满足所有投资者的需要。随着市场的发展，投资者的需要也在不断细化。确定具体的目标客户是基金产品设计的起点，它从根本上决定着基金产品的内部结构。

第二，要选择与目标客户风险收益偏好相适应的金融工具及其组合。投资对象多元化是基金产品多元化的重要前提，各类金融工具及其衍生产品的种类越多，基金产品创新的空间就越大。

第三，要考虑相关法律法规的约束。

第四，要考虑基金管理人自身的管理水平。

第四点是对内部条件的考察，而前面三点都是对外部条件的考察。

不同的基金管理人有着自己的管理风格和特色，有的擅长管理主动式股票基金，有的擅长管理被动式股票基金，有的擅长管理债券基金，等等。基金产品的具体设计流程见图 11−1。从中可见，基金产品设计包含三方面重要的信息输入：客户需求信息、投资运作信息和产品市场信息。

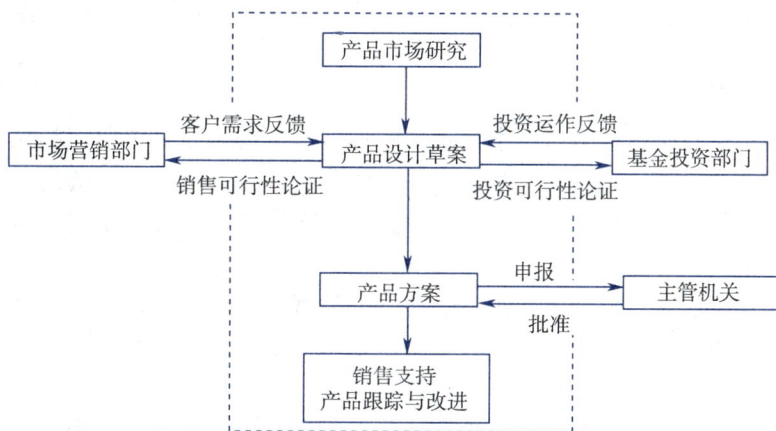

图 11−1 基金产品设计流程

（二）基金产品设计的法律要求

根据《证券投资基金运作管理办法》申请募集基金，拟募集的基金应当具备下列条件：（1）有明确、合法的投资方向；（2）有明确的基金运作方式；（3）符合中国证监会关于基金品种的规定；（4）不与拟任基金管理人已管理的基金雷同；（5）基金合同、招募说明书等法律文件草案符合法律、行政法规和中国证监会的规定；（6）基金名称表明基金的类别和投资特征，不存在损害国家利益、社会公共利益，欺诈、误导投资者，或者其他侵犯他人合法权益的内容；（7）中国证监会根据审慎监管原则规定的其他条件。

（三）基金产品线的布置

基金产品线是指一家基金管理公司所拥有的不同基金产品及其组合。随着基金产品的日益多样化和市场竞争的日益加剧，基金管理公司根据自身的实际情况，合理布置基金产品线就显得非常重要。通常从以下三方面考察基金产品线的内涵：一是产品线的长度，即一家基金管理公司所拥有的基金产品的总数。二是产品线的宽度，即一家基金管理公司所拥有的基金产品的大类有多少。按国际惯例，我们通常根据基金产品的风险收益特征将基金产品分成股票基金、混合基金、债券基金和货币市场基金四大类。三是产品线的深度，即一家基金管理公司所拥有的基金产品大类中有多少更细化的子类基金。例如，股票基金内部又可以划分为价值型、成长型、平衡型，大盘股、中盘股、小盘股，以及投资风格和股票规模的不同组合，例如大盘价值型股票等；还可以有不同的主题基金和行业基金等。

常见的基金产品线类型有:第一,水平式,即基金管理公司根据市场范围,不断开发新品种,增加产品线的长度,或扩大产品线的宽度。采用这种类型基金产品线的基金管理公司具有较高的适应性和灵活性,在竞争中有回旋余地。但这要求公司有一定的实力,特别是要具备宽泛的基金管理能力。第二,垂直式,即基金管理公司根据自身的能力专长,在某一个或几个产品类型方向上开发各具特点的子类基金产品,以满足在这个方向上具有特定风险收益偏好的投资者的需要。第三,综合式,即基金管理公司在自身的能力专长基础上,既在一定的产品类型上做重点发展,也在更广泛的范围内构建自身的产品线。

(四) 定价管理

基金产品定价就是与基金产品本身相关的各项费率的确定,主要包括认购费率、申购费率、赎回费率、管理费率和托管费率等。认购费、申购费和赎回费是基金投资者在"买进"与"卖出"基金环节一次性支出的费用,管理费和托管费是基金运作过程中直接从基金资产中支付的费用。

基金产品定价的首要考虑因素是基金产品的类型。一般来说,从股票基金到混合基金、债券基金和货币市场基金,各项基金费率基本上呈递减趋势,这是由产品本身的风险收益特征决定的。

基金产品定价的第二个考虑因素是市场环境。市场竞争越激烈,为有效获取市场份额,基金费率通常会越低。我国基金业的发展历史也见证了这一点。同时,竞争对手的定价行为也会在一定程度上影响产品费率的确定。

基金产品定价的第三个考虑因素是客户特性。一般来说,客户规模越大,其与基金管理公司就产品价格问题的谈判能力就越强,通常也能得到更加优惠的费率待遇。

基金产品定价的第四个考虑因素是渠道特性。直销和代销渠道的基金产品费率是不相同的。由于销售成本等方面的差异,通常直销渠道的产品费率更低。

【例题 11-10 单选题】基金管理公司根据市场范围,不断开发新产品,增加产品线的长度,或者扩大产品线的宽度,这种产品线类型是(   )。

A. 垂直式　　　　　B. 水平式　　　　　C. 综合式　　　　　D. 不确定

答案:B

【答案解析】水平式,即基金管理公司根据市场范围,不断开发新品种,增加产品线的长度,或扩大产品线的宽度。

【例题 11-11 单选题】产品定价首要考虑到的因素是(   )。

A. 产品类型　　　　B. 市场环境　　　　C. 客户特性　　　　D. 渠道特性

答案:A

【答案解析】基金产品定价的首要考虑因素是基金产品的类型。一般来说,从股票基金到混合基金、债券基金和货币市场基金,各项基金费率基本上呈递减趋势,这是由产品本身的风险收益特征决定的。

三、基金销售渠道、促销手段与客户服务

（一）国外基金销售渠道

国际上，开放式基金的销售主要分为直销和代销两种方式。直销是不通过中介机构而是由基金管理人附属的销售机构把基金份额直接出售给投资者的模式，一般通过邮寄、电话、互联网、直属的分支机构网点、直销队伍等实现。代销是一种通过银行、证券公司、保险公司、财务顾问公司等代销机构销售基金的方法。直销与代销各有特点，如表 11－1 所示。

表 11－1　　　　　　　　　　　　　直销和代销的特点

	直销渠道	代销渠道
渠道构成	直属的销售队伍	独立的投资顾问
	直属的分支机构网点	银行、券商的销售网络
	直接推销	基金超市
	通过邮寄、电话、互联网	折扣经纪人
渠道特点	对客户财务状况更了解，对客户控制力较强	对客户的控制力弱，但有广泛的客户基础
	更容易发现产品或服务方面的不足	客户可得到独立的顾问服务
	易于建立双向持久的联系，提高忠诚度	代销机构有业绩才有佣金，基金公司部承担固定成本
	推销新产品更容易	商业对手对渠道的竞争提高了代销成本

【例题 11－12 单选题】 直销的特点是（　　　）。

A. 客户可得到独立的顾问服务

B. 对客户的控制力弱，但有广泛的客户基础

C. 代销机构有业绩才有佣金，基金公司部承担固定成本

D. 对客户财务状况更了解，对客户控制力较强

答案：D

【答案解析】 ABC 均是代销的特点，只有 D 是直销的特点之一。

一般而言，不同国家的金融业传统和基金业发展水平不同，会依赖于不同的基金销售渠道。

1. 商业银行。从历史上来看，欧洲大陆的商业银行占据了基金销售的绝对市场份额。商业银行的典型行为是给潜在的客户销售本银行发起的基金（在欧洲大陆、英国或印度没有这方面的法律障碍）。近年来，商业银行也开始向潜在客户提供其他机构发起的基金产品，以扩大客户的选择范围，防止在本银行基金表现不佳的时候损害银行的客户基础。不过，尽管经过大力宣传，其他机构的基金销售所占比重依然很小，商业银行自己的基金销售仍然占绝对比重。

在商业银行基金销售中，定期定额投资计划占据非常重要的地位。它通常是指投资者向商业银行提交申请，约定每期扣款时间、扣款金额、扣款方式和申购对象，由银行

于约定扣款日，在投资者指定账户内自动完成扣款及基金申购。与传统的基金申购方式相比，基金定期定额投资计划将基金投资行为程序化，免去投资者多次申购的繁琐手续，且具有风险控制效应、成本效应和复利效应等投资效果，因此成为海外基金销售的主流模式。不仅如此，商业银行还把定期定额基金投资计划由商业银行直接从银行账户扣款的方式，扩展到信用卡扣款方式，使客户享受先投资后付款的理财优惠，大大提高了基金的吸引力。

2. 保险公司。保险公司一般具有强大的销售力量和网络渠道，在推销保险产品的同时可以销售基金产品。但保险公司的销售渠道还没有成为一个开放式平台，保险公司只是在销售自己产品的时候搭售其他基金公司的产品。

3. 独立的理财顾问。银行、证券公司、律师事务所、会计师事务所等作为理财顾问或金融规划师，可以针对特定客户的需求，提供独立的咨询服务，将基金作为客户资产组合的一部分销售出去。美国和英国有很发达的独立理财顾问行业，欧洲大陆目前已开始迅速发展，而印度则刚刚开始。

4. 直销。直销是指基金管理公司将基金直接销售给公众，而不经过银行等中介机构进行的销售。直销一般通过广告宣传、直接邮寄宣传单、直销人员上门服务以及公司网站等方式使投资者与基金公司直接达成交易。

5. 基金超市。在美国，基金超市蓬勃发展，其基于因特网的销售平台使投资者在基金超市开一个网上账户，就可以买卖超市内所有的基金。对投资者而言，基金超市只需要很低的入门费甚至免费，所以买卖基金比通过银行柜台、独立的投资顾问等承担的费用要低得多。对基金管理公司而言，基金超市降低了基金销售费用，简化了交易程序，对投资者具有很大的吸引力。

（二）我国基金销售渠道的现状

目前，我国开放式基金的销售逐渐形成了银行代销、证券公司代销、基金管理公司直销的销售体系。但与国外相比，我国开放式基金销售还需要拓宽渠道，加强服务。由于广大投资者对基金产品尤其是开放式基金还比较陌生，基金营销依赖银行、证券公司的柜台销售。充分挖掘代销渠道的销售潜力，是基金管理公司的必然选择。银行和证券公司应在代销时根据自身的营销网络特点，精耕细作，开展充分发挥自己优势的特色营销。目前，专业基金销售公司开始起步，基金网上销售方兴未艾，基金管理人在建设好现有渠道的同时，纷纷加强新渠道建设，为迎接更激烈的营销竞争做好准备。

1. 商业银行代销。在我国，大众投资群体仍以银行储蓄为主要金融资产，商业银行具有广泛的客户基础。选择大型国有商业银行作为开放式基金的代销渠道，有利于争取银行储户这一细分市场。但是，在现有开放式基金销售过程中，商业银行主要是为基金的销售提供了完善的硬件设施和客户群，但是销售方式在一定程度上停留在被动销售的水平上，为投资者提供的个性化服务与客户需求尚有一定差距，直接影响了客户的投资热情。实际上，投资者对营销渠道所提供的投资建议、服务质量的心理感受在其购买决策过程中的作用是不容忽视的。为此，基金管理人必须加强与代销银行的合作，通过对银行人员的持续培训，组织客户推介会以及代销手续费的合理分配，增强银行代销的积极性，提高银行人员的营销能力。

2. 证券公司代销。证券公司的业务主要面向股票及债券市场，其人员有关证券类产品的专业知识水平较高，面对的客户主要是股民。针对投资意识较强的老股民群体，利用证券公司网点销售基金将是争取这类客户的有效手段。同时，相比商业银行，证券公司网点拥有更多的专业投资咨询人员，可以为投资者提供个性化的服务。另外，ETF 和 LOF 等基金创新品种的推出，使得证券公司可以发挥自己的交易服务优势，在市场竞争中占据优势。证券公司要保证基金代销业务的持续健康发展，有必要建立起以服务为中心、客户至上的运营模式，首发销售与持续销售并重，向客户提供能帮助其更好地实现理财目标的一系列服务。

3. 证券咨询机构和专业基金销售公司代销。在基金规模不断壮大、品种逐步增加的形势下，对投资基金提供专业咨询服务，已经成为一种市场需求。顺应这种需要，《证券投资基金销售管理办法》出台后，证券投资咨询机构和专业基金销售公司开展基金代销业务成为监管机构鼓励的发展方向。专业营销人员可以为客户提供个性化的理财服务，帮助投资者提高对基金的认识以及选择符合自身投资需要的基金品种。

4. 基金管理公司直销中心。基金管理公司的直销人员对金融市场、基金产品具有相当程度的专业知识和投资理财经验，尤其对本公司整体情况及本公司基金产品有着深刻的理解，能够以专业水准面对专业化的投资机构、一般企业及个人等。虽然基金管理公司的直销队伍规模相对较小，但人员素质较高，可以加强与客户之间的沟通和交流，提供更好的、持续的理财服务，更容易留住客户并发展一些大客户，形成忠实的客户群。

✍ 【例题 11－13 单选题】目前我国开放式基金的营销体系不包括（　　）。

A. 银行代销　　　　　　　　　　　　B. 投资咨询公司代销

C. 证券公司代销　　　　　　　　　　D. 基金管理公司直销

答案：B

【答案解析】目前，我国开放式基金的销售逐渐形成了银行代销、证券公司代销、基金管理公司直销的销售体系。

（三）基金的促销手段

基金管理人在开发基金产品、制定合理的收费标准、安排向潜在客户的分销之后，就必须与目标市场进行沟通，告诉目标市场要提供的产品。通过人员推销、广告促销、营业推广和公共关系来达到沟通的目的，此为促销组合四要素。

1. 人员推销。这是一种面对面的沟通形式。为了获得最佳效果，销售队伍的宣传推介必须与基金管理公司其他的沟通方式协调一致，如广告、营业推广和宣传等。一般来说，针对机构投资者、中高收入阶层这样的大客户，基金管理公司可以通过直销队伍进行一对一的人员推销，以达到最佳的营销效果。对代销渠道的客户经理，基金管理公司应加强培训、沟通反馈、提供充足的宣传资料等，调动其积极性。

2. 广告促销。根据美国营销协会的定义，广告是"由营利性和非营利性组织、政府机构和个体以付酬的方式，通过各种传播媒体，在时间或空间安排通知和劝说性信息，目的是向特定的目标市场成员或客户传达信息以使他们相信其产品、服务、组织或构思"。广告的目的就是通知、影响和劝说目标市场。基金广告可以是品牌和形象广告，也可以是基金产品广告和产品订购信息，它能改变目标客户对公司本身和基金产品的知晓程度，有利于销售人员更好地推介基金。广告通过各种媒体发送，如印刷媒体、广播媒体、户外和公共交通广告、直接营销和网站在线服务等。

3. 营业推广。营业推广多属于阶段性或短期性的刺激工具，用于鼓励投资者在短期内较迅速和较大量地购买某一基金产品。基金销售中常用的营业推广手段主要有销售网点宣传、举办投资者交流活动和费率优惠等。

（1）销售网点宣传。在销售网点可以通过张贴贴画，发放宣传手册、宣传卡片以及其他可以吸引客户的材料，达到吸引投资者注意的效果。

（2）投资者交流。基金销售机构针对保险公司、财务公司、工商企业等机构客户和公众客户，通过召开研讨会、推介会等方式，向特定的或不特定的客户群体传达投资理念和投资策略，争取客户的认同，以达到促销目的。尤其是新基金募集过程中，基金销售机构要通过产品推介会、报刊或网上路演等方式，组织基金经理与投资者的交流，帮助投资者增进对公司投资理念和基金产品的理解。

（3）费率优惠。基金管理人一般在持续营销期间，或者在不同的交易渠道间（如网上银行），以更低的申购费率吸引客户，前提是这种优惠应当在监管部门允许的范围内，不能进行不正当的价格竞争。

✎ **【例题 11－14 单选题】** 营业推广不包括（　　　）。

A. 销售网点宣传　　　B. 费率优惠　　　C. 投资者交流　　　D. 公共关系

答案：D

【答案解析】 基金销售中常用的营业推广手段主要有销售网点宣传、举办投资者交流活动和费率优惠等。

4. 公共关系。公共关系所关注的是基金管理人为赢得公众尊敬所做的努力。这些公众包括新闻媒介、股东、业内机构、监管机构、人员、客户等。与媒体保持良好的关系对于处理危急情况十分重要，因为处理这种情况的方式会影响公司的声誉和业务能力。加强与投资者的关系包括编制和发布年度、季度等报告，进行客户交流等。

实际运作中，销售网点宣传、举办投资者交流活动、费率优惠等措施往往同时采用，这样有利于扩大营业推广的效果。

（四）基金的客户服务方式

客户服务是基金营销的重要组成部分，通过销售人员主动及时地开发市场，争取客户认同，建立与客户的长期关系，奠定有广度和深度的客户基础，才能达到业务拓展和提升市场占有率的目标。为此，基金管理人或代销机构通常设立独立的客户服务部门，通过一套完整的客户服务流程，一系列完备的软、硬件设施，以系统化的方式，应用以下七种方式来实现并优化客户服务：

1. 电话服务中心。电话服务中心通常以电脑软、硬件设备为后援，同时开辟人工坐席和自动语音。一些标准化的答案如投资操作步骤、基金管理人相关介绍、基金普及知识等均可通过自动语音系统来提供。当然，客户也可选择人工服务。客户服务人员将根据不同的客户类别接入相应的客户管理系统中，并以最短时间提供客户所需要的查询、咨询、投诉、建议和其他个性化服务。与此同时，在不影响服务质量的基础上，客户服务人员会在提供服务的同时适当记录谈话资料，建立相应的客户档案，作为以后服务该客户时的参考，也作为基金管理人对客户群统计分析和管理的依据之一。

2. 邮寄服务。基金管理人向基金持有人邮寄基金账户卡、交易对账单、季度对账单、投资策略报告、基金通讯、理财月刊等定期和不定期材料，使客户尽快了解其投资变动情况，理性对待市场行情的波动。

3. 自动传真、电子信箱与手机短信。这三种方式的服务具有一定的市场需求，尤其在基金合同、招募说明书、定期公告与临时公告等方面。前两者特别适用于传递行文较长的信息资料，而手机短信最重要的功能则在于发送字节较短的信息，包括基金行情和其他动态新闻。当然，这些功能的实现很大程度上依赖于强有力的系统支持。

4. "一对一"专人服务。专人服务是为投资额较大的个人投资者和机构投资者提供的最具个性化的服务。这类大额投资者大部分具有相当丰富的专业知识和投资理财经验，尤其是机构投资者，多数设有专门的投资部门或聘用专人跟踪自己的投资。他们需要与基金管理人进行充分的沟通，并保持密切的联系，需要持续的、专业化的服务。基金管理人一般会为其安排较固定的投资顾问，从开放式基金销售前就开始"一对一"的服务，并贯穿售前、售中和售后全过程。由于配有专人，这部分客户通常能得到更充分和更及时的有效信息，享受到更便捷、更完善的服务，故而这类服务颇具量体裁衣的意味。

5. 互联网的应用。通过互联网，基金销售机构可以向客户提供容量更大、范围更广的信息查询（包括投资常识、股市行情、开放式基金的净值表现、客户账户信息等）、基金交易、即时或非即时的咨询、自动回邮或下载的服务，并接受投诉和建议。另外，通过互联网的友情网站链接，客户可以方便地检索和查阅更多信息。

6. 媒体和宣传手册的应用。基金销售机构会通过电视、电台、报刊等媒体定期或不定期地向客户传达专业信息和传输正确的投资理念。当市场出现较大波动时，及时利用媒体的影响力来消除客户的紧张情绪，让大众多了解市场，可以减缓非理性行为的发生。宣传手册则可作为一种广告资料运用于销售过程中。在新的基金面市前，对公司形象的宣传和对新产品的介绍是客户服务不可或缺的部分。

7. 讲座、推介会和座谈会。讲座、推介会和座谈会都能为客户提供一个面对面交流的机会。由于参与者为数不多，通常客户比较珍惜这些机会。基金销售机构也可以从这些活动中获取有价值的资料，有效地推介基金产品，并据此进一步改善客户服务。

【例题 11 - 15 单选题】 以下哪种不属于优化客户服务方式？（　　　）

A. 电话服务中心 　　　　　　　　　　B. "一对一"专人服务

C. 互联网应用 　　　　　　　　　　　D. 通过一定的承诺销售

答案：D

【答案解析】 优化客户服务的方式有：电话服务中心、邮寄服务、自动传真、电子信箱与手机短信、"一对一"专人服务、互联网的应用、媒体和宣传手册的应用、讲座、推介会和座谈会。

延伸阅读：基金销售机构的资格条件

2013 年 6 月 1 日施行的《证券投资基金销售管理办法》第九条规定：商业银行、证券公司、期货公司、保险机构、证券投资咨询机构、独立基金销售机构以及中国证监会认定的其他机构申请注册基金销售业务资格，应当具备下列条件：

（一）具有健全的治理结构、完善的内部控制和风险管理制度，并得到有效执行；

（二）财务状况良好，运作规范稳定；

（三）有与基金销售业务相适应的营业场所、安全防范设施和其他设施；

（四）有安全、高效的办理基金发售、申购和赎回等业务的技术设施，且符合中国证监会对基金销售业务信息管理平台的有关要求，基金销售业务的技术系统已与基金管理人、中国证券登记结算公司相应的技术系统进行了联网测试，测试结果符合国家规定的标准；

（五）制定了完善的资金清算流程，资金管理符合中国证监会对基金销售结算资金管理的有关要求；

（六）有评价基金投资人风险承受能力和基金产品风险等级的方法体系；

（七）制定了完善的业务流程、销售人员执业操守、应急处理措施等基金销售业务管理制度，符合中国证监会对基金销售机构内部控制的有关要求；

（八）有符合法律法规要求的反洗钱内部控制制度；

（九）中国证监会规定的其他条件。

除了上述一般性规定外，针对不同机构的准入条件还进行了具体的阐述（选取投资者比较熟知的商业银行和证券公司作为代表说明）。

《证券投资基金销售管理办法》第十条规定：商业银行申请基金销售业务资格，除具备本办法第九条规定的条件外，还应当具备下列条件：

（一）有专门负责基金销售业务的部门；

（二）资本充足率符合国务院银行业监督管理机构的有关规定；

（三）最近 3 年内没有受到重大行政处罚或者刑事处罚；

（四）公司负责基金销售业务的部门取得基金从业资格的人员不低于该部门员工人数的 1/2，负责基金销售业务的部门管理人员取得基金从业资格，熟悉基金销售业务，并具备从事基金业务 2 年以上或者在其他金融相关机构 5 年以上的工作经历；公司主要分支机构基金销售业务负责人均已取得基金从业资格；

（五）国有商业银行、股份制商业银行以及邮政储蓄银行等取得基金从业资格人员不少于 30 人；城市商业银行、农村商业银行、在华外资法人银行等取得基金从业资格人员不少于20人。

《证券投资基金销售管理办法》第十一条规定：证券公司申请基金销售业务资格，除具备本办法第九条规定的条件外，还应当具备下列条件：

（一）有专门负责基金销售业务的部门；

（二）净资本等财务风险监控指标符合中国证监会的有关规定；

（三）最近3年没有挪用客户资产等损害客户利益的行为；

（四）没有因违法违规行为正在被监管机构调查或者正处于整改期间，最近3年内没有受到重大行政处罚或者刑事处罚；

（五）没有发生已经影响或者可能影响公司正常运作的重大变更事项，或者诉讼、仲裁等其他重大事项；

（六）公司负责基金销售业务的部门取得基金从业资格的人员不低于该部门员工人数的1/2，负责基金销售业务的部门管理人员取得基金从业资格，熟悉基金销售业务，并具备从事基金业务2年以上或者在其他金融相关机构5年以上的工作经历；公司主要分支机构基金销售业务负责人均已取得基金从业资格。

（七）取得基金从业资格的人员不少于30人。

——资料来源：节选自《证券投资基金销售管理办法》。

四、证券投资基金销售业务信息管理

为了规范证券投资基金销售业务的信息管理，提高对基金投资人的信息服务质量，促进证券投资基金销售业务的进一步发展，2007年3月中国证监会发布并实施了《证券投资基金销售业务信息管理平台管理规定》（以下简称《规定》）。该管理规定从基金销售业务角度对基金销售信息和销售的技术系统提出了标准化要求，首次对基金销售业务信息管理进行了规范，也是基金销售管理办法在技术或信息管理领域的深层次体现。

《规定》从总体上要求销售机构信息管理平台的建立和维护应当遵循安全性、实用性、系统化的原则，并且满足以下六个方面的要求：

（1）具备《规定》所列示的各项基金销售业务功能。

（2）具备基金销售业务信息流和资金流的监控核对机制。

（3）保障基金投资人资金流动的安全性。

（4）具备基金销售费率的监控机制。

（5）支持基金销售适用性原则在基金销售业务中的运用。

（6）具备基金销售人员的管理、监督和投诉机制；能够为中国证监会提供监控基金交易、资金安全及其他销售行为所需的信息。

基金销售业务信息管理平台主要包括前台业务系统、后台管理系统以及应用系统的支持系统。《规定》从前台业务系统、自助式前台系统、后台管理系统、监管系统信息报送和信息管理平台应用系统的支持系统五个方面明确了证券投资基金销售业务信息管理或信息系统的各项技术标准。

（一）前台业务系统

前台业务系统主要是指直接面对基金投资人，或者与基金投资人的交易活动直接相关的应用系统，分为自助式和辅助式两种类型。自助式前台系统是指基金销售机构提供的，由基金投资人独自完成业务操作的应用系统，包括基金销售机构网点现场自助系统和通过互联网、电话、移动通信等非现场方式实现的自助系统。辅助式前台系统是指基金销售机构提供的，由具备相关资质要求的专业服务人员辅助基金投资人完成业务操作所必需的软件应用系统。

前台业务系统应具备以下功能：

1. 提供投资资讯功能。主要包括：基金基础知识；基金相关法律法规；基金产品信息，包括基金基本信息、基金费率、基金转换、手续费支付模式、基金风险评价信息和基金的其他公开市场信息等；基金管理人和基金托管人信息；基金相关投资市场信息；基金销售分支机构、网点信息。同时，向基金投资人揭示信息来源和发布时间。

2. 对基金交易账户以及基金投资人信息管理功能。主要包括：开户、基金投资人风险承受能力调查和评价、基金投资人信息查询、基金投资人信息修改、销户、密码管理、账户冻结申请、账户解冻申请等方面的功能。

3. 交易功能。应当具备基金认购、申购、赎回、转换、变更分红方式和中国证监会认可的其他交易功能。

4. 为基金投资人提供服务的功能。主要包括：基金投资人持有的基金产品、份额、交易、净值等信息的查询，为基金投资人提供对账单，记录基金投资人投诉信息等。

（二）自助式前台系统

针对销售机构的自助式前台系统，在满足上述要求的同时，还应当符合以下规定：

1. 基金销售机构要为基金投资人提供核实自助式前台系统真实身份和资质的方法。

2. 应当通过在线阅读、文件下载、链接或语音提示等方式，为基金投资人披露基金销售机构情况、开户协议等相关文档范本、投诉处理方式、相关风险和防范措施等信息。

3. 为基金投资人开立基金交易账户时，应当要求基金投资人提供证明身份的相关资料，并采取等效实名制的方式核实基金投资人身份。

4. 设定投资人单笔和每日累计可以认购、申购和赎回的最大金额。

5. 为基金投资人提供自助式前台系统失效时的备用服务措施或方案。

（三）后台管理系统

后台管理系统主要实现对前台业务系统功能的数据支持和集中管理。主要规范如下：

1. 应当记录基金销售机构和基金销售人员的相关信息，具有对基金销售分支机构、网点和基金销售人员的管理、考核、行为监控等功能。

2. 能够记录和管理基金风险评价、基金管理人与基金产品信息、投资资讯等相关信息。

3. 后台管理系统应当对基金交易开放时间以外收到的交易申请进行正确的处理，防止发生基金投资人盘后交易的行为。

4. 后台管理系统应当具备交易清算、资金处理的功能，以便完成与基金注册登记系统、银行系统的数据交换。

5. 后台管理系统应当具有对所涉及的信息流和资金流进行对账作业的功能。

（四）监管系统信息报送

基金销售机构应当向监管机构提供基金日常交易情况、异常交易情况、内部监察稽核报告、调查和评价基金投资人风险承受能力的方法等信息。基金注册登记机构应当提供每日基金交易确认情况，并保证信息的真实性、准确性和完整性。

（五）信息管理平台应用系统的支持系统

信息管理平台应用系统的支持系统包括数据库、服务器、网络通信、安全保障等，主要规范如下：

1. 对于关键的支持系统组成部分应当提供备份措施或方案。

2. 具有业务集中处理、数据集中存贮的技术特征。

3. 系统投入使用、系统重大升级、年度技术风险评估的报告应当报中国证监会备案。

4. 制订业务连续性计划和灾难恢复计划并定期组织演练。

5. 建立完善的监控体系，对系统升级、网络访问、用户密码修改等重要操作，进行记录。

6. 系统数据应当逐日备份并异地妥善存放，系统运行数据中涉及基金投资人信息和交易记录的备份应当在不可修改的介质上保存 15 年。

7. 基金投资人身份、交易明细等敏感数据在公网的传输应当进行可靠加密。

8. 基金销售机构应当在系统开发和运行中采用已颁布的行业标准和数据接口。

📖【本章小结】

本章首先阐述了基金的募集程序及过程，在此基础上，针对开放式基金的开放性特点，重点阐述了开放式基金的营销体系，包括基金营销的内容、基金的设计及定价、基金的销售渠道及促销手段、基金销售业务的信息管理等。

✍【课后训练】

1. 选择一只正处于发行期的基金，跟踪其发行过程。

2. 在基金营销时，可能存在哪些违规的行为？

第十二章
基金的分析评价

JIJIN DE FENXI PINGJIA

教学要求

了解基金的分析评价体系，投资者可以从哪些方面考虑来进行基金投资。

知识目标

1. 熟悉基金的选择指标
2. 熟悉基金收益率的计算
3. 熟悉基金绩效衡量
4. 熟悉基金评价体系

能力目标

1. 掌握基金简单收益率计算和时间加权收益率计算
2. 掌握年化收益率
3. 掌握风险调整绩效衡量三大经典指标
4. 掌握基金评级

基金作为一种大众投资工具，越来越受到投资者的青睐，特别是在股市行情不好的情况下，大量的投资从股市撤资投资于基金。

作为世界最发达的经济体，美国的投资品种非常发达，对投资大众来说，最普遍的理财方式就是购买共同基金。

70%的投资者有10年"基龄"

据美国投资公司协会调查数据显示，2006年约有48%的美国家庭持有共同基金，基金持有人达9600万人，平均每三个美国人中就有一个是共同基金持有者。而在美国家庭的金融资产结构中，共同基金更占据了47%的比重。调查显示，美国70%的基金投资者至少有10年"基龄"，自然年龄中位数是48岁，家庭金融资产中位数是12.5万美元。

美国投资公司协会的最新调查显示，截至2006年11月底，美国共同基金管理的资产达10.281万亿美元，在全球基金市场占据了53%的比重，相当于美国2005年国内生产总值83%。在美国，基金业特别是共同基金已俨然成为最大的金融机构体系，并对人们的日常生活有着举足轻重的影响力。

资料来源：新浪财经。

面对市场上如此众多的基金产品，投资者需要了解从哪些方面来考察基金，从而来作出正确的投资决策。

第一节　基金选择指标

在投资基金时，可以考察与基金业绩息息相关的潜在因素。具体而言，包括外部结构指标和内部结构指标。

一、外部结构指标

（一）基金规模

一般认为，小型基金由于费用相对较高，在实际操作中风险承受能力较小，对投资者而言有较高的风险。在美国的基金市场上，厌恶风险的投资者似乎都回避5000万美元以下的基金，投资1000万美元以下的基金是不明智的。而较大型的基金由于规模比较大，当市场发生变化时，反应较为迟钝，容易错过一些获利机会。比如，一个拥有200亿美元资产的基金，想把其中的1%投资于一个颇有增长潜力的公司的股票，可能会遇到一个问题，即这家公司没有那么多的股份出卖，而且巨额的资金买卖股票必将会大幅度影响该股的估价，这对收益可能会造成冲击。在这点上，小规模的基金具有一定的优势。因此，对那些追求高回报、勇于承担风险的投资者而言，可以考虑大型基金管理公司管理的小型基金。

【例题12-1单选题】 在把基金规模作为基金选择指标的说法中，正确的是

（　　）。

    A. 基金规模越大越好　　　　　　　　B. 基金规模越小越好

    C. 基金规模大小各有优劣　　　　　　D. 无法判断

答案：C

【答案解析】 一般来说，小型基金由于费用相对较高，在实际操作中风险承受能力较小，对投资者而言有较高的风险。在美国的基金市场上，厌恶风险的投资者似乎都回避5000万美元以下的基金，一般认为投资1000万美元以下的基金是不明智的。而较大型的基金由于规模比较大，当市场发生变化时，反应较为迟钝，容易错过一些获利机会。

（二）基金经理人从业情况

目前国际上证券投资基金的经理，分为两种模式：小组制和单经理制。对于小组制，由于重大决策都是由一组管理者作出的，因此这些决策受个人影响相对较小，风险也较小。而对于单经理制，投资者在投资之前应该对经理人有一个明确的了解，包括基金经理的个人投资经历、投资风格、管理基金时间、曾经取得过的成绩等。研究表明，如果经理人是基金管理公司的原始所有者，他会比仅作为一个高级雇员稳定，在基金中待更长时间。如果某一个基金管理公司要更换经理，采取观望策略或者投资其他基金是明智的。有数据显示，随着基金经理人气的增长，经风险调整后的收益和基金的资产随着任期的增加而增加。但在分析基金经理的从业背景时需注意，前任基金经理的辉煌业绩与现任基金经理无关，而且现任基金经理过去的辉煌业绩也并不代表未来，基金经理的从业情况只能是投资者在投资时需要考虑的诸多因素之一。

案例解读：基金经理变更与基金业绩

基金经理变更频繁已不是一个新话题，然而围绕其与基金业绩相关性的争论却始终在持续。在过去的一年，基金经理离职再创新高，走马换将之间，基金的业绩走向何方；新旧轮替面前，投资者又该何去何从？

• **"去意"再度升温**

根据本报的统计，从2009年1月1日至2012年6月30日，在这3年半时间里，共有60家基金公司508名基金经理离职，涉及基金896只，平均下来，每周大约三名基金经理离职。

晨星（中国）研究中心的数据统计显示，从留职率数据上看，去年3月至今年2月底的一年中，保持100%基金经理留职率的公司为11家，留职率低于或等于50%的基金公司则有5家，分别为金元比联、大摩华鑫、民生加银、天弘与益民基金，其中益民基金去年2月在职的3位基金经理无一人留任。而去年同期，保持全留职的公司则为15家，留职率低于等于50%的仅3家，分别为中海、诺德和浦银安盛。所有公募基金公司留职水平均值保持在80%左右，同比略有下降，这意味着近两年来每年平均有20%的基金经理发生变动。

● 基金经理变更与收益关系

做一个初步的数据统计，简单统计并比较基金经理离职前后一年相关产品的相对收益表现，从而对基金经理离职对业绩影响做一个大概评估。

由于样本的复杂性，标本取样仅针对偏股型基金。统计显示，2009 年初到 2012 年年中的三年半期间，共有 200 名偏股型基金经理离职，涉及偏股型基金 398 只。以基金经理离职日期为节点，选取离职前一年基金累计净值增长率，由于基金经理离职日前后一年中市场行情不尽相同，为了防止有的基金离职日前一年正好处于牛市，而离职后一年正好处于熊市这种特殊情况，所以在计算时减去当期沪深 300 指数涨跌幅，得出相对收益率；同理得出离职后一年的相对收益率。用离职后一年的相对收益率减去离职前一年的相对收益率，最后得出离职前后一年的相对收益率。为了便于统计，离职后不足一年的按一年计算。具体计算方法如下：

离职前一年相对收益率＝同期基金累计净值增长率－同期沪深 300 指数涨幅。

离职后一年相对收益率＝同期基金累计净值增长率－同期沪深 300 指数涨幅。

基金经理离职前后一年相对收益率＝离职后一年相对收益率－离职前一年相对收益率。

基金经理离职前后一年相对收益率为正，说明后任基金经理业绩表现好于离任基金经理，反之则表明业绩表现较差。而相对收益率越大，说明离任基金经理表现越差；相对收益率越小，说明离任基金经理表现越好。

根据上述方法，对基金经理变更前后一年的基金产品相对收益进行比较，统计显示其中 186 只基金相对下跌，占 46.7%；212 只基金相对上涨，占 53.3%。而在下跌基金中，相对跌幅 50% 以上有 23 只产品，相对上涨 50% 以上有 27 只产品。相对跌幅在 30% 到 50% 之间有 27 只产品，相对涨幅在 30% 到 50% 之间有 28 只产品。从数据中我们可以看出，基金经理变动一年前后的业绩变化，上涨基金个数和下跌基金个数基本持平，并且上涨和下跌的幅度基本相互对应，说明从整体上看，基金经理的变动和基金整体业绩二者之间不具强烈的显著性，换句话说，通过上述统计，不能简单推导出基金经理离职与基金业绩的变化有明显的正负相关性。

● "隐性"的风险

以上的数据分析并不意味着基金经理的频繁变动一定是多多益善。事实上，从数据统计中不难发现，具体到单个基金产品，涉及基金经理变更的产品其业绩变化非常大。

从基金公司角度看，2009 年至今 59 家基金公司旗下偏股型基金净值平均加权增长率为 36.08%，深圳某家目前旗下拥有 8 只偏股型产品的基金公司，同期出现 9 名股基基金经理离职，其 2009 年至今旗下偏股型基金净值加权增长率为 1.66%，处于行业末尾水平；另一家沪上规模较小的公司，目前拥有偏股型基金 7 只，2009 年至今共有 5 位股基基金经理离职，涉及偏股型基金 4 只，其同期偏股型基金净值加权增长率也仅为 13.06%。

从基金产品角度看，所有200名离职基金经理中，华夏基金公司的童汀离职后对其原来掌管的基金影响最大。统计显示，其于2009年1月5日离职，综合前后一年相对的收益为 -211.98%，在200名基金经理中排名首位；紧随其后的是景顺长城基金的王新艳，综合前后一年相对收益为 -142.35%。类似的个案说明相关基金经理的离职使得基金业绩出现下滑。

● **基民的抉择**

面对基金经理的离职，投资者不得不作出选择，坚守，或者离开。

在分析人士看来，基于市场行情变化、公司产品布局差异化等原因，尽管数据统计无法显著体现基金经理离职与业绩的准确相关性，但不可否认的是，过度频繁的离职在一定程度上不利于操作风格与业绩的稳定，不利于维护持有人利益和投资者信心。

既然换帅原因各异，从微观层面讲，面对基金经理变更的既成事实，投资者该如何理性决断呢？阎红表示，面对基金经理的频繁变更，持有人三个方面考察来决定"去留"。

首先，基金公司整体实力与投资管理能力。拥有优秀投资管理能力的基金公司，有着较为完善的投资决策体系和风险控制体系，有着较多的优秀人才储备，有能力保持旗下基金整体业绩的持续性，单个基金经理的变动对基金业绩的影响相对较小。

其次，新任基金经理的历史业绩是否优秀。如果新任基金经理的历史业绩同样优秀，投资者同样可以继续享受专业理财优势。有部分基金更换的基金经理在之前有过管理经理，更换后的业绩表现。

最后，新任基金经理的投资风格是否适合投资者的个人投资偏好。虽然基金契约中对于基金的投资风格有所约定，同类型基金中，基金经理的个人投资偏好对于基金业绩或多或少有着一定影响，新任基金经理的投资风格是否适合自己，也是投资者需要考虑的问题。

资料来源：根据《上海证券报》整理。

（三）基金费用

投资者在投资基金之前，应考虑一下基金投资过程中的费用。在证券市场处于牛市时，基金3%所有的费用相对于年均20%的收益率是显得无足轻重的；而在证券市场低迷时，就必须考虑基金的费用，因为此时基金的高费率、低收益率可能使得基金的实际收益率微乎其微，甚至是负收益率。投资基金的过程中会产生很多的费用，投资者需要重点关注认购费、申购费和赎回费。不同基金的投资费用有所区别。一般来说，股票型基金费用最高，其次是债券型基金，货币市场基金基本上只有销售服务费，没有申购费和赎回费。在美国，基金的费用一般包括三类：一是投资咨询费，也叫做管理费用，主要用于支付基金顾问的指导费和一般的基金实务管理费。这部分费用一般占基金资产的1%左右。二是行政费用，包括证券部分的监管费、涉及地方税、诉讼费及稽核费、顾问费等。三是销售费用，这类费用并不是基金运行所必需的成本。只有一部分基金收取这类费用，主要用于广告、市场营销、分销服务、策划费及支付承销商的佣金。高的费用并不意味着可以给投资者带来高的收益，或者可以给投资者提供优质的服务。因此，投资者在选择基金时，必须仔细查阅其公开说明及相关资料，明确其所有收费情况。

【例题 12 - 2 单选题】基金的外部结构指标不包括（　　　）。

A. 基金规模
B. 基金经理人的背景
C. 基金的费用
D. 现金流量

答案：D

【答案解析】基金的外部结构指标包括基金规模、基金经理人的背景和基金的费用。

二、内部结构指标

（一）基金投资周转率

基金的投资周转率——即买卖其持有有价证券的频率。具体又可以分为股票周转率和债券周转率。投资周转率是一项显示基金投资战略的重要指标。周转率低，表明基金管理公司有一种长期投资倾向。周转率高，表明基金投资倾向于短期投资，基金经理在努力寻找获利机会。周转率高的基金交易成本显然高于那些周转率低的基金。如果证券市场正处于上升期，投资收益可能会大于交易成本，此时周转率高是有利的；反之，如果证券市场处于下跌通道，低周转率策略较为有利。有数据表明，在美国基金市场中，股票基金的年周转率在不断上升，由 20 世纪 50 年代的 20% 左右上升到目前的 100% 左右，甚至有的已经达到了 150%。在实际考察该指标时，可以采用如下公式：

基金的股票周转率 = 股票交易量 /（期初基金净资产 + 期末基金净资产）×0.4

由于无法获得基金时间用于交易的资产数据，因此在这里假设基金评级资产的 80% 进行股票投资，20% 进行债券投资。

（二）现金流量

对于开放式基金而言，现金流量一般指投资与基金的现金净增长，也就是申购基金现金超过赎回基金现金的部分，即净申购资金。现金流量在证券投资基金总资产中所占比重对选择基金的投资者来说，是一个非常重要的指标。20 世纪 60 年代末期，美国共同基金分析专家阿兰·波普通过研究发现，现金流量与证券投资基金的业绩有密切的关系。当某一基金有大量的现金注入时，基金的运作呈现良好的发展势头，基金的业绩呈上升趋势；但是如果这种大量的现金注入停止，基金业绩的上升趋势也随之停止，甚至会出现下降。其原因可能是：

（1）基金的管理者使用新的现金流量扩充了现有的现金头寸。这种上升的投资需求对基金本身来说是个好消息，有利于刺激基金所投资股票的价格上涨，尤其是对那些小盘股来说，效果比较明显。

（2）基金可以扩充发展机会，因为管理者可以不必卖出原有股票来筹集发展自己，它可以用新注入的资金来做新的投资组合。

（3）当股市正处于牛市最高峰的时候，大量的现金注入可以作为接踵而来的熊市的缓冲器，因为基金有充足的资金进行其他投资，不必为套牢或割肉而担忧。

需要说明的是，对开放式基金而言，大规模现金流量的负增长应当引起投资者的警惕，这种现象意味着投资者不断从基金中撤出，或者处于对基金的业绩不满，或者由于基金的费用率增加，或者由于其他消极因素。这样就会迫使经理人采取一些可能会造成损失的应急措施，基金会因此萎缩，基金管理人可能会失去信心，基金的费用率也会因此上升。

（三）基金的资产结构

基金配置股票、债券和现金的比例对风险防范有积极的作用，特别是在中国股票市场波动较大、系统性风险高的情况下，投资债券相对稳定，投资股票风险较大。经验表明，我国的股票市场和债券市场收益一般呈负相关关系。当股票市场火爆时，债券市场低迷；当债券市场火爆时，股票市场低迷。

（四）基金行业投资结构

在我国目前的情况下，不同行业具有不同的收益。基金经理通过将资金在稳定性行业与成长性行业、夕阳产业与朝阳产业之间进行配置，对于预防风险、提高收益具有一定的作用。

案例解读：美国人投资基金策略

● 选好目标日期基金

在美国，各类投资基金比较发达，据报道，美国共有 15300 多家投资公司，8000 多家共同基金，6400 多个单位投资信托，620 多家封闭式基金，150 多个交易所基金。这样，人们对投资基金有了更多的选择。最近几年，目标日期基金在投资者当中的影响力得到了爆炸式的增长，这些基金之所以有时会被人们称为目标日期基金，是因为它们是为那些准备在某一目标日期达到特定理财目标的投资者所设计的。比如，一个投资者打算在 2030 年前后退休，他就应该选择一只目标时间在 2030 年的基金。

目标日期基金的首要特征在于，这些基金的顾问会确定一个股票、债券及现金资产的特定比例，然后伴随目标日期逐渐逼近、到达及过去，他们会逐步调整投资组合的结构，使其日趋保守。

这些基金背后的理念在于，一旦你决定了投资某一只基金，你全部余下的工作就只有将资金投入进去，然后经理人就可以替你处理一切，为你监控具体投资的走势，并进行周期性的重置。

● 了解配置是关键

在对一只目标日期基金进行评估时，我们首先应该了解一下基金当前和将来的股票配置情况，因为这是决定基金风险的最重要因素。投资者必须了解基金的具体风险情况是否符合自己的承受力和需求。操作费用比率什么时候都不是一个可以忽略的因素，而且对于目标日期基金而言，这一因素的意义尤其重要，因为目标日期基金往往都更为多元化，增长潜力不及那些投资高度浓缩的基金。大多数时候，选择那些净操作费用比率较低的基金都不会有错的。

总之，在根据过去的表现对不同基金进行比较时，必须确认这些基金在相同时期内的股票部分比重大致相同。当然，无论何时都不能忘记的是，历史表现不应视为未来回报的保证。

美国人投资基金理财给我们带来的重要启示在于理性投资，正确选择，适合自己的理财需求，要在投资基金中注意降低成本，防范投资风险，实现良好的预期投资收益。而不是像我国现在一些投资者那样，千军万马跟着感觉走，盲目疯狂投资股票类基金，要知道历史带给我们的经验和教训，疯狂过后往往带来的是风险与长期被套。

● **把自己看做是企业家来投资**

在基金的投资理念上，美国人比较崇尚股神沃伦·巴菲特的投资哲学："买进被市场低估的股票，长期持有以获利。"数据显示，美国基金持有人自20世纪80年代牛市以来的平均持有周期是3~4年，这反映了美国基金持有人将基金视为理财工具，而非短炒工具，他们通常不会随短期市场波动而频繁进出。

此外，共同基金对美国公司的运作也具有重要的影响力。美国最大的基金公司富达基金管理着1.25万亿美元的资产，这些钱大部分投到众多的公司股票中，因而富达基金也成为许多上市公司的大股东，并参与董事会的决策。正如巴菲特所说："我们在投资的时候，要将我们自己看成是企业分析家，而不是市场分析师或经济分析师。"

资料来源：新浪财经。

（五）基金投资的股票结构

证券投资基金在市场运作中的主要投资方式是组合投资。根据现代组合投资理论，系统性风险无法通过购买多种证券来化解，而非系统性风险可以通过证券投资的多样化来规避。因此评判证券投资基金进行投资组合的目的就是使非系统性风险降到最低。投资者可以根据各基金公布的投资组合，有效分析和追踪基金的重仓股和股票结构，判断基金管理人的管理水平和投资理念，从而进一步了解基金的投资战略。

（六）基金投资的时间结构

在投资策略上，各个证券投资基金在坚持中长线持股的同时，都在及时跟进整个市场大势的变化对所持有股票进行必要的减持、增持和变换调整。但在具体的转换，调查研究与投资战术运用上，各基金的不同时期和不同的条件下存在许多差异。

通过进行投资结构的时间调整，不仅可以降低非系统性风险，更重要的是还可以在一定程度上化解系统性风险，一般系统性风险对市场总体的影响是有时间限制的，过了这段时间，系统性风险便暂时解除，因此根据市场大势或者政策的起伏分散投资时机，将投资分散在几个月或更长的时间可以在某种程度上避开系统性风险。可以采取的方法有：

（1）在经济周期的不同阶段进行组合，分别给予不同阶段以不同的权重；

（2）将自己进行长、中、短期结合，根据当时的实际情况将长、中、短期自己合理分配。

(3) 在经济发展和经济衰退时期进行组合。

【例题 12 - 3 单选题】在对基金的投资结构进行时间调整时，以下哪种方法不可行（　　）。

A. 在经济周期的不同阶段进行组合，分别给予不同阶段以不同的权重

B. 不需要进行时间调整，采取单一的时间策略

C. 将自己进行长、中、短期结合，根据当时的实际情况将长、中、短期自己合理分配

D. 在经济发展和经济衰退时期进行组合

答案：B

【答案解析】ACD 是可行的，只有 B 是不可行的。

第二节　基金的绩效分析

基金在运作的过程中，基金管理人处于核心位置，基金能否获得收益及获得多大的收益，完全取决于基金管理人的管理水平。因此，投资者选择基金本质上是在选择基金管理人，因此有必要对基金的绩效进行分析。

一、基金绩效衡量的意义及考虑的因素

（一）基金绩效衡量的意义

基金绩效衡量是对基金经理投资能力的衡量，其目的在于将具有高超投资能力的优秀基金经理鉴别出来。基金绩效衡量不同于对基金组合本身表现的衡量。基金组合表现本身的衡量着重在于反映组合本身的回报情况，并不考虑投资目标、投资范围、投资约束、组合风险、投资风格的不同对基金组合表现的影响。但为了对基金经理的投资能力作出正确的衡量，基金绩效衡量必须对投资能力以外的因素加以控制或进行可比性处理。

（二）基金绩效衡量需考虑的因素

基金绩效衡量在实际操作时并非易事，首先，基金的投资表现实际上反映了投资技巧与投资运气的综合影响。其次，对绩效表现好坏的衡量涉及比较基准的选择问题。再次，投资目标、投资限制、操作策略、资产配置、风险水平的不同往往使基金之间的绩效不可比。最后，绩效衡量的一个隐含假设是基金本身的情况是稳定的，但实际情况并非如此。故在基金绩效衡量方面，目前仍然没有一个为大家广泛认可的方法。基于此，在进行基金绩效衡量时，需考虑如下因素：

1. 基金的投资目标。基金的投资目标不同，其投资范围、操作策略及所受的投资约束也就不同。例如，债券基金与股票基金由于投资对象不同，在基金绩效评价上就不具有可比性。再例如，一个仅可以进行小型股票投资的基金经理与一个仅投资于大型公司的基金经理也不具有可比性。因此，在绩效比较中必须注意投资目标对基金绩效可比性

所造成的影响。

2. 基金的风险水平。现代投资理论表明，投资收益是由投资风险驱动的，而投资组合的风险水平深深地影响着组合的投资表现，表现较好的基金可能仅仅是由于其所承担的风险较高所致。因此，为了对不同风险水平基金的投资表现作出恰当的考察，必须考察该基金所获得的收益是否足以弥补其所承担的风险水平，即需要在风险调整的基础上对基金的绩效加以衡量。

3. 比较基准。从成熟市场看，大多数基金经理人倾向专注于某一特定的投资风格，而不同投资风格的基金可能受市场周期性因素的影响而在不同阶段表现出不同的群体特征。因此，在基金的相对比较上，必须注意比较基准的合理选择。

4. 时期选择。在基金绩效比较中，计算的开始时间和所选择的计算时期不同，评价结果也会不同。一些公司常常会挑选对自己有利的计算时期进行业绩的发布，因此，必须注意时期选择对绩效评价可能造成的偏误。

5. 基金组合的稳定性。基金操作策略的改变、资产配置比例的重新设置、经理的更换等都会影响到基金组合的稳定性。因此，在实际评价中必须对这些问题加以考虑。

【例题 12 - 4 单选题】 基金绩效衡量是对基金经理（　　　）的衡量。

A. 管理能力　　　　　B. 投资能力　　　　　C. 稳健性　　　　　D. 风险态度

答案：B

【答案解析】 基金绩效衡量是对基金经理投资能力的衡量，其目的在于将具有高超投资能力的优秀基金经理鉴别出来。

【例题 12 - 5 单选题】 从成熟市场看，大多数基金经理人倾向专注于某一特定的投资风格，而不同投资风格的基金可能受市场周期性因素的影响而在不同阶段表现出不同的群体特征，这说明在进行基金绩效衡量时需要考虑（　　　）因素。

A. 比较基准　　　　　B. 基金的投资目标　C. 时期选择　　　　D. 基金风险水平

答案：A

【答案解析】 从成熟市场看，大多数基金经理人倾向专注于某一特定的投资风格，而不同投资风格的基金可能受市场周期性因素的影响而在不同阶段表现出不同的群体特征，这说明在进行基金绩效衡量时需要考虑比较基准这个因素。

二、基金收益率

诚然，虽然进行基金绩效衡量时会碰到一定的困难，但不可否认的是，对于基金绩效衡量，投资者首先想到的就是基金的收益率。

（一）简单收益率计算

简单收益率的计算不考虑分红再投资的时间价值的影响，其计算公式为

$$R = \frac{NAR_t + D - NAV_{t-1}}{NAV_{t-1}}$$

式中：R——简单收益率；

NAV_t、NAV_{t-1}——期末、期初基金的份额净值；

D——在考察期内，每份基金的分红金额。

✒ **【例题 12-6 单选题】** 假设某基金在 2011 年 12 月 3 日的份额净值为 1.4848 元/单位，2012 年 9 月 1 日的份额净值为 1.7886 元/单位，其间基金曾经在 2012 年 2 月 29 日每 10 份派息 2.75 元，那么这一段时间内该基金的简单收益率为（ ）。

A. 30%　　　　　B. 39%　　　　　C. 42%　　　　　D. 45%

答案：B

【答案解析】 根据简单收益率计算公式可得

$$R = \frac{1.7886 + 0.275 - 1.4848}{1.4848} \times 100\% = 39\%$$

（二）时间加权收益率计算

简单收益率由于没有考虑分红的时间价值，因此只能是一种基金收益率的近似计算。时间加权收益率由于考虑到了分红再投资，更能准确地对基金的真实投资表现做出衡量。

时间加权收益率的假设前提是红利以除息前一日的单位净值减去每份基金分红后的份额净值立即进行了再投资。分别计算分红前后的分段收益率，时间加权收益率可由分段收益率的连乘得到

$$R = (1 + R_1)(1 + R_2)\cdots(1 + R_n) - 1$$

或
$$R = \frac{NAV_1}{NAV_0} \cdot \frac{NAV_2}{NAV_1 - D_1} \cdots \frac{NAV_{n-1}}{NAV_{n-2} - D_{n-1}} \cdot \frac{NAV_n}{NAV_{n-1} - D_{n-1}}$$

式中：R_1——第一次分红前的收益率；

R_2——第一次分红至第二次分红期间的收益率，依次类推；

NAV_0——期初基金的份额净值；

NAV_1，…，NAV_{n-1}——分别表示除息前一日基金份额净值；

NAV_n——期末基金的份额净值；

D_1，…，D_{n-1}——在考察期内，每份基金的分红金额。

✒ **【例题 12-7 单选题】** 假设某基金在 2011 年 12 月 3 日的份额净值为 1.4848 元/单位，2012 年 9 月 1 日的份额净值为 1.7886 元/单位，其间基金曾经在 2012 年 2 月 29 日除息，每 10 份派息 2.75 元，在除息的前一日（2 月 28 日）的基金份额净值为 1.8976 元/单位，那么这一段时间内该基金的时间加权收益率为（ ）。

A. 10.32%　　　　B. 27.8%　　　　C. 40.87%　　　　D. 45%

答案：C

【答案解析】 根据时间加权收益率计算公式可得

$$R_1 = \left(\frac{1.8976}{1.4848} - 1\right) \times 100\% = 27.8\%$$

$$R_2 = \left(\frac{1.7886}{1.8976 - 0.275} - 1\right) \times 100\% = 10.23\%$$

因此，该基金在该期间内的时间加权收益率为

$$R = \left[(1 + 0.278) \times (1 + 0.1023) - 1\right] \times 100\% = 40.87\%$$

时间加权收益率反映了 1 元投资在不取出的情况下（分红再投资）的收益率，其计算将不受分红多少的影响，可以准确地反映基金经理的真实投资表现，现已成为衡量基金收益率的标准方法。

✎ 【例题 12 - 8 单选题】下列关于简单收益率与时间加权收益率关系的描述，正确的是（　　）。

A. 简单收益率在数值上大于时间加权收益率

B. 简单收益率在数值小于时间加权收益率

C. 简单收益率与时间加权收益率在大小上没有必然联系

D. 简单收益率不会等于时间加权收益率

答案：C

【答案解析】与简单收益率相比，时间加权收益率是一种精确的收益率，在对各段时间的收益率衡量的基础上进行计算的，两者大小没有必然联系。

（三）算术平均收益率与几何平均收益率

在对多期收益率的衡量与比较上，常常会用到平均收益率指标。平均收益率的计算有两种方法：算术平均收益率与几何平均收益率。

算术平均收益率的计算公式为

$$\overline{R} = \frac{\sum\limits_{t=1}^{n} R_t}{n} \times 100\%$$

式中：R_t——各期收益率；

n——期数。

几何平均收益率的计算公式为

$$\overline{R} = \left(\sqrt[n]{\prod_{t=1}^{n}(1 + R_t)} - 1 \right) \times 100\%$$

式中：$\prod$——连乘符号。

🖱 **案例解读：算术平均收益率与几何平均收益率**

假设某基金第一年的收益率为 50%，第二年的收益率为 -50%，该基金的年算术平均收益率为 0，年几何平均收益率为 -13.40%。那么该用哪一个平均收益率呢？

假设最初在该基金上的投资为 100 元，这 100 元投资 2 年后变为 75 元，2 年累计亏损为 25%，相当于每年亏损 -13.40%。可以看出，几何平均收益率能正确地算出投资的最终价值，而算术平均数则高估了投资的收益率。

一般地，算术平均收益率要大于几何平均收益率，每期的收益率差距越大，两种平均方法的差距越大。

几何平均收益率可以准确地衡量基金表现的实际收益情况，因此，常用于对基金过去收益率的衡量上。算术平均收益率一般可以用作对平均收益率的无偏估计，因此它更多地被用来对将来收益率的估计。

1年以上的长期收益率往往需要转换为便于比较的年平均收益率。

案例解读：几何平均收益率

一只基金3年零9个月（相当于3.75年）的累计收益率为25%，那么该基金的年平均收益率则可以用几何平均收益率的公式计算如下：

$$R_G = \left[(1 + 25\%)^{\frac{1}{3.75}} - 1 \right] \times 100\% = 6.13\%$$

需要注意的是，对1年以下的收益率一般不进行年平均收益率的计算。

（四）年（度）化收益率

有时需要将阶段收益率换算成年收益率，这就涉及年度化收益率（简称年化收益率）的计算。年化收益率有简单年化收益率与精确年化收益率之分。

已知季度收益率，简单年化收益率的计算公式如下：

$$R_{年} = \sum_{i=1} R_i$$

式中：$R_{年}$——年化收益率；

R_i——季度收益率。

已知季度收益率，精确年化收益率的计算公式为

$$R_{年} = \prod_{i=1}^{4} (1 + R_i) - 1$$

案例解读：简单年化收益率和精确年化收益率

假设某基金每季度的收益率分别为7.50%、-3.00%、1.50%、9.00%，那么不难得出简单年化收益率为

$$R_{年} = 7.50\% - 3.00\% + 1.50\% + 9.00\% = 15.00\%$$

精确年化收益率为

$$R = \left[(1 + 0.075) \times (1 - 0.03) \times (1 + 0.015) \times (1 + 0.09) - 1 \right] \times 100\%$$
$$= 15.36\%$$

类似地，可以将周收益率、月收益率转换为年化收益率。

三、基金绩效的收益率衡量

时间加权收益率给出了基金经理人的绝对表现，但投资者却无法据此判断基金经理人业绩表现的优劣。基金表现的优劣只能通过相对表现才能作出评判。分组比较与基准比较是两个最主要的比较方法。

（一）分组比较法

分组比较法就是根据资产配置的不同、风格的不同、投资区域的不同等，将具有可比性的相似基金放在一起进行业绩的相对比较，其结果常以排序、百分位、星号等形式给出。这种比较要比不分组的全域比较更能得出有意义的衡量结果。

分组比较的基本思路是，通过恰当的分组，尽可能地消除由于类型差异对基金经理人相对业绩所造成的不利影响。如由于股票市场周期性波动的影响，一段时间以来，增长型基金的表现普遍较好，而价值型基金的表现较差。如果将它们分在一组比较，价值型基金的相对表现就会普遍较差；反之，价值型基金的相对表现就会较好。这种由于市场原因而引起的业绩的相对变动将不利于对基金经理投资技巧高低的区分。

尽管分组比较目前仍然是最普遍、最直观、最受媒体欢迎的绩效评价方法，但该方法在应用上却存在一系列潜在的问题。第一，在如何分组上，要做到公平分组很困难，从而也就使比较的有效性受到质疑。第二，很多分组含义模糊，因此有时投资者并不清楚在与什么比较。第三，分组比较隐含地假设了同组基金具有相同的风险水平，但实际上同组基金之间的风险水平可能差异很大，未考虑风险调整因素的分组比较也就存在较大的问题。第四，如果一个投资者将自己所投资的基金与同组中中位基金的业绩进行比较，由于在比较之前，无法确定该基金的业绩，而且中位基金会不断变化，因此也就无法很好地比较。第五，投资者更关心的是基金是否达到了其投资目的，如果仅关注基金在同组的相对比较，将会偏离绩效评价的根本目的。

【例题 12 - 9 单选题】 有关基金绩效中的分组比较法，错误的说法是（　　　）。

A. 在如何分组上，要做到公平分组很困难，从而也就使比较的有效性受到质疑

B. 很多分组含义模糊，因此有时投资者并不清楚在与什么比较

C. 分组比较隐含地假设了同组基金具有相同的风险水平，但实际上同组基金之间的风险水平可能差异很大，未考虑风险调整因素的分组比较也就存在较大的问题

D. 分组比较法可以简单地把基金分成开放式基金和封闭式基金两组进行比较

答案：D

【答案解析】 分组比较法虽然很容易理解，但在具体实施时会碰到一定的问题，ABC 的说法是对的，而 D 项说法是错误的。

（二）基准比较法

基准比较法是通过给被评价的基金定义一个适当的基准组合，比较基金收益率与基准组合收益率的差异来对基金表现加以衡量的一种方法。基准组合是可投资的、未经管理的、与基金具有相同风格的组合。一个良好的基准组合应具有如下五个方面的特征：

（1）明确的组成成分，即构成组合的成分证券的名称、权重是非常清晰的；

（2）可实际投资的，即可以通过投资基准组合来跟踪积极管理的组合；

（3）可衡量的，即指基准组合的收益率具有可计算性；

（4）适当的，即与被评价基金具有相同的风格与风险特征；

（5）预先确定的，即基准组合的构造先于被评估基金的设立。基准组合可以是全市场指数、风格指数，也可以是由不同指数复合而成的复合指数。

与分组比较法一样，基准比较法在实际应用中也存在一定的问题：一是在如何选取适合的指数上，投资者常常会无所适从，因为要从市场上已有的指数中选出一个与基金投资风格完全对应的指数非常困难。二是基准指数的风格可能由于其中股票性质的变化而发生变化。如价值指数中的股票，，可能会变为成长型的股票，如果不进行定期调整，该指数就不适宜再作为衡量价值基金表现的基准继续使用。同样，基金的风格也可能随时间的变化而变化。三是基金经理常有与基准组合比赛的念头。这方面主要存在两种做法：一种是通过持有不包括在基准中的资产，尽力在业绩上超过基准组合的表现；另一种是尽力模仿基准组合，而不思进取。四是公开的市场指数并不包含现金余额，但基金在大多数情况下不可能进行全额投资，这也会为比较增加困难。五是公开的市场指数并不包含交易成本，而基金在投资中必定会有交易成本，也常常引起比较上的不公平。

四、风险调整绩效衡量方法

现代投资理论的研究表明，风险的大小在决定组合的表现上具有基础性的作用，这样直接以收益率的高低进行绩效的衡量就存在很大的问题。表现好的基金可能是由于所承担的风险较高使然，并不表明基金经理在投资上有较高的投资技巧；而表现差的基金可能是风险较小的基金，也并不必然表明基金经理的投资技巧差强人意。风险调整衡量指标的基本思路就是通过对收益加以风险调整，得到一个可以同时对收益与风险加以考虑的综合指标，以期能够排除风险因素对绩效评价的不利影响。基于风险调整的绩效衡量方法中最重要的是三大经典风险调整收益衡量。

（一）特雷诺指数

第一个风险调整衡量方法是由特雷诺（Treynor，1965）提出的，因此也就被人们称为特雷诺指数。特雷诺指数给出了基金份额系统性风险的超额收益率。用公式可表示为

$$T_P = \frac{\overline{R}_P - \overline{R}_f}{\beta_P}$$

式中：T_P——基金 P 的特雷诺指数；

$\overline{R}_P$——考察期内基金 P 的平均回报率；

$\overline{R}_f$——考察期内平均无风险收益率；

β_P——基金 P 的系统性风险。

从几何上看，在收益率与系统性风险所构成的坐标系中，特雷诺指数实际上是无风险收益率与基金组合连线的斜率。

可以根据特雷诺指数对基金的绩效加以排序。特雷诺指数越大，基金的绩效表现越

好。在图 12 - 1 中，基金组合 C 的特雷诺指数大于基金组合 A，因此基金组合 C 的绩效也就优于基金组合 A。因为只要以无风险利率 R_f 借入一定量的资金并投资于 C，就可形成与基金 A 具有相同系统性风险水平但收益率却高于基金 A 的投资组合 C^*。

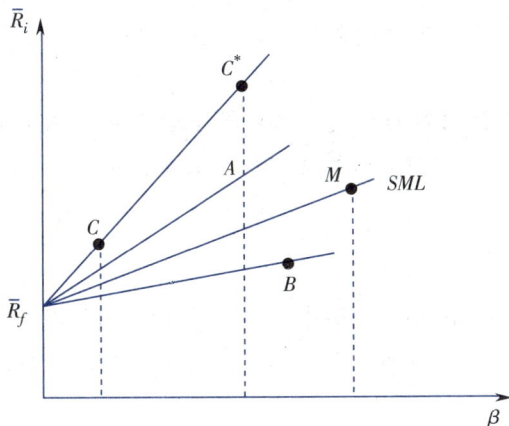

图 12 - 1　SML 与特雷诺指数

根据 SML 线，那些位于 SML 线之上的基金的特雷诺指数大于 SML 线的斜率 $T_m = \overline{R_m} - \overline{R_f}$，因而表现要优于市场组合；那些位于 SML 线之下的基金组合的特雷诺指数小于 SML 直线的斜率，表现也就比市场组合要差。图 12 - 1 中，基金 A 的绩效要优于市场组合，而基金 B 的绩效则比市场组合表现要差。

> 🖱 **案例解读：基金的特雷诺指数**
>
> 　　假设基金 A、基金 C 的季度平均收益率分别为 2.5%、2%，系统性风险分别为 1.20、0.80，市场组合的季平均收益率为 2.2%，季平均无风险收益率为 0.65%，则不难得到，基金 A、基金 C 特雷诺指数分别等于 1.54、1.69，市场指数的特雷诺指数为 1.47，因此基金 C 的表现要好于基金 A，它们的表现都要好于市场的表现。

特雷诺指数用的是系统性风险而不是全部风险，因此，当一项资产只是资产组合中的一部分时，特雷诺指数就可以作为衡量绩效表现的恰当指标加以应用。

特雷诺指数的问题是无法衡量基金经理的风险分散程度。β 值并不会因为组合中所包含的证券数量的增加而降低，因此当基金分散程度提高时，特雷诺指数可能并不会变大。

✍ **【例题 12 - 10 单选题】**第一个风险调整收益衡量方法是由（　　）提出的。

A. 特雷诺　　　　　B. 夏普　　　　　C. 马柯维茨　　　　　D. 詹森

答案：A

【答案解析】特雷诺指数是第一个风险调整衡量方法，1965 年由特雷诺提出，夏普指数于 1966 年由夏普提出，詹森指数是 1968 年詹森在 CAPM 模型的基础上发展而来。

【例题 12 - 11 单选题】特雷诺指数的问题是无法衡量基金经理的（ ）程度。

A. 收益高低　　　　B. 资产组合　　　　C. 风险分散　　　　D. 行业分布

答案：C

【答案解析】特雷诺指数的问题是无法衡量基金经理的风险分散程度。值并不会因为组合中所包含的证券数量的增加而降低，因此当基金分散程度提高时，特雷诺指数可能并不会变大。

（二）夏普指数

夏普指数是由诺贝尔经济学得主威廉·夏普于 1966 年提出的另一个风险调整衡量指标。夏普指数以标准差作为基金风险的度量，给出了基金份额标准差的超额收益率。用公式可表示为

$$S_P = \frac{\overline{R}_P - \overline{R}_f}{\sigma_P}$$

式中：S_P——夏普指数；

$\overline{R}_P$——基金的平均收益率；

$\overline{R}_f$——基金的平均无风险收益率；

σ_P——基金的标准差。

分别以月度、季度计量可得到基金的月夏普指数、季夏普指数等。为便于比较，通常情况下夏普指数以年或年化数据进行计算，这时标准差也要进行相应的年化处理：

$$\sigma_{年化} = \sigma_周 \times \sqrt{52} = \sigma_月 \times \sqrt{12} = \sigma_季 \times \sqrt{4}$$

式中：$\sigma_周$、$\sigma_月$、$\sigma_季$——周、月、季标准差。

从几何上看（见图 12 - 2），在收益率—标准差构成的坐标系中，夏普指标就是基金组合与无风险收益率连线的斜率。

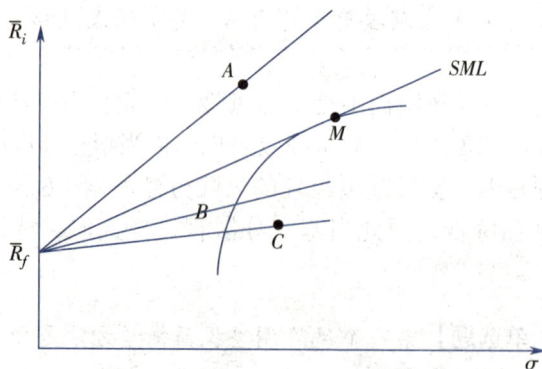

图 12 - 2　CML 与夏普指数

可以根据夏普指数对基金绩效进行排序，夏普指数越大，绩效越好。图 12 - 2 中，资本市场线的斜率代表了市场组合的夏普指数。基金组合 C 的夏普指标小于资本市场线的斜率，因此其绩效劣于市场组合的绩效。相反，基金组合 A 的绩效则要好于市场组合。

夏普指数调整的是全部风险，因此，当某基金就是投资者的全部投资时，可以用夏普指数作为绩效衡量的适宜指标。

【例题 12 - 12 单选题】 能够对证券组合绩效的深度和广度进行综合评价的风险调整收益指标是（　　）。

　　A. 信息比率　　　　　B. 特雷诺指数　　　　　C. 詹森指数　　　　　D. 夏普指数

答案：D

【答案解析】 证券组合的绩效可以从深度与广度两个方面进行。深度指的是基金经理所获得的超额回报的大小，而广度则对组合的分散程度加以考虑。组合的标准差会随着组合中证券数量的增加而减少，因此夏普指数可以同时对组合的深度与广度加以考察，那些分散程度不高的组合，其夏普指数会较低。相反，由于特雷诺指数与詹森指数对风险的考虑只涉及 β 值，而组合的 β 值并不会随组合中证券数量的增加而减少，因此也就不能对绩效的广度作出考察。

【例题 12 - 13 单选题】 夏普指数考虑的是总风险，而特雷诺指数考虑的是（　　）。

　　A. 全部风险　　　　　B. 系统性风险　　　　　C. 非系统性风险　　　　　D. 操作风险

答案：B

【答案解析】 特雷诺指数用的是系统性风险而不是全部风险。

（三）詹森指数

詹森指数是由詹森（Jensen，1968，1969）在 CAPM 上发展出的一个风险调整差异衡量指标。

根据 CAPM，在 SML 线上可以构建一个与施加积极管理的基金组合的系统性风险相等的、由无风险资产与市场组合组成的消极投资组合。詹森认为将管理组合的实际收益率 $[E(Rp)]$ 与具有相同风险水平的消极（虚构）投资组合的期望收益率 $[E(Rm)]$ 进行比较，二者之差可以作为绩效优劣的一种衡量标准，即

$$\sigma p = E(Rp) - \beta E(Rm)$$

实际应用中，对詹森指数的最佳估计可以通过下面的回归方程进行：

$$R_{pt} - R_{ft} = \hat{\alpha}_p + \hat{\beta}_p(R_{mt-Rf})$$

或有：

$$\hat{\alpha}_p = R_p - [\overline{R}_f + (\overline{R}_m - \overline{R}_f)\hat{\beta}]$$

式中：R_{mt}——市场指数收益率；

R_{ft}——无风险收益率；

$\hat{\alpha}_p$——α_p 的最小二乘估计；

$\hat{\beta}_p$——β_p 的最小二乘估计。

如果 $\hat{\alpha}_p = 0$，说明基金组合的收益率与处于同等风险水平的被动组合的收益率不存在显著差异，该基金的表现就被称为是中性的。只有成功地预测到市场变化或正确地选择股票，或同时具备这两种能力，施加积极管理的基金组合才会获得超过 SML 线上相应组合的超常绩效表现，这时 $\hat{\alpha}_p > 0$；而 $\hat{\alpha}_p < 0$ 则表示基金的绩效表现不尽如人意。

从几何上看，詹森指数表现为基金组合的实际收益率与 SML 线上具有相同风险水平组合的期望收益率之间的偏离（见图 12 – 3）。

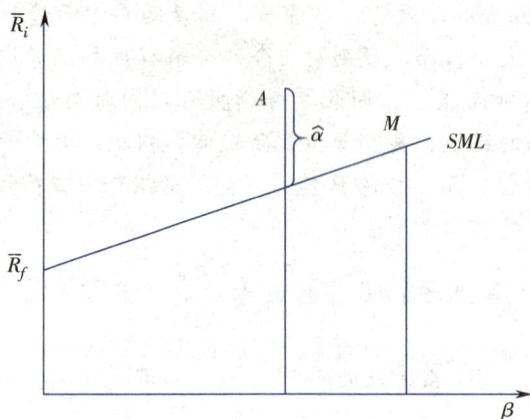

图 12 – 3   詹森指数图示

【例题 12 – 14 单选题】（   ）要求用样本期内所有变量的样本数据进行回归计算。

A. 特雷诺指数   B. 夏普指数   C. 信息比率   D. 詹森指数

答案：D

【答案解析】三大经典风险调整收益的衡量指标是特雷诺指数、夏普指数和詹森指数。其中，詹森指数要求用样本期内所有变量的样本数据进行回归计算，这与只用整个时期全部变量的平均收益率（投资组合、市场组合和无风险资产）的特雷诺指数和夏普指数是不一样的。

（四）三种风险调整衡量方法的区别与联系

夏普指数与特雷诺指数给出的是单位风险的超额收益率，因而是一种比率衡量指标；而詹森指数给出的是差异收益率。比率衡量指标与差异衡量指标在对基金绩效的排序上有可能给出不同的结论。如图 12 – 4 所示，用特雷诺指数评价基金 A 和基金 B，结论是基金 B 的绩效优于基金 A；但用詹森指数衡量，基金 A 则要好于基金 B。

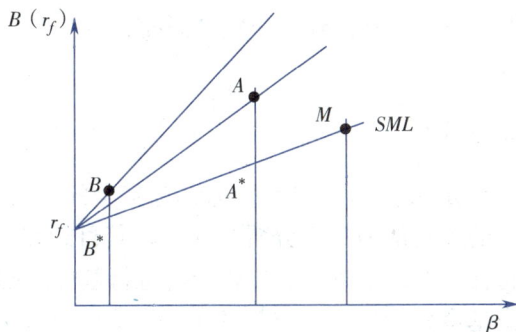

图 12 – 4 比率与差异衡量指标对基金绩效的不同评价

1. 夏普指数与特雷诺指数尽管衡量的都是单位风险的收益率，但二者对风险的计量不同。夏普指数考虑的是总风险（以标准差衡量），而特雷诺指数考虑的是市场风险（以 β 值衡量）。当投资者将其大部分资金投资于一只基金时，那么他就会比较关心该基金的全部风险，因此也就会将标准差作为对基金风险的适宜衡量指标。这时，适宜的衡量指标就应该是夏普指数。当投资者不仅仅投资于无风险证券和单一基金组合，所要评价的投资组合仅仅是该投资者全部投资的一个组成部分时，就会比较关注该组合的市场风险，在这种情况下，β 值会被认为是适当的风险度量指标，从而对基金绩效衡量的适宜指标就应该是特雷诺指数。

2. 夏普指数与特雷诺指数在对基金绩效的排序结论上有可能不一致。一般而言，当基金完全分散投资或高度分散，用夏普比率和特雷诺比率所进行的业绩排序是一致的。但当分散程度较差的组合与分散程度较好的组合进行比较时，用两个指标衡量的结果就可能不同。两种衡量方法评价结果的不同是由分散水平的不同引起的。一个分散程度差的组合的特雷诺指数可能很好，但夏普指数可能很差。此外，二者在对基金绩效表现是否优于市场指数的评判上也可能不一致。由于二者提供了关于业绩不同但相互补充的信息，因此应同时使用。

3. 特雷诺指数与詹森指数只考虑了绩效的深度，而夏普指数则同时考虑了绩效的深度与广度。基金组合的绩效可以从深度与广度两个方面进行。深度指的是基金经理所获得的超额回报的大小，而广度则对组合的分散程度加以了考虑。

组合的标准差会随着组合中证券数量的增加而减少，因此夏普指数可以同时对组合的深度与广度加以考察；那些分散程度不高的组合，其夏普指数会较低。相反，由于特雷诺指数与詹森指数对风险的考虑只涉及 β 值，而组合的 β 值并不会随着组合中证券数量的增加而减少，因此也就不能对绩效的广度作出考察。

4. 詹森指数要求用样本期内所有变量的样本数据进行回归计算。这与只用整个时期全部变量的平均收益率（投资组合、市场组合和无风险资产）的特雷诺指数和夏普指数是不一样的。

第三节　基金评价

一、基金评价的概念与目的

基金评价就是通过一些定量指标或定性指标，对基金的风险、收益、风格、成本、业绩来源以及基金经理人的投资能力进行分析与评价，其目的在于帮助投资者更好地了解投资对象的风险收益特征、业绩表现，方便投资者进行基金之间的比较与选择。

基金评价结果通常由基金评价机构制作与发布，投资者可以方便地在报纸、网络中获取不同基金评价机构发布的基金评价结果。基金评价结果通常以基金评级的形式出现。基金评级常常以具有特定含义的符号、数字或文字等便于投资者理解的形式展示分析结果。

二、基金评价的三个角度

1. 对单只基金的分析评价。对单只基金的分析评价通常是将其与同类基金进行比较，考察其在相同市场环境下的业绩表现。这包括对基金业绩的计算、对基金风险的评估以及对业绩表现的归因分析等。对单只基金业绩的分析和研究主要采用定量分析方法。

2. 对基金经理的分析和评价。对基金经理的分析和评价主要是对其投资管理能力和操作风格进行考察和评估。这在一定程度上与对该基金业绩的分析和评价是一致的。但由于一只历史较长的基金可能有多任基金经理，因此有时仅从基金业绩的维度很难评判一名基金经理长期和真实的资产管理能力。特别是当新基金成立时，因为没有历史业绩，很难进行相关分析，这时就需要根据基金经理的过往业绩及投资风格对该基金的投资价值进行一定的评估。对基金经理的分析评价常采用定性研究的方法。

3. 对基金公司的分析和评价。对基金公司的分析和评价的意义在于公司平台会影响基金经理的投资管理。事实上基金业绩除反映基金经理的管理水平外，在很多方面也反映了整个公司的综合实力。随着行业竞争的激烈和投资环境的日益复杂化，仅靠基金经理个人能力很难保持业绩的长期稳定，公司平台的作用日益明显。

【例题 12 - 15 单选题】对基金评价的三个角度不包括（　　）。

A. 单只基金　　　　B. 基金经理　　　　C. 基金组织　　　　D. 基金公司

答案：C

【答案解析】基金评价的三个角度包括：单只基金、基金经理和基金公司。

三、基金评级

（一）基金评级的方法

对基金的评级主要通过能反映基金风险收益特征的指标体系或评级模型对基金定期公布的数据进行分析，并将结果予以等级评价。其做法有：

1. 对基金进行分类。不同的基金因投资策略、投资范围及投资品种等的不同，表现出不同的风险收益特征，如果将这些基金放在一起比较，会直接影响评级的有效性。因此分类是评级的基础。

2. 建立评级模型。设计合理的指标体系，并以此建立有效可行的评级模型是公正、客观评价基金的关键步骤。

3. 计算评级数据。建立可靠、安全的数据库和高效的基金评级系统是快速、正确计算评级数据的保障，也是进行客观、规范、持续评级的技术要求。

4. 划分评价等级。根据评级指标的计算结果，制定等级设置规则，对同类基金进行等级评价。目前常用的等级评价主要根据指标的排序范围设置为 5 个等级，为方便投资者直观地了解，有时采用星级标识，如"五星级"、"四星级"等。

5. 发布评价结果。基金评级机构应以公开的方式向非特定对象发布评价结果，公开形式包括通过报刊、电台、电视台、互联网等公众传媒形式或讲座、报告会、分析会、电脑终端、电话、传真、电子邮件、短信等形式。基金评价结果应当以基金评价机构的名义而非基金评价人员的个人名义发布。

（二）评级结果的应用

基金评级是对基金过往业绩的一种评价，正确合理地使用评级结果，有助于投资者全面、迅速地了解基金过往的风险收益特征，为选择基金管理人等提供有益参考。但基金评级不是对基金未来业绩的预测，并且不同的评级其理论依据和指标含义不同，因此应客观合理地使用各类基金评级结果。

1. 关注评价机构的合规性。根据《证券投资基金评价业务管理暂行办法》的规定，基金评价机构应先加入中国证券业协会，再向中国证监会报送书面材料进行备案。《证券投资基金评价业务管理暂行办法》对包括基金评级在内的评价业务作了严格规范，投资者在参考评级结构时，应首先考察评级机构及评级结果的合规性。

2. 侧重基金的长期评级。从海外成熟的经验看，判断基金业绩优劣的时间跨度至少应在 36 个月以上，因此投资者应侧重 36 个月以上的业绩表现，而不应过多关注基金单项指标的短期排名。

3. 避免在不同基金中比较。基金的评级旨在反映基金经理的主动管理能力，不同类型的基金在面对相同的系统性风险时可能表现迥异，但这种差异主要由两类基金不同的风险特征所致，而不是由基金经理不同的主动管理能力所致。比如在降息的市场环境中，许多债券基金的业绩表现好于股票基金，但其主要原因与基金经理的管理能力是无关的。因此，我们不能说五星级的债券基金比四星级的股票基金更加优秀。

4. 正确理解等级高低的含义。基金评级对基金运作绩效的衡量大都基于风险调整后收益（如前面所讲的"三大经典风险调整收益衡量"），因此，对基金的综合表现不能简单地从等级评价上判断，获得同样等级评价的两只基金由于承担了不同的风险，收益可能相差很大。获得较高等级评价的基金未必安全，它本身可能是高风险的品种，只是在承担风险的同时获得了较高的收益；同时，获得较低等级评价的基金也不应被忽略，低风险收益特征的基金是稳健型投资者应关注的品种。

5. 不简单按评级买基金。基金评级是基于历史业绩的定量分析，是对过往业绩的总结，对基金定量的分析不能反映基金的所有特征。与基金业绩相关的因素处于不断变化之中，如基金公司的管理团队、运营策略、基金经理的操作风格、市场条件等都是影响基金业绩的关键因素，因此投资者不能用基金评级的高低作为基金投资的直接依据。《证券投资基金评价业务管理暂行办法》规定，基金评级报告等文件的评价结果并不是对未来的预测，投资者不能以基金评级结果作为未来投资的建议。

6. 了解各种评级的特点。随着基金评级市场的发展和评级机构的增多，各种评级体系的评价原理和方法不尽相同，同一只基金在不同的评级体系中可能会获得不一样的评价，因此投资者在一定程度上需要了解和比较各评级体系的原理与方法，从而对评级结果有客观、正确的认识。

（三）基金评级的局限性

基于历史数据对基金进行定量的等级评价，为审视基金过往业绩表现和基金经理投资管理能力提供了直观、明确的结论，但基金评级还存在着一定的局限性，在对基金的分析研究时还应采用多种手段和方法，互相佐证和比较，才能获得价值的投资策略和品种选择。其局限性为：

1. 基金评级难以预测性。基金评级是对基金过往业绩的评价，在基金业绩持续性不能得到有效预测之前，基金的过往业绩不能保证未来表现，基金评级对投资者的引导意义有限。

2. 基金评级只是对基金本身的评价，并未兼顾对基金公司投资能力的评价。

3. 基金评级考虑的是业绩的相对性，而非业绩的绝对性，五星级基金只是相对于同类基金表现最好的基金而已。

4. 基金评级是对基金过去某一特定时期表现的评价，随着时间的变化，评级结果可能会发生很大变化，而这种变化并不具有可预测性。

📖【本章小结】

本章首先分析了投资者选择基金时可以参考的外部结构指标和内部结构指标，其次分析了最为投资者所熟知的收益率的计算，但由于收益率是对基金经理管理能力绝对量的衡量，存在一定的问题，于是考察了风险调整收益衡量的三大经典指标，最后说明了目前基金的评价体系情况。

✍【课后训练】

1. 分别选择一只股票型基金、债券型基金计算过去三年每年的简单收益率和时间加权收益率。

2. 如何利用基金评级来选择基金？

第五篇
证券投资分析

第十三章
证券投资基本分析

ZHENGQUAN TOUZI JIBEN FENXI

教学要求

掌握证券投资基本步骤和基本方法。

知识目标

1. 熟悉证券投资的基本分析方法
2. 了解宏观经济形势相关指标，掌握宏观经济分析的主要内容
3. 了解行业特征和分析方法
4. 了解公司分析的基本步骤和基本方法

能力目标

掌握证券投资分析的基本方法和主要内容，并能具体运用到实际投资之中。

证券投资基本分析一般是通过对影响证券市场基本经济因素的分析，预测经济变量变化对证券市场影响的分析法。投资者根据经济学、统计学、金融学、投资学等基本原

理，对影响证券价值和价格的各种基本因素进行分析，主要从宏观分析、行业分析和公司分析三方面着手，以评估证券的投资价值，判断证券的合理价位。证券投资分析的前提是信息的搜集。本项目主要从宏观、中观和微观三个层次介绍了如何对证券进行相应的投资分析。

第一节　证券投资宏观分析

在证券投资领域中，宏观经济分析非常重要，只有把握住经济发展的大方向，才能作出正确的长期决策；只有密切关注宏观经济因素的变化，尤其是货币政策和财政政策等因素的变化才能抓住市场时机。

证券投资与国民经济整体素质、结构变动息息相关。不同部门、不同行业与成千上万的不同企业相互影响、相互制约，共同作用于国民经济发展的速度和质量。

证券投资与国家宏观经济政策息息相关。在市场经济条件下，国家通过财政政策和货币政策来调节经济，或挤出泡沫，或促进经济增长，这些政策直接作用于企业，从而影响经济增长和企业效益。因此，证券投资必须认真分析宏观经济政策，无论是对投资者、投资对象，还是对证券业本身乃至整个国民经济的快速、健康发展都具有非常重要的意义。

一、经济运行基本变量分析

宏观经济分析，首先要了解国内生产总值、国民收入、经济周期和通货膨胀等经济变量，能根据它们的变动对证券投资作出相应的判断。具体是：

（一）国内生产总值

国内生产总值（GDP）是在一国领土范围内本国和外国居民在一定时期内所生产的、以市场价格表示的产品和劳务的总和。因而当 GDP 持续稳定增长时，只要上市公司经营正常，其产值、销售收入、利润都会持续增加，从而使证券价格上涨。投资者对经济形势的良好预期也会促使证券价格上涨。反之则下降。

（二）国民收入

国民收入水平和国民收入分配结构及其变动，对证券市场有较大的影响。当人均国民收入水平上升时，说明宏观经济运行情况良好，证券市场的前景看好；当国民收入向企业和个人倾斜时，说明企业的投资能力、居民的投资与消费能力都将提高，这将促进经济的进一步增长，有利于上市公司的发展，增加证券市场的资金供给。当人均国民收入水平下降，或企业和居民个人的国民收入分配比重降低时，效果则相反。

（三）经济周期

经济周期表现为扩张与收缩的交替出现，扩张至高峰期表现为经济繁荣，收缩至低谷期表现为经济萧条。在萧条期，证券市场的交易量萎缩，当萧条接近尾声时，证券价格缓缓上升；当经济日渐复苏时，证券价格已升至一定水平。在繁荣期，证券交易量扩大，价格在顶端波动，当繁荣接近尾声时，有识投资者已卖出证券；当越来越多的投资者感到繁荣即将结束时，证券价格已进入下降通道。

（四）通货膨胀

通货膨胀对债券的影响较大，但对股票有所区别。一般来说，通货膨胀率较低时，危害不大且对股票价格还有推动作用。因为，通货膨胀主要是因为货币供应量增多造成的。货币供应量增多，开始时一般能刺激生产，增加公司利润，从而增加可分派股息。股息的增加会使股票更具吸引力，于是股票价格将上涨。当通货膨胀率较高且持续到一定阶段时，经济发展和物价的前景就不可捉摸，整个经济形势会变得很不稳定。这时，一方面企业的发展会变得飘忽不定，企业利润前景不明，影响新投资注入。另一方面，政府会提高利率水平，从而使股价下降。这两方面因素的共同作用下，股价水平将显著下降。

【例题 13－1 单选题】 中央银行规定的金融机构为保证客户提取存款和资金清算需要而准备的在中央银行的存款占其存款总额的比例是（　　）。

A. 法定存款准备金率　　　　　　B. 超额准备金率

C. 再贴现率　　　　　　　　　　D. 银行回购利率

答案：A

【答案解析】 这是法定存款准备金率的定义。

【例题 13－2 单选题】 高通胀下的 GDP 增长，将促使证券价格（　　）。

A. 快速上涨　　　B. 下跌　　　C. 平稳波动　　　D. 呈慢牛态势

答案：B

【答案解析】 当经济处于严重失衡下的高速增长时，总需求大大超过总供给，这将表现为高的通货膨胀率，这是经济形势恶化的征兆，如不采取调控措施，必将导致未来的"滞胀"（通货膨胀与经济停滞并存）。这时企业经营将面临困境，居民实际收入也将降低，因而失衡的经济增长必将导致证券市场价格下跌。

【例题 13－3 单选题】 GDP 是指一个国家（或地区）所有（　　）在一定时期内生产活动的最终成果。

A. 本国公民　　　　　　　　　　B. 国内居民

C. 常住居民　　　　　　　　　　D. 不包括外国人的常住居民

答案：C

【答案解析】 GDP 是国内生产总值的简称，是指一个国家（或地区）所有常住居民在一定时期内（一般按年统计）生产活动的最终成果。区分国内生产和国外生产一般以"常住居民"为标准，只有常住居民在 1 年内生产的产品和提供劳务所得到的收入才计算在本国的国内生产总值之内。

二、经济政策分析

经济政策分析主要可以从货币政策和财政政策两方面内容着手，并根据它们的变动对证券投资作出相应的判断。

（一）货币政策

货币政策包括利率、法定存款准备金率、公开市场业务和调节货币供应量。降低存贷款利率、降低法定存款准备金率、中央银行买进有价证券、增加货币供应量，能够降低投资者投资于股票的机会成本，增加上市公司的盈利，都能使证券市场价格上涨。提高存贷款利率、提高法定存款准备金率、中央银行卖出有价证券、减少货币供应量，都会促使证券价格下跌。

（二）财政政策

积极的财政政策手段主要有减少税收、扩大财政赤字、减少国债发行或回购部分国债、增加财政补贴以及转移支付制度。这些手段一般都会致使证券价格上扬。紧缩的财政政策则相反。

【例题13-4 多选题】（   ）是政府依据客观经济规律制定的指导财政工作和处理财政关系的一系列方针、准则和措施的总称。

A. 货币政策   B. 财政政策   C. 利率政策   D. 汇率政策

答案：B

【答案解析】财政政策是政府依据客观经济规律制定的指导财政工作和处理财政关系的一系列方针、准则和措施的总称。

【例题13-5 单选题】宏观经济分析的意义是（   ）。

A. 把握证券市场的总体变动趋势

B. 判断整个证券市场的投资价值

C. 掌握宏观经济政策对证券市场的影响力度与方向

D. 了解转型背景下宏观经济对股市的影响不同于成熟市场经济，了解中国股市表现和宏观经济相背离的原因

答案：ABCD

【答案解析】四个选项全部是宏观经济分析的意义。

第二节　证券投资行业分析

一、行业分类在证券投资中的作用

（一）通过行业分类，缩小证券选择范围

证券市场行业众多，品种数千个，通过行业分类，将大大缩小证券选择范围，节省投资者有限的精力，提高投资效率。

（二）结合产业政策，确定行业投资重点

同一国家在不同时期、不同区域的政策导向不同，会对行业和地区的发展产生影响，部分行业会因产业政策而受益匪浅，表现在证券市场上，会表现在相应行业的股价

上，投资者可以结合产业政策，锁定重点投资行业。

二、典型的国民经济行业分类方法

由于行业间存在差距，在相同的经济背景下，不同行业会出现不同的发展方向。为了能对不同行业发展作出判断，有必要对行业进行分类，国际上，按照不同的分类方法，行业分类也有所差别，下面，介绍几种主要的行业划分方法。

（一）道琼斯分类法

该方法是在 19 世纪末为选取在纽约证券交易所上市的有代表性的股票而对各公司进行的分类，是证券指数统计中最常用的分类法之一。道琼斯分类法将股票分为工业、运输业和公用事业三类。在道琼斯指数中，工业类股票取自工业部门的 30 家公司，包括采掘业、制造业和商业；运输业类股票取自 20 家交通运输业公司，包括航空、铁路、汽车运输与航运业；公用事业类取自 6 家公用事业公司，主要包括电话公司、煤气公司和电力公司等。

（二）国际行业分类标准

第一版《国际标准行业分类》在 1948 年公布，世界绝大多数国家都采用了《国际标准行业分类》，或根据《国际标准行业分类》制订自己的国家分类。它为各国制订国家活动分类提供了指导，成为在国际一级比较经济活动统计数据的一项重要工具。无论是在各国还是在世界范围内，《国际标准行业分类》都在经济和社会统计领域内按经济活动进行数据分类方面得到了广泛的应用，如国家账户统计、企业统计、就业统计等。随着国际经济的快速发展，新兴行业层出不穷，历经数年审查，《国际标准行业分类》修订本第 4 版终于在 2009 年问世，新版本在结构上更为具体详细，适合众多新兴行业的需要。第 4 版更好地反映了当前世界经济的结构，认可在过去 20 年间出现的新兴产业，并通过增加与现有地区性分类的可比性使得国际间比较更为方便。它包括 21 个门类和99 个大类，具体见图 13 – 1。

门类A	农业、林业及渔业	门类L	房地产活动
门类B	采矿和采石	门类M	专业、科学和技术活动
门类C	制造业	门类N	行政和辅助活动
门类D	电、煤气、蒸气和空调的供应	门类O	公共管理与国防；强制性社会保障
门类E	供水；污水处理、废物管理和补救活动	门类P	教育
门类F	建筑业	门类Q	人体健康和社会工作活动
门类G	批发和零售业；汽车和摩托车的修理	门类R	艺术、娱乐和文娱活动
门类H	运输和储存	门类S	其他服务活动
门类I	食宿服务活动	门类T	家庭作为雇主的活动；家庭自用、未加
门类J	信息和通信		区分的物品生产和服务活动
门类K	金融和保险活动	门类U	国际组织和机构的活动

图 13 – 1 国际行业分类标准

（三） 我国国民经济的行业分类

我国最早在 1994 年对国民经济行业进行了详细的划分，但是随着对外开放的扩大和国际交往的增多，出现了许多新型行业。因此，在 2002 年，我国推出新的国民经济行业的分类标准 GB/T 4754—2002，新标准将社会经济活动划分为四级，即门类、大类、中类和小类，总计行业门类 20 个，行业大类 95 个，行业中类 396 个，行业小类 913 个，见图 13 –2。

A 农、林、牧、渔业	K 房地产业
B 采矿业	L 租赁和商务服务业
C 制造业	M 科学研究和技术服务业
D 电力、热力、燃气及水生产和供应业	N 水利、环境和公共设施管理业
E 建筑业	O 居民服务、修理和其他服务业
F 批发和零售业	P 教育
G 交通运输、仓储和邮政业	Q 卫生和社会工作
H 住宿和餐饮业	R 文化、体育和娱乐业
I 信息传输、软件和信息技术服务业	S 公共管理、社会保障和社会组织
J 金融业	T 国际组织

图 13 –2　我国行业分类标准

（四） 我国上市公司的行业分类

由于上市公司数量有限，目前上市的所有公司未能覆盖全部我国国民经济中所有行业分类，最初上海证交所将上市公司简单地划分为 5 类，即工业、商业、地产业、公用事业和综合五类；深圳证券交易所将上市公司分为 6 类，即工业、商业、地产业、公用事业、金融业和综合六类。随着证券市场的发展，上市公司数量的增加，原有分类方法已经不能适应证券市场发展需要，因此在 2001 年 4 月，中国证监会公布《上市公司行业分类指引》，规定了上市公司分类的原则、编码方法、框架及其运行与维护制度。

1. 分类原则与方法。以上市公司营业收入为分类标准，所采用财务数据为经会计师事务所审计的合并报表数据。

2. 分类方法。当公司某类业务的营业收入比重大于或等于 50%，则将其划入该业务相对应的类别；当公司没有一类业务的营业收入比重大于或等于 50% 时，如果某类业务营业收入比重比其他业务收入比重均高出 30%，则将该公司划入此类业务相对应的行业类别；否则，将其划为综合类。

三、行业分析

行业分析主要以行业市场结构分析和行业生命周期分析为切入点，能根据它们的发展前景对证券投资作出相应的判断。

（一） 行业的市场结构类型分析

行业的市场结构随该行业中企业的数量、产品的性质、价格的制定和其他一些因素的变化而变化。根据以上各因素，所有行业可以被划分为四种市场类型：完全竞争行业、垄断竞争行业、寡头垄断行业和完全垄断行业。

A 农、林、牧、渔业	H 批发和零售贸易
B 采掘业	I 金融、保险业
C 制造业	J 房地产业
D 电力、煤气及水的生产和供应业	K 社会服务业
E 建筑业	L 传播与文化产业
F 交通运输、仓储业	M 综合类
G 信息技术业	

图 13－3　我国上市公司行业分类

按照企业数量、产品差别程度、控制价格的能力、新企业进入的难易程度及典型行业等要素，可以将上述行业进行大致的区分，具体见表 13－1。

表 13－1　行业市场结构类型

市场结构	企业数量	产品差别程度	控制价格的能力	新企业进入的难易程度	典型行业
完全竞争	很多	均质或相同	没有	很容易	农业、商业
垄断竞争	较多	有一定差别	较低	较容易	轻工行业
寡头垄断	少数	同一或微小区别	较高	不容易	重工行业
完全垄断	一个	独特产品	很高	不可能	公用事业、邮电通信

由此可见，完全竞争的根本特点在于所有的企业都无法控制市场的价格和使产品差异化。垄断竞争生产的产品同种但不同质，即产品之间存在着实际或想象上的差异，由于产品差异性的存在，生产者可以树立自己产品的信誉，从而对其产品的价格有一定的控制能力。

寡头垄断只有少量的生产者生产同一种产品，因而对市场的价格和交易具有一定的垄断能力。完全垄断可分为两种类型：政府完全垄断，如国营铁路、邮电等部门。私人完全垄断，如根据政府授予的特许专营或根据专利产生的独家经营，以及由于资本雄厚、技术先进而建立的排他性的私人垄断经营。完全垄断市场类型的特点是：由于市场被独家企业所控制，产品又没有或缺少合适的替代品，因此，垄断者能够根据市场的供需情况制定理想的价格和产量，在高价少销和低价多销之间进行选择，以获取最大的利润。不过，垄断者在制定产品的价格与生产数量方面的自由性是有限度的，它要受到反垄断法和政府管制的约束。

（二）行业周期分析

行业的生命周期见图 13－4，一般包括以下几个阶段：

1. 初创期。高风险低收益是其特点。由于行业创立投资和产品的研究、开发需要大量的费用，其产品成本和价格较高，市场需求不大，所以利润很低甚至没有，经营风险较大，投资于该行业的公司有很大风险。

2. 成长期。以竞争加强、价格下降、利润上升为特点。拥有一定市场营销和财务力量的企业逐渐主导市场。随着新产品得到市场的认可，受不确定因素的影响较小，行业的波动也较小。此时，投资者蒙受经营失败而导致投资损失的风险性大大降低。

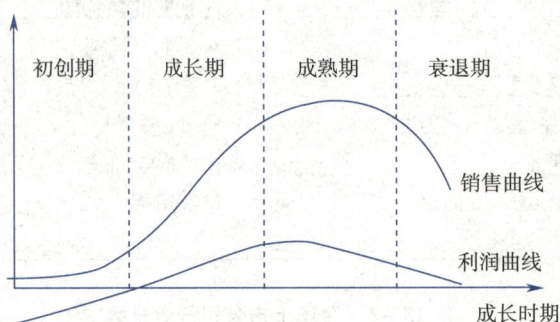

图 13-4　行业生命周期

3. 成熟期。这一时期,在竞争中生存下来的少数企业垄断了市场,行业利润达到较高水平,企业的经营风险也较低。但行业的增长速度大大降低,除非有技术创新,否则行业增长难以同整个经济增长保持同步。

4. 衰退期。这一时期,由于需求减少,产量下降,增长率逐渐降低甚至出现负增长。厂商数量减少,行业开始萎缩。

【行业板块查询】

行业板块可以通过点击软件下方"行业"栏目搜寻所选择的板块,进而找出具体关注的品种(见图 13-5)。

图 13-5　行业板块

【例题 13－6 单选题】道琼斯分类法把大多数股票分为（   ）。

A. 2 类   B. 3 类   C. 4 类   D. 5 类

答案：B

【答案解析】道琼斯分类法把大多数股票分为 3 类。

【例题 13－7 单选题】某一行业有如下特征：行业的利润由于一定程度的垄断达到了较高的水平，风险因市场结构比较稳定、新企业难以进入而较低。那么这一行业最有可能处于生命周期的（   ）。

A. 衰退期   B. 成熟期   C. 成长期   D. 幼稚期

答案：B

【答案解析】本题考查行业生命周期分析中成熟期的特征。

【例题 13－8 单选题】下列选项中，有关行业生命周期分析的表述，错误的是（   ）。

A. 在幼稚期，由于新行业刚刚诞生或初建不久，只有为数不多的投资公司投资于这个新兴的行业

B. 行业的衰退期往往比行业生命周期的其他三个阶段的总和还要长，大量的行业都是衰而不亡

C. 一般而言，技术含量高的行业成熟期历时相对较长，而公用事业行业成熟期持续的时间较短

D. 成长期企业的利润虽然增长很快，但所面临的竞争风险也非常大，破产率与被兼并率相当高

答案：C

【答案解析】此题考查行业生命周期分析的内容。C 选项应该是一般而言，技术含量高的行业成熟期历时相对较短，而公用事业行业成熟期持续的时间较长。

【例题 13－9 单选题】遗传工程、太阳能等行业正处于行业生命周期的（   ）。

A. 幼稚期   B. 成长期   C. 成熟期   D. 衰退期

答案：A

【答案解析】遗传工程、太阳能等行业正处于行业生命周期的幼稚期。

【例题 13－10 单选题】下列选项中，属于完全竞争型市场的行业是（   ）。

A. 初级产品   B. 制成品   C. 石油   D. 自来水公司

答案：A

【答案解析】初级产品（如农产品）属于完全竞争型市场的行业。

第三节　证券投资公司分析

公司分析是证券投资微观分析的基本内容，包括公司基本素质分析和公司财务分析

以及它们对证券投资的影响。

一、公司基本素质分析

公司基本素质分析可以从公司行业地位分析、公司盈利能力及增长性分析、公司经营管理能力分析的方法等入手，并据此对证券投资作出初步的判断。

（一）公司行业地位分析

（1）公司是否为行业领导企业，公司在该行业中的综合排序如何，具体可借助证券软件中的 F10 功能键来分析，如浙江震元，它在行业中的排序见图 13－6。

代码	简称	总股本(亿股)	实际流通A股(亿股)	总资产(亿元)	排名	主营收入(亿元)	排名	净利润增长率(%)	排名
600211	西藏药业	1.39	0.69	7.85	14	2.70	14	130.58	1
600849	上海医药	5.69	3.72	85.27	1	47.23	1	67.52	2
600056	中国医药	2.39	1.17	25.55	7	8.56	8	47.01	3
000705	浙江震元	1.25	0.99	9.46	13	3.09	12	35.23	4
600511	国药股份	2.39	1.39	20.72	10	12.46	5	22.10	5
000963	华东医药	4.34	2.46	34.81	5	16.67	4	19.02	6
000028	一致药业	2.88	1.49	42.73	3	22.45	3	13.30	7
000411	英特集团	2.07	1.77	15.56	12	10.35	7	8.53	8
600833	第一医药	1.01	1.01	6.52	16	3.21	13	3.50	9
600713	南京医药	2.51	1.98	55.97	2	28.04	2	0.55	10
600297	美罗药业	1.75	0.78	16.20	11	3.20	11		11
600759	正和股份	9.39	1.94	21.89	9	0.22	16		12
000607	华立药业	4.88	4.12	25.43	8	5.77	9		13
600332	广州药业	8.11	2.03	41.58	4	10.36	6		14
000078	海王生物	6.53	4.39	30.00	6	5.37	10		15
600706	ST长信	0.87	0.67	7.69	15	0.34	15		16
000669	领先科技	0.93	0.65	2.42	17	0.04	17		17
与行业指标对比									
浙江震元		1.25	0.99	9.46	13	3.09	12	35.23	4
行业平均		3.47	1.84	26.45		10.57		-61.87	
该股相对平均值%		-63.86	-46.01	-64.25		-70.77		-156.95	

图 13－6　公司基本资料

（2）公司产品的市场占有率如何，从公司产品销售市场的地域分布和在同一类产品市场上的占有率两个方面来考察；另外，要考虑产品在成本、技术和质量等方面的优劣。

（二）公司盈利能力及增长性分析

公司的价值取决于其盈利能力同资本成本的比较。盈利能力越高，资本成本就越低，公司的净值就增长得越快，公司的价值就越大。衡量公司盈利能力的指标主要有资产利润率、销售利润率和每股收益率。

（三）公司经营管理能力分析

公司经营管理能力分析主要包括公司管理人员素质和能力分析、公司管理风格和经营理念分析以及维护本公司竞争地位的能力，还要关注运用现代管理手段和方法的能力等。

二、公司财务分析

公司财务分析需了解资产负债表、损益表和现金流量表，掌握公司偿债能力、资产营运能力和盈利能力指标等分析，能据此对证券投资作出基本的判断。

（一）资产负债表、损益表和现金流量表

资产负债表，其基本关系为：资产＝负债（广义）＝负债（狭义）＋股东权益。它反映公司在某一特定时点财务状况的静态报告，分析其可以了解公司的财务状况，如偿债能力强弱、资本结构合理、流动资金充足性等；图13－7所示为行情软件中可查询的该公司的资产与负债状况。

【资产与负债】

财务指标（单位）	2009-09-30	2008-12-31	2007-12-31	2006-12-31
资产总额（万元）	20118962.40	20002113.69	20200800.48	16484665.74
负债总额（万元）	10224500.75	10218344.96	9592888.02	7831275.67
流动负债（万元）	7090263.27	7204242.01	7807924.82	6683211.03
长期负债（万元）	—	—	—	—
货币资金（万元）	564925.46	685160.44	1124004.11	1817360.11
应收账款（万元）	758245.21	526919.09	631164.21	554925.50
其他应收款（万元）	108070.09	73621.46	86634.02	78573.00
坏账准备（万元）	—	—	—	—
股东权益（万元）	9289365.92	9195686.97	8850401.04	8128619.36
资产负债率（%）	50.8202	51.0863	49.7700	47.5064
股东权益比率（%）	46.1721	45.9735	46.9926	49.3101
流动比率（%）	0.7853	0.8156	1.0097	1.0061
速动比率（%）	0.3499	0.3208	0.4948	0.5388

图13－7　资产负债状况

损益表或利润及利润分配表，它有三个主要构成部分，即营业收入；与营业收入相关的生产性费用、销售费用和其他费用；利润。它是一定时期内经营成果的反映，分析其可以了解公司的盈利能力、盈利状况、经营效率等；图13－8所示为该公司在行情软件中可查询的利润以及盈利能力状况。

现金流量表，反映资产负债表上现金项目的信息，现金流量表主要分经营活动、投资活动和筹资活动的现金流量三部分。分析现金流量表可以判断公司的支付能力和偿债能力以及公司对外部资金的需求情况，预测公司未来的发展前景。图13－9所示为该公司在行情软件中可查询的现金流量状况。

（二）公司偿债能力分析

偿债能力是指公司偿还各种到期债务的能力。偿债能力分析是公司财务分析的一个重要方面，通过这种分析可以揭示公司的财务风险。

偿债能力分析包括短期偿债能力分析和长期偿债能力分析两部分。

1. 短期偿债能力分析。是指公司偿还流动负债的能力。其评价指标有流动比率、速动比率。

（1）流动比率是公司流动资产与流动负债的比率，即

$$流动比率＝流动资产÷流动负债$$

【利润构成与盈利能力】

财务指标(单位)	2009-09-30	2008-12-31	2007-12-31	2006-12-31
主营业务收入(万元)	10636795.67	20033177.38	19127349.35	16214216.88
主营业务利润(万元)	-	-	-	-
经营费用(万元)	100284.53	185251.96	201837.00	221789.47
管理费用(万元)	318552.52	567634.58	521955.67	537842.25
财务费用(万元)	130637.51	209574.11	95505.16	101781.87
三项费用增长率(%)	-21.06	17.47	-4.89	11.21
营业利润(万元)	492349.96	830416.91	1947772.90	1953570.58
投资收益(万元)	78546.11	67716.60	149862.29	78394.02
补贴收入(万元)	-	-	-	-
营业外收支净额(万元)	14977.92	-14980.34	-17004.16	-33141.74
利润总额(万元)	507327.88	815436.56	1930768.74	1920428.85
所得税(万元)	107645.43	155327.25	588505.77	560363.12
净利润(万元)	370458.44	645920.75	1271833.45	1307714.16
销售毛利率(%)	8.90	12.20	14.82	16.99
主营业务利润率(%)	-	-	-	-
净资产收益率(%)	3.99	7.02	14.37	16.09

图 13 - 8　利润以及盈利能力

【现金流量】

财务指标(单位)	2009-09-30	2008-12-31	2007-12-31	2006-12-31
销售商品收到的现金(万元)	12005662.51	23328685.32	22113260.57	18850546.22
经营活动现金净流量(万元)	1893398.92	1624355.20	1888563.43	2521317.41
现金净流量(万元)	-154064.34	-883692.43	-107174.38	926305.30
经营活动现金净流量增长率(%)	579.38	-13.99	-25.10	10.96
销售商品收到现金与主营收入比(%)	112.87	116.45	115.61	116.26
经营活动现金流量与净利润比(%)	511.10	251.48	148.49	192.80
现金净流量与净利润比(%)	-41.59	-136.81	-8.43	70.83
投资活动的现金净流量(万元)	-1272164.56	-2760169.10	-2797351.63	-1232064.56
筹资活动的现金净流量(万元)	-776055.47	270372.81	792098.65	-366116.80

图 13 - 9　现金流量

流动比率是衡量公司短期偿债能力的重要财务指标。比率越高,说明偿还流动负债的能力越强。反之则表明企业的短期偿债能力弱。一般认为流动比率为 2 比较合适。

运用流动比率时须注意:①流动比率过高也可能是存货积压、应收账款增多以及待摊费用和待处理财产损失增加所致,而真正用来偿债的现金却严重短缺。所以,应收账款数额和存货的周转速度是影响流动比率的主要因素。②过高的流动比率对公司而言，意味着闲置现金的持有量过多，必然造成机会成本增加以及获利能力的下降。③计算出来的流动比率，只有和同行业平均流动比率、本公司历史的流动比率进行比较，才能看出其是高还是低。

（2）速动比率，是指公司速动资产与流动负债的比率，速动资产是扣除存货后的流动资产。

$$速动比率 = 速动资产 \div 流动负债 = （流动资产 - 存货）\div 流动负债$$

从流动资产中扣除存货，主要因为：（1）存货是变现性最差的流动资产；（2）由于某种原因，部分存货可能已毁损但尚未处理；（3）部分存货已办理质押；（4）存货成本与市价相差悬殊。因此，把存货从流动资产总额中扣除而计算出的流动比率反映的短期偿债能力更令人信服。

从速动比率分析看，通常认为正常的比率为1，低于1则认为是短期偿债能力偏低。但由于应收账款的变现能力是影响速动比率的一个重要因素，所以不同的行业速动比率会有很大的差别，没有统一标准的速动比率。

2. 长期偿债能力分析。是指公司偿还长期债务的能力。分析公司长期偿债能力的指标主要有资产负债比率与股东权益比率。

资产负债率，是负债总额与资产总额的比率。即

$$资产负债率 = （负债总额 \div 资产总额）\times 100\%$$

注意：公式中的负债总额不仅包括长期负债，还包括短期负债。

资产负债率分析：①从债权人立场看，他们希望该比率越低越好，比率低公司偿债有保证，贷款不会有太大风险。②从股东角度看，在全部资本利润率高于借款利息率时，负债比率越大越好；否则越低越好。③从经营立场看，若举债多，超出债权人心理承受程度，公司就借不到钱；若公司不举债，或负债比例小，说明公司畏缩不前，对前途信心不足。

股东权益比率，也称产权比率、资本负债率，是负债总额与股东权益总额的比率。

$$股东权益比率 = （负债总额 \div 股东权益总额）\times 100\%$$

股东权益比率分析：①该指标反映由债权人提供的资本与股东提供的资本的相对关系，反映公司的基本财务结构是否稳定。一般来说，股东资本大于负债总额较好，即比率小于1，但也不能一概而论。②反映了债权人投入的资本受到股东权益保障的程度，该比率越小，保障程度越高，债权人承担的风险越小。从上述计算结果看，该公司产权比例为113%，如果经营不是很景气，则表明该公司举债经营的程度偏高，财务结构不很稳定。如果该公司进行清算，则债权人的利益因股东提供资本所占比重较小而缺乏保障。

资产负债率和股东权益比率都是评价公司长期偿债能力的，但资产负债率侧重于分析债务偿付安全性的物质保障程度，股东权益比率则侧重于揭示财务结构的稳定程度以及自有资金对偿债风险的承受能力。

（三）资产营运能力分析

营运能力是指公司资产的周转运行能力。对此进行分析，可以了解公司的营业状况及经营管理水平。评价公司营运能力常用的财务比率为应收账款周转率、存货周转率、

固定资产周转率等。

1. 应收账款周转率。是指公司一定时期赊销收入净额与应收账款平均余额的比率。

$$应收账款周转率 = 赊销收入净额 \div 应收账款平均余额 \times 100\%$$

应收账款周转率越高，说明公司催收账款的速度越快，可以减少坏账损失，公司财务状况好转。反之，则表明公司催收账款的效率太低，公司财务状况趋坏。

2. 存货周转率，指公司的销售成本与平均存货的比率。

$$存货周转率 = 销售成本 / 平均存货 \times 100\%$$

$$平均存货 = （期初存货余额 + 期末存货余额）\div 2$$

存货周转率越高，说明存货周转越快，公司的销售能力越强，营运资金占用在存货上的金额越少。反之，则说明公司在产品销售方面存在一定问题。

3. 固定资产周转率，是指公司的年销售收入净额与固定资产平均净值的比率。即

$$固定资产周转率 = 年销售收入净额 \div 固定资产平均净值 \times 100\%$$

该比率较高，说明公司利用固定资产的程度较高，生产经营的效率正常；反之，则说明固定资产利用效率不高，会影响公司的营运能力。

（四）盈利能力指标分析

获利能力是指公司获取利润的能力。对公司获利能力分析，一般只分析公司正常的经营活动的获利能力，不涉及非正常的经营活动。因为一些偶发的、特殊的经营活动，虽然也会给公司带来收益，但它不是经常和持久的，不能将其作为公司的一种获利能力加以评价。

评价获利能力常用的财务比率为销售净利率、销售毛利率、资产净利率、净资产收益率、市盈率等。

1. 销售净利率，是指公司净利润与销售收入的比率。即

$$销售净利率 = （净利润 \div 销售收入）\times 100\%$$

销售净利率说明了公司净利润占销售收入的比例，它可以评价公司通过销售赚取利润的能力。销售净利率表明公司每元收入可实现的净利润是多少。该比率越高，公司通过扩大销售获取收益的能力越强。

2. 销售毛利率，是指公司毛利与销售收入的比率。即

$$销售毛利率 = （毛利 \div 销售收入）\times 100\%$$

销售毛利率是公司销售净利率的基础，没有足够大的销售毛利率便不能盈利。

3. 资产净利率，是企业净利润与平均资产总额的比例。平均资产总额等于期初资产总额加上期末资产总额再除以 2。

$$资产净利率 = 企业净利润 \div 平均资产总额 \times 100\%$$

资产净利率指标越高，表明公司资产的利用效率越高，说明公司在增收节支上取得了良好的效果。

4. 净资产收益率，又称净资产报酬率，是指公司的净利润与净资产的比率。净资产平均余额为净资产期初余额和净资产期末余额之和再除以 2。

$$净资产收益率 = 净利润 \div 净资产平均余额 \times 100\%$$

净资产收益率指标越高，说明由投资人享有的净利润就越多，投资人投资的收益水平就越高。

5. 市盈率，是指普通股每股市价与每股收益的比率。

$$市盈率 = 每股市价 \div 每股利润$$

市盈率是反映公司获利能力的一个重要财务比率。一般来说，市盈率高，说明投资者对该公司的发展前景看好，愿意出较高的价格购买该公司股票。但也应注意，市盈率过高同时意味着该股票具有较高的投资风险。

> ### 延伸阅读：阅读年报的五要点
>
> 投资者在阅读年报时有必要关注以下几个方面：
>
> 一、业绩的优良性。最常见的评价标准是通过市盈率、净资产收益率、每股收益的多少这三个指标进行衡量。蓝筹股的市盈率要保持在 20 倍左右或少于 20 倍；其净资产收益率每年至少要保持在 6% ~ 10% ；每股收益的多少才算是蓝筹股，这需要就个股情况具体分析，没有具体的衡量标准，因为每只股票的股本结构大小不一，净资产高低不同。
>
> 二、业绩的稳定性。蓝筹股的业绩必须具备较强的稳定性和可持续发展能力，这种能力主要依赖于上市公司的品牌优势、技术优势、规模优势。有些不具备优势的上市公司在面临激烈的市场竞争时，其业绩忽而濒临摘牌的境地，忽而又大幅地飙升，对于这类缺乏持续稳定性的个股投资者宜回避为上。
>
> 三、业绩的成长性。业绩好的绩优股不一定能给投资者带来丰厚的回报，只有成长性好的股票才能给投资者带来丰厚利润。成长性，主要通过对该公司所处行业是处于夕阳产业还是朝阳产业、公司募集资金的投资方向和效果、产品的科技含量如何、人才资源的配置和企业的核心竞争力等多方面来进行综合分析研判。通过财务报表的信息披露，投资者不仅要了解上市公司已经公告的业绩，而且还要从公告信息中判断企业未来的发展前景。
>
> 四、业绩的现金流量。从财务报表看，部分上市公司的利润状况确实好，但再仔细观察现金流量表，就会发现现金流量的状况实在不佳。有的企业在利润大幅增长的同时，其经营活动和筹资活动所产生的现金流入却远远低于投资活动产生的巨额现金流出。
>
> 五、业绩的利润构成。要观察上市公司业绩增长是真正来源于主营业务收入的增加，还是来自偶然性收入，如：补贴收入，营业外收入，债务重组收益，因会计政策变更或会计差错更正而调整的利润，发行新股冻结资金的利息等。还要注意有的上市公司利用关联交易调节利润，甚至直接地变卖家产，更有极少部分上市公司通过在财务上的技术处理，给业绩注入水分，如：银广夏、蓝田股份等曾经显赫一时的假蓝筹股就是采用类似方法，投资者在选股时要仔细鉴别。

✒ **【例题13-11 单选题】** (   ) 反映企业一定期间现金的流入和流出，表明企业获得现金及现金等价物的能力。

A. 资产负债表
B. 现金流量表
C. 利润表
D. 所有者权益变动表

答案：B

【答案解析】 现金流量表反映企业一定期间现金的流入和流出，表明企业获得现金及现金等价物的能力。

✒ **【例题13-12 单选题】** 下列指标中，不能反映企业偿付长期债务能力的是(   )。

A. 已获利息倍数
B. 速动比率
C. 有形资产净值债务率
D. 资产负债率

答案：B

【答案解析】 反映企业偿付长期债务能力的指标有资产负债率、产权比率、有形资产净值债务率、已获利息倍数、长期债务与营运资金比率。B选项反映的是公司的变现能力。

✒ **【例题13-13 单选题】** 某公司年初净资产为800万元，年末净资产为1000万元，息税前利润为200万元，利息费用为40万元，公司所得税税率为25%，则公司的净资产收益率为(   )。

A. 8%
B. 12%
C. 16%
D. 20%

答案：B

【答案解析】 净资产收益率 = 净利润/净资产 = [200×(1-25%)-40]/[(800+1000)/2] ≈ 12%。

📖 **【本章小结】**

本章从基本分析法的意义出发，认为基本分析法是证券投资分析中的重要组成部分，要发现内在价值，就得从宏观、中观（行业）和微观（公司）三个层面上进行基本经济因素的分析，把握其价格和价值的关系。

✒ **【课后训练】**

1. 试寻找宏观面大力支持的行业及相关政策信息。
2. 请寻找成长期的相关行业，判断近3~5年什么行业具有较高的投资价值？
3. 运用证券投资的公司分析相关方法，判断目前适合投资的证券品种。

第十四章

证券投资技术分析

ZHENGQUAN TOUZI JISHU
FENXI

教学要求

掌握证券投资技术分析的内容，包括图形分析、指标分析等。

知识目标

1. 熟悉证券投资技术分析的基本步骤和基本方法
2. 掌握 K 线图及其组合分析
3. 掌握趋势判断方法
4. 掌握指标分析

能力目标

1. 能对 K 线组合进行判断
2. 能判断证券走势趋势
3. 能应用指标判断证券操作
4. 能综合运用技术分析方法，研判证券走势证券投资技术分析是通过对市场行为本身的分析来预测市场价格的变动方向，即根据证券价格的历史数据，运用图表归纳分析研究，以推测未来价格的趋势。技术分析方法一般可划分为 K 线分析、均线分析、形态分析和指标分析等方法。技术分析的基础是三大假设。本项目首先介绍了技术分析的一些基本图形，然后分别对技术分析中的均线、形态和指标分析进行了详细的图解说明。

第一节　技术分析基础

技术分析是通过对市场行为本身的分析来预测市场价格的变动方向，即根据证券价格的历史数据，运用图表归纳分析研究，以推测未来价格的趋势。

一、技术分析的三大假设

技术分析共有三大假设，即

（1）市场行为消化一切。这一条表明包括经济的、政治的、心理的或其他任何方面的因素，都已反映在市场价格之中。

（2）价格以趋势方式演变。此条是进行技术分析最根本、最核心的内容。它的主要含义是：股票价格的变动有其自身的规律，并按原来的方向惯性运行。

（3）历史会重演。它反映的是投资者的心理活动情况。表明在相同的心理状态上，人们的交易行为将趋于一定的模式，仿佛历史在重演。当然，这种重演不是简单意义上的重复，而是体现投资者不断追求利润的行为。

二、技术分析基本图形

股票技术分析由股价、成交量和时间作为要素构成。具体的技术分析方法则可以划分为图形分析和指标分析两大类。从理论上讲，技术分析短期的行情预测效果较佳，但对于长期的行情预测，则必须同基本分析相结合，因为基本分析可以挖掘上市公司内在的潜质。这是应用技术分析应该注意的问题。同时，在技术分析过程中，往往受各种主客观因素影响而产生偏差。因此，要注意技术分析所得到的结论仅仅是一种程度较高的概率。所以在不断变化的市场规律面前，要站在一个高的起点运用技术分析，而不是拘泥于技术分析的固有框框，在分析过程中，要综合考虑多项分析方法，同时结合基本分析的内容。

技术分析及本图形为 K 线图。K 线图其构造为上影线、下影线以及实体，是以单位时间的开盘价、收盘价、最高价和最低价用蜡烛型连接起来的图形。在 K 线坐标图上，竖轴代表证券的价格，水平轴为时间项。

按不同时间，分为日、周、月、年 K 线图及分钟 K 线图等。以日 K 线为例，一日之间的开盘价与收盘价之间以实体表示。收盘价比开盘价低，为阴实体；收盘价比开盘价高，为阳实体。最高价高于实体的上限，称为上影线，最低价低于实体的下限称为下影线，均用细线表示，具体见图 14-1。

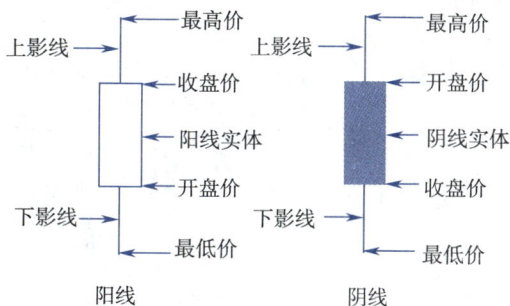

图 14-1　K 线解释

若最高价等于收盘价或开盘价，最低价等于开盘价或收盘价，则无上、下影线；收盘与开盘价相等，则成为特殊型 K 线。具体 K 线图有光头光脚阴（阳）K 线、含上影线的光脚阴（阳）K 线、含下影线的光头阴（阳）K 线、含上下影线的阴（阳）K 线以及 T 字形、倒 T 字形、十字形和一字形 K 线等 12 类（见图 14-2）。

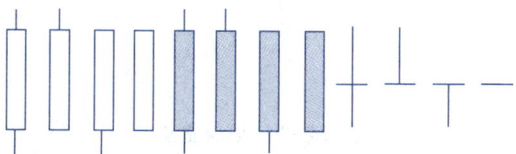

图 14-2　K 线的种类

单根 K 线图对未来走势作的判断往往有一定的偏差，但 K 线组合分析的准确性则相对较高。常见的 K 线组合图形及操作策略如下。

三、常见 K 线组合图形及分析

（一）两阳夹一阴（见图 14-3）

图 14-3　两阳夹一阴

形态特征是上升途中两根阳线夹一根阴线，阴线被包含在里面。为上升趋势中出现两阳夹一阴，短线看涨。

（二）两阴夹一阳（见图 14 - 4）

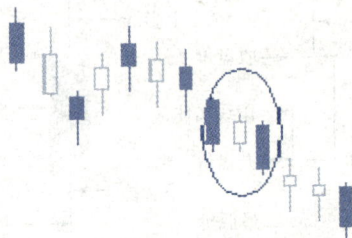

图 14 - 4 两阴夹一阳

形态特征是下跌途中两根阴线夹一根阳线，阳线被包含在里面。为下跌趋势中出现两阴夹一阳，短线看跌。

（三）早晨之星（见图 14 - 5）

图 14 - 5 早晨之星

形态特征是由三支 K 线组成，代表可能见底回升。第 1 日在跌势中出现一支长阴线，第 2 日是 K 线实体较小的阴线或阳线，第 3 日是中阳线。此形态出现在长期下跌之后，成交量温和放大，反转的概率较高；投资者可将之看成一个提示信号，待股价突破下跌趋势线或出现其他验证信号时再采取行动，可把止损位设在早晨之星的最低处，有效跌破最低价应止损。

（四）黄昏十字星（见图 14 - 6）

图 14 - 6 黄昏十字星

形态特征是三支 K 线组成，刚好与早晨之星相反，代表可能见顶回落。第 1 日在升势中出现一支长阳线，第 2 日是 K 线实体较短的 K 线（阴线或阳线），第 3 日是中阴线。此形态出现在上升趋势中，成交量温和放大，反转的概率较高；如星线的上影线较长或星线带巨量，通常见顶信号更明显。

（五）乌云盖顶（见图 14 – 7）

图 14 – 7　乌云盖顶

　　形态特征是由两支 K 线组成，是一种见顶回落的形态。第 1 日一支强劲的阳线，第 2 日开盘价（往往为当日最高价）高于第 1 日最高价，收市于当日底部且深入第一支阳线的内部。

　　此阴线深入幅度越大信号越强烈；并伴有放大的成交量，说明市场主力高位派发的意愿已很强烈，宜卖出。

（六）穿头破脚（见图 14 – 8）

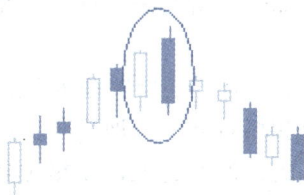

图 14 – 8　穿头破脚

　　形态由两支 K 线组成，表示行情将转向。第二支 K 线实体部分长于第一支 K 线且 K 线颜色相反；若是上升行情第一支 K 线为阳线，若是下跌行情第一支 K 线为阴线。形成穿头破脚形态必须在事先有明显的上升或下跌趋势；穿头破脚实体部分必须完全包含前一根 K 线的实体部分，而上下影线可不考虑；伴随着成交量的急剧放大，反转发生的可能性很大；穿头破脚包含的 K 线数目越多反转越强烈。但此组合若发生在连续无量涨停之后的应另当别论。

（七）红三兵（见图 14 – 9）

图 14 – 9　红三兵

　　形态特征是由三支 K 线组成，表示可能见底回升。红三兵由三支阳线组成，且每日收市价都上移，成交量相应温和放大。红三兵一般出现在市场见底回升初期，因而升幅不大，动作缓慢，但升势相当稳定。此阶段逢低建仓风险不大；成交量也相当平稳规则，但在随后的突破飙升阶段，成交量会成倍放大。

（八）三乌鸦（见图 14 – 10）

图 14 – 10 三乌鸦

形态特征是由三支 K 线组成，出现在上升末端，表示可能见顶回落。由三支阴线组成且每日收市价都下移，表明多方已实力不支；每天开盘价都在上一日 K 线的实体部分，但收市价接近每日最低价，下跌节奏较为平和；成交量温和放大，市场杀跌能量开始有节制释放，表明随后可能有加速下滑之虑，宜离场观望。

K 线组合分析关键点：

K 线组合分析要注意成交量的配合，还要关注 K 线图与其所处位置的关系。K 线图所处位置有相对高位、中间部位和相对低位三种情况（见表 14 – 1），如在相对低位出现买进信号时，成交量越大则做多的把握性越大；在相对高位出现卖出信号时，成交量较大也说明做空的把握性较大等。

表 14 – 1　　　　　　　　　　　K 线图及其所处位置操作策略表

所处位置	K 线（或组合）形态含义	操作
相对高位	买进信号	适当做空
	卖出信号	坚决做空
中间部位	买进信号	谨慎观望
	卖出信号	谨慎观望
相对低位	买进信号	坚决做多
	卖出信号	适当做多

【例题 14 – 1 单选题】 开盘价与最高价相等，且收盘价不等于开盘价的 K 线被称为（　　）。

　A. 光头阳线　　　　　B. 光头阴线　　　　　C. 光脚阳线　　　　D. 光脚阴线

　答案：B

【答案解析】 开盘价为最高价，表明当日价格下跌，为光头阴线。

【例题 14 – 2 单选题】 下面关于单根 K 线的应用，说法错误的是（　　）。

　A. 有上下影线的阳线，说明多空双方争斗激烈，到了收尾时，空方勉强占优势

　B. 一般来说，上影线越长，阳线实体越短，越有利于空方占优

C. 十字星的出现表明多空双方力量暂时平衡，使市场暂时失去方向

D. 小十字星表明窄幅盘整，交易清淡

答案：A

【答案解析】应该为多方占优势。

第二节　移动平均线分析及操作

移动平均线是用统计处理的方式，将若干天的股票价格加以平均，然后连接成一条线，用于观察股价趋势。以 10 日移动平均线为例。将第 1 日至第 10 日的 10 个收盘价，累计加起来后的总和除以 10，得到第一个 10 日平均价，再将第 2 日至第 11 日收盘价和除以 10，则为第二个 10 日平均价，这些平均价的连线，即成为 10 日移动平均线。移动平均线通常使用 3 日、5 日、10 日、20 日、30 日、60 日、120 日、250 日等，其目的在取得某一期间的平均成本，而以此平均成本的移动曲线配合每日收盘价的线路变化分析某一期间多空的优劣形势，以研判股价的可能变化。移动平均线（MA）的应用法则如下：

1. 一般来说，现行价格在平均价之上，意味着市场买力（需求）较大，行情看好；反之，行情价在平均价之下，则意味着供过于求，卖压显然较重，行情看淡。

2. 由于移动平均的期间长短关系其敏感度，一般期间愈短敏感度愈高，所以，当股价发生变化时，不同期间的移动平均线会发生交叉。当期间小的移动平均线上穿期间大的移动平均线，我们称其为金叉，是买进信号；反之，当期间小的移动平均线下穿期间大的移动平均线，我们称其为死叉，是卖出信号。

3. 对于不同期间的移动平均线的组合分析，可根据个人爱好选择移动平均线组合，如（5 日、10 日、30 日）（见图 14 – 11），或（20 日、40 日、60 日）移动平均线组合等，一般在选股策略中非常强调移动平均线组合中期间最大的那根移动平均线趋势要走平向上。

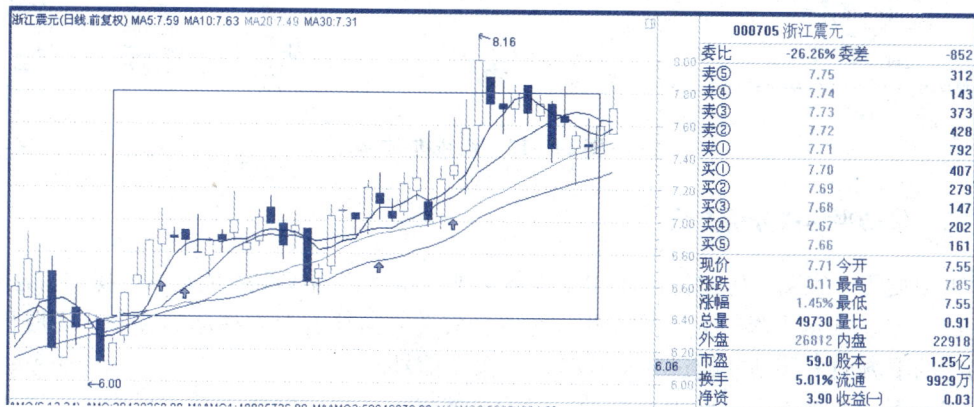

图 14 – 11　均线

使用移动平均线可观察股价总的走势，不考虑股价的偶然变动，这样可自动选择出入市的时机。但移动平均线变动缓慢，不易把握股价趋势的高峰与低谷，在价格波幅不大的牛皮期间，平均线折中于价格之中，出现上下交错型的出入货信号，使分析者无法定论。

5~10天的短期 MA 用于分析短期价格走势，10~30天的 MA 用于分析中期走势；30天以上的长期 MA 用于分析长期走势。

一、移动平均线基本特征

MA 相当于交易的"平均成本"。因而当收盘价线位于 MA 之上，意味着交易价格超过了平均成本，此时会有盈利效应产生，因而会促使证券价格看涨的"助涨性"；反之，当收盘价线位于 MA 之下，意味着之前的交易被"套牢"了，此时即会产生亏损效应，从而促使证券价格看跌"助跌性"。

也同样由于 N 值的不同，短、中、长期均线对证券价格波动的敏感性显然不同。当证券价格持续上涨时，会产生短期均线在上、中期均线在中间、长期均线在下的多头排练（参见图 14-12 中右边方框里的均线排列）；当证券价格持续下跌时，会产生长期均线在上、中期均线在中间、短期均线在下的空头排练（参见图 14-12 中左边方框里的均线排列）。

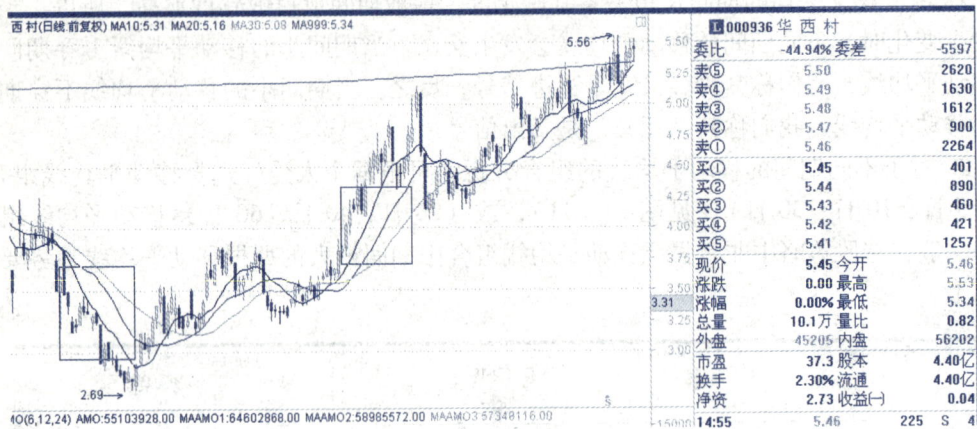

图 14-12 均线排列

二、移动平均线分析方法

美国投资专家葛兰维尔提出了 MA 八条法则，基本概括了均线最基本的操作方法：

（1）平均线从下降转为水平，并且有改变移动方向往右上方移动的迹象，而股价从平均线的下方向上移动并越过平均线时，是买入信号。

（2）股价趋势在平均线上端变动，股价虽然出现回跌；但并未跌破平均线，又再度上升，亦为买进信号。

（3）股价下跌，跌至平均线下方，而平均线短期内依然继续向上移动，亦是买进信号。

（4）股价在平均线下方变动，突然暴跌，距离平均线十分远，这是超卖现象，自然有可能回升，向平均线靠近，这是买进时机。

（5）股价变动是上升趋势，自然在平均线上方移动，因涨幅可观而离平均线越来越远，表示近期内购买股票者皆已获利，随时产生回吐压力，是卖出时机。

（6）MA 方向由向上变动逐渐转为水平，而股价从平均线上方跌至平均线下方时，沽售压力增大，是卖出时机。

（7）股价变动在平均线下方，反弹时没能越过平均线，而且平均线也已改变移动方向，从趋于水平转而向下，此是较佳的卖出机会。

（8）股价在平均线附近徘徊，而平均线继续下移，亦为卖出时机。

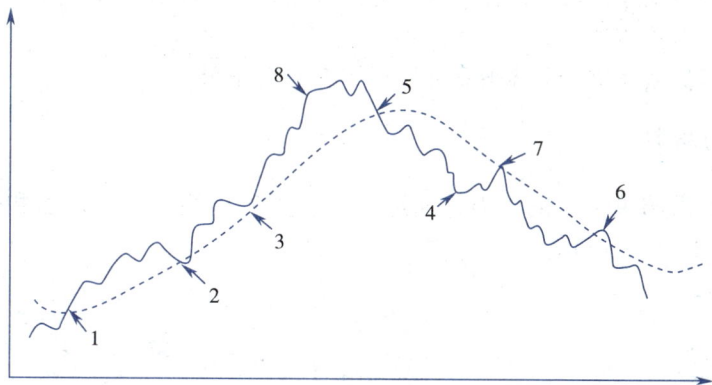

图 14-13　葛兰维尔法则

当然，长期均线开始走平向上，表示大的趋势开始向好，此时如果股价能在成交量配合之下，小均线上穿大均线，则买进盈利将更加明确。

【例题 14-3 单选题】西方投资非常看重（　　）移动平均线，并以此作为长期投资的依据。

A. 100 天　　　　　　B. 150 天　　　　　　C. 200 天　　　　　　D. 250 天

答案：C

【答案解析】西方一般将 200 天移动平均线作为长期投资的依据。

【例题 14-4 单选题】葛兰碧法则认为，在一个波段的涨势中，股价突破前一波的高峰，然而此段股价上涨的整个成交量水准低于前一个波段上涨的成交量水准。此时（　　）。

A. 缩量扬升，做好增仓准备

B. 股价趋势有潜在反转的信号，适时做好减仓准备

C. 股价创新高，强力买入

D. 以上都不对

答案：B

【答案解析】 股价的有效上升需要成交量的伴随放大

第三节　形态分析及操作

形态分析就是通过对证券价格在 K 线图上所形成一段时间的特定图案或者花样进行具体的分析，以预测后期价格的走势。它主要有反转形态及整理形态。所有反转形态都具备下列几点基本要领：在市场上事先确有趋势存在，这是所有反转形态存在的前提；现行趋势即将反转的第一个信号，经常是重要的趋势线被突破；形态度规模越大，则随之而来的市场动作越大；顶部形态所经历的时间通常短于底部形态，但其波动性较强；底部形态的价格范围通常较小，但其酝酿时间较长；交易量在验证向上突破信号的可靠性方面，更具参考价值。

形态分析我们从通道、具体形态和缺口三方面来介绍。

一、通道分析方法

通道是证券市场里常见的形态，通道主要有上升通道、下降通道和平行通道三种（见图 14 – 14、图 14 – 15）。

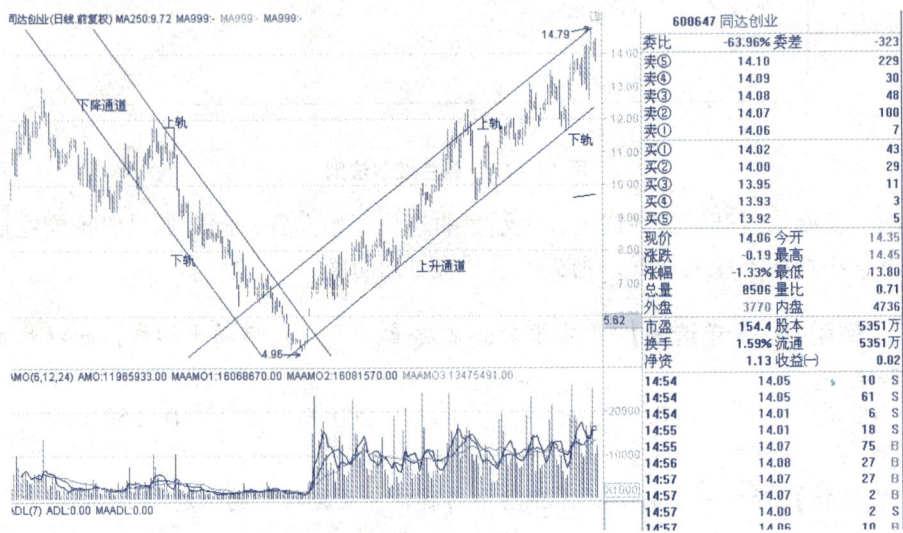

图 14 – 14　上升通道和下降通道示意图

对于上升通道，投资者的操作策略应是：（1）在通道的下轨附近买进为主；（2）当股价跌破通道的下轨才可以考虑卖出。

对于下降通道，投资者的操作策略应是：（1）在通道的上轨附近卖出为主；（2）当股价上升冲出通道的上轨才可以考虑买进。

对于平行通道，投资者的操作策略应是：（1）在通道的上轨附近卖出，在通道的下

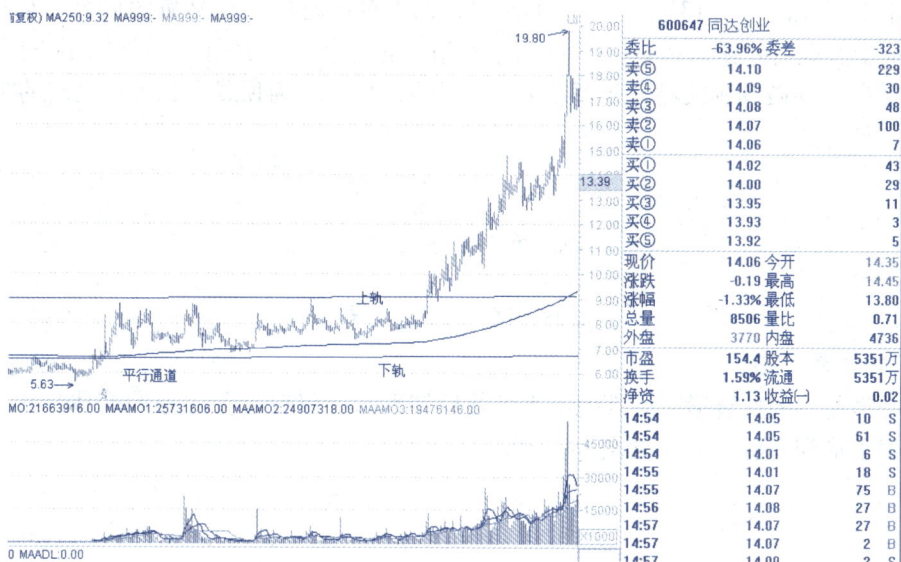

图 14－15 平行通道示意图

轨附近买进；（2）当股价上升冲出通道的上轨可以考虑买进，当股价下降跌破通道的下轨要考虑卖出。

二、常见形态的分析方法

常见的形态种类较多，一般有双重形态、三重形态、头肩形态、圆弧形态和三角形态等。

（一）双重形态

分双重顶（M头）和双重底（W底）两种形态。双重顶和双重底的出现频率较高，是反转形态。当证券价格上升至某一高价位时，出现大成交量，证券价格随后开始下跌，成交量跟着减少。然后，证券价格又上升至与前一高价位几乎相等的顶点，成交量随之大增，之后，证券价格再次下跌，这样形成双重顶（见图 14－16）。本形态的两个峰处在大致相同的水平，当其中颈线（谷底处）被收市价格跌破，本形态完成，是卖出信号。双重底与双重顶形态正相反（见图 14－17）。双重底的颈线被突破（需成交量配合），是可靠的买入信号。

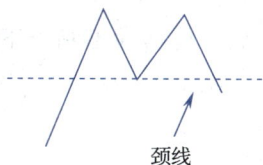

图 14－16 双重顶（M头）

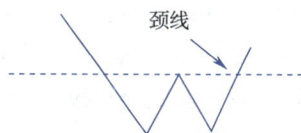

图 14－17 双重底（W底）

（二）三重形态

三重形态分三重顶和三重底两种形态。三重顶或三重底的三个峰或谷位也大致在相同的水平上（见图 14 – 18）。三重底形态中，向上突破时应有交易量的放大，且只有在颈线被向上突破后才得以确认。三重顶形态情况正好相反，其价格必须向下击穿颈线。三重顶（底）突破其颈线时，所下跌或上升的空间应至少为顶或底到颈线之间的距离。

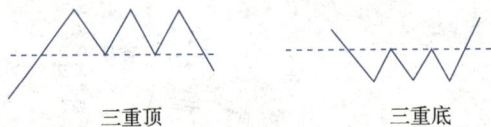

三重顶   三重底

图 14 – 18　三重顶（底）

（三）头肩形态

这是最基本的反转形态，其他绝大多数反转形态都仅仅是头肩形的变体。头肩形又分为头肩顶形和头肩底形（见图 14 – 19）。

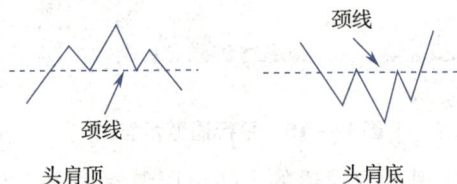

颈线

头肩顶   头肩底
颈线

图 14 – 19　头肩形

实际运用过程中的要点：A. 头肩形是长期性趋势的转向形态，头肩顶形常出现于牛市的尽头，而头肩底形常出现于熊市的尽头。B. 当头肩顶颈线被跌破时，是卖出的信号；当头肩底的颈线被突破时，是买入信号。其价格上涨和下跌的幅度等于头顶到颈线的距离。C. 当颈线被跌破或被突破时，需要成交量的配合，否则可能出现跌破或突破的假象。D. 最好的买点（卖点）出现在突破颈线回落（回升）后在拐头向上（向下）之际。

（四）圆弧形态

分圆弧顶及圆弧底两种，也属反转形态。圆弧顶的价格呈弧形上升而后下降，即价格虽不断升高，但每次涨幅不大，达至最高点又缓慢下落。圆弧底的走势正好相反，价格首先缓慢下跌，至最低点又慢慢攀升，形成圆弧底（见图 14 – 20）。圆弧底的左边下跌过程中表现为 K 线实体较小，成交量萎缩，转变为右边的上升过程时，

图 14 – 20　圆弧底

K 线实体与成交量均有所放大。当圆弧顶及圆弧底形成后，价格并不马上下跌或上升，通常要横向整理一段时间，一旦价格突破横向整理区域，圆弧顶会出现极大的跌幅，是卖出的信号；圆弧底则会出现大的涨幅，是买入的信号。

（五）三角形态

这是常见的整理形态，可分为对称三角形、上升三角形及下降三角形（见图 14 – 21）。对称三角形具有两条逐渐聚拢的趋势线，上面的直线（即上边线）下倾，下面的直线（即下边线）上升，证券价格经过一段时间的变化，其变动的幅度越来越小，即每

次变动的最高价低于前次的价格，而最低价比前次价格高，呈一压缩的对称三角形。上升三角形的下边线上倾，上边线水平；下降三角形则正相反，上边线下倾，下边线水平。

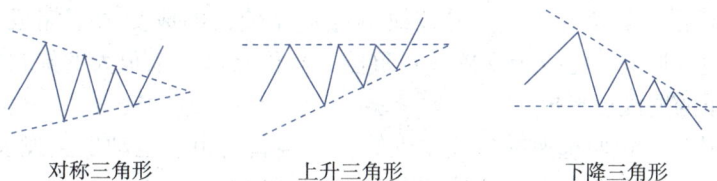

对称三角形　　　　　上升三角形　　　　　下降三角形

图 14 - 21　三角形

以对称三角形为例，在实际运用过程中，有如下几个要点：A. 一般属于整理形态，证券价格会继续原来的趋势移动。B. 证券价格变动愈接近其顶点而未能突破三角形界线时，其力量愈小。太接近顶点的突破无效，通常在距三角形端部一半或 3/4 处才会形成真正的突破。C. 向上突破需要大成交量的伴随；向下突破则不必有大成交量配合，假如向下跌破时有极大的成交量配合，可能是一个虚假的跌破信号。D. 有假突破时，应随时重划界线找出新的对称三角形。

具体的形态种类较多，但在交易过程中反转形态具有更高的分析价值。因此对常见的反转形态应予以更多的关注。

三、缺口分析方法

缺口是指证券价格在快速大幅变动中有一段价格区域内没有任何交易或指在 K 线图上没有发生交易的区域，出现在证券价格走势图上是一个空白，这个区域称为缺口。当缺口经过几天变动，反转过来回到原来缺口的价位时，称缺口的封闭，或叫补空。缺口分普通缺口、突破缺口、中继缺口与竭尽缺口四种（见图 14 -22）。

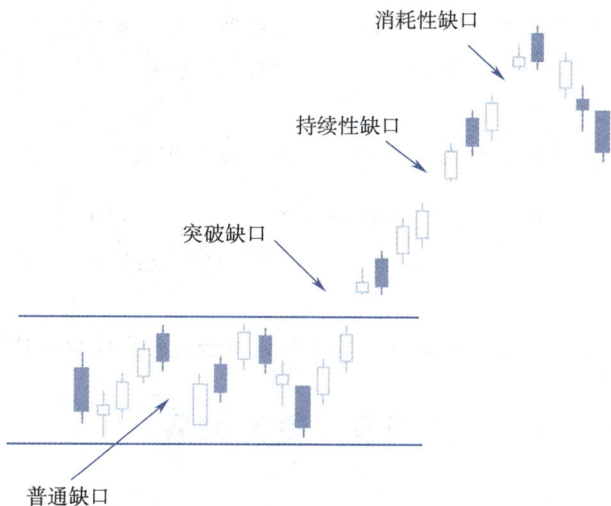

消耗性缺口

持续性缺口

突破缺口

普通缺口

图 14 - 22　缺口示意图

1. 普通缺口。通常在密集的交易区域中出现，在四种类型中预测价值最低，通常发生在交易量极小的市场情况下，或者在横向交易区间的中间阶段。

2. 突破缺口。突破跳空在市场的底部或者顶部通常会发生，在重要的价格运动完成之后，或新的重要运动发生之初。突破缺口通常在较大的成交量下完成，且不易被回补。一旦突破跳空形成，将成为支撑或者阻挡。当价格以一个很大的缺口跳空远离形态时，这表示真正的突破已形成。

3. 持续性缺口，也叫逃逸缺口或中继缺口。当新的市场运动发生发展过一段之后，约在整个运动的中间阶段，价格将再度跳跃前进，形成一个或一系列缺口。其出现在上升趋势中，表现市场坚挺；而在下降趋势中，显示市场疲软。空头见行情跌不下来，纷纷买进补仓，多头见行情还有上升空间，继续追高，使得行情继续延续。该种缺口可以用来测算获利的空间，其量度方法是从持续缺口开始证券价格继续上涨或下跌的幅度等于突破口到持续性缺口的垂直距离。

4. 竭尽缺口，又叫消耗性缺口。在市场运动接近尾声，伴随快而大幅的证券价格波动而出现。行情大幅上涨或下跌，使得大多数交易者一路追高或杀跌，导致跳空高开或低开的超强态势。此时的跳空缺口是消耗性的，往往是趋势的最后阶段，伴有巨大的成交量。

对于各类缺口，我们可以采取相应的投资策略，具体见表14-2。

表14-2　　　　　　　　　　　各类缺口简明操作表

缺口类型	特征	操作
普通缺口	发生在区域内、缺口很快回补、成交量较小	无太大操作意义
突破缺口	跳出原区域、缺口难以回补、成交量急剧放大	坚决买进
持续性缺口	创新高、缺口可能近期回补、成交量继续放大	谨慎持有
消耗性缺口	行情末端、缺口很快回补、伴随巨大的成交量	坚决卖出

【例题14-5 单选题】 在双重顶反转突破形态中，颈线是（　　）。

A. 上升趋势线　　　　B. 支撑线　　　　　　C. 压力线　　　　　　D. 下降趋势线

答案：B

【答案解析】 在双重顶反转突破形态中，颈线是支撑线。

【例题14-6 多选题】 可以将缺口划分为（　　）等形态。

A. 普通缺口　　　　B. 突破缺口　　　　　C. 持续性缺口　　　D. 消耗性缺口

答案：ABCD

【答案解析】 普通缺口、突破缺口、持续性缺口和消耗性缺口是缺口的四种常见类型。

第四节　量价关系

在技术分析中，研究量与价的关系占据了极其重要的地位。成交量是推动股价上涨的原动力，市场价格的有效变动必须有成交量配合，量是价的先行指标，是测量证券市场行情变化的温度计，通过其增加或减少的速度可以推断多空战争的规模大小和指数股价涨跌之幅度。量价关系的基本原理是"量是因、价是果，量在先、价在后"，也就是说成交量是股价变动的内在动力，成交量放大说明市场成交活跃，成交量萎缩说明市场成交冷淡，投资者对当前的行情不以认同。由此人们导出了多种量价关系的规则，用于指明具体的投资，以下介绍主要的六种量价关系。

一、量增价涨（跌）

量增价涨（跌）主要是指个股（或大盘）在成交量增加的同时个股股价也同步上涨（下跌）的一种量价配合现象。量增价涨一般出现在上升行情中，经过一轮较长时间的下跌和底部盘整后，市场中逐渐出现诸多利好因素，这些利好因素增强了市场预期向好的心理，换手逐渐活跃（见图14-23）。随着成交量的放大和股价的同步上升，购买股票短期内就可获得收益。值得注意的是，当股价在一个相对较高的区域时一旦出现价涨量增（见图14-24），极可能是一个十分危险的信号。

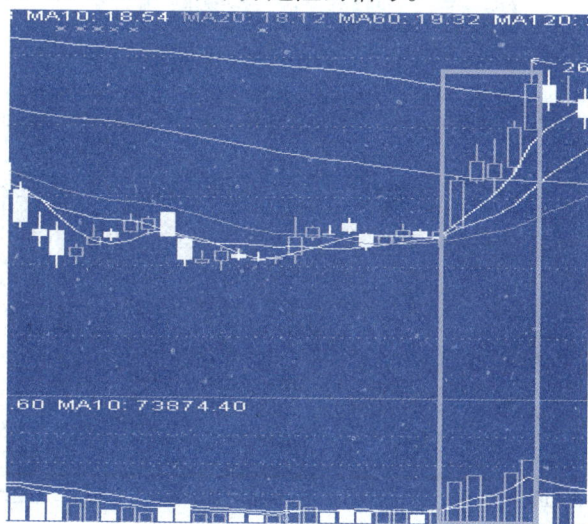

图14-23　上涨行情中的量增价涨

量增价跌主要是指个股（或大盘）在股价下跌时成交量放大的现象。量增价跌现象大部分出现在下跌行情。在下跌行情的初期，股价经过一段较大的上涨后，市场上的获利筹码越来越多，投资者纷纷抛出股票，致使股价开始下跌，随着股价继续下跌，更多投资者会选择低价抛售，出现成交量放大的现象（见图14-25），表明市场对股价的下跌比较认同。

二、量缩价涨（跌）

量缩价涨主要是指个股（或大盘）股价出现上涨，而成交量却萎缩的现象，股价虽然仍然在上涨但实际的成交量反而在缩小，成交量的变化并不支持股价的上涨，也表明市场对行情走势不予认同（见图14-26）。量缩价涨多出现在上升行情的末期，偶尔也

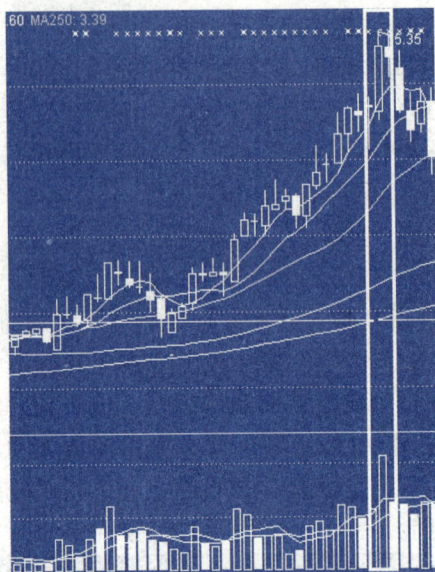

图 14 - 24　在一定高位的量增价涨

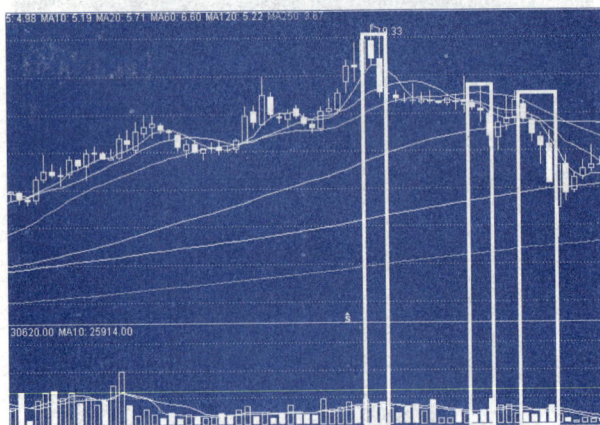

图 14 - 25　量增价跌

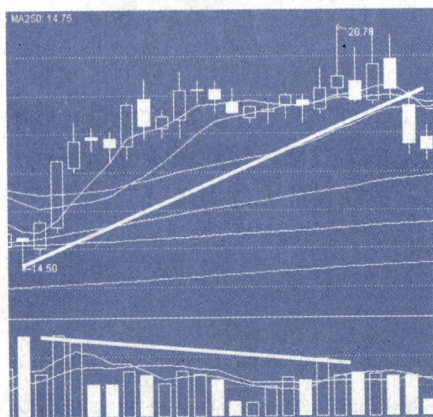

图 14 - 26　量缩价涨

会出现在下跌行情的反弹过程中。

量缩价跌主要是指个股（或大盘）在成交量减少的同时个股股价也同步下跌的一种现象。量缩价跌现象既可能出现在下跌行情的中期，也可能出现在上升行情的中期。在上升行情中，当股价上升到一定高度时，成交量开始减少，股价也随之小幅下跌，呈现出一种量缩价跌现象（见图 14 – 27），这是股价上升途中部分投资者获利回吐，当股价整理完成后又会重新上升。在下跌行情中，当股价开始从高位下跌后，投资者纷纷抛售，但更多的投资者则是持币观望，出现股价下跌而成交量萎缩的现象。这种量缩价跌现象的出现预示着股价仍将继续下跌。

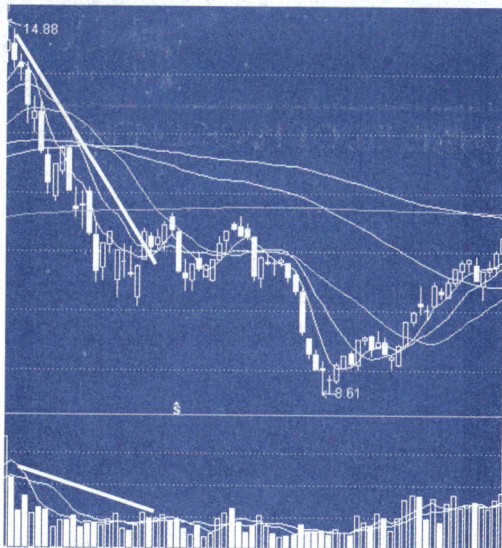

图 14 – 27　量缩价跌

三、量平价涨（跌）

量平价涨（跌）是指价格虽然有明显的上涨或下跌但是成交量却维持现有水平，意味着多空双方认同现有趋势，行情延续的可能性较大。

四、量平价平

量平价平是指在某个阶段股价并无明显涨跌，成交量稳定在一定水平，并无放大或缩量的现象。这种现象可能出现在长期下跌后的谷底、多头回调或空头盘整反弹阶段（见图 14 –28），但是在成交量和价格没有显著信号的时候，投资者仍需谨慎，不能盲目操作。

五、量增（缩）价平

量增（缩）价平主要是指个股（或大盘）在成交量增加（减少）的情况下，个股价维持在一定价位水平上下波动的一种量价配合现象，它意味着多、空双方的意见分歧比较大。量增价平既可能出现在上升行情的各个阶段，也可能出现在下跌行情的各个阶

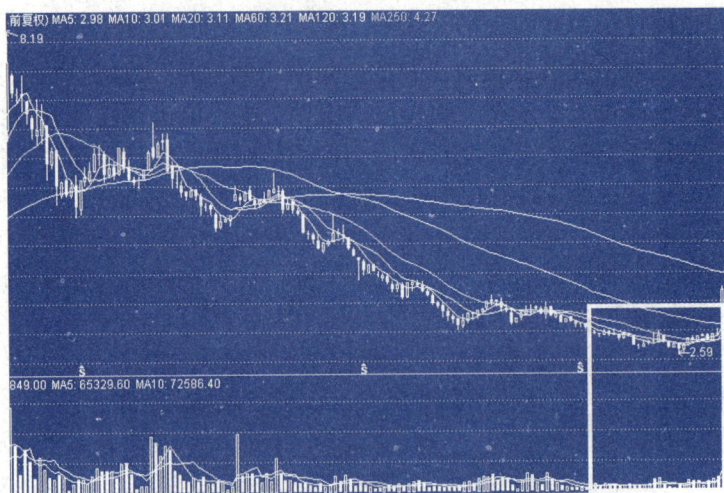

图14-28 量平价平

段中。这种拉锯状态通常会持续数个交易日，由于价格没有明显波动，因此后市的判断依赖于成交量的变化，在价平期间如果在价格的高位出现多次成交量放大，可以看做是空头派发，后市下跌可能性增加，在价格低位出现多次成交量放大可以看做是多头收集，后市上涨可能性增加。

第五节　指标分析及操作

指标分析也是技术分析的重要组成部分，有时借助各种指标分析可以起到更佳的分析效果。指标分析主要可以归类为趋向指标、能量指标、量价指标、强弱指标、超买超卖指标、压力支撑指标和停损指标等。由于种类繁多，不胜枚举，在此仅介绍一些投资软件中最常见的技术指标。

一、平滑异同移动平均线（MACD）指标分析

平滑异同移动平均线，是根据移动平均线较易掌握趋势变动的方向之优点所发展而来的，是最常用的一种技术分析指标。它使用了正负值（DIF）和异同平均值（DEA）这两个指标，另外还使用了红绿柱状指标。如图14-29所示。

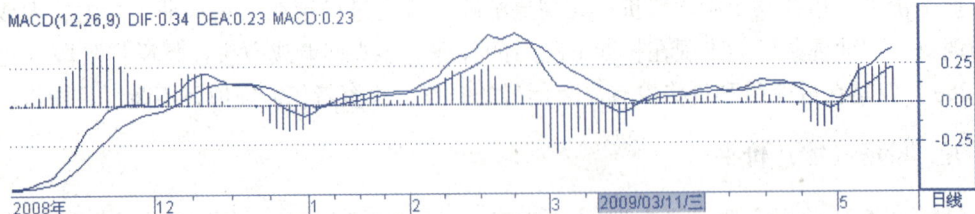

图14-29 MACD指标

【操作要点】

（1）DIF 向上突破 DEA 为买进信号，但在 0 轴以下交叉时，仅适宜空头补仓。

（2）DIF 向下跌破 DEA 为卖出信号，但在 0 轴以上交叉时，则仅适宜多头平仓。

（3）DIF 与 DEA 在 0 轴线之上，市场趋向为多头市场。两者在 0 轴之下则为空头市场。

（4）价格处于上升的多头走势，当 DIF 慢慢远离 DEA，造成两线之间乖离加大，多头应分批获利了结，可行短空。

（5）价格线呈盘局走势时，会出现多次 DIF 与 DEA 交错，可不必理会，但须观察图形的乖离程度，一旦加大，可视为盘局的突破。

（6）寻找背离信号。当 DEA 线与 K 线趋势发生背离（如 DEA 线逐步走高，K 线趋势逐步走低是底背离或反之为顶背离）时则为反转信号。

（7）MACD 柱状由红变绿时往往指示该卖，反之往往为买入信号。

MACD 克服了移动平均线频繁产生的买入卖出信号，它的买入卖出信号较后者有更高的准确度。但是当市场处于无趋势行情即盘整时，MACD 所发出的买卖信号也易失真，此时更多的是借助 RSI 及 KD 指标。一般来说，MACD 捕捉中长期的买卖点比较有效。

二、随机指标 KDJ 的分析

KDJ 指标分析的理论依据是，当价格上涨时，收市价格倾向于接近当日价格区间的上端；反之，则倾向于下端。KDJ 采用两条图线——K% 和 D%，简称 KD 线。KDJ 综合了 MA、RSI 的一些优点，主要研究最高、最低价与收市价的关系，以分析价格走势的强弱及超买和超卖现象。实际操作中，K 线与 D 线常常配合 J 线的指标使用（J = 3K − 2D），目的是求出 K 值和 D 值的乖离程度，从而领先 K 值、D 值找出头部和底部。其示意图如图 14 − 30 所示。

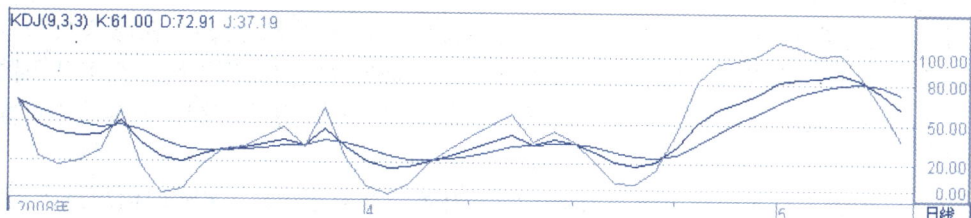

图 14 − 30　KDJ 指标

【操作要点】

（1）超买区与超卖区的判断。K 值在 80 以上，D 值在 70 以上为超买的一般标准；K 值在 20 以下，D 值在 30 以下，为超卖的一般标准。

（2）K 线与 D 线交叉突破判断：当 K 值大于 D 值时，表明当前是一种向上涨升的趋势，因此 K 线从下向上突破 D 线时，是买进的信号；反之，当 D 值大于 K 值，表明当前的趋势向下跌落，因而 K 线从上向下跌破 D 线时，是卖出信号。K 线与 D 线的交叉突破，在 80 以上或 20 以下较为准确。这种交叉突破在 50 左右发生，走势又陷入盘局时，买卖信号应视为无效。

（3）线形状判断。当 K 线倾斜度趋于平缓时，是短期转势的警告信号，这种情况在大型热门股及指数中准确度较高；而在冷门股或小型股中准确度则较低。

（4）背离判断。当股价走势一峰比一峰高时，而 K、D 的曲线一峰比一峰低，或股价走势一底比一底低时，K、D 曲线一底比一底高，这种现象被称为背离（典型背离区域需重点注意 D 线）。此刻一般为重要的转势参考信号。

三、相对强弱指标 RSI 的分析

RSI 是通过比较基期内收盘价的平均涨幅和平均跌幅来分析买卖双方的相对力量，从而判断证券价格的走势，是目前应用最广泛的技术分析工具之一。其计算方法为

$$RSI = \frac{\text{上升平均数}}{\text{上升平均数} + \text{下降平均数}} \times 100$$

其示意图如图 14 – 31 所示。

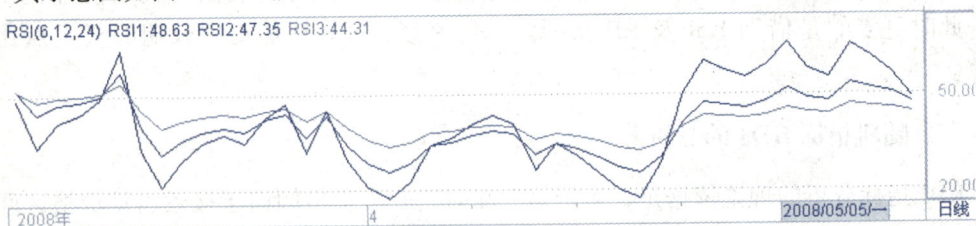

图 14 – 31　RSI 指标

【操作要点】

（1）RSI 总是在 0 与 100 之间变动。当 RSI 大于 50 时，为强势市场；而 RSI 低于 50 时，则为弱势市场。

（2）RSI 一般在 70 与 30 之间波动。当 6 日的 RSI 大于 80 时，存在超买现象；如 RSI 继续上升超过 90 以上，则表示严重超买，极可能在短期内出现下跌。当 RSI 下降到 20 时，表示存在超卖现象；如继续下降低于 10，则已到严重超卖区域，证券价格可能止跌回升。

（3）对于超买超卖判断，还与市场的特点有关。如对于牛市，RSI 取值可适当提高。

（4）当 RSI 出现超买超卖现象，表示走势有可能反转，但不构成真正的入市信号。有时行情变化过于迅速，RSI 会很快进入超卖区域。如在牛市初期，RSI 往往很快进入超卖区域并滞留相当长一段时间，但这并不是卖出信号，反而表示价格还有继续上升的空间，是买入的好时机。只有在牛市末期或熊市，超买才是较可靠的卖出信号。基于此，一般不宜在 RSI 一进入非正常区域就采取买卖行动，最好是价格本身也发出转向信号时再入市。价格转向信号应具备几个条件：趋势线的突破、移动平均线的突破、某种反转价格形态的完成、价格出现背驰。

（5）当 RSI 上升而证券价格反而下跌，或 RSI 下降而证券价格反而上升，称为价格

出现背离。前者为底背离，可逢低买进；后者为顶背离，可逢高卖出。

四、威廉指数 W%R 指标的分析

威廉指数 W%R 利用摆动点来量度股市的超买卖现象，可以预测循环期内的高点或低点，从而提出有效率的投资信号。W%R 指标示意图如图 14 – 32 所示。

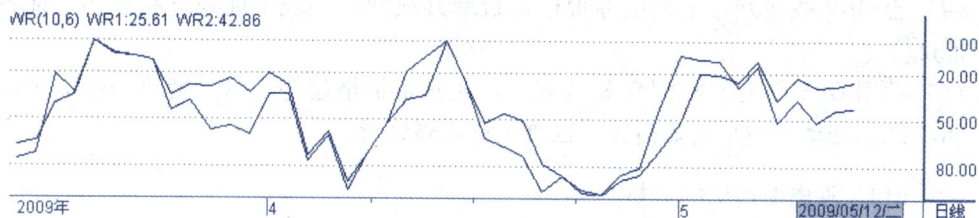

图 14 – 32　W%R 指标

【操作要点】

（1）W%R 介于 100% 及 0 之间；100% 置于底部，0 置于顶部。

（2）80% 设一条"超卖线"，价格进入 80% ~ 100%，而后再度上升至 80% 之上时为买入信号。

（3）20% 设一条"超买线"，价格进入 0 ~ 20%，而后再度下跌至 20% 之下时为卖出信号。

威廉指标对大盘和热门大盘股有极高准确性。不适于发行量小，交易不活跃的股票。

五、量价指标 OBV 的分析

OBV 线亦称 OBV 能量潮，是将成交量值制成趋势线，配合证券价格趋势线，从价格的变动及成交量的增减关系推测市场气氛。其理论基础是市场价格变动必须有成交量配合，价格升降而成交量不相应升降，则市场价格的变动难以继续。

OBV 的计算方法为：当日 OBV = 前一日的 OBV + 当日成交量，逐日累计每日上市股票总成交量，当天收市价高于前一日时，总成交量为正值；反之，为负值；若平盘，则为零。

OBV 线示意图如图 14 – 33 所示。

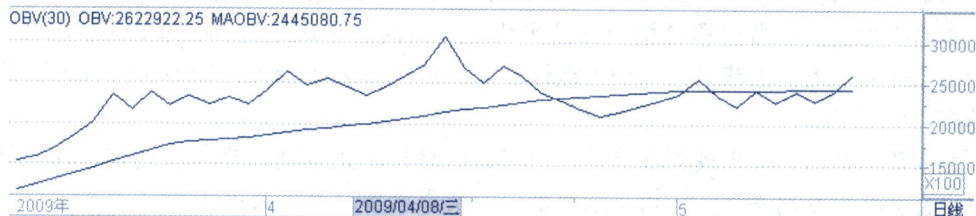

图 14 – 33　OBV 指标

【操作要点】

（1）当证券价格上涨而 OBV 线下降时，表示能量不足，证券价格可能将回跌。

（2）当证券价格下跌而 OBV 线上升时，表示买气旺盛，证券价格可能即将止跌回升。

（3）当证券价格上涨而 OBV 线同步缓慢上升时，表示证券价格继续看好。

（4）当 OBV 线暴升，不论证券价格是否暴升或回跌，表示能量即将耗尽，证券价格可能反转。

（5）运用 OBV 线时，需配合 K 线观察，尤其是价格趋势在盘档能否一举突破压力带，OBV 线的变动方向是重要指标；也要注意背离分析。

六、BIAS 乖离率指标的分析

BIAS 乖离率指标的测试建立在如果股价偏离移动平均线太远，不管股份在移动平均线之上或之下，都有可能趋向平均线。而乖离率则表示股价偏离趋向指标所占的百分比值。

乖离率的计算公式为

$$Y 值 = \frac{当日收市价 - N 日内移动平均收市价}{N 日内移动平均收市价} \times 100\%$$

式中，N 日为设立参数，可按自己选用移动平均线日数设立，一般分定为 6 日、12 日、24 日。

BIAS 线示意图如图 14 – 34 所示。

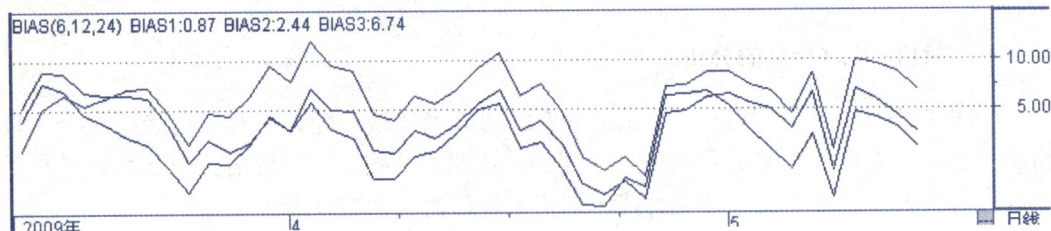

图 14 – 34　BIAS 乖离率指标

【操作要点】

当证券价格在移动平均线之上时，乖离率为正值；当证券价格在移动平均线之下时，乖离率为负值；当证券价格与移动平均线一致时，乖离率为零。正的乖离率越大，表示短期获利越大，则获利回吐的可能性越高。负的乖离率越大，则空头回补的可能性也越高。

在大势上升时，会出现多次高价，可于先前高价的正乖离点出货。同理，在大势下跌时，也会使负乖离率加大，可于前次低价的负乖离率时进场买进。

如果市场是多方（空方）强势，则可考虑将买进时机的负 BIAS 绝对值调低（高），同时可考虑将卖出时机的正 BIAS 绝对值调高（低）。

盘局中的正负乖离不易研判进出，应与其他技术指标一起研判。同时，要利用支撑线与压力线进行判断。

七、布林指标的分析

布林指标是一个路径型指标，由上限和下限两条线，构成一个带状的路径。股价超越上限时，代表超买，股价超越下限时，代表超卖。布林线指标的超买超卖作用，只能运用在横向整理的行情。布林线示意图如图 14 – 35 所示。

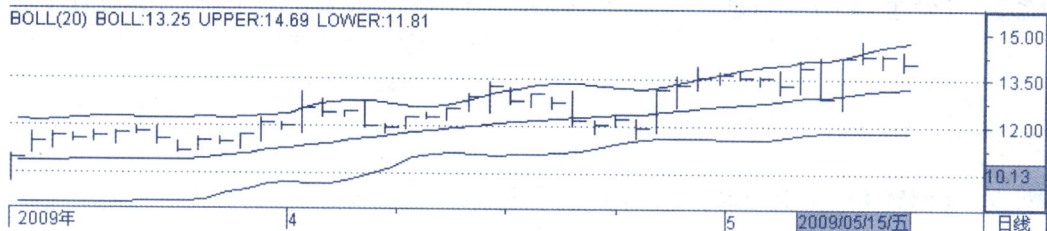

图 14 –35　布林（BOLL）指标

【操作要点】

（1）布林线利用波带可以显示其安全的高低价位。

（2）当易变性变小，而波带变窄时，激烈的价格波动有可能随即产生。

（3）高低点穿越波带边线时，立刻又回到波带内，会有回档产生。

（4）波带开始移动后，以此方式进入另一个波带，这对于找出目标值相当有帮助。

八、大盘腾落指数（ADL）的分析

腾落指数，是以股票每天上涨或下跌之家数作为计算与观察的对象，以了解股票市场人气的盛衰，探测大势内在的动量是强势还是弱势，用于研判股市未来动向的技术性指标。其示意图如图 14 –36 所示。

图 14 –36　腾落指数

ADL（Advance – Decline Line）＝每日股票上涨家数 – 每日股票下跌家数 + 前一日 ADL

【操作要点】

（1）股价指数持续上涨，腾落指数也上升，股价可能仍将继续上升。

（2）股价指数持续下跌，腾落指数也下降，股价可能仍将继续下跌。

（3）股价指数上涨，而腾落指数下降，股价可能回跌。

（4）股价指数下跌，而腾落指数上升，股价可能回升。

（5）股市处于多头市场时，腾落指数呈上升趋势，其间如果突然出现急速下跌现象，接着又立即扭头向上，创下新高点，则表示行情可能再创新高。

（6）股市处于空头市场时，ADL 呈现下降趋势，其间如果突然出现上升现象，接着又回头，下跌突破原先所创低点，则表示另一段新的下跌趋势产生。

ADL 走势与指数走势多数有类似效果，因而也可用趋势线和形态研判。

【例题 14 –7 多选题】 在应用 KDJ 指标时，主要从以下（   ）方面进行考虑。

A. KD 的取值的绝对数字　　　　　　B. J 指标的取值大小

C. KD 指标的交叉　　　　　　　　　D. KD 指标的背离

答案：ABCD

【例题 14 –8 判断题】 可以根据 WMS 指标形成的形态进行判别，一般当 WMS 指标连续几次撞顶，形成双重或多重顶，则是卖出的信号。（   ）

答案：对

【答案解析】 WMS 指标的见顶信号预示着股价的见顶，是卖出的信号。

📖【本章小结】

本章从技术分析的三大假设出发，介绍了 K 线分析、移动平均线分析、形态分析和指标分析四个方面内容，并从实战角度归类描述了相关分析方法与要点，有利于读者更好地把握和提高实际操作能力。

【课后训练】

以某股票为例，结合所学，分析该股所处的趋势，并结合形态和指标，判断该股的买卖机会。

第六篇
证券投资特色实训

第十五章
证券投资实训
ZHENGQUAN TOUZI SHIXUN

项目一　认识证券产品

学习目标

通过查看股票、债券样张，掌握股票、债券特征，能比较二者之间的区别。

【股票】

股票是一种有价证券，它是股份有限公司签发的证明股东所持股份的凭证。股份有限公司的资本划分为股份，每一股金额相等。它是一种所有权凭证。图 15 – 1 为近代以来，不同时期的股票样票。

图 15 – 1　近代以来不同时期的股票样票

图 15-1　近代以来不同时期的股票样票（续）

【债券】

债券是一种有价证券，是社会各类经济主体为筹集资金而向债券投资者出具的、承诺按一定利率定期支付利息的，并到期偿还本金的债权债务凭证。包括票面价值、到期期限、票面利率、发行者名称四要素。以下为债券样张（见图 15 - 2）。

图 15 - 2　债券样张

图 15 – 2　债券样张（续）

【股票与债券的区别】

1. 发行主体不同

作为筹资手段，无论是国家、地方公共团体还是企业，都可以发行债券；而股票则只能是股份制企业才可以发行。

2. 收益稳定性不同

从收益方面看，债券在购买之前，利率已定，到期就可以获得固定利息，而不用管发行债券的公司经营获利与否；股票一般在购买之前不定股息率，股息收入随股份公司的盈利情况变动而变动，盈利多就多得，盈利少就少得，无盈利则不得。

3. 保本能力不同

从本金方面看，债券到期可回收本金，也就是说连本带利都能得到，如同放债一样；股票则无到期之说。股票本金一旦交给公司，就不能再收回，只要公司存在，就永远归公司支配。公司一旦破产，还要看公司剩余资产清盘状况，有时甚至连本金都会蚀尽。

4. 经济利益关系不同

上述本利情况表明，债券和股票实质上是两种性质不同的有价证券，二者反映着不同的经济利益关系。债券所表示的只是对公司的一种债权，而股票所表示的则是对公司的所有权。权属关系不同，就决定了债券持有者无权过问公司的经营管理，而股票持有者，则有权直接或间接地参与公司的经营管理。

5. 风险性不同

债券只是一般的投资对象，其交易转让的周转率比股票低；股票不仅是一般的投资对象，更是金融市场上的主要投资对象，其交易转让的周转率高，市场价格变动幅度大，可以暴涨暴跌，安全性低、风险性大，但却又能获得很高的预期收入，因而能够吸引不少人投入股票交易中来。

【实训任务】

结合股票、债券样张，请比较二者在票面要素上的异同。

项目二　证券行情软件下载与安装

学习目标

1. 熟悉目前主要的几种证券软件
2. 从网站上下载和安装软件
3. 运行证券软件，并进行简单的行情查询

证券行情软件是证券交易的重要工具，选择一款操作方便、功能齐全的行情软件并能熟练应用，有助于提高对证券行情判断的准确性。本项目首先介绍了几款主要的证券

行情分析软件，然后以中信建投证券为例详细介绍了如何通过其网站下载和安装行情软件，并介绍了如何进行简单的行情查询。

任务一 了解主要证券行情软件

【任务介绍】

　　熟悉目前几款主要的证券软件，了解其功能和特点，选择符合个人要求的软件。

　　目前，证券软件比较普及，很多证券公司网站都提供免费的、支持网络传输证券交易即时行情信息的证券交易软件下载服务，投资者可以根据自己的喜好选择一个合适的证券公司网站，下载免费的证券软件。证券软件包括网上交易软件、行情分析软件和手机炒股软件，网上交易软件应根据开户证券公司来进行选择，而行情分析软件和手机炒股软件可以根据个人习惯来进行选择。下面简要介绍几种常用的行情分析软件。

证券软件种类繁多，要根据其特点选择一款来使用。

　　【大智慧】

　　使用简单，功能强大，在涵盖主流的分析功能和选股功能的基础上，又推出了星空图、散户线、龙虎看盘等高级分析功能，由万国测评专业咨询机构专门支持，资讯精专，其模拟炒股功能为股民提供了精练技艺和学习交流的场所，图15-3为大智慧软件图标。

图15-3 大智慧行情软件

　　【同花顺】

　　支持各类金融产品，全球指数免费查看不仅支持股票、权证、基金买卖，还支持外汇、港股（延时）、期货等各类金融产品，是国内首款能免费查看全球指数的网上交易软件，同时强化了社区互动，拥有国内人气最活跃的C2C淘股堂，加入上证所Level 2中揭示主力资金进出的核心指标"主力买卖"，有助于降低股市风险。其独家闪电下单功能，比普通下单快3~5秒，图15-4所示为其图标。

图15-4 同花顺行情软件

　　【通达信】

　　更快的速度。速度更快，上海行情比普通行情快3~15秒，深圳行情比普通行情快2~5秒。

　　更通透丰富的数据。逐笔成交明细，揭示真实的精确到秒的逐笔成交明细，比传统的快照成交明细更加完整；十档买卖盘，显示委托卖盘10档信息和委托买盘10档信息，为投资者操作提供更多信息，对盘中买卖变化情况了解更清晰；买卖队列详细；更多的市场交易统计信息。

　　简洁清晰的画面，流畅快捷的操作。画面元素简单，风格统一，操作流畅不滞涩，提供丰富的快捷键。

图 15－5　通达信软件

任务二　证券行情软件下载与安装

【任务介绍】

利用网络，下载和安装免费证券软件到个人电脑。

【活动目标】 利用网络下载免费证券软件并安装

下面以同花顺网站为例，介绍如何下载和安装证券软件。具体操作步骤如下：

第一步，登录同花顺网站（http：//www.10jqka.com.cn/）；

第二步，点击"软件下载"，在产品目录中，选择"同花顺免费版"，如图 15－6 所示，也可以在选择"手机炒股"进行下载，如图 15－7 所示；

图 15－6　同花顺主页下载软件

图 15－7　可选择的软件产品

第三步，运行下载软件。软件下载后，将在指定目录下，形成安装软件，如图15-8所示双击软件，按照提示进行安装即可，如图15-9所示。

图15-8　下载后的安装软件图标

图15-9　运行软件

任务三　证券行情软件的运行和行情查询

【任务介绍】

运行已下载的软件，对软件运行进行初始设置，并查询行情。

活动1　软件的运行

【活动目标】运行软件

双击图标 ，出现如图15-10所示对话框，可以选择"免费注册"，或者直接单击"游客登录"，即可登录，见图15-11。

活动2　行情查询

【活动目标】通过证券交易软件查询大盘和个股的即时行情

打开软件，用键盘输入数字1，并回车，即出现证券实时行情，见图15-12。

【查看个股即时行情】

选择一只股票查看其即时行情，可以双击该股票，便出现该股票分时走势图，以"浦发银行"为例，见图15-13。

图 15 – 10 软件的运行界面

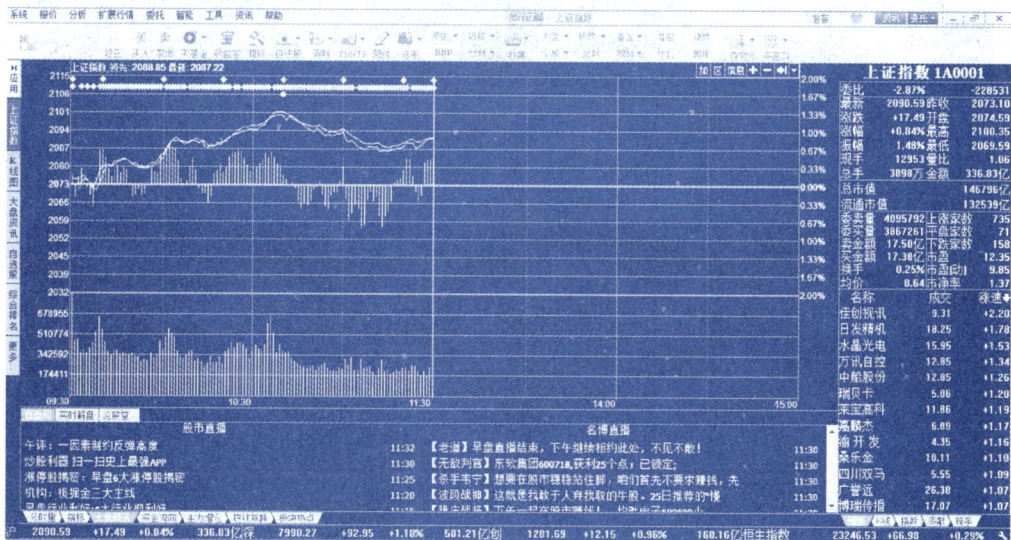

图 15 – 11 登录行情软件

【查看 K 线图】

用功能键 F5 可以在分时走势图和 K 线图之间进行切换。如按 F5 即出现股票的 K 线图，见图 15 – 14。

【查看基本资料】

要查看股票的财务、经营等基本资料，可以用 F10 功能键，并在页面顶部选择需要查看的内容（见图 15 – 15），如点击"公司资料"，软件下方将出现该股的基本资料，见图 15 – 16。通过功能键 F10 可以查看该公司的概况、财务、股东结构、经营、分红等情况，以及各机构对该股票后势的判断，投资者可以根据这些数据结合自身的判断来对该股票进行分析。

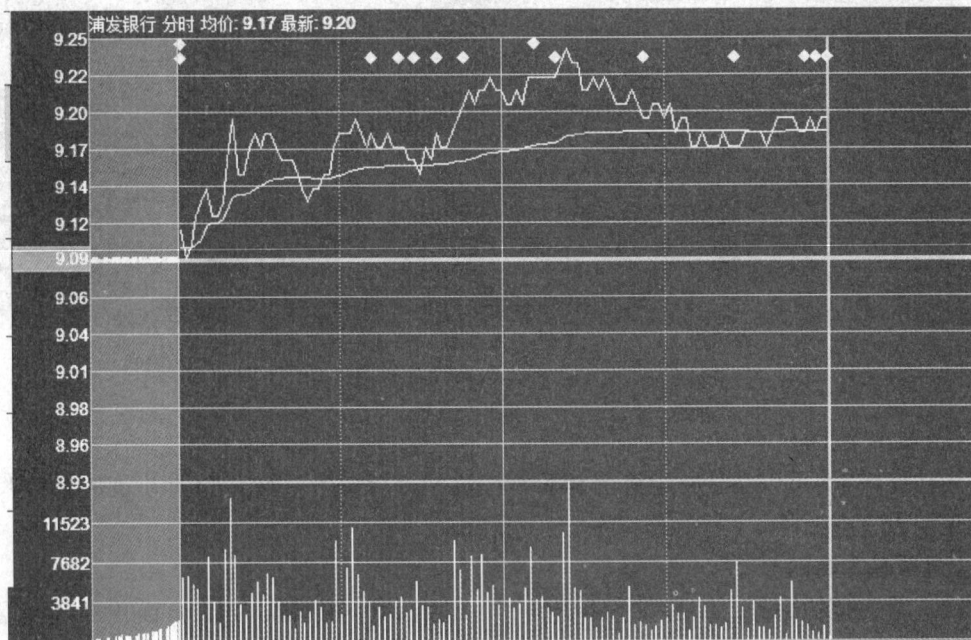

	代码	名称	涨幅%	现价	涨跌	涨速%	DDE净量	总手	换手%	量比	所属行业	现手	开盘	昨收
1	600000	浦发银行	+1.10	9.19	+0.10	+0.00	0.04	43.40万	0.29	1.05	银行	7↑	9.09	9.09
2	600004	白云机场	+0.87	6.98	+0.06	+0.29	-0.01	20349	0.18	0.57	机场航运	8↓	6.90	6.92
3	600005	武钢股份	+0.93	2.17	+0.02	+0.00	-0.00	51324	0.05	0.61	钢铁	17↑	2.16	2.15
4	600006	东风汽车	-0.35	2.86	-0.01	+0.00	-0.04	31819	0.16	1.12	汽车整车	50↑	2.85	2.87
5	600007	中国国贸	+0.29	10.47	+0.03	+0.00	0.00	1909	0.02	0.56	房地产开发	1↓	10.43	10.44
6	600008	首创股份	+0.90	6.73	+0.06	+0.00	0.02	42638	0.19	0.88	燃气水务	19↓	6.62	6.67
7	600009	上海机场	+0.62	14.69	+0.09	+0.27	-0.04	49389	0.45	1.12	机场航运	12↓	14.60	14.60
8	600010	包钢股份				+0.00	0.00	0	0.00	0.00	钢铁	—	—	3.92
9	600011	华能国际	+0.60	5.00	+0.03	+0.00	-0.01	73603	0.07	1.27	电力	17↑	5.01	4.97
10	600012	皖通高速	-0.51	3.91	-0.02	+0.00	-0.03	20791	0.18	-2.46	公路铁路运输	45↓	3.92	3.93
11	600015	华夏银行	+0.76	7.98	+0.06	+0.00	0.05	25.44万	0.39	1.22	银行	41↑	7.90	7.92
12	600016	民生银行	+1.32	7.67	+0.10	+0.13	0.04	50.22万	0.22	0.91	银行	29↓	7.59	7.57
13	600017	日照港	+0.40	2.51	+0.00	+0.00	-0.08	59037	0.22	1.63	港口航运	4↑	2.53	2.51
14	600018	上港集团	+1.36	5.23	+0.07	+0.00	0.02	36.94万	0.18	0.90	港口航运	13↓	5.15	5.16
15	600019	宝钢股份	+1.73	4.11	+0.07	+0.00	0.02	89116	0.05	1.01	钢铁	21↑	4.06	4.04
16	600020	中原高速	+1.38	2.21	+0.03	+0.45	-0.01	6993	0.03	0.95	公路铁路运输	6↑	2.18	2.18
17	600021	上海电力	-1.65	4.76	-0.08	+0.00	-0.03	65405	0.31	2.32	电力	10↑	4.83	4.84
18	600022	山东钢铁	+0.61	1.65	+0.01	+0.61	-0.01	48305	0.09	1.17	钢铁	4↑	1.64	1.64
19	600023	浙能电力	+1.65	7.33	+0.12	+0.14	0.45	44.44万	7.31	0.97	电力	72↑	7.14	7.21
20	600026	中海发展	+3.48	4.76	+0.16	+0.00	0.01	36448	0.17	1.40	港口航运	160↑	4.58	4.60
21	600027	华电国际	+1.02	2.97	+0.03	+0.34	-0.01	86843	0.15	0.95	电力	8↓	2.95	2.94
22	600028	中国石化	+0.22	4.47	-0.01	+0.00	-0.03	18.27万	0.07	0.89	基础化学	36↓	4.48	4.48
23	600029	南方航空	+0.74	2.71	+0.02	+0.37	-0.01	52009	0.07	0.75	机场航运	25↓	2.69	2.69
24	600030	中信证券	+0.57	12.31	+0.07	+0.16	-0.01	50.07万	0.51	1.39	证券	150↓	12.22	12.24
25	600031	三一重工	+0.96	6.33	+0.06	+0.00	0.00	64533	0.08	0.42	专用设备	1↑	6.34	6.27
26	600033	福建高速	+0.00	2.10	+0.00	+0.00	-0.02	16321	0.12	0.90	公路铁路运输	25↓	2.09	2.10
27	600035	楚天高速	+0.33	3.01	+0.01	+0.00	-0.03	7348	0.08	0.76	公路铁路运输	60↓	3.00	3.00

沪 2090.59 +17.49 +0.84% 336.83亿深 7990.27 +92.95 +1.18% 501.21亿创 1281.69 +12.15 +0.96% 160.16亿恒生指数

图 15 – 12　证券实时行情

图 15 – 13　查看即时行情

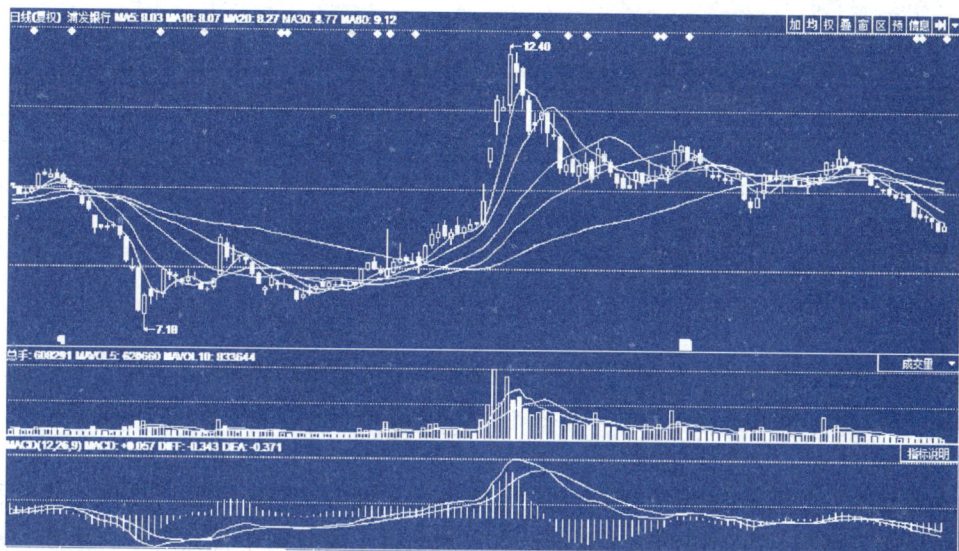

图 15 – 14　查看 K 线图

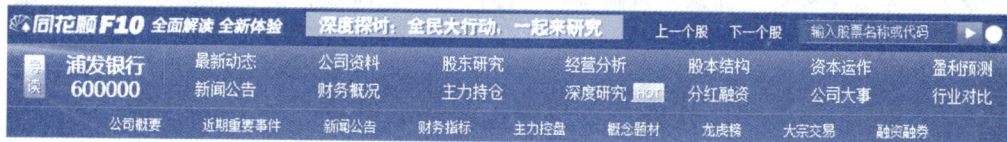

图 15 – 15　基本资料页面顶部

图 15 – 16　查看公司资料

活动3　**实训**

【实训目标】结合实际操作，掌握如何利用网络下载行情软件并进行行情的查询。

【实训任务】

利用行情软件，查看股票"民生银行"的相关资料：

（1）即时行情以及 K 线图；

（2）股东结构、2013 年财务状况以及分红状况。

项目三　证券市场信息采集与分析

学习目标

1. 掌握政府网站中若干重要统计数据的挖掘利用，能够借此研判证券市场宏观走势。

2. 了解沪深证券交易所网站涉及上市公司诚信记录的内容，能够借此佐证投资研判。

本项目的主要训练内容是，能够利用政府网站、证券交易所网站所提供的信息和数据，对证券市场与上市公司的基本面进行大致判断，主要分两个任务进行。任务一是对国家统计局、财政部、中国人民银行等部委的若干重要统计指标、数据如何影响证券市场走势有一个基本掌握。任务二是解读沪、深证券交易所网站信息中涉及上市公司诚信记录的相关内容。

任务一　政府重要网站点睛

【任务介绍】

了解政府网站上影响股市的若干重要指标。

投资者查询行业、地区、国家的经济信息，最权威、准确的信息来源就是政府网站。一定要对政府网站中的独家统计数据、相关新闻、专题等进行追根溯源式的查询检索，以把握其中的重要脉动。

活动1　国家统计局官网检索

【活动目标】了解 CPI、PPI。

国家统计局官网按月公布的一些重要统计数据，可以弥补上市公司按季度公布经营信息的空当。其中与股市关联度最高的是 CPI（消费者价格指数）和 PPI（工业品出厂价格指数），值得认真解读。

【解读 CPI、PPI】

首页→统计数据→数据解读，可以直接检索到国家统计局专家每个月对 CPI 与 PPI 变化状况的权威解读。例如，"2014 年 2 月居民消费价格环比上涨 0.5% 工业，生产者出厂价格环比下降 0.2%"，"2013 年 12 月全国居民消费价格指数和工业生产者出厂价格指数）数据显示，CPI 环比上涨 0.3%，同比上涨 2.5%；PPI 环比持平，同比下降 1.4%"，"2013 年 8 月 CPI 环比有所上涨，PPI 环比由降转升"。这些专业解读信息不妨

http：//www. stats. gov. cn/

图 15 – 17

直接用于对宏观经济态势的研判。

【**解读数据查询之国际数据**】

沿着首页→统计数据→数据查询→国际数据的检索路径，可以快速了解国际组织网

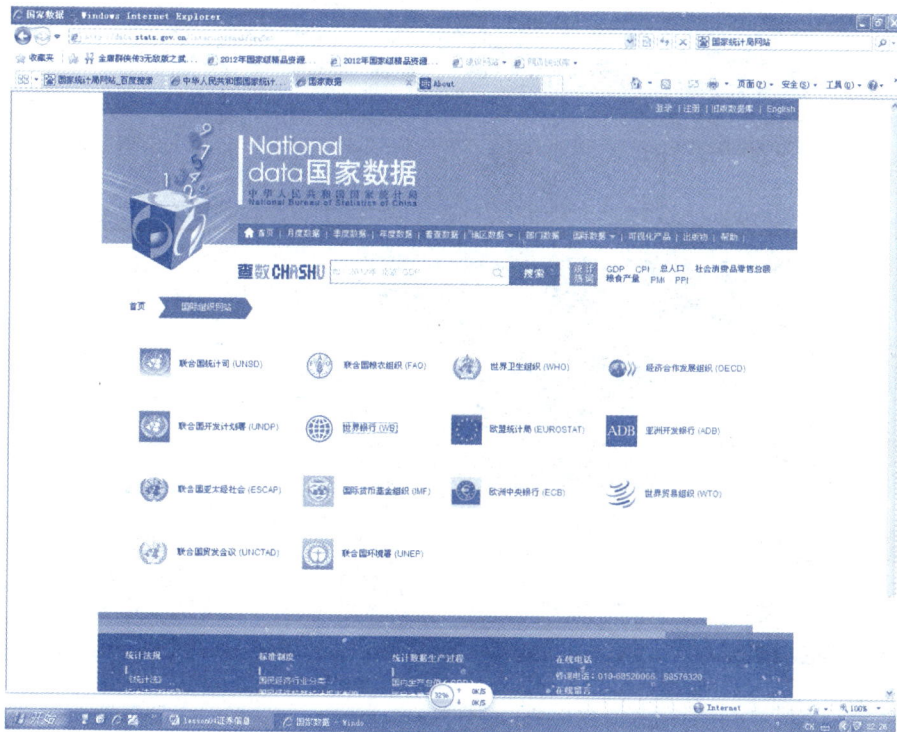

图 15 – 18

站上可能影响金融市场动态的一些专业数据和信息。例如，世界银行（WB）、国际货币基金组织（IMF）、亚洲开发银行（ADB）、世界贸易组织（WTO）等。

此外，学有余力者，还可以学习检索国际数据之"三大经济体月度数据"，学习其中的图标管理工具，尝试分析美国、欧洲、日本的经济金融指标。

活动2　财政部官网检索利用

【活动目标】了解契税、证券交易印花税、车辆购置税。

财政部公布的月度税收信息中，有若干个税种与证券市场的走势关系较为密切，值得关注。首页→政务信息→财政数据，可以检索到财政部对各个季度税收入情况的分析，其中的各税种收入汇总表信息清晰明了，可直接引用。

【解读契税、证券交易印花税、车辆购置税】

契税的税基基本上是土地和房产的交易金额，倘若契税出现负增长，就可以推断房地产交易市场低迷，房屋和土地成交量萎缩；反之，则市场向好，股市中的房地产板块可能有行情可以捕捉。证券交易印花税的增长率，可以用来判断股市的活跃程度。车辆购置税的税基是汽车的销售额，如果该税种出现负增长，说明汽车市场低迷；在2013年，该税种的增长率一直高于GDP的增长，投资者或可以借此对股市的汽车板块作出较为利好的预期。

http：//www.mof.gov.cn/

图 15 - 19

表 15 - 1	2013 年 1—6 月税收总收入和主要税种收入表		单位：亿元,%
税目	收入	比上年同期增收	增长率
税收收入	59260.61	4328.98	7.9
其中：国内增值税	14319.50	887.11	6.6
国内消费税	4353.49	150.93	3.6
进口货物增值税、消费税	6382.82	-1313.78	-17.1
出口货物退增值税、消费税	-5300.86	15.50	-0.3
营业税	8845.14	1007.20	12.9
企业所得税	14963.38	1857.07	14.2
个人所得税	3630.79	359.10	11.0
房产税	822.30	81.70	11.0
证券交易印花税	223.39	47.60	27.1
城镇土地使用税	910.66	67.44	8.0
车辆购置税	1236.70	150.03	13.8
关税	1212.10	-230.90	-16.0
契税	1946.04	554.07	39.8

活动3 中国人民银行官网数据信息摘要

【活动目标】了解 M_1 储蓄存款。

在央行的月度、年度统计数据中，货币供应量、信贷收支结构等数据变化，与资本

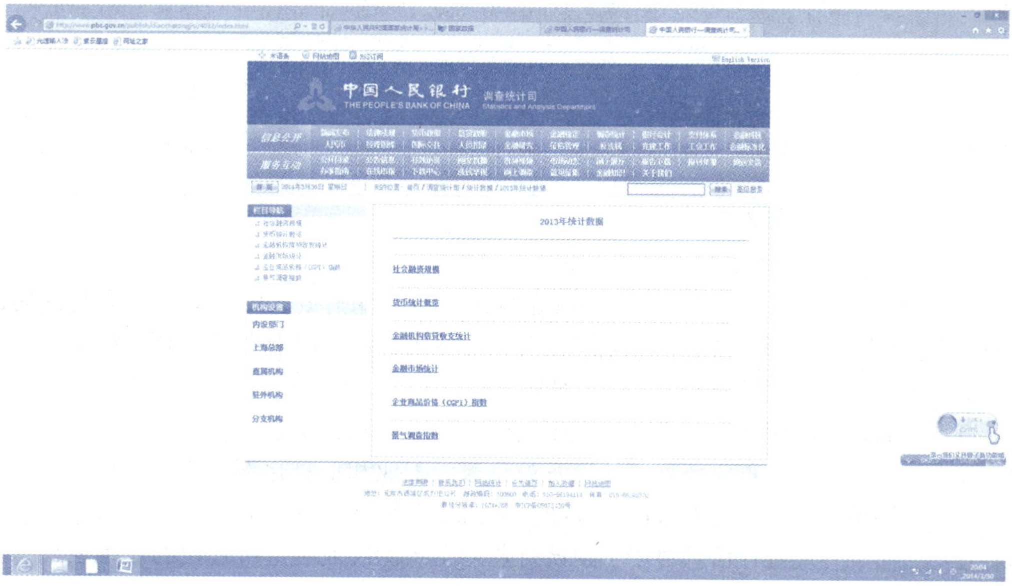

http://www.pbc.gov.cn/

图 15 - 20

市场的冷热变化有比较直接的关系，需要加以关注。央行首页→调查统计→统计数据，可以检索到年度统计数据中包括社会融资规模、货币统计概览、金融机构信贷收支统计、金融市场统计、企业商品价格指数、景气调查指数等汇总表，数据信息明了，可直接引用。

【解读 M_1 与股市大盘】

在 M_0 现金、M_1 狭义货币供应量（M_0 + 企事业单位活期存款）、M_2 广义货币供应量（M_1 + 企事业单位定期存款 + 居民储蓄存款）中，与股市关系最密切的是 M_1。从中国股市多年的走势看，M_1 与大盘的同步现象比较明显。一般而言，股市高涨时，M_1 增速明显，即企事业单位随时准备投入股市的资金大量增加；反之，M_1 的增速放缓。需注意，股票账户中的资金不属于央行的统计范围。

首页/调查统计/统计数据/2013 年统计数据/2013 年货币统计概览/货币供应量

表 15 – 2   2013 年货币供应量简表

项目 Item	2013. 01	2013. 02	2013. 03	2013. 04	2013. 05	2013. 06	2013. 07	2013. 08	2013. 09	2013. 10	2013. 11	2013. 12
货币和准货币（M_2）Money & Quasi-money	992129. 25	998600. 83	1035858. 37	1032551. 90	1042169. 16	1054403. 69	1052212. 34	1061256. 43	1077379. 16	1070242. 17	1079257. 06	1106524. 98
货币（M_1）Money	311228. 55	296103. 24	310898. 29	307648. 42	310204. 48	313499. 82	310596. 46	314085. 91	312330. 34	319509. 38	324821. 92	337291. 05
流通中货币（M_0）	62449. 63	60313. 65	55460. 52	55607. 15	54431. 39	54063. 91	54412. 78	54925. 35	56492. 53	55595. 72	56441. 27	58574. 44

【解读储蓄存款与大盘】

"储蓄存款"科目，大盘走势与储蓄存款往往呈现此消彼长的关系，因为我国居民主要的投资品种是股票。当然，近年来，由于各种人民币理财业务的火热，给股市大盘与储蓄存款的一一对应格局增加了一些变数。

首页/调查统计/统计数据/2013 年统计数据/金融机构信贷收支统计/。

除了上述三个政府重要部委之外，海关总署、工业和信息化部、民航总局、科技部等部委的官网信息，当然也很有用。譬如，国内各大航空公司都是 A 股上市公司，故而民航总局公布的月度统计信息对于了解该行业乃至预测民航类上市公司的业绩表现有很高的参考价值。

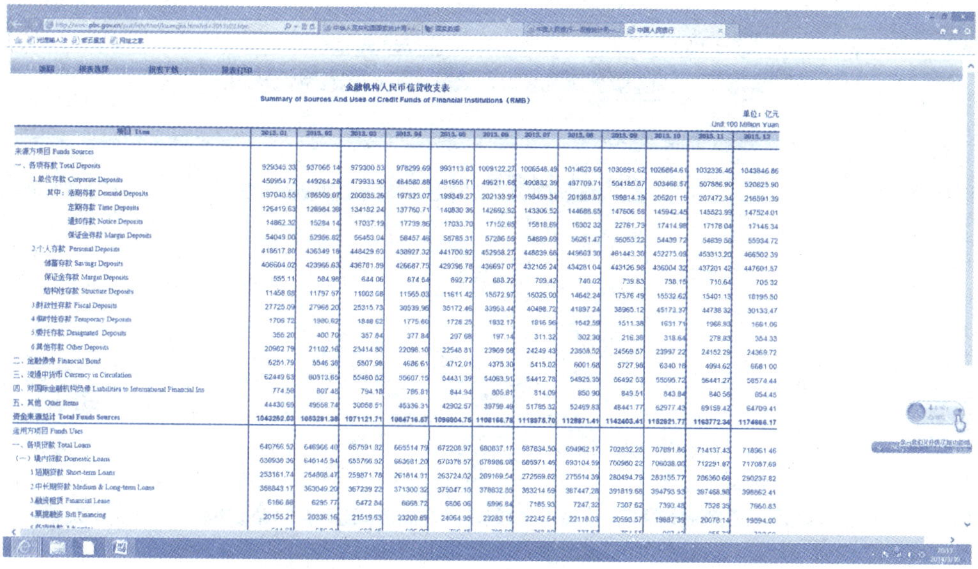

金融机构人民币信贷收支表

Summary of Sources And Uses of Credit Funds of Financial Institutions（RMB）

单位：亿元
Unit: 100 Million Yuan

项目 Item	2013.01	2013.02	2013.03	2013.04	2013.05	2013.06	2013.07	2013.08	2013.09	2013.10	2013.11	2013.12
来源方项目 Funds Sources												
一、各项存款 Total Deposits	929345.33	937066.14	979300.53	978299.69	993113.83	1009122.27	1006548.45	1014623.66	1030891.62	1026864.61	1032336.46	1043846.86
1.单位存款 Corporate Deposits	459954.72	449264.28	479933.90	484580.88	491655.71	496211.68	490832.39	497709.71	504185.87	503468.57	507886.90	520825.90
其中：活期存款 Demand Deposits	197040.55	186509.07	200835.26	197323.07	199349.27	202133.99	198459.34	201388.87	199814.15	205201.15	207472.34	216591.39
定期存款 Time Deposits	126419.63	128984.38	134182.24	137760.71	140830.36	142692.92	143306.52	144688.65	147606.58	145942.45	145823.99	147524.01
通知存款 Notice Deposits	14862.32	15284.14	17037.19	17739.86	17033.70	17152.65	15818.69	16302.32	22761.73	17414.98	17178.04	17145.34
保证金存款 Margin Deposits	54049.00	52986.82	56453.04	58457.46	58785.31	57286.59	54689.69	56261.47	56053.22	54439.72	54839.58	55934.72
2.个人存款 Personal Deposits	418617.80	436349.16	448429.63	438927.32	441700.92	452958.27	448839.66	449663.30	461443.38	452275.68	453313.20	466502.39
储蓄存款 Savings Deposits	406604.02	423966.63	436781.89	426687.75	429396.78	436697.07	432105.24	434281.04	443126.98	436004.32	437201.42	447601.57
保证金存款 Margin Deposits	555.11	584.98	644.06	674.54	692.72	688.22	709.42	740.02	739.83	738.16	710.64	705.32
结构性存款 Structure Deposits	11458.68	11797.57	11003.68	11565.03	11611.42	15572.97	16025.00	14642.24	17576.49	15532.62	15401.13	18195.50
3.财政性存款 Fiscal Deposits	27725.09	27968.20	25315.73	30539.96	35172.46	33953.44	40498.72	41897.24	38965.12	45173.37	44738.32	30133.47
4.临时性存款 Temporary Deposits	1706.72	1980.62	1848.62	1775.60	1728.25	1932.17	1816.96	1642.59	1511.38	1631.71	1966.93	1661.06
5.委托存款 Designated Deposits	356.20	400.70	357.84	377.84	297.68	197.14	311.32	302.30	216.38	318.64	278.83	354.33
6.其他存款 Other Deposits	20982.79	21102.16	23414.80	22098.10	22548.81	23969.68	24249.43	23608.52	24569.57	23997.22	24152.29	24369.72
二、金融债券 Financial Bond	6251.79	5546.38	5807.98	4686.61	4712.01	4375.30	5415.02	6001.68	5727.98	6340.18	4994.62	6681.00
三、流通中货币 Currency in Circulation	62449.63	60313.65	55460.02	55607.15	54431.39	54063.91	54412.78	54925.35	56492.53	55595.72	56441.27	58574.44
四、对国际金融机构负债 Liabilities to International Financial Ins	774.58	807.48	794.18	785.81	844.94	805.81	814.09	850.90	849.51	843.84	840.56	854.45
五、其他 Other Items	44430.69	49568.74	30058.51	45336.31	42902.57	39799.49	51785.32	52469.83	48441.77	62977.43	69159.42	64709.41
资金来源总计 Total Funds Sources	1043252.03	1053291.38	1071121.71	1084716.57	1096004.75	1108166.78	1118978.70	1128871.41	1142403.41	1152821.77	1163772.34	1174886.17
运用方项目 Funds Uses												
一、各项贷款 Total Loans	640766.52	646966.40	657591.82	665514.79	672208.97	680837.17	687834.50	694962.17	702832.25	707891.86	714137.43	718961.46
（一）境内贷款 Domestic Loans	638938.36	646145.94	655766.82	663681.20	670378.57	678986.08	685971.46	693104.59	700960.22	706038.00	712291.87	717087.69
1.短期贷款 Short-term Loans	253161.74	254808.47	259871.78	261814.31	263724.02	269169.54	272569.62	275514.39	280494.79	283155.77	286360.66	290237.82
2.中长期贷款 Medium & Long-term Loans	358843.17	363049.20	367239.22	371300.32	375047.10	378832.85	383214.69	387447.28	391819.68	394793.93	397468.98	398862.41
3.融资租赁 Financial Lease	6166.88	6295.77	6472.84	6668.72	6606.06	6996.84	7185.93	7247.32	7307.62	7393.48	7526.35	7660.83
4.票据融资 Bill Financing	20155.21	20336.16	21519.63	23200.89	24064.95	23283.19	22242.64	22118.03	20593.57	19887.39	20078.14	19694.00

图 15－21

任务二　沪深证券交易所网站撷英

【任务介绍】

了解沪深证券交易所网站披露的上市公司诚信记录。

上海证券交易所、深圳证券交易所网站的一些栏目所披露的信息，颇具参考价值，是值得投资者给予高度关注的信息来源。除了查询上市公司的定期公告与临时公告，还有必要了解上市公司的诚信记录、高管的持股变动情况等。诚信档案是机构投资者之操盘手，在“动手”之前必须认真查阅研读的内容。

活动 1　上市公司诚信记录

【活动目标】了解上市公司诚信状况。

【解读上市公司诚信记录】

在上海证券交易所，上市公司诚信记录中的“纪律处分信息”档案，以通报批评、公开谴责、公开认定等形式，对违规的公司及当事人给予纪律处分。而“董事、监事、高级管理人员持有本公司股份变动情况”，是可能涉及上市公司股价变动的敏感信息，也需要给予关注。

例如：沪市首页→信息披露→上市公司信息→上市公司诚信记录。上海证券交易所 http：//www. sse. com. cn/disclosure。

图 15－22

如果投资者要深入了解创业板的运行情况，不妨对深圳证券交易所的诚信档案进行点读，可能"处罚与处分记录"、"承诺事项及履行情况"等栏目信息，可以让你悟到一些上市公司的弦外之音。

又如：深市首页→信息披露→诚信档案→处罚与处分记录。深圳证券交易所 http：//www. szse. cn/。

图 15－23

【解读上市公司信息披露】

深市首页→信息披露→诚信档案→信息披露考评。

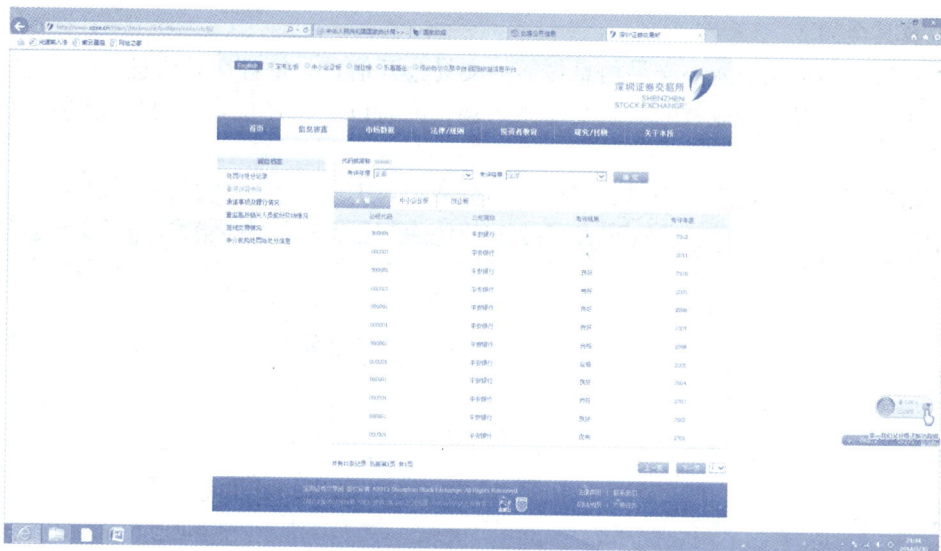

图 15－24

例如经查询得知，2001—2012 年，000001 平安银行的信息披露考评结果经历了一个 U 形变化，近年来的年度考评成绩已经从良好回升到优秀。

活动 2　异动股票信息搜集

【活动目标】了解上市公司异动股票的最新信息。

【解读异动股票】

对于异动股票的界定，沪市主板、深市主板及中小板的标准略有差异。一般来说，对于每一只异动股票，沪深证券交易所都会公开披露前五大买入席位及金额、前五大卖

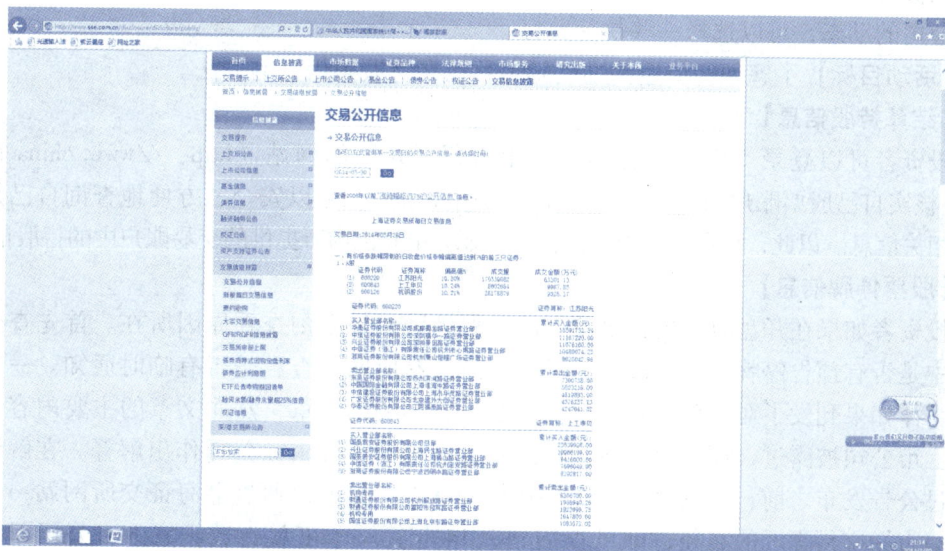

图 15－25

出席位及其金额。

沪市首页→信息披露→交易信息披露→交易公开信息→每日交易信息。

如果投资者对于创业板的大宗交易感兴趣，沿着以下路径检索，可以得到自己需要的相关信息。

深市首页→信息披露→交易公开信息→创业板→大宗交易信息。

图 15 – 26

活动3　查询持有股票的信息

投资者如果想准确了解自己股票账户中的持仓情况、所持有股票的异动缘由、相关上市公司的动态，可以选择一些快速路径。

【活动目标】了解如何快速而准确知道自己所持股票信息的方法。

【结算持股信息】

投资者可以登录"中国证券结算有限责任公司"的网站（http：//www. chinaclear. cn/）核实自己股票账户的持有情况。在该网站注册后，可以安全、方便地查询自己账户中的相关信息。以此，投资者可以印证自己在证券中介机构所提供的交易账户中的持股信息。

【股票停牌信息】

投资者如果在开盘时发现自己持有的股票停牌，须立刻查看原因所在。首先查公司公告中是否有预告停牌。倘若没有，则需通过交易所网站查看是否有临时通知。一般而言，媒体如果刊发了对上市公司股价可能有重大影响的文章，然而文章的主要内容却从未被上市公司披露过，那么交易所会将这只股票停牌并要求该公司作出解释。在解释内容通过公告发布之前，该只股票会保持在停牌状态。例如，通过上海证交所网站→信息披露→市场交易提示的路径，即可查询到 2014 年第一季度就有数十家上市公司因"重要事项未公告"而停牌。

图 15 – 27

图 15 – 28

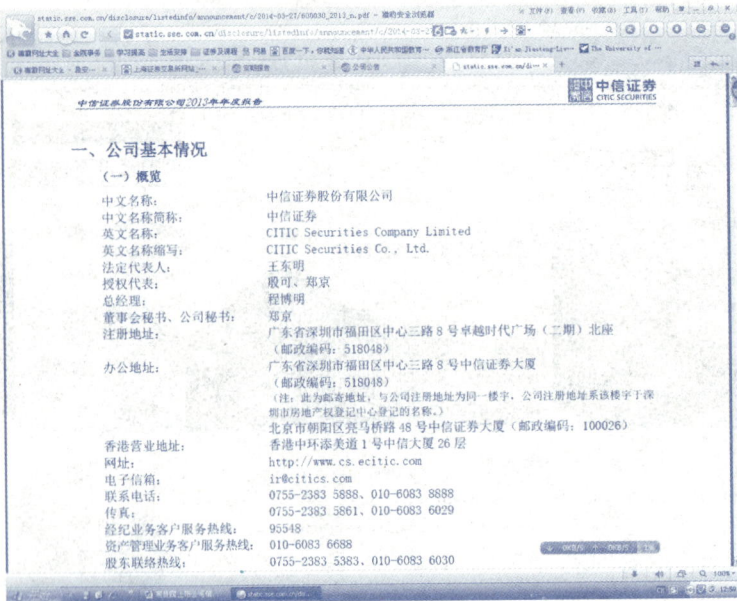

图 15 - 29

【上市公司网站】

通常，投资者可以利用搜索引擎输入公司名称，或者利用股票软件"工具"栏目中的"上市公司网站"选项，就可以找到该上市公司的官网。而最原始且一般不出错的路径是通过上市公司年报给出的"公司基本情况简介"所列公司网址，例如，首批互联网业务试点券商之一中信证券（600030）。

图 15 - 30

【趣味检索训练】

1. 亚洲开发银行网页，指定内容与自选内容的信息检索：

第一，中国的工资水平和竞争力；

第二，亚行支持中国的早期教育及老年医疗培训；

第三，自己感兴趣的另外一则（用140个字概括让你感兴趣的数据现象）。

2. 中国的税收情况在2013年第一季度、半年、第三季度、全年如何变化？

解读国家税收统计表中相关指标，用300个字概括你对中国房市、车市、股市的基本走势判断。

3. 选择2个分别在上海证券交易所、深圳证券交易所上市，并且让你感兴趣的公司，看一看它们在过去5～10年的诚信记录是否与你对该公司的印象吻合。

项目四　上市公司信息采集与分析

学习目标

1. 掌握证监会指定信息披露媒体的高效利用方法，能够借此掌握对上市公司的基本判断。

2. 掌握对专业数据库、上市公司等渠道所呈现信息的筛检，借此辅助对个股投资机会分析。

本项目的主要内容是能够利用中国证监会指定信息披露媒体与数据库、实地调研等载体获得的信息，来判断上市公司的基本状态，主要分两个任务进行。任务一是通过对证监会指定证券特色网站精选利用，学会快速查询上市公司的定期报告与深度分析内容；任务二是利用专业数据库、上市公司与证券结算官网、实地调研察访等多种渠道，搜集查询证券市场资讯，把握个股的投资机会。

任务一　证券特色网站精选

【任务介绍】

学习掌握高效利用信息披露的指定媒体。

上市公司公告解读是重点和难点，首先须查询上市公司披露信息的原文。上市公司定期报告全文的官方查询网站可见于上交所、深交所、巨潮资讯网。

活动1　快速查询上市公司定期报告

学会高效率年报信息查询，有助于投资者摆脱对炒股软件中F10的依赖。虽然，利用软件本身的在线数据库分门别类地获取信息很方便，但F10的缺陷是：上市公司公告无法全文展示，一些重要的非财务信息不能显示。有一些行情软件的 F10 中，数据信息不能及时更新，甚至错误率较高，可能误导投资者。

【活动目标】了解快速而全面查询上市公司报告的方法。

表 15 - 3　　　　　　　　　　上市公司定期报告披露的要素一览表

	披露内容	披露平台	披露时间
年报	年报全文	网络	1/1 - 4/30
	年报摘要	报刊及网络	
第一季度报告	第一季度报告全文	网络	4/1 - 4/30
	第一季度报告摘要	报刊及网络	
半年报	半年报全文	网络	7/1 - 8/30
	半年报摘要	报刊及网络	
第三季度报告	第三季度报告全文	网络	10/1 - 10/31
	第三季度报告摘要	报刊及网络	

【巨潮资讯网】http：//www. cninfo. com. cn。

这是中国证监会指定信息披露网站，同时刊载沪深两市上市公司披露的信息。该网站所提供的公告全文、定期报告一般是 PDF 文档，简洁而权威，不易看走眼。而一般财经类网站大多以网页形式显示的数据表格类文件易出错。右上角的查询"代码/简称/拼音"一栏，可以直接导出一个清晰的上市公司信息页面。

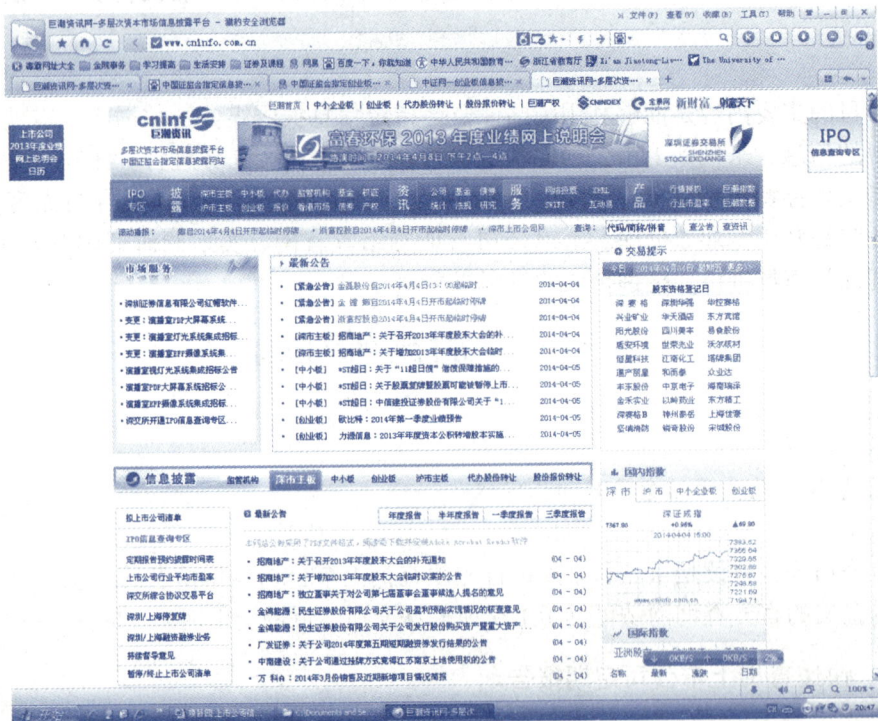

图 15 - 31

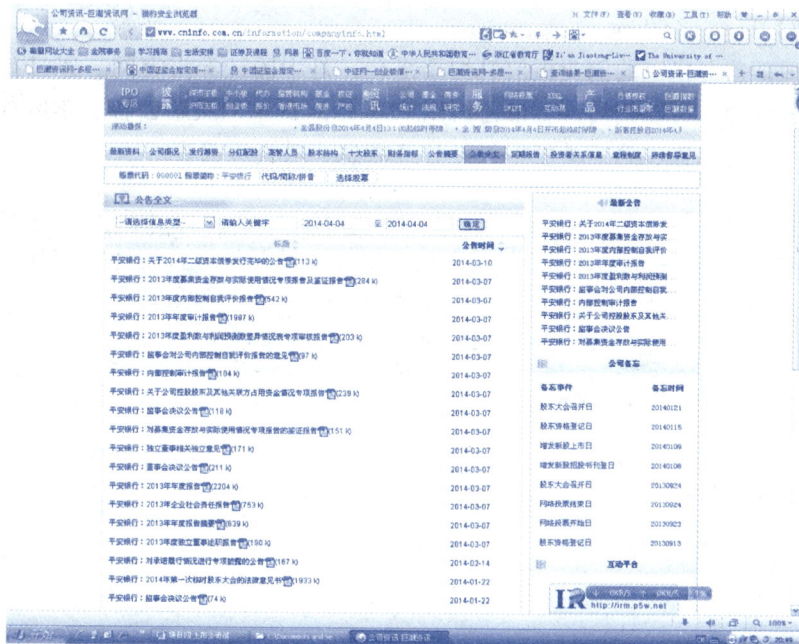

图 15－32

例如，000001 平安银行（如图 15－32 截屏显示），提供的最新资料、公司概况、发行筹资、分红配股、高管人员、十大股东、财务指标、公告摘要、公告全文、定期报告、投资者关系信息、章程制度、持续督导意见等栏目，有助于投资者全面了解该上市公司。

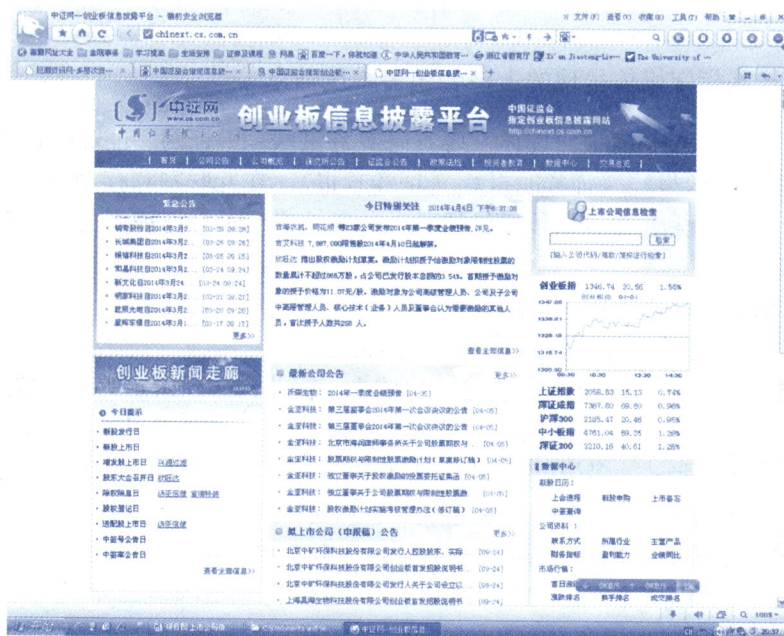

图 15－33

【中证网】http：//chinext. cs. com. cn。

这是中国证监会指定的创业板信息披露平台，是中国证券报官网。通过首页→数据中心→创业板路径，可以查询到上市公司以 PDF 格式提供的最新公告、年度报告、半年度报告、第一季度报告、第三季度报告、分红派息、融资等内容。

图 15－34

活动2 **查询在指定媒体呈现的上市公司多维度信息**

中国证监会指定的信息披露媒体主要有巨潮资讯网、中证网、证券时报网和《中国证券报》、《上海证券报》、《证券时报》、《证券日报》。在互联网和移动技术普及的条件下，投资者可以综合利用多种媒体提供的平台，高效率检索自己需要的上市公司及资本市场动态信息。

【活动目标】了解快速而全面查询上市公司各类信息的方法。

【中国资本证券网】http：//www. ccstock. cn/。

该网站依托《证券日报》，是证监会、银监会、保监会共同指定的信息披露平台，信息内容覆盖了"大金融"与产业、汽车、房产等范畴，投资者还可以通过右上方的移动客户端、微信、微博等形式，多渠道利用网站提供的信息。右上方的创业板信披、主板信披检索栏目可以进入信息披露页面，获取内容全面、以 PDF 格式呈现的各类公告和报告。

利用网页左上角的"网站地图"可以帮助检索者快速把握该网站信息库的内容全貌，选择需要的栏目进行深入了解。

【中国证券网】http：//www. cnstock. com/。

上海证券报官网是中国证监会指定的信息披露媒体。在上市公司专区，不仅公告解

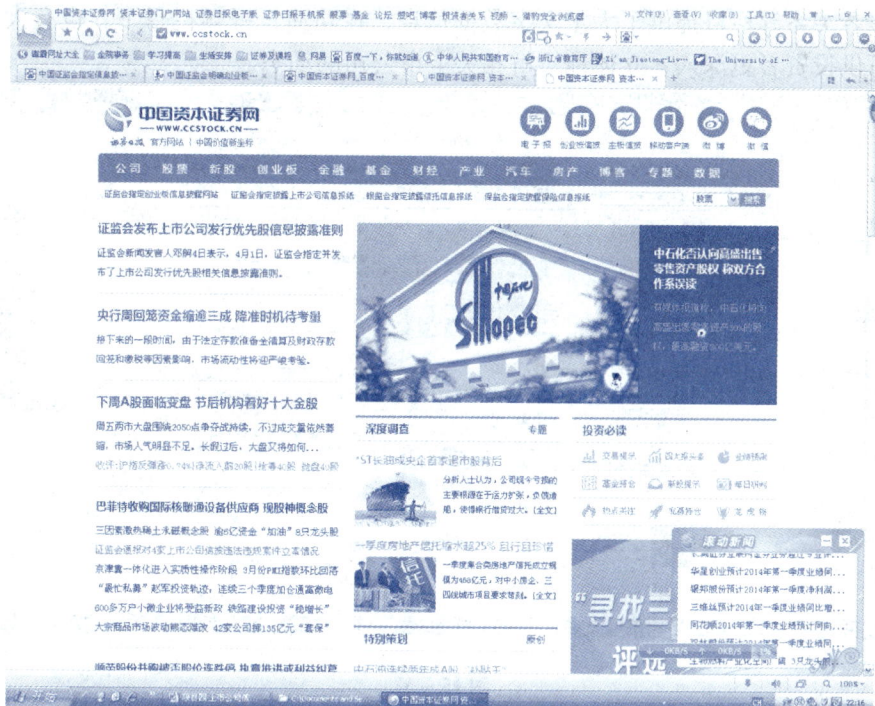

图 15 – 35

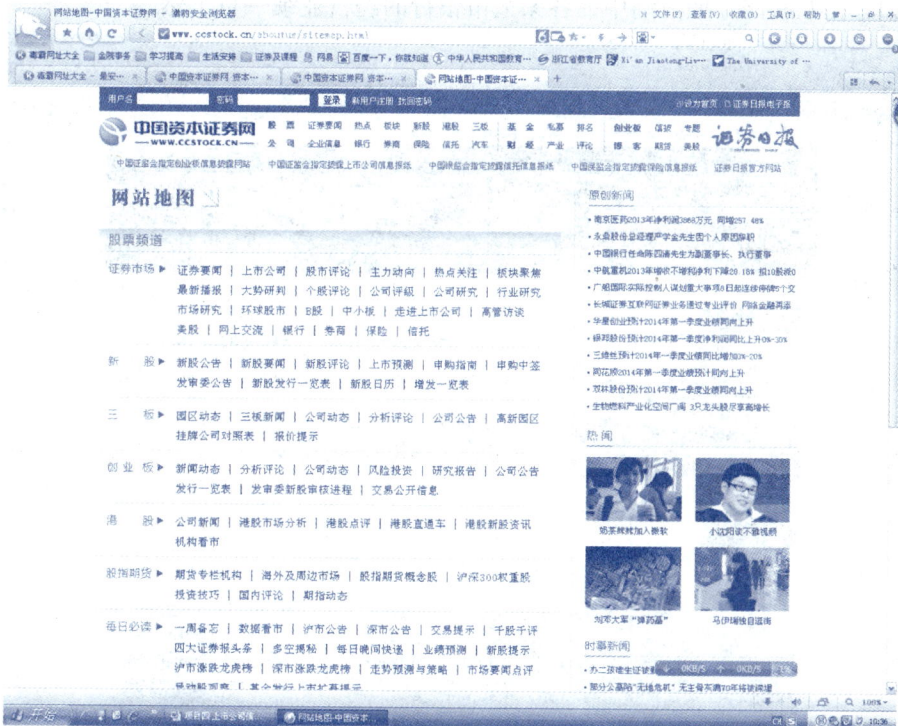

图 15 – 36

读、投资者关系等栏目提供了大量文字数据信息，在路演、视频栏目下，也有大量多媒体信息可供投资者更深入、立体地了解相关上市公司的动态。

图 15－37

选择"专题"栏目，可以在第一时间了解行业人士和专家对市场热点问题的系统解读。例如，在互联网金融浪潮中，各家上市银行的经营业绩一目了然。

图 15－38

右上方的"中国资本市场信息披露平台"则把学习者导入更为清晰的专业信息页面，再通过右上角的搜索引擎就可以检索到任意一家上市公司，例如浦发银行（600000）的最新公告和定期报告。

图 15 - 39

任务二　多渠道查询解读上市公司资讯

【任务介绍】

学习掌握多渠道查询上市公司的有效资讯。

活动 1　灵活运用专业数据库资讯

【WIND 资讯】

WIND 金融终端是为机构用户打造、实时在线的综合金融分析，提供了全球金融市场行情、信息与数据，覆盖了股票、债券、商品、外汇、基金、指数、宏观等多项品种，全年 24 小时不间断地提供及时、完整、准确的金融资讯。该终端是目前国内唯一合法授权、实时发布 120 多家券商与其他研究机构的最新研究成果。其原创的四大类报告（每日简报、投资理财、图库系列、研究精粹），其多维数据资料栏目所提供的沪深股票、债券、基金、指数等品种的深度资讯，以及单只股票上市前三年和上市后各类数据和信息，能帮助投资者快速掌握市场信息，把握资本市场的投资机会。在其股票的"市场概况"栏目，可直接以图形的方式支持数据查询，并导

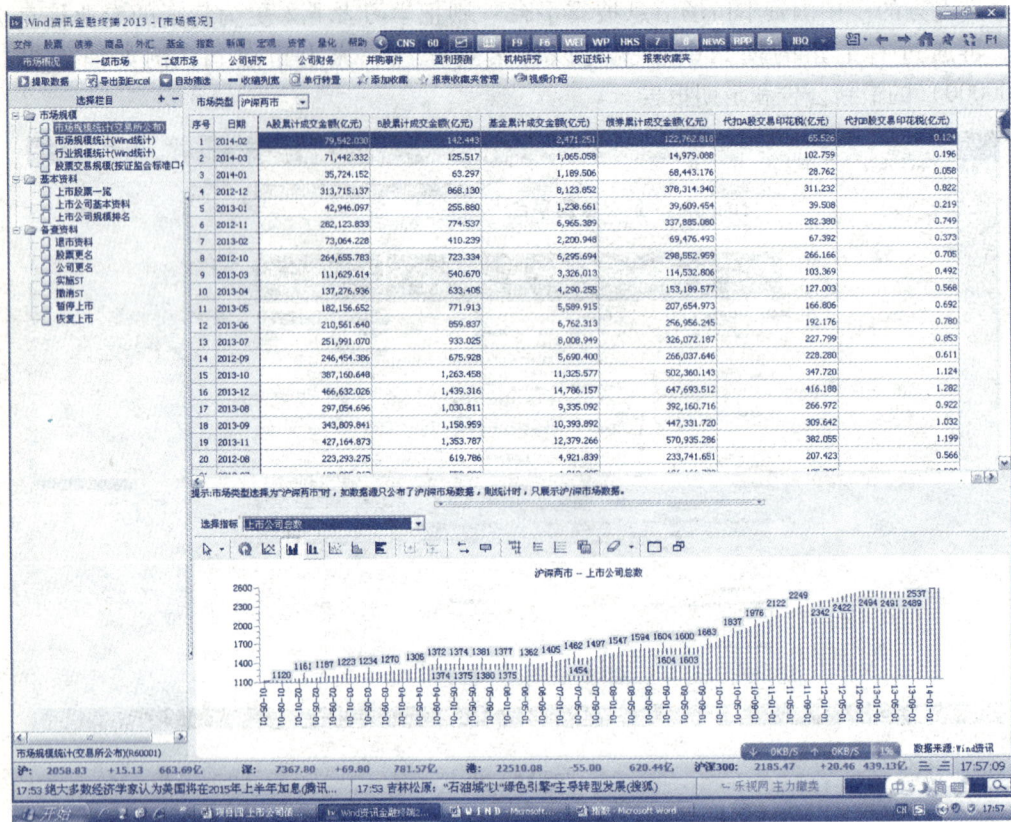

图 15 - 40

出报表。例如，沪深两市的市场规模统计，能直观看到 2001 年 5 月 1 日至 2014 年 1 月 1 日，以数据表和示意图同时呈现出的反映一些总量规模数据，如上市公司数、总市值、投资者开户数、平均市盈率、证券累计成交金额、交易印花税等，这方便了学习引用。

活动2　上市公司年报信息简单解读

一份年报的全文篇幅平均达 11 万字左右，快速浏览查询有价值信息是每一位投资者应掌握的基本功。通过前述内容已知，报告全文的官方查询网站可见于上交所、深交所、巨潮资讯网等。

【活动目标】了解快速解读上市公司报告的要点。

【对比主板与创业板】

主板与创业板年报的内容框架，大逻辑一致，具体内容披露有差异。如表 15 - 4 所示。创业板年报的创新主要体现在"董事会报告"部分。一般而言，创业板公司成长性较强，经营机制更为灵活，经营模式和盈利模式特征更为突出，同时，经营不确定性大，抵御外部风险能力较弱。

表 15 - 4　　　　　　　　　　　　主板与创业板上市公司年报内容框架对比

主板公司年报内容框架		创业板公司年报内容框架
重要提示	一	重要提示
公司基本情况	二	公司基本情况
会计数据和业务数据摘要	三	会计数据和业务数据摘要
股本变动及股东情况	四	董事会报告
董事、监事和高级管理人员	五	重要事项
公司治理结构	六	股本变动及股东情况
股东大会情况简介	七	董事、监事和高级管理人员
董事会报告	八	公司治理结构
监事会报告	九	监事会报告
重要事项	十	财务报告
财务会计报告	十一	备查文件目录
备查文件目录	十二	
年报附件	十三	

【对比年报、半年报与季报】

在上市公司的定期报告中，年报最重要，涉及面最广泛，内容最丰富。半年报与季报则是在年报基础上做减法。它们的框架格式基本如下：

表 15 - 5　　　　　　　　　　　年报、半年报与季报内容框架比较

点评		年报全文内容框架	半年报全文内容框架	季报全文内容框架
年报可信度声明	1	重要提示	重要提示	重要提示
公司的名片	2	公司基本情况	公司基本情况	
财务简历	3	会计数据和业务数据摘要	会计数据和业务数据摘要	会计数据和业务数据摘要
股东层面的变化	4	股本变动及股东情况	股本变动及股东情况	股本变动及股东情况
介绍管理层	5	董事、监事和高级管理人员	董事、监事和高级管理人员	
规范运作情况	6	公司治理结构		
简要回顾股东会议	7	股东大会情况简介		
董事会之述职报告	8	董事会报告	董事会报告	
监事会之述职报告	9	监事会报告		
影响估值的大事	10	重要事项	重要事项	重要事项
晒账本	11	财务会计报告	财务会计报告	财务会计报告
股东能查看的文件	12	备查文件目录	备查文件目录	

资料来源：深证证券交易所投资者教育中心《上市公司公告解读 25 讲》。

【会计数据摘要】

在表 15 - 5 中，多数投资者欲先睹为快的是"3 会计数据和业务数据摘要"。该部分通常有三张表格：主要会计数据、非经常性损益项目和金额、报告期末公司前三年主要会计数据和财务指标。个别同时在海外上市的公司还会增加一个表格，披露中国会计准则与国际会计准则在计算净利润与净资产时的差异。例如，主要会计数据表（表示），

涉及五种利润各司其职、互为补充。

表 15-6　　　　　　　　　　　主要会计数据　　　　　　　　单位：元人民币,%

项目	2013 年	2012 年	本期比上年同期增减	备注
营业收入	16115272156.70	11693881925.78	37.81	—
营业利润	6859623162.87	5430692921.71	26.31	毛利润
利润总额	6846091166.57	5487269095.67	24.76	税前利润
归属于母公司股东的净利润	5243916979.11	4237418476.37	23.75	真正的净利润
归属于母公司股东的扣除非经常性损益后的净利润	5267820120.39	4190666923.74	25.70	瘦身利润
其他综合收益	-646866123.36	386693625.76	不适用	—
经营活动产生的现金流量净额	-18609569343.95	-19102688007.05	不适用	现金利润

资料来源：中信证券（600030）2013 年年报。

【上市公司财务报告】

这是上市公司定期报告中最重要的一部分，也占据较大篇幅。一份完整的财务报告包括审计报告、会计报表、会计报表附注三方面内容。其中，会计报表是核心；附注是对报表的细化、解释和延伸；审计报告是对报表及其附注真实性的鉴定。会计报表包括：第一，资产负债表（Balance Sheet），亦称财务状况表（Statement of financial position），这是一张上市公司的"全景照片"，说明钱从哪里来，用到哪里去了？所谓的第一恒等式就是"资产 = 负债 + 所有者权益（净资产）"。第二，利润表，这是上市公司活动"记录短片"，关键内容是第二恒等式"利润 = 收入 - 费用"。第三，现金流量表，这是对上市公司的终极考验，须关注"经营现金净额"栏目，因为该表数据造假难度大。第四，所有者权益变动表，这是上市公司向股东上交的简明成果总结。此外，会计报表附注内容较多，一般有 15 项。其中值得细看的 2 个项目是合并财务报表主要项目注释、母公司财务报表主要项目注释。

延伸阅读：巴菲特分析现金流量表时最关注的两个指标

1. 资本开支，是指购买厂房和设备等长期资产的现金和现金等价物支出。经验告诉我们，那些具有持续性竞争优势的公司，其资本开支占净利润的比率都非常小。50% 以下，可列入候选名单；比例若在 25% 以下，很可能有持续性竞争优势。

2. 回购股票，通过使用公司多余的闲置资金用于回购股票，会减少流通股数量，从而提高每股收益，最终推动公司股价上涨。一个具有持续性竞争优势的特征是公司曾经回购过自身股票。不妨看一看"发行（回购）股票，净值"的一个账户，此处列出了公司发行和回购股票的净值。

活动3 **实地调研察访获取信息**

【活动目标】根据实地调研察访，获取一手信息。

【实地访察信息】

投资者、证券投资分析人员直接到上市公司、政府部门等相关机构进行实地调研，获取投资分析所需的证券信息资料。

信息链接：上海证交所"我是股东——中小投资者走进上市公司"系列活动

该活动促使投资者在参与现场调研走访中，获取上市公司信息，切实提升其行使股东权利的积极性和主动性。在全媒体报道和互动中，推动了股东权益保护与投资者关系管理。

图 15－41

【趣味检索与课后训练】

1. 选择一家上市公司，简单对比其 2012 年报和 2013 年报，判断其过去一年来的发展态势。训练要求：

（1）写出检索路径，并用 140 个字概括让你感兴趣的公司业绩表现；

（2）你认为该上市公司所在行业的发展态势如何？

2. 主板公司年报内容框架与创业板公司年报内容框架有何异同？为什么？

3. 案例分析训练：上市公司年报简单解读，就其资产负债表判断该公司是否具有持续性竞争优势。训练要求：

（1）乐视网（300104），将其年报的"3. 资产、负债状况分析"中的两张表，合并成为一张资产负债表；

图 15－42

（2）贵州茅台（600519），将其年报 2 的"二、财务报表/合并资产负债表"认真研读，摘录其中你觉得有意思的内容。

4．请参与进行中的 2014 年上海证交所"我是股东——中小投资者走进上市公司"活动，记录自己参与网络投票的情况，选择其中一家入围的上市公司，争取参与走访活动。

项目五　证券行情盘面分析

学习目标

1．掌握大盘行情分析的主要指数，能够判断指数走势
2．掌握个股分时图和 K 线图查看，能够对个股投资机会进行分析
3．熟悉国际证券市场的主要指数，能够用指数判断国际证券市场走势

本项目的主要内容是能够利用指数和行情盘面各指标来判断证券市场行情走势，主要分三个任务进行。任务一是大盘指数分析，通过指数分析把握大盘行情总体走势；任务二是个股的行情分析，通过查看与分析个股盘面各指标，把握个股的投资机会。任务

三国际证券市场分析，对判断 A 股走势有很大帮助。

任务一　大盘行情分析

【任务介绍】
　　通过市场上重要的指数，分析其分时图和 K 线图，能够判断大盘行情走势。

活动 1　了解股价指数和计算方法

【活动目标】了解股价指数的概念和计算方法。

【股价指数】

　　股票价格指数，是由证券交易所或金融服务机构编制的表明股票价格变动的一种供参考的指示数字。由于股票价格起伏无常，投资者必然面临市场价格风险。对于具体某一种股票的价格变化，投资者容易了解，而对于多种股票的价格变化，要逐一了解，既不容易，也不胜其烦。为了适应这种情况和需要，一些金融服务机构就利用自己的业务知识和熟悉市场的优势，编制出股票价格指数，公开发布，作为市场价格变动的指标。投资者据此就可以了解股票市场的整体情况，并用于预测股票市场的动向。

【股价指数计算】

　　股票价格指数的计算主要有算术平均和加权平均两种方法。

　　算术平均数法：将采样股票的价格相加后除以采样股票种类数，计算得出股票价格的平均数。公式如下：

　　股票价格算术平均数 =（采样股票每股股票价格总和）÷（采样股票种类数）

　　然后，将计算出来的平均数与同法得出的基期平均数相比后求百分比，得出当期的股票价格指数，即

　　股票价格指数 =（当期股价算术平均数）÷（基期股价算术平均数）×100%

　　加权平均数法：以当期采样股票的每种股票价格乘以当期发行数量的总和作为分子，以基期采样股票每股价格乘基期发行数量的总和作为分母，所得百分比即为当期股票价格指数，即股票价格指数 =［Σ（当期每种采样股票价格×已发行数量）］÷［Σ（基期每种采样股票价格×已发行数量）］×100%。

活动 2　熟悉 A 股市场上重要的指数

【活动目标】熟悉 A 股市场上的主要指数。

【指数系列】

　　上证指数系列由上海证券交易所发布的指数，主要包括成分指数、综合指数和分类指数，见图 15 – 43。

　　深证指数系列由深交所发布的指数，主要包括成分指数、综合指数和分类指数，见图 15 – 44。

重点指数及样本表现				更新日期：2013-12-26	
指数名称	指数代码	收盘	成交额（亿元）	平均股本（亿股）	静态市盈率
上证180	000010	4894.08	318.89	103.82	9.07
上证50	000016	1524.88	148.5	257.82	8.32
上证380	000009	3276.45	220.6	11.41	20.69
上证100	000132	3763.63	63.18	8.46	18.65
上证150	000133	3143.72	62.13	4.25	54.89
上证综指	000001	2073.1	668.63	25.82	10.77
上证B股	000003	249.78	1.22	2.77	11.45
上证国债	000012	139.45	1.15	N/A	N/A
上证基金	000011	3794.97	165.2	N/A	N/A
上证企债	000013	166.46	14.13	N/A	N/A

图 15－43　上海证券交易所指数

指数列表					下载
指数代码	指数简称	基日	基日指数	起始计算日	
399001	深证成份指数	1994-07-20	1000	1995-01-23	
399002	成分A股指数	1994-07-20	1000	1995-01-23	
399003	成分B股指数	1994-07-20	1000	1995-01-23	
399004	深证100指数	2002-12-31	1000	2003-01-02	
399005	中小板指数P	2005-06-07	1000	2006-01-24	
399006	创业板指数P	2010-05-31	1000	2010-06-01	
399007	深证300价格	2004-12-31	1000	2009-11-04	
399008	中小板300P	2010-03-19	1000	2010-03-22	
399009	深证200指数	2004-12-31	1000	2011-09-01	
399010	深证700指数	2004-12-31	1000	2011-09-01	

图 15－44　深圳指数系列

1. 上证指数。上证综合指数的样本股是全部上市股票，包括 A 股和 B 股，从总体上反映了上海证券交易所上市股票价格的变动情况，自 1991 年 7 月 15 日起正式发布。

2. 上证 180。上证成分指数（简称上证 180 指数）是上海证交所对原上证 30 指数进行了调整并更名而成的，其样本股是在所有 A 股股票中抽取最具市场代表性的 180 种样本股票，自 2002 年 7 月 1 日起正式发布。作为上证指数系列核心的上证 180 指数的编制方案，目的在于建立一个反映上海证券市场的概貌和运行状况、具有可操作性和投资性、能够作为投资评价尺度及金融衍生产品基础的基准指数。

3. 新综指。新上证综指当前由沪市所有已完成股权分置改革的股票组成；此后，实施股权分置改革的股票在方案实施后的第二个交易日纳入指数；指数以总股本加权计算；新上证综指于 2006 年 1 月 4 日发布。

4. 深证成分指数。深证成分指数是指在深圳证券交易所挂牌的全部股票中抽取具有代表性的 40 家上市公司为计算对象，以流通股权为权数计算得出的加权股价指数。

5. 深证综合指数。该指数以 1991 年 4 月 3 日为基期。其计算方法同上证指数相同，其样本为所有在深圳证交所挂牌上市的股票，权数为股票的总股本。由于以所有挂牌的上市公司为样本，其代表性非常广泛，且它与深圳股市的行情同步发布，它是股民和证券从业人员研判深圳股市价格变化趋势必不可少的依据。

6. 中小板指数。深交所于 2005 年 12 月 1 日正式推出中小板指数，中小板指数是以在中小企业板上市的全部正常交易的股票为计算范围，以最新自由流通股为权数计算的加权综合指数。

7. 沪深 300 指数。沪深 300 指数由沪深 A 股中规模大、流动性好、最具代表性的 300 只股票组成，于 2005 年 4 月 8 日正式发布，以综合反映沪深 A 股市场整体表现。沪深 300 指数是内地首只股指期货的标的指数，被境内外多家机构开发为指数基金和 ETF 产品，跟踪资产在 A 股股票指数中高居首位。

活动3　**指数的分时图分析**

【活动目标】以上证指数为例，熟悉指数分时图的含义。

【上证指数】

按 F3 或 03 进入上证指数。上证综合指数的样本股是全部上市股票，包括 A 股和 B 股，从总体上反映了上海证券交易所上市股票价格的变动情况，由于其包含样本的广泛性和广大投资者的使用习惯，该指数是应用最广泛的指数。大多数投资者根据这个指数来判断市场整体情况。

【上证指数的分时图】

上证指数的分时图是每分钟的价格连线，用来反映当天的指数走势，如图 15 - 45 所示。

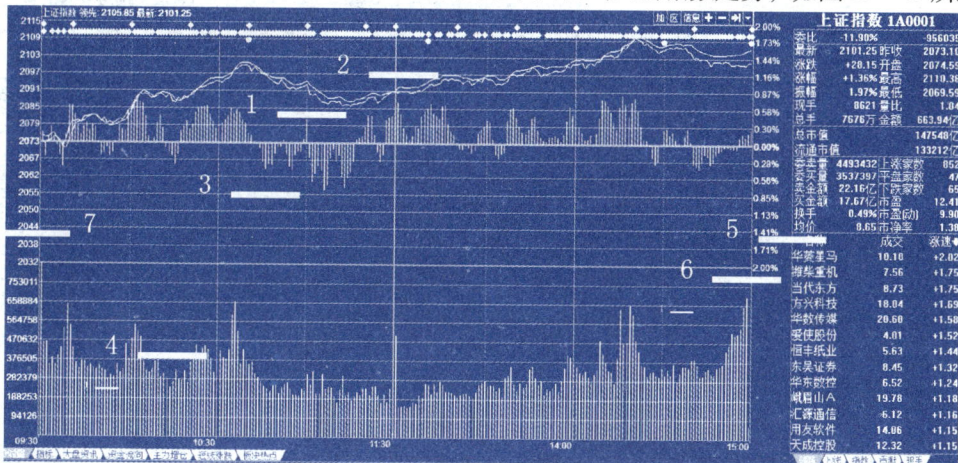

图 15 - 45　上证指数的分时走势图

1. 白色曲线：表示大盘加权指数，即证交所每日公布媒体常说的大盘实际指数。

2. 黄色曲线：大盘不含加权的指标，即不考虑股票盘子的大小，而将所有股票对指数影响看做相同而计算出来的大盘指数。

参考白黄二曲线的相互位置可知：（A）当大盘指数上涨时，黄线在白线之上，表示流通盘较小的股票涨幅较大；反之，黄线在白线之下，说明盘小的股票涨幅落后大盘股。（B）当大盘指数下跌时，黄线在白线之上，表示流通盘较小的股票跌幅小于盘大的股票；反之，盘小的股票跌幅大于盘大的股票。

3. 红绿柱线：在红白两条曲线附近有红绿柱状线，是反映大盘即时所有股票的买盘与卖盘在数量上的比率。红柱线的增长减短表示上涨买盘力量的增减；绿柱线的增长缩短表示下跌卖盘力度的强弱。

4. 黄色柱线：在红白曲线图下方，用来表示每一分钟的成交量，单位是手（每手等于100股）。

5. 即时报价：最新指数表示当前的指数数值；还显示到目前时点的指数涨跌幅，成交量等信息。

6. 百分比表示的数轴坐标。

7. 绝对数字表示的数轴坐标。

活动4　指数的K线图分析

【活动目标】以上证指数为例，熟悉指数K线图的含义。

【上证指数的K线图】

上证指数的K线图可以用来反映一段时间的指数走势。根据分析周期可以分为日K线图，周K线图，月K线图和每小时K线图等。通常我们分析日K线图。日K线图是每天用1根K线（阴线或阳线）表示当天的行情，这些单K线由时间顺序从左到右排列，最右的是最近的交易日，如图15-46所示。

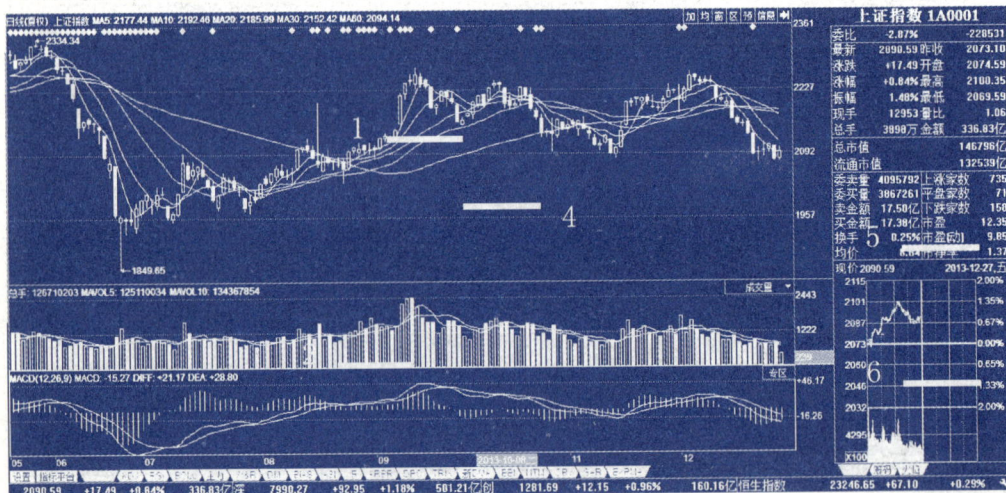

图15-46　上证指数的K线图

1. K 线图，由阴线和阳线组成的价格走势图。红色烛线表示阳线，一般表示当天上涨；蓝色烛线表示阴线，一般表示当天下跌。

2. 成交量。对应 K 线图 15 – 46，表示当天的成交量，单位是手，柱子越高表示当天的交易量越大。

3. 技术指标线。可以用来分析股票未来价格走势，有多种指标，在技术指标中详解。

4. 价格均线，即平均价格的连线。根据周期不同，可以分 5 天、10 天、20 天、60 天等多条均线。

5. 当天即时价格信息。

6. 当天指数分时图。

【K 线图的操作】

(1) ↑ 可以将 K 线图放大。

(2) ↓ 可以将 K 线图缩小。

(3) ← 可以将 K 线图向左移动。

(4) → 可以将 K 线图向右移动。

(5) 十字光标移到某根 K 线 + Enter：可以查看当天的分时图（但时间太久的不一定可以看到，有些软件也没有这样的功能）。

任务二 个股行情分析

【任务介绍】

熟悉个股的基本操作，能够根据个股分时图把握买卖时机，能够进行个股 K 线图的分析和个股资料查看。

活动1 **熟悉个股分析的基本操作**

【活动目标】熟悉个股分析的基本操作，如快捷键盘的应用。

【个股分时走势图】

通过键盘，直接输入股票代码，或者股票名称拼音首字母，以股票民生银行为例，直接输入"msyh"，将会出现如图 15 – 47 所示，回车即可进入该股分时走势图，或者输入其代码"600016"，将起到同样的效果。

【个股 K 线图】

利用键盘快捷键 F5 可以切换到个股 K 线图，见图 15 – 48，或者在软件左边选择"K 线图"也可切换，见图 15 – 49。

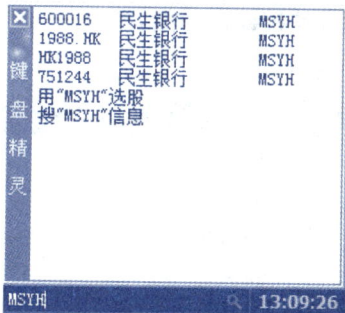

图 15 – 47 查找个股

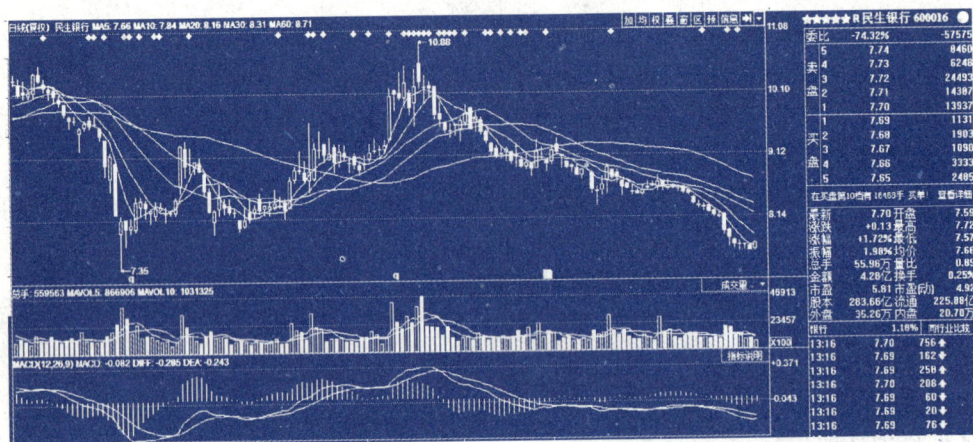

图 15-48　民生银行 K 线图

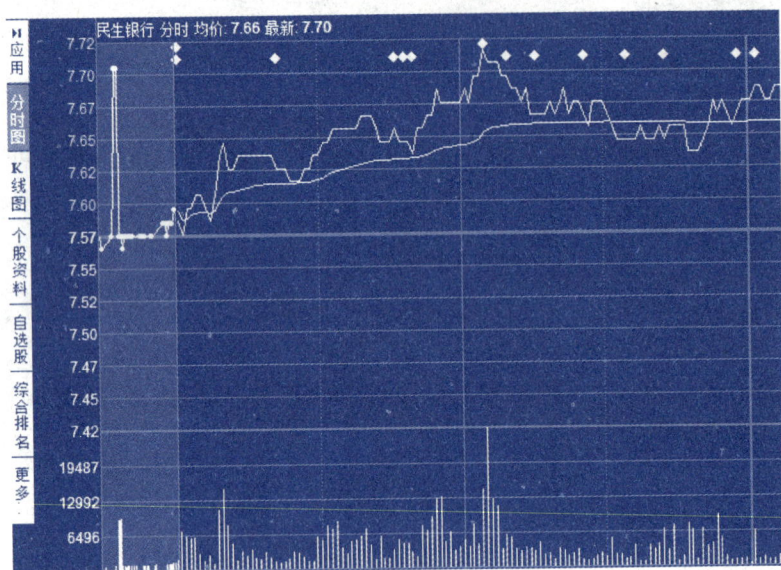

图 15-49　切换到 K 线图

【快捷键盘功能】

表 15-7　　　　　　　　　　　　　主要快捷键

键盘按键	功能
F1 或 01	切换到股票的成交明细表
F2 或 02	切换到股票的分价表
F3 或 03	切换到上证领先指标
F4 或 04	切换到深圳领先指标
F5 或 05	个股分时图与 K 线图之间的切换
F10 或 10	切换到股票的基本面资料

活动2　个股分时图分析

【活动目标】熟悉个股分时图的含义，如何利用个股分时图进行报价委托以及报价时机的选择。

【个股分时图】

个股的分时图是每分钟的价格连线，用来反映当天的价格走势，如图 15－50 所示。

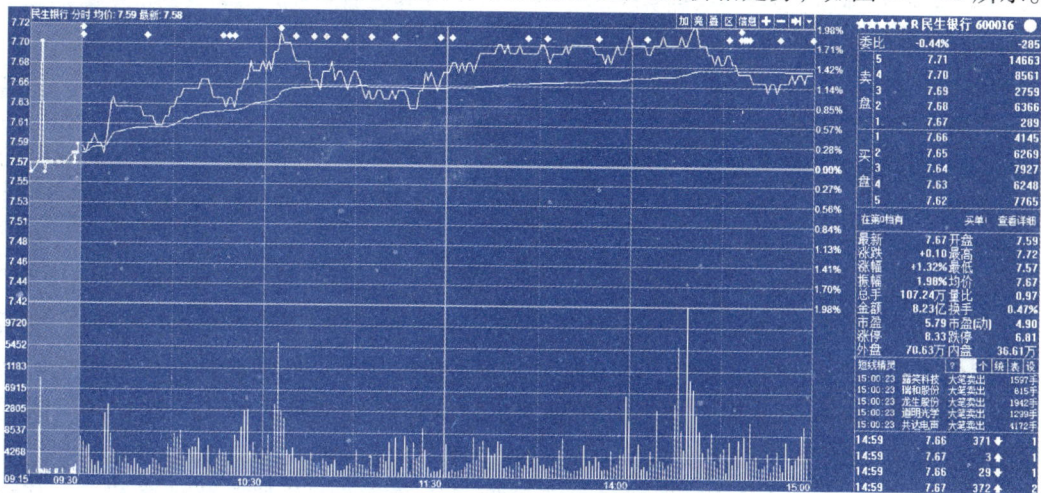

图 15－50　个股的分时走势图

1. 白线表示每分钟成交价格的连线。

2. 黄线表示每分钟均价的连线。

3. 每一柱线表示每分钟的成交量。

4. 委托盘显示。其中买 1~5 按价格从高到低排序，右边黄色数字表示对应报价的买入数量，单位为手，买 1 表示当前的最高买入报价。卖 1~5 按价格从低到高排序，右边黄色数字表示对应报价的卖出数量，单位为手，卖 1 表示当前的最低的卖出报价。

5. 盘中即时交易信息。如目前的成交价格、涨跌幅、内盘外盘等。

6. 即时成交信息。显示最近几笔成交的价格和成交量。其中标有 B 的表示是主动性买盘，成交量计算到外盘中，标有 S 的为主动性卖盘，成交量计算到内盘中。

【五档盘口】

通常情况下，在股票行情软件上分别显示买卖各五个价格。即买 1、买 2、买 3、买 4、买 5；卖 1、卖 2、卖 3、卖 4、卖 5；也就是同一时间可以看到 5 个买盘价格和 5 个卖盘价格。未成交的最低卖价就是卖 1，未成交的最高买价就是买 1，其余类推。

在盘口中，买盘买 1 的委托买入价位 8.85 元，委托数量为 176 手，卖盘卖 1 的委托卖出价位 8.86 元，委托

图 15－51　五档盘口

数量为 1055 手。

【委比】

股票分析中的委比，就是用于衡量一段时间内买卖盘相对强度的指标。

其计算公式为

委比 = [（委买手数 - 委卖手数）÷（委买手数 + 委卖手数）]×100%

委买手数：现在所有个股委托买入下三档之手数相加之总和。

委卖手数：现在所有个股委托卖出上三档之手数相加之总和。

委比值变化范围为 +100% 至 -100%。

当委比值为正值并且委比数大，说明市场买盘强劲；当委比值为负值并且负值大，说明市场抛盘较强；委比值从 -100% 至 +100%，说明买盘逐渐增强，卖盘逐渐减弱的一个过程。相反，从 +100% 至 -100%，说明买盘逐渐减弱，卖盘逐渐增强的一个过程。红绿就是正负。

【委托盘】

即买卖队列，是指进入交易所撮合成交系统中的叫买/叫卖的委托单的序列。按照价格优先、时间优先的交易规则，买方队列是委托价格从高到低的排序，如果委托价格相同，则委托时间在先的排序就在先；卖方队列则是委托价格从低到高的排序。同样的，如果委托价格相同，则委托时间在先的排序就在先。完整的委托队列的数据（是动态变化的），反映了市场对相应股票的买卖意愿。比如，买方队列头部迅速扩大，常常就意味着买气旺盛、股价可能因此推高。

【量比】

量比是衡量相对成交量的指标。它是指股市开市后平均每分钟的成交量与过去 5 个交易日平均每分钟成交量之比。其计算公式为：量比 = 现成交总手/[过去 5 个交易日平均每分钟成交量×当日累计开市时间（分）]，简化之则为：量比 = 现成交总手/（过去 5 日平均成交量）。

量比反映出的主力行为从计算公式中可以看出，量比的数值越大，表明了该股当日流入的资金越多，市场活跃度越高；反之，量比值越小，说明了资金的流入越少，市场活跃度越低。我们可以从量比曲线与数值曲线上，看出主流资金的市场行为，如主力的突发性建仓，建完仓后的洗盘，洗盘结束后的拉升，这些行为可以让我们一目了然。

一般来说：

量比为 0.8 ~ 1.5 倍，则说明成交量处于正常水平；

量比在 1.5 ~ 2.5 倍则为温和放量，如果股价也处于温和缓升状态，则升势相对健康，可继续持股，若股价下跌，则可认定跌势难以在短期内结束，从量的方面判断应可考虑停损退出；

量比在 2.5 ~ 5 倍，则为明显放量，若股价相应地突破重要支撑或阻力位置，则突破有效的几率颇高，可以相应地采取行动；

量比达 5 ~ 10 倍，则为剧烈放量，如果是在个股处于长期低位出现剧烈放量突破，涨势的后续空间巨大，是"钱"途无量的象征，东方集团、乐山电力在 5 月突然启动之时，量比之高令人讶异。但是，如果在个股已有巨大涨幅的情况下出现如此剧烈的放量，则值得高度警惕。

量比达到10倍以上的股票，一般可以考虑反向操作。在涨势中出现这种情形，说明见顶的可能性压倒一切，即使不是彻底反转，至少涨势会休整相当长一段时间。在股票处于绵绵阴跌的后期，突然出现的巨大量比，说明该股在目前位置彻底释放了下跌动能。

量比达到20倍以上的情形基本上每天都有一两单，是极端放量的一种表现，这种情况的反转意义特别强烈，如果在连续的上涨之后，成交量极端放大，但股价出现"滞胀"现象，则是涨势行将死亡的强烈信号。当某只股票在跌势中出现极端放量，则是建仓的大好时机。

量比在0.5倍以下的缩量情形也值得好好关注，其实严重缩量不仅显示了交易不活跃的表象，同时也暗藏着一定的市场机会。缩量创新高的股票多数是长庄股，缩量能创出新高，说明庄家控盘程度相当高，而且可以排除拉高出货的可能。缩量调整的股票，特别是放量突破某个重要阻力位之后缩量回调的个股，常常是不可多得的买入对象。

涨停板时量比在1倍以下的股票，上涨空间无可限量，第二天开盘即封涨停的可能性极高。在跌停板的情况下，量比越小则说明杀跌动能未能得到有效宣泄，后市仍有巨大下跌空间。

当量比大于1时，说明当日每分钟的平均成交量大于过去5日的平均值，交易比过去5日火爆；当量比小于1时，说明当日成交量小于过去5日的平均水平。

【换手率】

"换手率"也称"周转率"，指在一定时间内市场中股票转手买卖的频率，是反映股票流通性强弱的指标之一。

换手率的计算公式为

$$换手率 = 某一段时期内的成交量/流通总股数 \times 100\%$$

例如，某只股票在一个月内成交了2000万股，而该股票的总股本为1亿股，则该股票在这个月的换手率为20%。在中国，股票分为可在二级市场流通的社会公众股和不可在二级市场流通的国家股和法人股两个部分，一般只对可流通部分的股票计算换手率，以更真实和准确地反映出股票的流通性。按这种计算方式，上例中那只股票的流通股本如果为2000万元，则其换手率高达100%。

（1）股票的换手率越高，意味着该只股票的交投越活跃，人们购买该只股票的意愿越高，属于热门股；反之，股票的换手率越低，则表明该只股票少人关注，属于冷门股。

（2）换手率高一般意味着股票流通性好，进出市场比较容易，不会出现想买买不到、想卖卖不出的现象，具有较强的变现能力。然而值得注意的是，换手率较高的股票，往往也是短线资金追逐的对象，投机性较强，股价起伏较大，风险也相对较大。

（3）将换手率与股价走势相结合，可以对未来的股价做出一定的预测和判断。某只股票的换手率突然上升，成交量放大，可能意味着有投资者在大量买进，股价可能会随之上扬。如果某只股票持续上涨了一个时期后，换手率又迅速上升，则可能意味着一些获利者要套现，股价可能会下跌。

（4）相对高位成交量突然放大，主力派发的意愿是很明显的，然而，在高位放出量来也不是件容易的事，一般伴随有一些利好出台时，才会放出成交量，主力才能顺利完成派发，这种例子是很多的。

（5）新股上市之初换手率高是很自然的事儿，一度也曾上演过新股不败的神话，然而，随着市场的变化，新股上市后高开低走成为现实。显然已得不出换手率高一定能上涨的结论，但是换手率高也是支持股价上涨的一个重要因素。

（6）底部放量的股票，其换手率高，表明新资金介入的迹象较为明显，未来的上涨空间相对较大，越是底部换手充分，上行中的抛压越轻。此外，强势股就代表了市场的热点，因而有必要对他们加以重点关注。

一般来说：

我们可以把换手率分成如下几个级别：

绝对低量：小于1%；

成交低迷：1%～2%；

成交温和：2%～3%；

成交活跃：3%～5%相对活跃状态；

带量：5%～8%；

放量：8%～15%高度活跃状态；

巨量：15%～25%；

成交怪异：大于25%。

【内盘与外盘】

内盘：以买入价成交的交易，买入成交数量统计加入内盘。

外盘：以卖出价成交的交易，卖出量统计加入外盘。

内盘和外盘这两个数据大体可以用来判断买卖力量的强弱。若外盘数量大于内盘，则表现买方力量较强，若内盘数量大于外盘则说明卖方力量较强。通过外盘、内盘数量的大小和比例，投资者通常可能发现主动性的买盘多还是主动性的抛盘多，并在很多时候可以发现庄家动向，是一个较有效的短线指标。但投资者在使用外盘和内盘时，要注意结合股价在低位、中位和高位的成交情况以及该股的总成交量情况。因为外盘、内盘的数量并不是在所有时间都有效，在许多时候外盘大，股价并不一定上涨；内盘大，股价也并不一定下跌。庄家可以利用外盘、内盘的数量来进行欺骗。在大量的实践中，我们发现如下情况：

1. 股价经过了较长时间的数量下跌，股价处于较低价位，成交量极度萎缩。此后，成交量温和放量，当日外盘数量增加，大于内盘数量，股价将可能上涨，此种情况较可靠。

2. 在股价经过了较长时间的数量上涨，股价处于较高价位，成交量巨大，并不能再继续增加，当日内盘数量放大，大于外盘数量，股价将可能继续下跌。

3. 在股价阴跌过程中，时常会发现外盘大、内盘小，此种情况并不表明股价一定会上涨。因为有些时候庄家用几笔抛单将股价打至较低位置，然后在卖1、卖2挂卖单，并自己买自己的卖单，造成股价暂时横盘或小幅上升。此时的外盘将明显大于内盘，使投资者认为庄家在吃货，而纷纷买入，结果次日股价继续下跌。

4. 在股价上涨过程中，时常会发现内盘大、外盘小，此种情况并不表示股价一定会下跌。因为有些时候庄家用几笔买单将股价拉至一个相对的高位，然后在股价小跌后，在买1、买2挂买单，一些人认为股价会下跌，纷纷以叫买价卖出股票，但庄家分步挂单，将抛单通通接走。这种先拉高后低位挂买单的手法，常会显示内盘大、外盘小，达到欺骗投资者的目的，待接足筹码后迅速继续推高股价。

5. 股价已上涨了较大的涨幅，如某日外盘大量增加，但股价却不涨，投资者要警惕庄家制造假象，准备出货。

6. 当股价已下跌了较大的幅度，如某日内盘大量增加，但股价却不跌，投资者要警惕庄家制造假象，假打压真吃货。

活动3　个股K线图分析

【活动目标】熟悉个股K线图的含义。

【个股K线图】

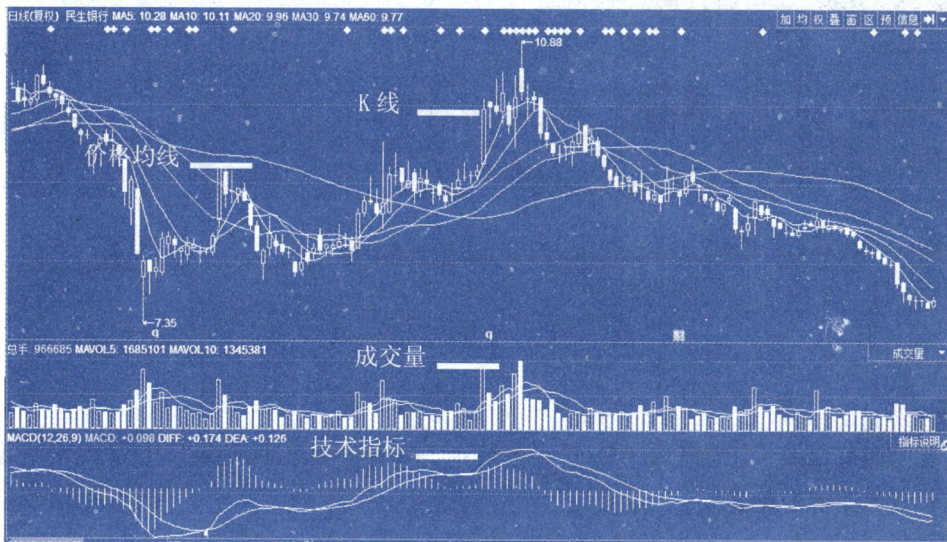

图15-52　个股K线图

如图15-52所示，个股的K线图和大盘的K线图类似，主要图形界面有K线、均线、成交量、技术指标图形、即时成交显示等。个股的K线图是反映股票中长期走势的价格图形，而股票即时图是当天股票价格的走势反映，两者可以用F5进行切换。我们可以利用K线图来判断股票未来的价格走势，主要利用技术指标分析，图形形态分析等技术，详见技术分析章节。

活动 4　个股的基本资料查询

【活动目标】熟悉个股基本面资料的查询与简单分析。

【个股的基本资料查询】

利用软件的功能，按 F10 查看该股票的基本资料，这些基本资料，是我们了解该股票的便捷途径。我们买入一只股票前，一定要了解该股票的基本情况，比如这个公司是做什么业务的，历年来业绩如何，发展前景如何，股本结构、财务情况好不好等，所以查看 F10 资料很重要。如图 15 – 53 所示。

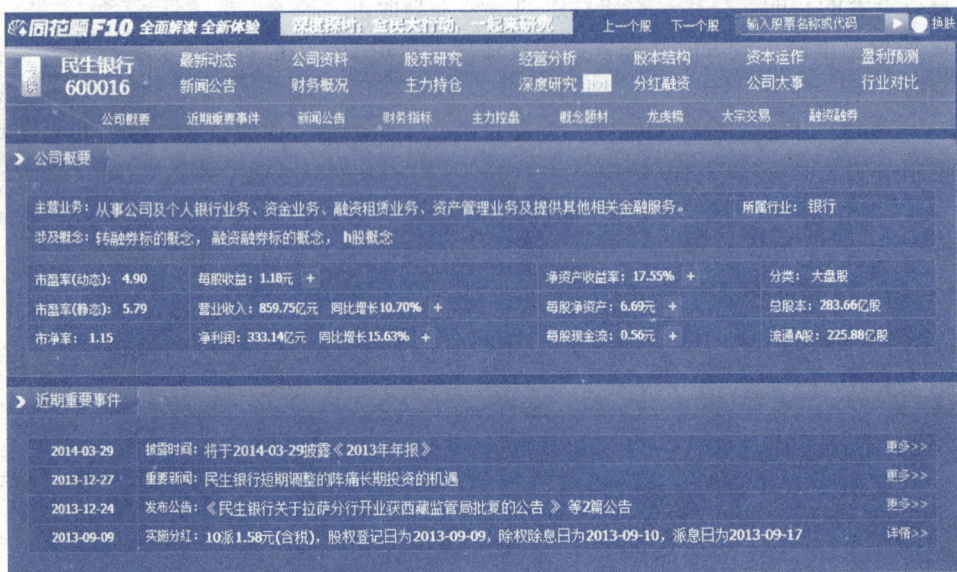

图 15 – 53　个股的基本资料

任务三　国际证券行情分析

【任务介绍】

熟悉国际证券市场的主要指数，并能够进行查看分析，以便对 A 股市场的外部环境有较好的了解和把握。

活动 1　熟悉国际证券市场的重要指数

【活动目标】熟悉世界各主要指数。

【世界主要的指数】

（1）恒生指数。恒生指数，又称"恒指"，始创于 1969 年 11 月 24 日，由恒生指数服务公司编制、修改及发布。恒生指数是以 1964 年 7 月 31 日为基准日，并把该日指数订为 100 点。恒生指数的点数变动，是采用市值加权平均法计算。恒生指数是根据 33 只成分股（即蓝筹股）市值计算出来的，该等成分股涵盖了香港股市市值七成以上。由于其涵盖范围大，该等成分股的升跌便对其余股票的走势也有极大影响，故此市场惯以恒生指数去预测整体大市的走势。

（2）日经 225 指数。日经股票平均指数的编制始于 1949 年，它是由东京股票交易所第一组挂牌的 225 种股票的价格所组成。这个由日本经济新闻有限公司（NKS）计算和管理的指数，通过主要国际价格报道媒体加以传播，并且被各国广泛用来作为代表日本股市的参照物。1986 年 9 月，新加坡国际金融交易所（SIMEX）推出日经 225 股票指数期货，成为一个重大的历史性发展里程碑。此后，日经 225 股票指数期货及期权的交易，也成为了许多日本证券商投资策略的组成部分。

（3）道琼斯股票指数。道琼斯股票指数是世界上历史最为悠久的股票指数，它的全称为股票价格平均数。它是在 1884 年由道琼斯公司的创始人查理斯道开始编制的。

现在的道琼斯股票价格平均指数是以 1928 年 10 月 1 日为基期，道琼斯股票价格平均指数共分四组，第一组是工业股票价格平均指数。它由 30 种有代表性的大工商业公司的股票组成，且随着经济发展而变大，大致可以反映美国整个工商业股票的价格水平，这也就是人们通常所引用的道琼斯工业股票价格平均数。第二组是运输业股票价格平均指数。它包括 20 种有代表性的运输业公司的股票，即 8 家铁路运输公司、8 家航空公司和 4 家公路货运公司。第三组是公用事业股票价格平均指数，是由代表着美国公用事业的 15 家煤气公司和电力公司的股票所组成。第四组是平均价格综合指数。它是综合前三组股票价格平均指数 65 种股票而得出的综合指数，这组综合指数虽然为优等股票提供了直接的股票市场状况，但现在通常引用的是第一组——工业股票价格平均指数。

道琼斯股票价格平均指数是目前世界上影响最大、最有权威性的一种股票价格指数，原因之一是道琼斯股票价格平均指数所选用的股票都是有代表性，这些股票的发行公司都是本行业具有重要影响的著名公司，其股票行情为世界股票市场所瞩目，各国投资者都极为重视。为了保持这一特点，道琼斯公司对其编制的股票价格平均指数所选用的股票经常予以调整，用具有活力的更有代表性的公司股票替代那些失去代表性的公司股票。

（4）标准普尔股票价格指数。除了道琼斯股票价格指数外，标准普尔股票价格指数在美国也很有影响，它是由美国最大的证券研究机构——标准普尔公司编制的股票价格指数。该公司于 1923 年开始编制发表股票价格指数。最初采选了 230 种股票，编制两种股票价格指数。到 1957 年，这一股票价格指数的范围扩大到 500 种股票，分成 95 种组合。其中最重要的四种组合是工业股票组、铁路股票组、公用事业股票组和 500 种股票混合组。从 1976 年 7 月 1 日开始，改为 40 种工业股票，20 种运输业股票，40 种公用事业类股票和 40 种金融业股票。几十年来，虽然有股票更迭，但始终保持为 500 种。标准普尔公司股票价格指数以 1941 年至 1993 年抽样股票的平均市价为基期，以上市股票数为权数，按基期进行加权计算，其基点数位 10。以目前的股票市场价格乘以基期股票数为分母，相除之数再乘以 10 就是股票价格指数。

（5）伦敦金融时报指数。伦敦金融时报指数，是"伦敦《金融时报》工商业普通股票平均价格指数"的简称。由英国最著名的报纸——《金融时报》编制和公布，用于反映英国伦敦证券交易所的行情变动。该指数分三种：一是由 30 种股票组成的价格指数；二是由 100 种股票组成的价格指数；三是由 500 种股票组成的价格指数。通常所讲的英国金融时报指数指的是第一种，即由 30 种有代表性的工商业股票组成并采用加权算术平均法计算出来的价格指数。该指数以 1935 年 7 月 1 日为基期日，以该日股价指数为 100 点，以后各期股价与其比较，所得数值即为各期指数，该指数也是国际上公认的重要股价指数之一。

活动2　查看世界主要指数的行情

【活动目标】利用行情软件，查看世界各主要指数。

【查看世界主要指数的行情】

点击软件工具栏中"扩展行情"，选择"全球"，如图 15-54 所示，点击"全球指数报价"，即出现图 15-55，就可以查看各国主要指数。

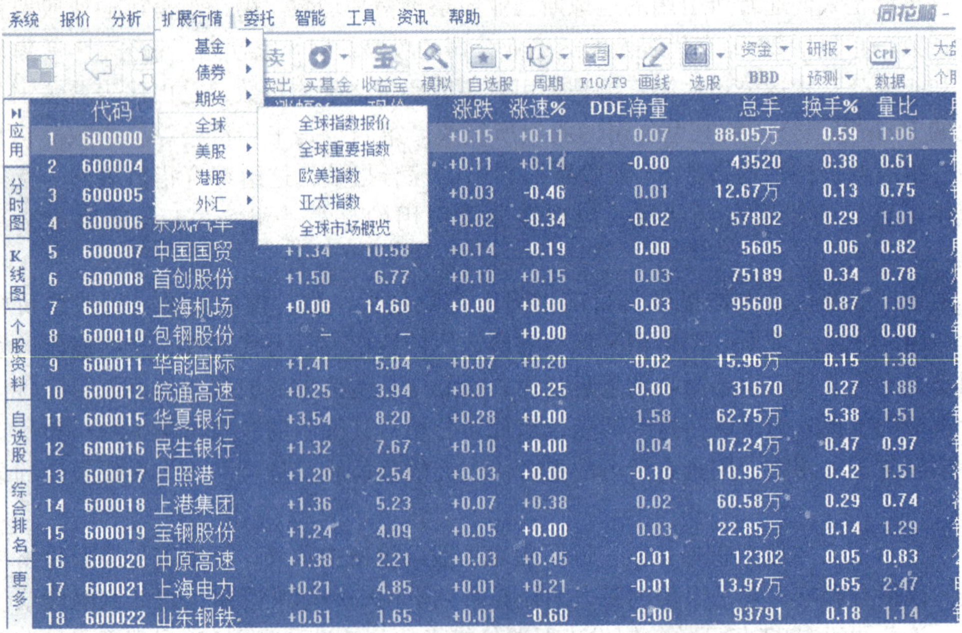

图 15-54　查看全球行情

【港股行情】

点击软件工具栏中"扩展行情"，选择"港股"，见图 15-56，可以根据个人需要，选择查看行情，如点击"AH 股列表"，将出现同时在内地和香港上市的个股行情对比，见图 15-57。

	代码	名称	现价	涨跌	开盘	最高	最低	涨幅%
1	NZ50	新西兰股市NZ50	4770.949	+3.010	4767.939	4774.399	4749.890	0.06
2	AORD	澳大利亚普通股	5324.199	-1.200	5325.399	5362.500	5320.000	-0.02
3	N225	东京日经225	16178.940	+4.500	16229.430	16232.690	16056.729	0.03
4	KS11	韩国综合	2002.280	+2.980	1994.050	2004.550	1987.580	0.15
5	KLSE	马来西亚吉隆坡	1861.060	+16.960	1843.960	1862.630	1843.900	0.92
6	STI	新加坡海峡	3149.760	+15.400	3144.869	3154.820	3142.369	0.49
7	TWII	台湾加权指数	8535.040	+49.151	8490.729	8543.500	8488.440	0.58
8	HSZS	香港恒生指数	23243.240	+63.691	23138.909	23283.310	23130.860	0.27
9	PSI	菲律宾马尼拉综合	5889.830	+11.511	5891.939	5911.689	5889.830	0.20
10	JKSE	印尼雅加达综合	4212.979	+10.149	4209.729	4233.850	4207.939	0.24
11	SENSEX	印度孟买Sensex	21193.580	+118.990	21114.490	21235.139	21113.250	0.56
12	RTS	俄罗斯RTS	1445.390	-2.900	1448.290	1460.360	1445.050	-0.20
13	TA100	以色列TA-100	1206.940	-4.230	1202.619	1207.910	1201.940	-0.35
14	AEX	荷兰AEX	401.100	+4.490	399.110	400.990	399.110	1.13
15	FCHI	法国巴黎CAC40	4277.649	+59.240	4245.720	4279.279	4237.199	1.40
16	FTSE	伦敦金融时报100	6750.869	+56.699	6694.170	6754.109	6694.170	0.85
17	GDAXI	德国法兰克福DAX	9589.389	+100.570	9558.549	9589.389	9548.889	1.06
18	MIB	意大利MIB	18956.520	+259.370	18800.939	18956.520	18764.360	1.39
19	OMXSPI	瑞典OMXSPI	423.880	+3.610	421.840	424.420	421.840	0.86
20	OSEAX	挪威OSEAX	604.310	+5.930	598.390	604.330	598.390	0.99
21	SMSI	西班牙马德里SMSI	1010.410	+7.660	1006.660	1010.410	1003.630	0.76
22	SSMI	瑞士苏黎士市场	8221.899	+114.799	8174.210	8221.899	8170.750	1.42

图 15 −55　全球主要指数列表

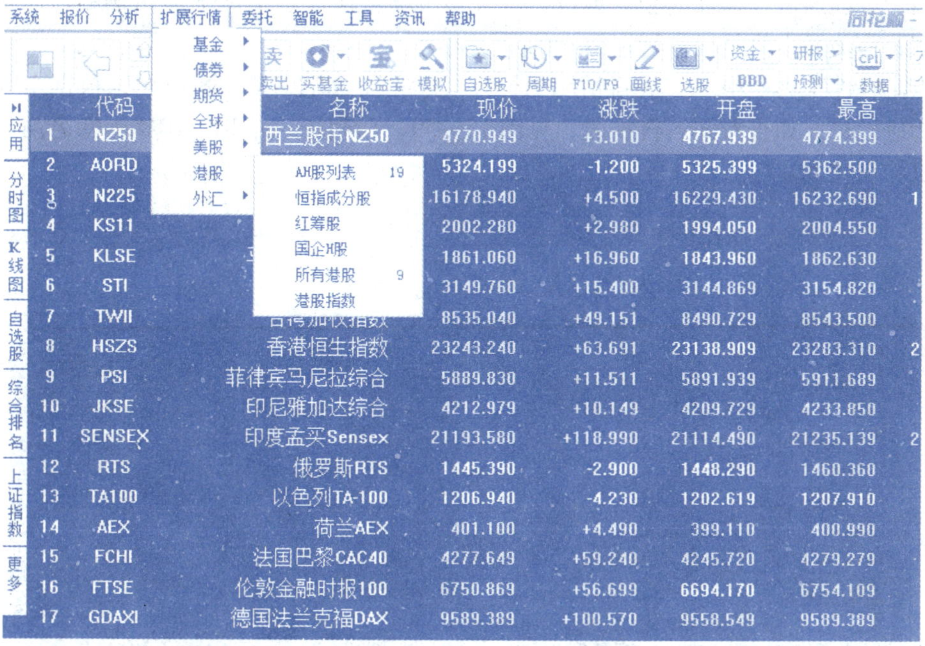

图 15 −56　港股行情

【美股行情】

纽约证券交易所和 Nasdaq 交易所是世界上著名的交易所，其上市股票不仅是美国的本土公司，还大量来自世界各地的公司，其中包括中国很多的公司分别在纽约证券交易

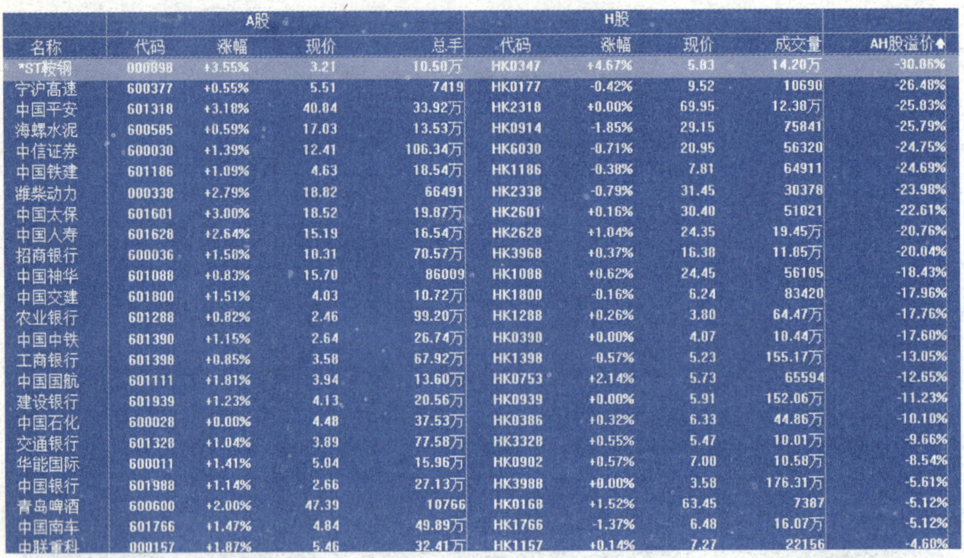

名称	A股				H股				AH股溢价 ▲
	代码	涨幅	现价	总手	代码	涨幅	现价	成交量	
*ST鞍钢	000898	+3.55%	3.21	10.50万	HK0347	+4.67%	5.83	14.20万	-30.05%
宁沪高速	600377	+0.55%	5.51	7419	HK0177	-0.42%	9.52	10690	-26.48%
中国平安	601318	+3.18%	40.84	33.92万	HK2318	+0.00%	69.95	12.30万	-25.83%
海螺水泥	600585	+0.59%	17.03	13.53万	HK0914	-1.85%	29.15	75841	-25.79%
中信证券	600030	+1.39%	12.41	106.34万	HK6030	-0.71%	20.95	56320	-24.75%
中国铁建	601186	+1.09%	4.63	18.54万	HK1186	-0.38%	7.81	64911	-24.69%
潍柴动力	000338	+2.79%	18.82	66491	HK2338	-0.79%	31.45	30378	-23.98%
中国太保	601601	+3.00%	18.52	19.87万	HK2601	+0.16%	30.40	51021	-22.61%
中国人寿	601628	+2.64%	15.19	16.54万	HK2628	+1.04%	24.35	19.45万	-20.76%
招商银行	600036	+1.58%	10.31	70.57万	HK3968	+0.37%	16.38	11.05万	-20.04%
中国神华	601088	+0.83%	15.70	86009	HK1088	+0.62%	24.45	56105	-18.43%
中国交建	601800	+1.51%	4.03	10.72万	HK1800	-0.16%	6.24	83420	-17.96%
农业银行	601288	+0.82%	2.46	99.20万	HK1288	+0.26%	3.80	64.47万	-17.76%
中国中铁	601390	+1.15%	2.64	26.74万	HK0390	+0.00%	4.07	10.44万	-17.60%
工商银行	601398	+0.85%	3.58	67.92万	HK1398	-0.57%	5.23	155.17万	-13.05%
中国国航	601111	+1.81%	3.94	13.60万	HK0753	+2.14%	5.73	65594	-12.65%
建设银行	601939	+1.23%	4.13	20.56万	HK0939	+0.00%	5.91	152.06万	-11.23%
中国石化	600028	+0.00%	4.48	37.53万	HK0386	+0.32%	6.33	44.86万	-10.10%
交通银行	601328	+1.04%	3.89	77.58万	HK3328	+0.55%	5.47	10.01万	-9.66%
华能国际	600011	+1.41%	5.04	15.96万	HK0902	+0.57%	7.00	10.58万	-8.54%
中国银行	601988	+1.14%	2.66	27.13万	HK3988	+0.00%	3.58	176.31万	-5.61%
青岛啤酒	600600	+2.00%	47.39	10766	HK0168	+1.52%	63.45	7387	-5.12%
中国南车	601766	+1.47%	4.84	49.89万	HK1766	-1.37%	6.48	16.07万	-5.12%
中联重科	000157	+1.87%	5.46	32.41万	HK1157	+0.14%	7.27	22156	-4.60%

图 15－57 AH 股列表

所和 Nasdaq 上市。

由于美国经济在全球的领先地位，其股票市场也往往是全球证券市场的风向标，所以观察跟踪美股走势是证券行情分析的重要内容。

点击软件工具栏中"扩展行情"，选择"美股"，如图 15－58 所示，根据个人需求选择相应栏目；如查看知名科技股，见图 15－59，西门子、苹果、IBM 等知名高科技企业股价均在此列。

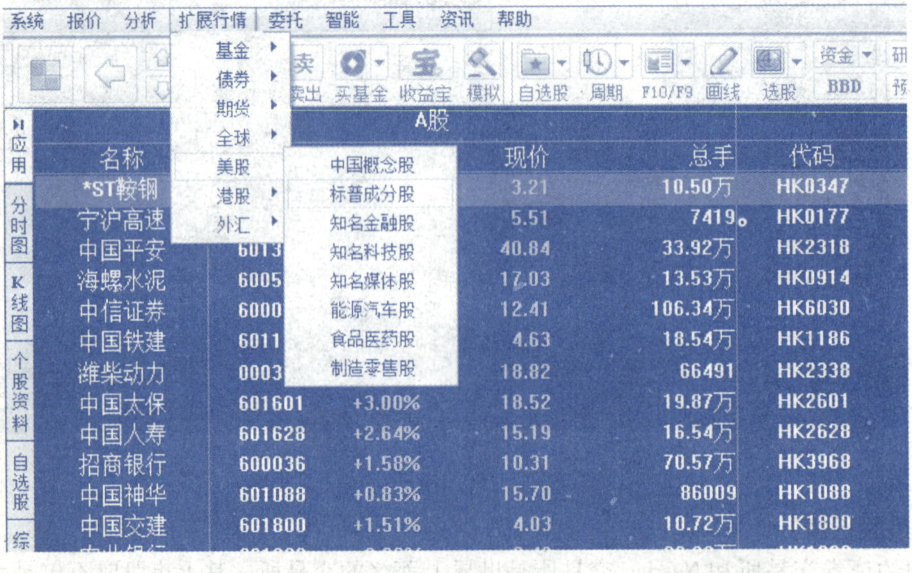

图 15－58 查看美股行情

	代码	名称	现价	涨幅%	涨跌	开盘	昨收	最高	最低
1	ALU	阿尔卡特朗讯	4.520	+4.15	+0.180	4.500	4.340	4.530	4.490
2	AMD	AMD	3.780	-0.53	-0.020	3.820	3.800	3.829	3.760
3	ATI	阿利根尼技术公司	35.640	+1.74	+0.610	35.030	35.030	35.820	35.030
4	CHT	中华电信	31.160	+0.81	+0.250	31.040	30.910	31.210	30.900
5	DOW	陶氏化学	44.600	+0.13	+0.060	44.500	44.540	44.810	44.430
6	EMC	美国易安信公司	25.000	-0.08	-0.020	25.000	25.020	25.230	24.940
7	HPQ	惠普	28.190	-0.42	-0.120	28.430	28.310	28.440	28.159
8	IBM	IBM	185.080	-0.15	-0.270	185.840	185.350	186.500	184.560
9	MSI	摩托罗拉解决方案	67.330	+0.22	+0.151	67.120	67.179	67.610	67.030
10	NOK	诺基亚	8.060	+2.15	+0.170	7.980	7.890	8.080	7.970
11	S	Sprint Nextel Corp	10.790	+8.33	+0.830	10.170	9.960	11.470	10.140
12	SAP	SAP	85.800	+0.11	+0.090	85.580	85.710	86.040	85.260
13	SI	西门子	138.030	+0.86	+1.180	137.700	136.850	138.160	137.490
14	T	美国电话电报公司	35.180	+0.06	+0.020	35.060	35.160	35.250	34.960
15	TXN	德州仪器	—	—	—	—	—	—	—
16	UTX	联合技术公司	112.800	+0.10	+0.110	112.850	112.690	113.040	112.440
17	VZ	威瑞森	49.170	-0.02	-0.010	49.290	49.180	49.350	48.990
18	AAPL	苹果	560.090	-0.68	-3.810	563.820	563.900	564.410	559.500
19	ADBE	Adobe	59.510	-0.12	-0.070	59.730	59.580	59.990	59.280
20	AKAM	Akamai	46.880	-0.89	-0.420	47.310	47.300	47.430	46.740
21	AMZN	亚马逊	398.080	-1.56	-6.310	405.000	404.390	405.630	396.250
22	CSCO	思科	22.020	+1.01	+0.220	21.850	21.800	22.050	21.780
23	CTSH	高知特信息技术有限公司	99.150	-0.29	-0.290	99.540	99.440	99.600	98.820
24	DELL	戴尔	—	—	—	—	—	—	—
25	EBAY	eBay	54.180	+0.22	+0.120	54.310	54.060	54.480	53.740
26	ERIC	爱立信	12.170	+1.08	+0.130	12.210	12.040	12.220	12.110

图 15 – 59　查看美股知名科技股

项目六　互联网证券实战

学习目标

1. 了解互联网证券的产生背景，并能熟知已获互联网证券业务资格的券商
2. 能通过互联网进行开户、网上交易和资金转账
3. 能通过手机完成证券交易

本项目的主要训练内容是能够通过互联网和手机完成传统的开户、交易、资金转账活动，主要分五个任务进行，首先介绍互联网证券的产生，以及获证监会批准的互联网证券业务资格的券商，对网上开户、交易和资金转账的主要流程能熟练操作，并对当下通过手机进行交易能熟知其步骤。

任务一　互联网证券及资格券商

互联网证券是指通过互联网进行的证券交易等相关行为，一般包括互联网开户、互联网交易、互联网资金转账等环节。

1994 年 8 月，美国一家证券经纪商推出在线经纪业务网站 Wealth WEB，标志着互联网证券时代的到来，美国互联网证券的起源和发展与佣金制度改革、计算机和互联网技术的发展紧密相关，从 20 世纪 70 年代开始美国证券经纪商可以自主确定客户交易佣金率，加之 90 年代互联网技术的快速发展，美国证券经纪商开始分化为全面服务经纪商和折扣经纪公司，前者由于实力强大可以为客户提供经纪、投行、并购重组等业务，并收取高额佣金，后者由于研究实力较弱只能以廉价的佣金吸引客户。在我国，随着各种证券宝类产品的诞生，佣金价格战已经打响，互联网证券发展也已得到证监会的支持，已有六家券商获得互联网证券业务试点资格，投资者通过互联网可以完成开户、交易、资金收付等功能。

【券商拥抱互联网】

2013 年 11 月，国金证券公告称与腾讯网在网络券商、在线理财、线下高端投资活动等方面展开全面合作，合作有效期为 2 年。合作 3 月之后，国金证券推出产品"佣金宝"，该产品承诺其用户仅收万分之二（含规费）交易佣金率，挑战行业底线。

图 15 - 60   "超低佣金 + 理财"模式来袭

超低佣金是佣金宝的一大杀敌利器，而其类似余额宝的理财功能，增加了其吸引客户的砝码。佣金宝客户账户内闲置的现金将在每日收盘之后自动购买国金通用金腾通货币市场证券投资基金，同时不耽误第二天在股票市场交易。该基金为货币市场基金，佣金宝宣称其预期收益率超过活期储蓄收益 13 倍以上。

"佣金宝"万分之二佣金的低费率沸腾了整个券商行业，中国证券期货业协会官网数据显示，2013 年中国 115 家证券公司，全年共实现营业收入 1592.41 亿元，其中经纪业务净收入 759.21 亿元，经纪业务对于券商来说仍是各项业务中营业收入的首位。国金证券借道互联网金融对客户的抢夺，给传统券商施加了巨大的压力。

【六家券商获得资格】

互联网证券业务是我国多层次资本市场的重要补充，是信息技术、电子商务和金融创新发展的必然结果。根据证监会的通报显示，截至 2014 年 4 月 11 日，已经有六家券商首获互联网证券业务试点资格，包括中信证券、国泰君安证券、银河证券、长城证券、平安证券、华创证券等六家公司。证券业向互联网跨界是大势所趋，券商主动拥抱互联网，表明他们从过去的被动守城变成主动出击。而在这种背景下，过去看似高不可及的金融产品将真正飞入寻常百姓家，普惠性金融也将真正落地。

<h2 style="text-align:center">任务二 网上开户</h2>

【任务介绍】

能熟练通过网络进行开户。网上开户可以进入已经获得资格的六家券商官方网站按照提示进行，以下以中信证券为例，介绍网上开户流程。

点击进入中信证券官方网站（http：//www.cs.ecitic.com/）中信证券 CITIC SECURITIES，显示如图15-61所示画面，点击"网上开户"，即进入网上开户系统 中信证券网上开户系统 CITICS SECURITIES OPEN ACCOUNT ONLINE，显示见图15-62。

图 15-61 中信证券网页

在确认所有需要的资料和设备已经准备妥当的前提下，即可点击"马上开户"，成功安装控件后（见图15-63）进入网上开户流程。

进入网上开户页面后，按照页面提示（见图15-64），分三步填写规定内容，首先通过视频进行身份确认并申请数字证书（见图15-65、图15-66），第二步填写开户信息并进行风险承受能力测试（见图15-67），最后开立账户并指定第三方存管银行（见图15-68、图15-69），至此完成整个开户流程。

中信喊你来赚钱

三步开户，空仓也赚钱！

工作时间：9:00-20:00

1 填资料　　2 拍视频　　3 开户成功

马上开户

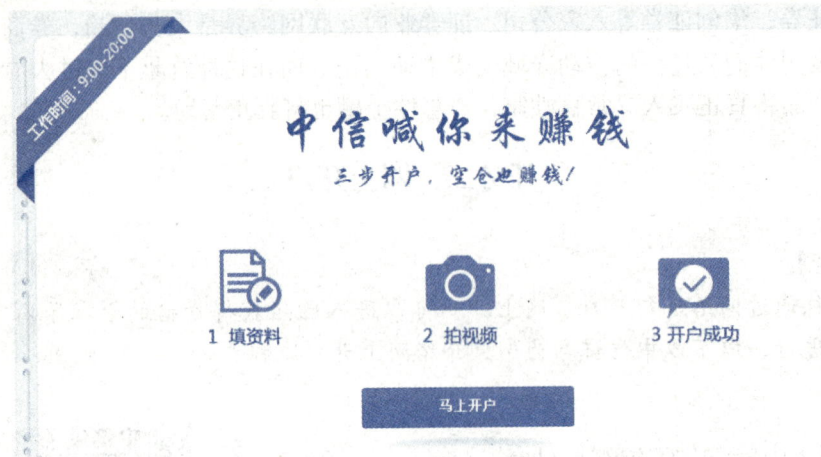

完成自助开户需要您做以下准备，整个流程大概需要5到10分钟

开户必备物品：　身份证　手机　银行卡　高清摄像头　麦克风　耳机

支持银行借记卡为：
中国农业银行　中国银行　中信银行　中国民生银行
兴业银行　中国光大银行　华夏银行　中国工商银行
中国建设银行　浦发银行

"空仓赚钱"需要您在中信证券下挂深圳股东账户（无须转托管），并在交易系统开通"天天利财自动委托业务"

图 15－62　网上开户页面

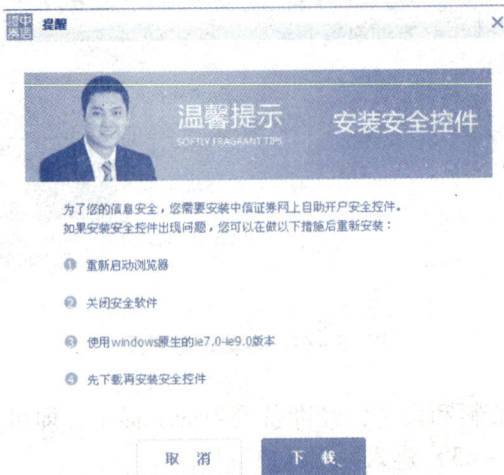

提醒　　×

温馨提示　安装安全控件
SOFTLY FRAGRANT TIPS

为了您的信息安全，您需要安装中信证券网上自助开户安全控件。
如果安装安全控件出现问题，您可以在做以下措施后重新安装：

① 重新启动浏览器

② 关闭安全软件

③ 使用windows原生的ie7.0-ie9.0版本

④ 先下载再安装安全控件

取消　　下载

图 15－63　安全控件安装

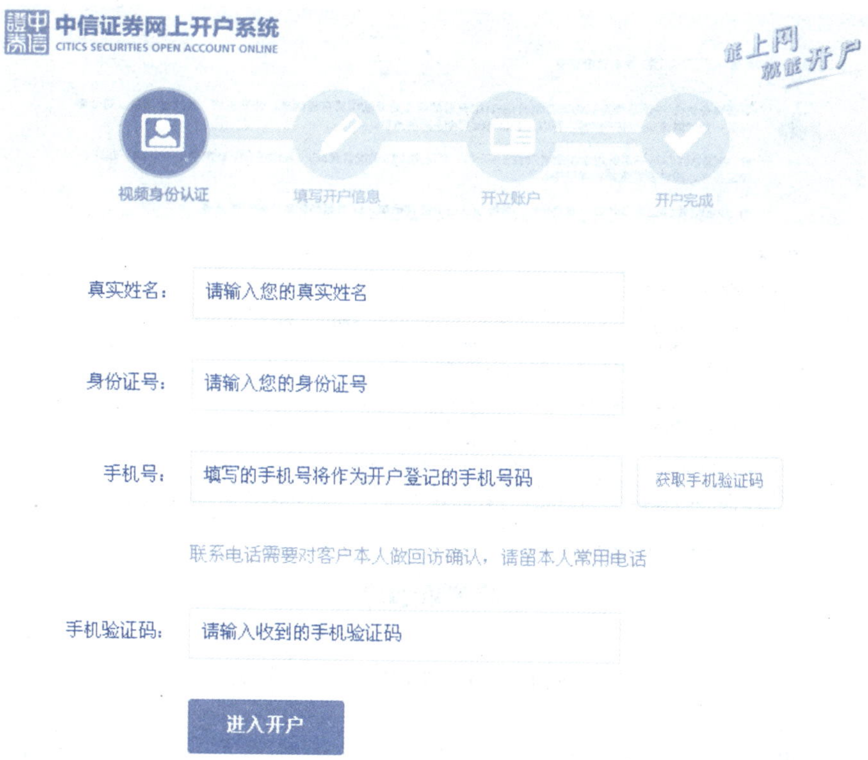
中信证券网上开户系统
CITICS SECURITIES OPEN ACCOUNT ONLINE
能上网 就能开户
视频身份认证
填写开户信息
开立账户
开户完成
真实姓名：
请输入您的真实姓名
身份证号：
请输入您的身份证号
手机号：
填写的手机号将作为开户登记的手机号码
获取手机验证码
联系电话需要对客户本人做回访确认，请留本人常用电话
手机验证码：
请输入收到的手机验证码
进入开户

图 15－64　网上开户三步骤

视频见证
投资者视频画面
见证人视频画面
12:46:10
放弃等待
重新开始

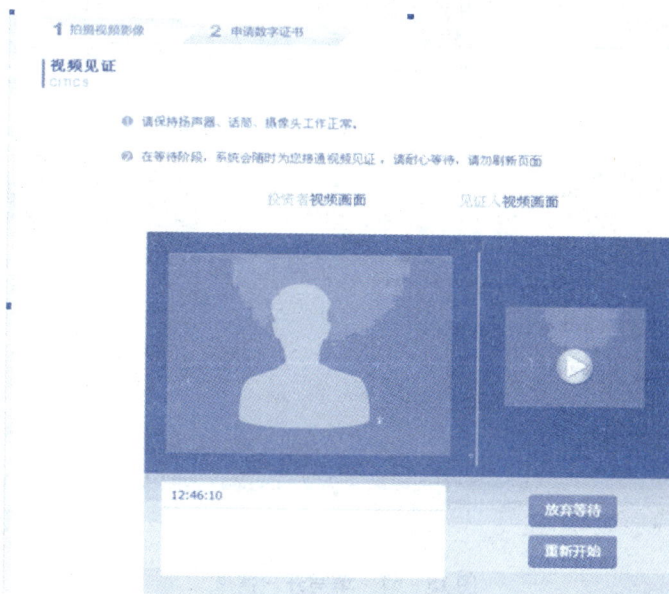

图 15－65　视频确认

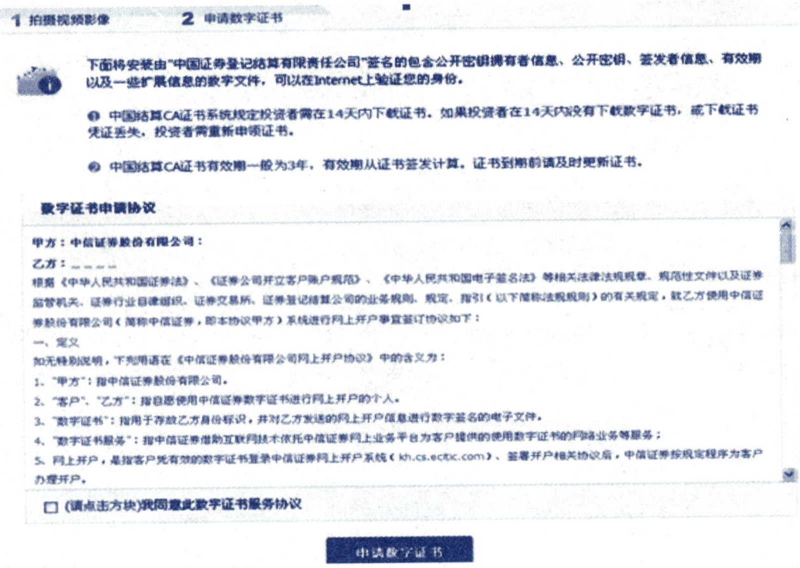

图 15－66　申请数字证书

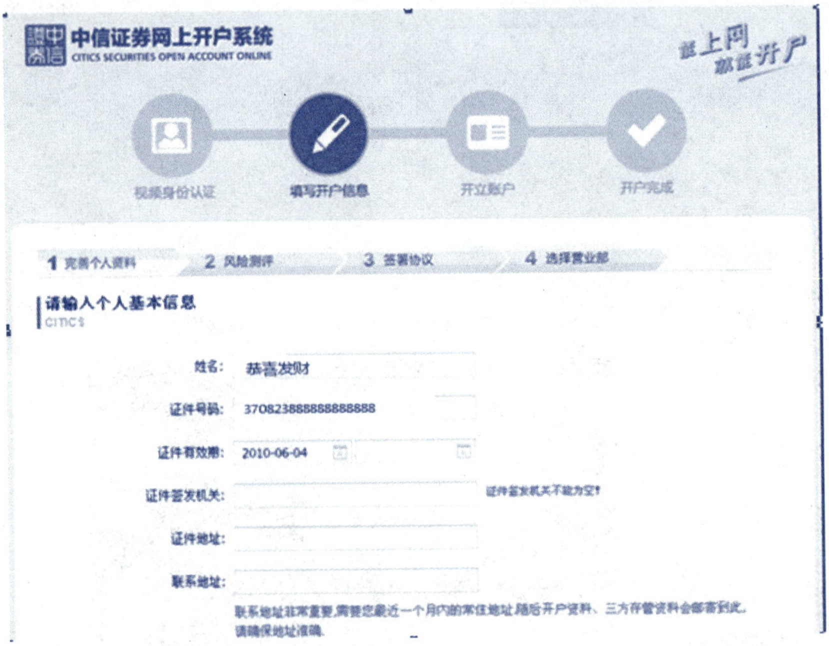

图 15－67　填写开户信息

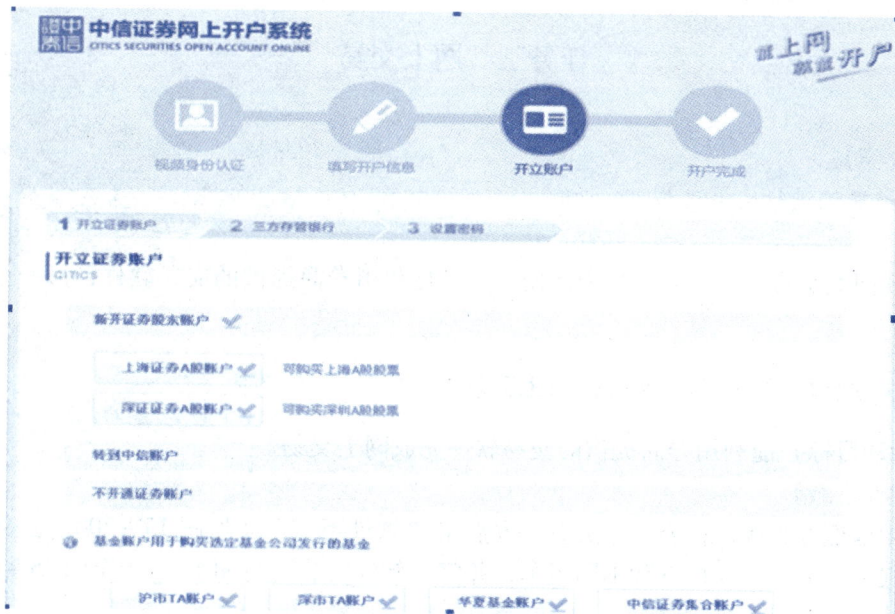

图 15 – 68　开立账户

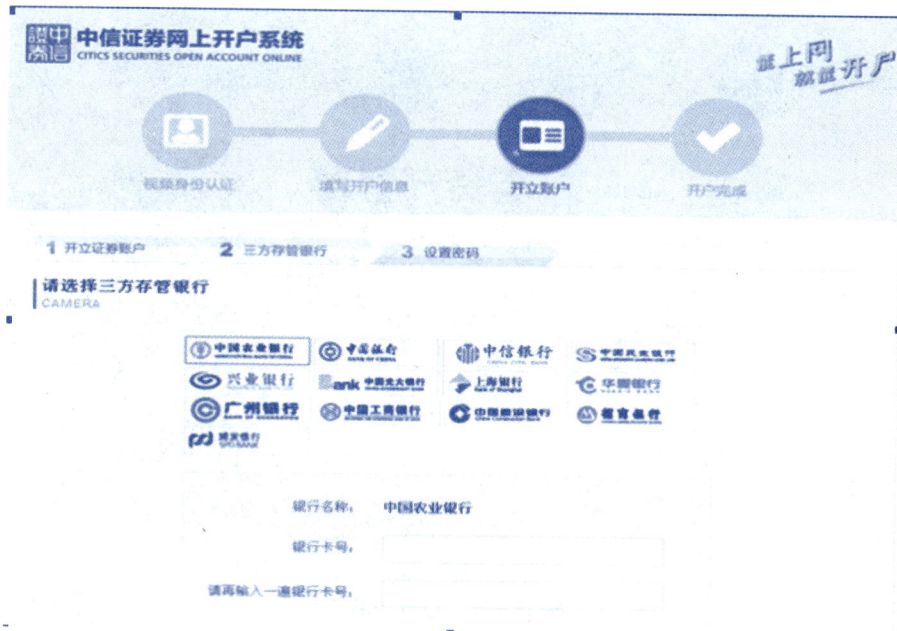

图 15 – 69　指定第三方存管银行

任务三　网上交易

【任务介绍】

能够熟练进行网上交易。

实现网上交易，可以通过两个途径，一个是利用券商提供的交易软件，另一个是通过券商的网页。

活动 1　通过券商交易软件进行网上交易

【活动目标】 能利用券商提供的交易软件完成网上交易。

【软件下载】

以中信证券为例，在公司主页左下方点击"软件下载"（见图 15 - 70），进入下载页面，根据个人需求选择下载不同版本，并完成软件安装（见图 15 - 71 至图 15 - 76）。

图 15 - 70　软件下载

【网上交易】

双击桌面快捷方式进入软件登录界面（见图 15 - 77），可以选择"独立行情"只查看实时行情信息，也可以选择"独立交易"只登录交易界面进行交易的操作，输入账号和密码（见图 15 - 78）就可以进入交易界面（见图 15 - 79）。

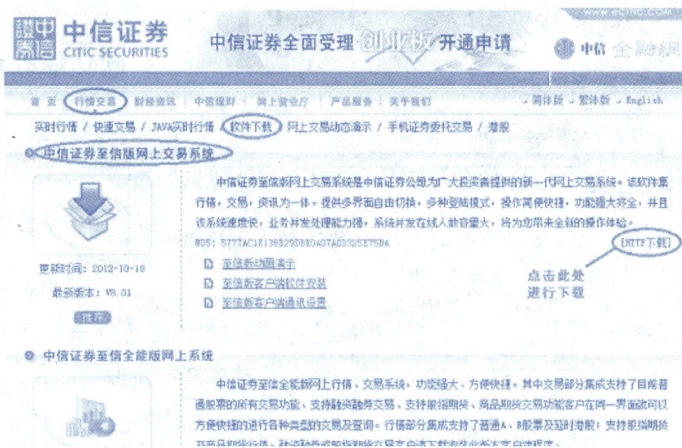

图 15 - 71　点击进行下载

图 15 - 72　双击下载保存的安装文件：new_ zxzq. exe

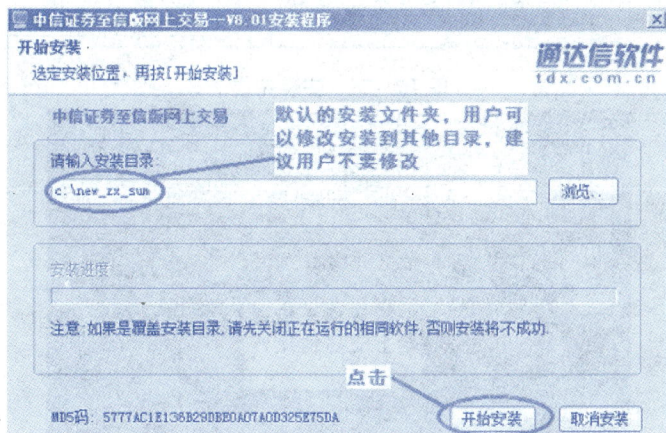

图 15 - 73　点击上图的"运行"按钮后的安装界面

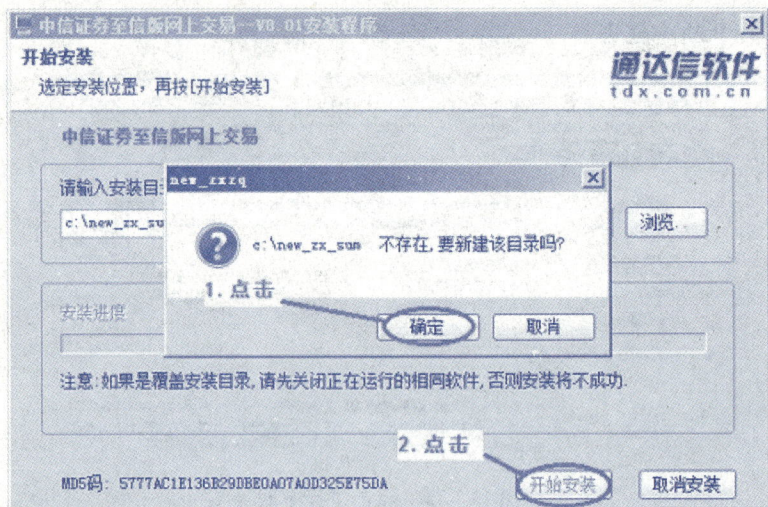

图 15 – 74　建立新目录并安装

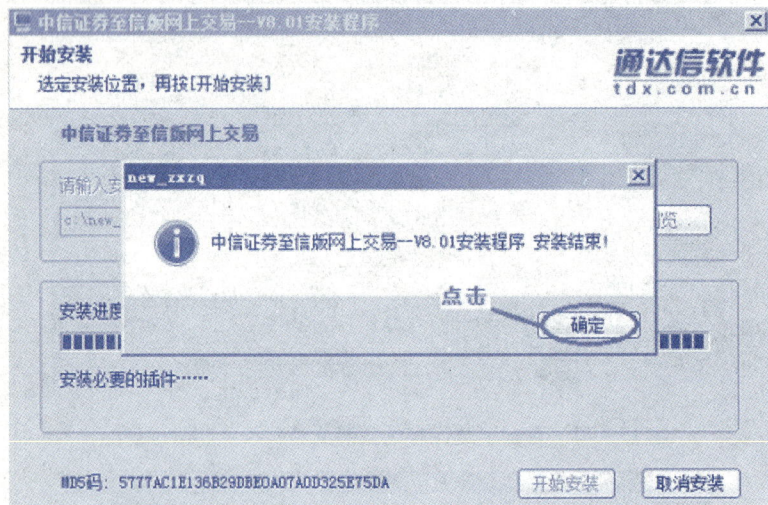

图 15 – 75　安装完成

图 15 – 76　安装后的桌面快捷方式图标

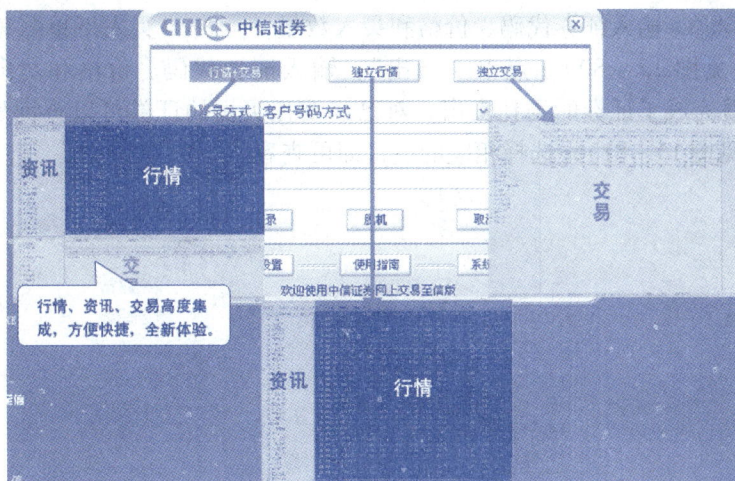

图 15－77　软件登录

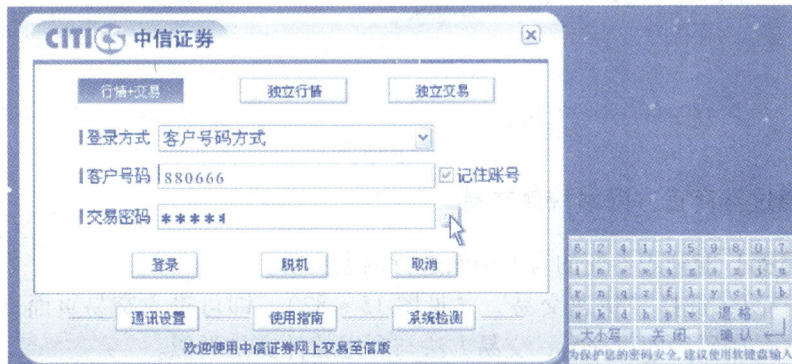

图 15－78　客户登录

序号	证券代码	证券名称	涨幅	现价	涨跌	买价	卖价	总量	现量	涨速	换手	
7	000008	*ST 宝投	0.92	9.87	0.09	9.88	9.92	5119	10	0.10	1.07	
8	000009	S深宝安A	-3.14	11.73	-0.38	11.73	11.74	15.5万	64	-0.67	2.68	
9	000010	S ST华新	-0.80	13.66	-0.11	13.66	13.67	4750	20	0.44	0.70	
10	000011	S深物业A	—	—	—	—	—	0	0		0.00	
11	000012	南 玻A	0.92	16.49	0.15	16.48	16.50	12581	3	-0.18	0.58	
12	000014	沙河股份	-0.73	13.62	-0.10	13.62	13.64	8938	20	-0.51	0.91	
13	000016	深康佳A	1.09	10.18	0.11	10.17	10.18	13.7万	38	0.09	4.88	
14	000017	S ST中华	—	—	—	—	—	0	0		0.00	
15	000018	深中冠A	0.88	11.49	0.10	11.49	11.50	3237	1	-0.17	1.19	
16	000019	深深宝A	—	—	—	—	—	0	0		0.00	
17	000020	S ST华发	—	—	—	—	—	0	0		0.00	
18	000021	长城开发	-0.99	18.07	-0.18	18.06	18.07	27720	9	-0.05	0.89	

分类 ▲ A股 中小 B股 权证 债券 基金 三板 自选 地区▲ 行业▲ 概念▲ 自定▲

买入　卖出　撤单　　　　　资金股份　　　　锁定 设置 多账户 880666 8800001234 北京白家庄

人民币: 8884.34　　可用:13388.39　　市值:280840.00　　资产:294228.39　　盈亏:-1795.75

证券代码	证券名称	证券数量	可卖数量	冻结数量	成本价	当前成本	当前价	最新市值	浮动盈亏	股东代码	
000702	正虹科技	11000	9000	2000	10.834	119179.47	10.80	118800.00	-379.47	0103843	
600028	中国石化	1000	0	0	0.000	-4138.73	13.02	0.00	4138.73	A471573981	11002063
600210	紫江企业	10500	6000	1500	10.089	75665.39	9.61	72075.00	-3590.39	A471573981	11002063
600321	国栋建设	2000	2000	0	11.757	23514.39	11.54	23080.00	-434.39	A471573981	11002063
601328	N交行	0	0	2600	14.842	37105.83	14.49	36225.00	-880.83	A471573981	11002063
601333	广深铁路	3000	3000	0	10.436	31309.41	10.22	30660.00	-649.41	A471573981	11002063

图 15－79　客户账户

点击"买入",输入证券代码、价格和买入数量,点击"买入下单"就完成了证券的委托买入(见图15-80),点击"卖出",输入证券代码、价格和卖出数量,点击"卖出下单"就完成了证券的委托卖出,对已经委托买卖的证券可以查询是否成交,点击"查询"(见图15-81),选择相应的栏目即可查看。

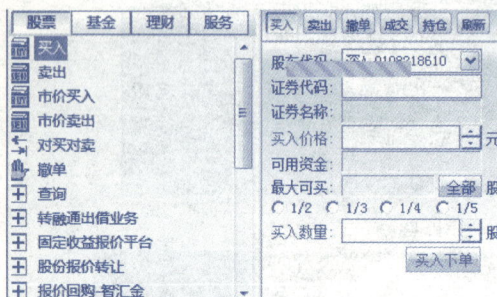

图15-80 买入股票

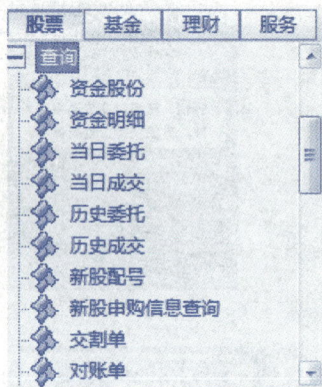

图15-81 查询交易情况

活动2 **通过券商官方网站快速交易**

【活动目标】能利用券商的官方网站进行网上交易。

在网站首页,选择"快速交易"(见图15-82),即可进入交易页面(见图15-83),输入账号密码后即可交易,交易方法与利用软件交易类似。

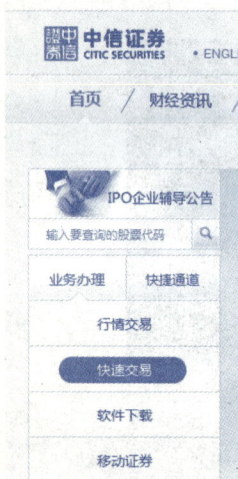

图15-82 快速交易

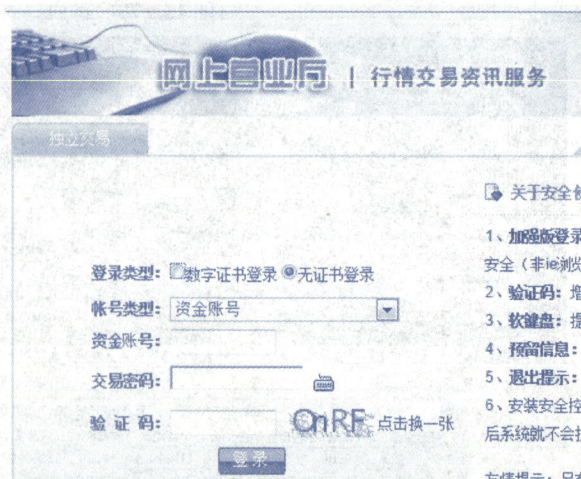

图15-83 快速交易登录

任务四 网上资金转账

【任务介绍】

能在网上完成资金的转出与转入。

投资者可以通过券商的交易软件完成资金在银行和证券账户间的双向转账。点击交易软件中的"银证业务"（见图15-84），可以看到我们通过这个功能就能实现资金的余额查询、转账、归集等。

点击"银行余额"，可以查询所绑定银行卡内余额（见图15-85）。

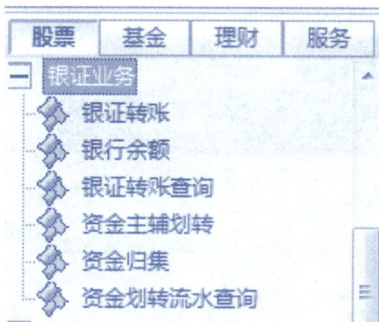

图 15-84 银证业务

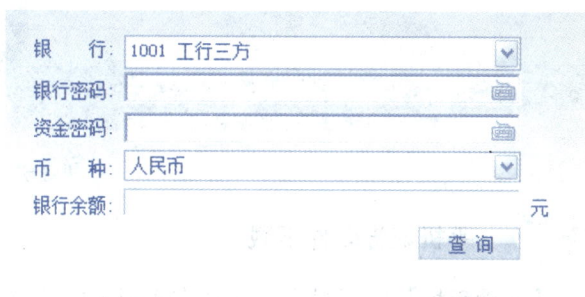

图 15-85 查询银行卡内余额

点击"银证转账"，选择转账方式，可以实现资金从银行卡转入证券账户（选择转入）以及从证券账户转出到银行卡（选择转出），输入密码和金额后，点击"转账"即可完成（见图15-86）。

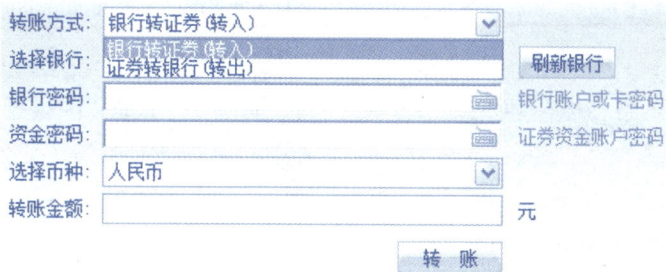

图 15-86 银证转账操作

任务五 移动网络证券——手机证券

【任务介绍】

利用手机进行证券交易。

通过券商官网，进入"网上营业厅"，选择"手机证券"，根据个人手机系统类型，可以下载相应手机证券软件，也通过扫描二维码完成下载（见图15-87）。

图 15 - 87　手机证券软件选择

活动 1　**手机证券软件下载**

【活动目标】能通过多种途径在手机上完成软件下载。

以二维码扫描下载为例，用手机扫描图15-87中的二维码，出现中信证券的欢迎界面（见图15-88），选定版本后，再确认手机品牌或手机平台（见图15-89）即可进入APP下载界面（见图15-90），完成下载。

图 15 - 88　欢迎界面

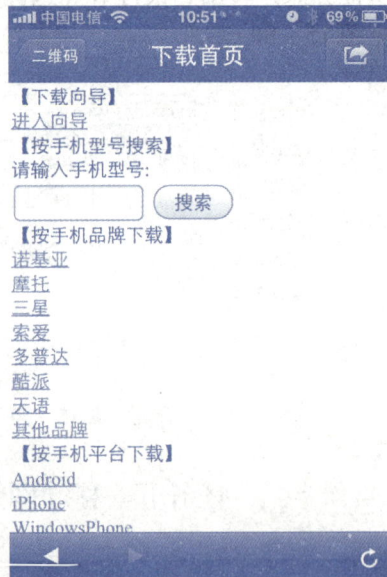

图 15 - 89　选择手机型号或平台

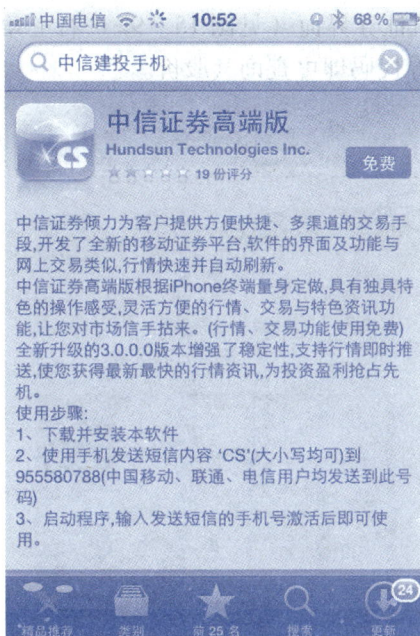

图 15－90　下载界面

点击软件（见图 15－91），即进入手机证券界面（见图 15－92），该软件包含五大功能模块：自选、在线交易、资讯、大盘指数和综合排名。

图 15－91　软件图标

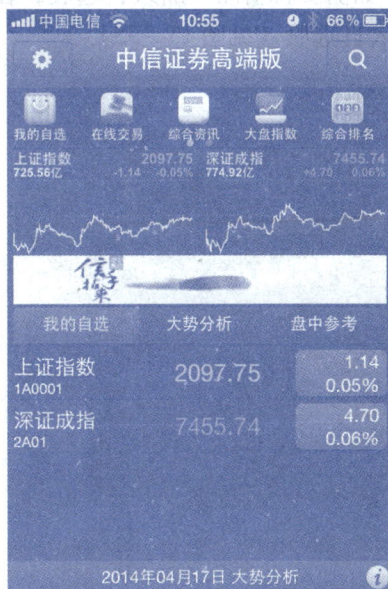

图 15－92　手机证券界面

活动2　**手机证券交易**

【活动目标】能通过手机完成查询、交易等活动。

1. 查询股价。点击手机证券界面（见图 15 - 92）右上角放大镜标志，出现查询界面（见图 15 - 93）输入证券代码即可查询其股价。

图 15 - 93　查询界面

2. 自选股。点击手机证券界面中"我的自选"，显示已经加入自选股的品种（见图 15 - 94），如需要将新品种加入自选股，在查询界面查找证券品种后，单击"＋"号即可将其加入自选股（见图 15 - 95）。

图 15 - 94　自选股界面

图 15 - 95　添加自选股

3. 手机在线交易。点击"在线交易"，进入用户登录界面（见图 15 - 96），选择手机运营商，发送消息后，将收到中信证券回复短信，即完成了手机注册，重新返回登录界面，输入手机号，可以用所注册的手机号进行登录，进入交易界面后，输入账号、密码和校验码即可进行交易（见图 15 - 97）。

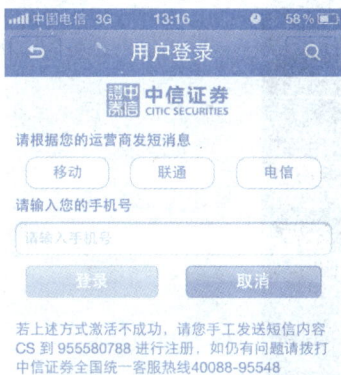

图 15 - 96　登录交易

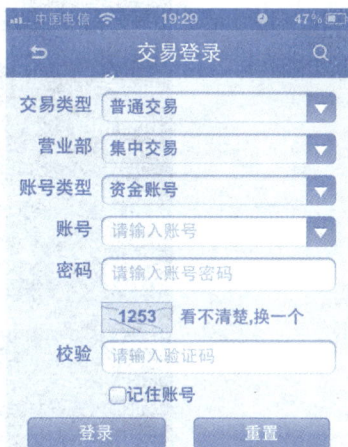

图 15 - 97　交易登录

4. 查看大盘指数。点击手机软件中"大盘指数"可以查看沪深指数行情（见图 15 - 98），点击下方工具栏中"板块"，可以按照行业、地域、概念等分类查看行情，使用方法与电脑版软件类似。

图 15 - 98　查看大盘指数

图 15 - 99　查看板块

5. 查看综合排名。点击“综合排名”，可以查看沪深股市、创业板、中小板的行情排名，点击现价、涨跌、涨幅可以进行排名（见图 15 - 100）。

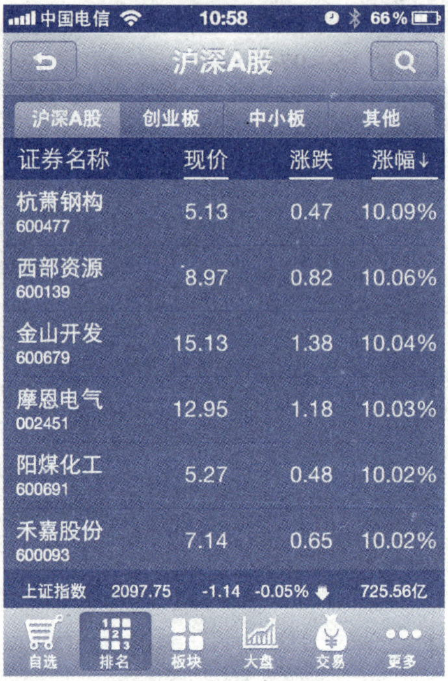
中国电信
10:58
66 %
沪深A股
沪深A股
创业板
中小板
其他
证券名称
现价
涨跌
涨幅↓
杭萧钢构
600477
5.13
0.47
10.09%
西部资源
600139
8.97
0.82
10.06%
金山开发
600679
15.13
1.38
10.04%
摩恩电气
002451
12.95
1.18
10.03%
阳煤化工
600691
5.27
0.48
10.02%
禾嘉股份
600093
7.14
0.65
10.02%
上证指数 2097.75 -1.14 -0.05% 725.56亿
自选
排名
板块
大盘
交易
更多

图 15 - 100 查看排名

参考文献及资料

［1］ 王静：《证券投资概论》（国家"十一五"规划教材），北京，中国金融出版社，2006。

［2］ 黄海沧等：《证券投资实训教程》，浙江大学出版社，2010。

［3］ 中国证券业协会编：《证券市场基础知识》，北京，中国金融出版社，2012。

［4］ 中国证券业协会：《证券交易》，北京，中国金融出版社，2013。

［5］ 中国证券业协会：《证券投资基金》，北京，中国金融出版社，2012。

［6］ 中国证券业协会：《证券投资分析》，北京，中国金融出版社，2012。

［7］ 中国证券监督管理委员会：《中国上市公司并购重组发展报告》，北京，中国经济出版社，2009。

［8］ 中国证券监督管理委员会：《中国证券监督管理委员会年报2012》，北京，中国财政经济出版社，2013。

［9］ 冯果：《网上证券交易法律监管问题研究》，北京，人民出版社，2011。

［10］ 石建勋、郝凤霞：《企业并购与资产重组》，北京，清华大学出版社，2012。

［11］ 郭田勇：《证券市场基础知识》，山东人民出版社，2013。

［12］ 郭田勇：《证券发行与承销》（2013—2014证券从业人员资格考试一本通），山东人民出版社，2013。

［13］ 李曜：《证券投资基金（第三版）》，北京，清华大学出版社，2008。

［14］《证券市场基础知识同步辅导教材》编写组：《证券市场基础知识同步辅导教材（2013—2014）》，人民邮电出版社，2013。

［15］《证券投资基金同步辅导教材》编写组：《证券投资基金同步辅导教材（2013—2014）》，人民邮电出版社，2013。

［16］ 全国证券业从业人员资格认证考试命题研究组：《证券从业考试全真模拟及真题汇编：证券投资分析（2013年版）》，2013。

［17］《证券业从业人员资格考试精要》编写组：《证券投资分析精要——证券业从业人员资格考试》，中国金融出版社，2012。

［18］《金融时报》。

［19］《中国证券报》。

［20］ 中国证券监督管理委员会网站，http：//www. csrc. gov. cn/。

［21］ 中国证券业协会，http：//www. sac. net. cn/。

［22］ 上海证券交易所投资者教育网站，http：//edu. sse. com. cn/。

［23］中国债券信息网，http：//www. chinabond. com. cn/。

［24］中国货币网，http：//www. chinamoney. com. cn/。

［25］上证债券信息网，http：//bond. sse. com. cn/。

［26］中国证券投资者保护网，http：//www. sipf. com. cn/。

［27］全国中小企业股份转让系统，http：//www. neeq. com. cn/。

［28］私募债券网，http：//www. ppbond. com/。

［29］中国财经信息网，http：//cfi. cn/。

［30］上海并购博物馆，http：//www. mocma. cn/。

［31］巨潮资讯网，http：//www. cninfo. com. cn。

［32］深圳证券交易所，http：//www. szse. cn/。

［33］香港联交所，http：//www. hkexnews. hk/。

［34］Wind 资讯 2014 金融端。

［35］马庆泉：《中国证券史 1978—1988》，中信出版社，2003。

高职高专金融类系列教材

一、高职高专金融类系列教材

货币金融学概论	周建松	主编	25.00 元	2006.12 出版
货币金融学概论习题与案例集	周建松 郭福春等	编著	25.00 元	2008.05 出版
金融法概论（第二版）	朱 明	主编	25.00 元	2012.04 出版
（普通高等教育"十一五"国家级规划教材）				
商业银行客户经理	伏琳娜 满玉华	主编	36.00 元	2010.08 出版
商业银行客户经理	刘旭东	主编	21.50 元	2006.08 出版
商业银行综合柜台业务	董瑞丽	主编	36.00 元	2012.08 出版
（第二版）				
（国家精品课程教材·2006）				
商业银行综合业务技能	董瑞丽	主编	30.50 元	2008.01 出版
商业银行中间业务	张传良 倪信琦	主编	22.00 元	2006.08 出版
商业银行授信业务	王艳君 郭瑞云 于千程	编著	45.00 元	2012.10 出版
商业银行授信业务	邱俊如 金广荣	主编	32.00 元	2009.02 出版
商业银行业务与经营	王红梅 吴军梅	主编	34.00 元	2007.05 出版
金融服务营销（第二版）	徐海洁	编著	34.00 元	2013.09 出版
商业银行基层网点经营管理	赵振华	主编	32.00 元	2009.08 出版
商业银行柜面英语口语	汪卫芳	主编	15.00 元	2008.08 出版
银行卡业务	孙 颖 郭福春	编著	36.50 元	2008.08 出版
银行产品	彭陆军	主编	25.00 元	2010.01 出版
银行产品	杨荣华 李晓红	主编	29.00 元	2012.12 出版
反假货币技术	方秀丽 陈光荣 包可栋	主编	58.00 元	2008.12 出版
小额信贷实务	邱俊如	主编	23.00 元	2012.03 出版
商业银行审计	刘 琳 张金城	主编	31.50 元	2007.03 出版
金融企业会计	唐宴春	主编	25.50 元	2006.08 出版
（普通高等教育"十一五"国家级规划）				
金融企业会计实训与实验	唐宴春	主编	24.00 元	2006.08 出版
（普通高等教育"十一五"国家级规划教材教材辅助教材）				
新编国际金融	徐杰芳	主编	39.00 元	2011.08 出版
国际金融概论	方 洁 刘 燕	主编	21.50 元	2006.08 出版
（普通高等教育"十一五"国家级规划教材）				
国际金融实务	赵海荣 梁 涛	主编	30.00 元	2012.07 出版
国际金融实务（第二版）	李 敏	主编	34.00 元	2014.08 出版
风险管理	刘金波	主编	30.00 元	2010.08 出版
外汇交易实务	郭也群	主编	25.00 元	2008.07 出版

外汇交易实务	樊祎斌		主编	23.00 元	2009.01 出版
证券投资实务	徐　辉		主编	29.50 元	2012.08 出版
国际融资实务	崔　荫		主编	28.00 元	2006.08 出版
理财学（第二版）	边智群	朱澍清	主编	39.00 元	2012.01 出版

（普通高等教育"十一五"国家级规划教材）

投资银行概论	董雪梅		主编	34.00 元	2010.06 出版
金融信托与租赁（第二版）	蔡鸣龙		主编	35.00 元	2013.03 出版
公司理财实务	斜志斌		主编	34.00 元	2012.01 出版
个人理财规划	胡君晖		主编	29.00 元	2012.07 出版
证券投资实务	王　静		主编	45.00 元	2014.08 出版

（"十二五"职业教育国家规划教材/普通高等教育"十一五"国家级规划教材/国家精品课程教材·2007）

金融应用文写作	李先智	贾晋文	主编	32.00 元	2007.02 出版
金融职业道德概论	王　琦		主编	25.00 元	2008.09 出版
金融职业礼仪	王　华		主编	21.50 元	2006.12 出版
金融职业服务礼仪	王　华		主编	24.00 元	2009.03 出版
金融职业形体礼仪	钱利安	王　华	主编	22.00 元	2009.03 出版
金融服务礼仪	伏琳娜	孙迎春	主编	33.00 元	2012.04 出版
合作金融概论	曾赛红	郭福春	主编	24.00 元	2007.05 出版
网络金融	杨国明	蔡　军	主编	26.00 元	2006.08 出版

（普通高等教育"十一五"国家级规划教材）

现代农村金融	郭延安	陶永诚	主编	23.00 元	2009.03 出版
"三农"经济基础	凌海波	郭福春	主编	34.00 元	2009.08 出版
金融仓储理论与实务	吴金旺	童天水	编著	30.00 元	2014.07 出版
金融专业职业素养读本	朱维巍	熊秀兰	主编	23.00 元	2014.07 出版

二、高职高专会计类系列教材

管理会计	黄庆平		主编	28.00 元	2012.04 出版
商业银行会计实务	赵丽梅		编著	43.00 元	2012.02 出版
基础会计	田玉兰	郭晓红	主编	26.50 元	2007.04 出版
基础会计实训与练习	田玉兰	郭晓红	主编	17.50 元	2007.04 出版
新编基础会计及实训	周　峰	尹　莉	主编	33.00 元	2009.01 出版
财务会计（第二版）	尹　莉		主编	40.00 元	2009.09 出版
财务会计学习指导与实训	尹　莉		主编	24.00 元	2007.09 出版
高级财务会计	何海东		主编	30.00 元	2012.04 出版
成本会计	孔德兰		主编	25.00 元	2007.03 出版

（普通高等教育"十一五"国家级规划教材）

成本会计实训与练习	孔德兰		主编	19.50 元	2007.03 出版

（普通高等教育"十一五"国家级规划教材辅助教材）

管理会计	周　峰		主编	25.50 元	2007.03 出版
管理会计学习指导与训练	周　峰		主编	16.00 元	2007.03 出版
会计电算化	潘上永		主编	40.00 元	2007.09 出版

（普通高等教育"十一五"国家级规划教材）

会计电算化实训与实验　　　　潘上永　　　　　　　主编　10.00 元　2007.09 出版
（普通高等教育"十一五"国家级规划教材辅助教材）

财政与税收（第三版）　　　　单惟婷　　　　　　　主编　35.00 元　2009.11 出版

税收与纳税筹划　　　　　　　段迎春　于　洋　　　主编　36.00 元　2013.01 出版

金融企业会计　　　　　　　　唐宴春　　　　　　　主编　25.50 元　2006.08 出版
（普通高等教育"十一五"国家级规划教材）

金融企业会计实训与实验　　　唐宴春　　　　　　　主编　24.00 元　2006.08 出版
（普通高等教育"十一五"国家级规划教材辅助教材）

会计综合模拟实训　　　　　　施海丽　　　　　　　主编　46.00 元　2012.07 出版

会计分岗位实训　　　　　　　舒　岳　　　　　　　主编　40.00 元　2012.07 出版

三、高职高专经济管理类系列教材

经济学基础　　　　　　　　　高同彪　　　　　　　主编　45.00 元　2012.07 出版

管理学基础　　　　　　　　　曹秀娟　　　　　　　主编　39.00 元　2012.07 出版

大学生就业能力实训教程　　　张国威　褚义兵等　　编著　25.00 元　2012.08 出版

四、高职高专保险类系列教材

保险实务　　　　　　　　　　梁　涛　南沈卫　　　主编　35.00 元　2012.07 出版

保险营销实务　　　　　　　　章金萍　李　兵　　　主编　21.00 元　2012.02 出版

新编保险医学基础　　　　　　任森林　　　　　　　主编　30.00 元　2012.02 出版

人身保险实务　　　　　　　　黄　素　　　　　　　主编　36.00 元　2013.02 出版

国际货物运输保险实务　　　　王锦霞　　　　　　　主编　29.00 元　2012.11 出版

保险学基础　　　　　　　　　何惠珍　　　　　　　主编　23.00 元　2006.12 出版

财产保险　　　　　　　　　　曹晓兰　　　　　　　主编　33.50 元　2007.03 出版
（普通高等教育"十一五"国家级规划教材）

人身保险　　　　　　　　　　池小萍　郑祎华　　　主编　31.50 元　2006.12 出版

人身保险实务　　　　　　　　朱　佳　　　　　　　主编　22.00 元　2008.11 出版

保险营销　　　　　　　　　　章金萍　　　　　　　主编　25.50 元　2006.12 出版

保险营销　　　　　　　　　　李　兵　　　　　　　主编　31.00 元　2010.01 出版

保险医学基础　　　　　　　　吴艾竞　　　　　　　主编　28.00 元　2009.08 出版

保险中介　　　　　　　　　　何惠珍　　　　　　　主编　40.00 元　2009.10 出版

非水险实务　　　　　　　　　沈洁颖　　　　　　　主编　43.00 元　2008.12 出版

海上保险实务　　　　　　　　冯芳怡　　　　　　　主编　22.00 元　2009.04 出版

汽车保险　　　　　　　　　　费　洁　　　　　　　主编　32.00 元　2009.04 出版

保险法案例教程　　　　　　　冯芳怡　　　　　　　主编　31.00 元　2009.09 出版

保险客户服务与管理　　　　　韩　雪　　　　　　　主编　29.00 元　2009.08 出版

风险管理　　　　　　　　　　毛　通　　　　　　　主编　31.00 元　2010.07 出版

保险职业道德修养　　　　　　邢运凯　　　　　　　主编　21.00 元　2008.12 出版

医疗保险理论与实务　　　　　曹晓兰　　　　　　　主编　43.00 元　2009.01 出版

五、高职高专国际商务类系列教材

国际贸易概论	易海峰		主编	36.00 元	2012.04 出版
国际商务文化与礼仪	蒋景东	刘晓枫	主编	23.00 元	2012.01 出版
国际结算	靳生		主编	31.00 元	2007.09 出版
国际结算实验教程	靳生		主编	23.50 元	2007.09 出版
国际结算（第二版）	贺瑛	漆腊应	主编	19.00 元	2006.01 出版
国际结算（第三版）	苏宗祥	徐捷	编著	23.00 元	2010.01 出版
国际结算操作	刘晶红		主编	25.00 元	2012.07 出版
国际贸易与金融函电	张海燕		主编	20.00 元	2008.11 出版
国际市场营销实务	王婧		主编	28.00 元	2012.06 出版
报检实务	韩斌		主编	28.00 元	2012.12 出版

如有任何意见或建议，欢迎致函编辑部：jiaocaiyibu@126.com。